基础教育改革与发展丛书
（第三辑）

丛书总主编　朱林生

中小学素质教育与学生发展状况研究

ZHONGXIAOXUE SUZHI JIAOYU YU XUESHENG FAZHAN ZHUANGKUANG YANJIU

邵广侠　刘晓苏◎编著

苏州大学出版社
Soochow University Press

图书在版编目(CIP)数据

中小学素质教育与学生发展状况研究 / 邵广侠，刘晓苏编著. —苏州：苏州大学出版社，2016.12
(基础教育改革与发展丛书. 第三辑)
ISBN 978-7-5672-1932-8

Ⅰ.①中… Ⅱ.①邵… ②刘… Ⅲ.①中小学—素质教育—教学研究 Ⅳ.①G632.0

中国版本图书馆 CIP 数据核字(2016)第 315413 号

书　　名　中小学素质教育与学生发展状况研究
编　　著　邵广侠　刘晓苏
责任编辑　金振华
出版发行　苏州大学出版社
　　　　　(地址：苏州市十梓街 1 号　邮编：215006)
印　　刷　南通印刷总厂有限公司
开　　本　700 mm×1 000 mm　1/16
字　　数　369 千
印　　张　22.75
版　　次　2016 年 12 月第 1 版
　　　　　2016 年 12 月第 1 次印刷
书　　号　ISBN 978-7-5672-1932-8
定　　价　45.00 元

苏州大学出版社网址　http://www.sudapress.com

总 序

目前，我国正处在从人力资源大国向人力资源强国、从教育大国向教育强国迈进的关键时期，在这特殊的历史阶段，基础教育正面临着一系列重大变革，需要我们用智慧去研究新情况、解决新问题，去创新我们的办学模式、教育模式和教育方法。淮阴师范学院长期坚持服务基础教育的办学理念，形成了鲜明的教师教育办学特色，在办学过程中，与区域中小学以及教育主管部门建立了亲密的战略合作伙伴关系，与基础教育之间建立了一种卓有成效的对话机制，注重在对话中发现问题，并提出解决问题的途径，取得了颇为丰硕的基础教育研究成果，在传承地方优秀教育理念、引领地方基础教育观念更新、推动地方教育与改革发展等方面做出了自身应有的贡献，成为区域基础教育改革与发展的直接参与者与有力推进者。

在这一背景下形成的“基础教育改革与发展丛书”（以下简称“丛书”）既是对该校近年来基础教育研究成果的总结，又是对当地基础教育改革发展的基本走向以及高等师范院校如何更好服务和引领基础教育改革与发展的战略思考。

“丛书”分三辑出版。第一辑为论文汇编，主要涵盖语文、数学、外语、物理、化学、生物、思想政治等学科的课程与教学研究，带有基础性和综合性的课程教学原理研究以及教育管理理论与实践研究。第二辑为专题研究，内容立足当前基础教育和教师教育改革与发展的热点和难点问题，深入、集中研究其中具有重大理论价值和重要实践指导意义的相关问题。第三辑为专著，主要围绕学科教学和基础教育改革与发展中的具有前瞻性、前沿性的深层次理论和实践问题，探索教育教学基本规律。

“丛书”突出彰显了以下几个方面的特点：

“丛书”是淮阴师范学院致力于更新基础教育理念和教师教育观念、引领地方基础教育发展、传承先进教育文化的产物。近年来，我国基础教育改革风起云涌，基础教育理念持续更新，新理念、新观念层出不穷；与之相对应，基础教育师资培养模式等也在持续变革，教师教育观念不断更新，教师教育体系在探索中持续重构。“丛书”体现了淮阴师范学院在基础教育理念和教师教育观念方面所进行的持续探索与努力，必将在推动基础教育改革与发展方面发挥重要作用。

“丛书”是淮阴师范学院从事教师教育的教师们教学相长的产物。书中的研究成果是他们长期思考与实践的结晶，同时“丛书”的编写对其专业成长必然发挥重要的促进作用。通过参与教育科学研究以及“丛书”的编写，他们的专业研究水平得到了很大的提升，同时也对其他教师的专业发展起到积极的示范作用。

“丛书”是淮阴师范学院致力于开放办学的产物。首先，“丛书”的作者队伍包括了淮阴师范学院的在职教师，以及与之有长期合作研究关系的部分淮安市中小学的教师，“丛书”在很大程度上是大学从象牙塔走向社会变革的一线并与变革的实施者直接对话的结果。其次，“丛书”所涉及的领域，诸如教师素质提高、教师专业发展、义务教育均衡发展、课程资源开发利用、课堂教学改革创新等问题，皆来源于基础教育实践的教育教学改革和学校管理方面的现实问题。再者，“丛书”的研究成果来源于教育实践，是教育理论与教育实践不断融通的产物，它又必将回归教育实践，通过各种方式对基础教育改革与发展实践产生积极影响。

相信“丛书”的出版将在提升淮阴师范学院基础教育研究品位、扩大其社会贡献度与美誉度等方面发挥积极作用，同时也将为全国其他一直致力于和基础教育表里通融、互通共进的师范院校提供参考和增添信心，共同为促进基础教育改革的深化，从而促进整个教育水平的提高做出更大的贡献。

袁振国

2011 年 12 月

于中国教育科学研究院

目 录
Contents

第三章 学生优秀传统文化与民族精神教育

第四章 学生世界意识与开放精神的培育

第五章 学生素质教育中创新精神与实践能力的培养

第六章 中小学素质教育中关爱生命话题

第七章　学生性教育的进展、问题与对策

第八章　学生综合素质发展水平的评价机制

第九章 中小学素质教育中的特色校园文化建设

第十章 中小学素质教育中的团队组织建设

第十一章 中小学课程德育的现状与创新实践

第十二章 网络背景下德育有效性的机制创新

第十三章 中小学“家校社”教育的整合

前 言

一个人从高中毕业进入大学校园后，就完成了从中学生到大学生的初步转变。大学要培养好学生并不断提升学生的素质，必须在立足学生当下的基础上，了解学生的过去，并有效引导他们正确地面对未来。研究中小学素质教育及其发展状况，既是普通高校服务地方经济社会发展的需要，又是有效教育引导学生健康成长从而达至全面发展目标追求的前提。基于这样的思考，我们组织人员进行了中小学素质教育与发展状况方面的课题研究。

一

素质教育在中小学开展已经有多年了，素质教育是当下中小学教育的主旋律，其观念早已深入人心。早在 1985 年，《中共中央关于教育体制改革的决定》就提出基础教育的任务是“提高民族的素质”。其后，《中共中央关于社会主义精神文明建设的指导方针的决议》《义务教育法》及其实施细则、《中共中央关于改革和加强中小学德育工作的通知》《中国教育改革和发展纲要》和《面向 21 世纪教育振兴行动计划》等相关文件都反复强调素质教育的问题。《国家中长期教育改革与发展规划纲要(2010—2020 年)》又把提高国民素质列为第一目标和任务。现在，大家对“实施素质教育是时代的呼唤、社会发展的需要”①这个命题已经全然接受。当然，接受是一回事，理解是一回事，有效地执行又是另一回事了。素质理念的确立需要经过实践与认识的反复过程，素质教育观念是围绕特定的教育目标而构建的，并从总体上控制整个教育活动过程的教育基本观点，就其构成而言有四个方面：一是规定教育价值取向，注重引导好教育为谁服务的问题；二是规定教育目的，着力展示培养什么样的人的问题；三是分析教育基本现状，有效回答教育目的制定的客观依据是

① 曹俊军. 农村中小学素质教育——课程与教学论视角[M]. 武汉：华中科技大学出版社，2011：19.

什么；四是揭示教育手段，告知如何实现教育目的与有效完成教育的任务。特别需要强调的是，教育观念与一般教育理论、学说、技术、艺术不同，它以明确的教育价值取向和目标统整教育过程，反映的是社会的、国家的意志而不是个人的意志，具有超现实的理想性。由于素质教育是对应试教育的超越，在其实施过程中还存在这样或那样的问题，需要我们不断探索，不断深化，不断提升。尤其是中小学一线教师，如何正确处理好素质教育过程中的知识学习与能力培养以及养成良好的情感态度及价值观，正确摆正应试方式在素质教育中的位置，牢固树立其素质教育观念，始终高举素质教育的大旗，意义十分重大。

理论上人们都清楚，实施素质教育是着眼于受教育者及社会长远发展的要求，以面向全体学生、全面提高学生基本素质为根本宗旨，以促进学生在思想道德、文化科学、劳动技能、身体心理素质方面生动活泼地发展，使培养的人才能够适应经济社会发展的需要，为中国梦的实现培养建设者与接班人。素质教育作为中小学教育的一次深刻革命，要求教育部门负责人、一线教育工作者能够以正确的思想指导工作，以使中小学教育完全适应时代发展、社会发展和教育自身发展的需要。然而，由于这样或那样的原因，直到今天，中小学在推进素质教育过程中，还会遇到这样或那样的阻力，碰到这样或那样的困难，使中小学素质教育的推进不那么顺畅。本课题组到中小学进行走访时了解到，有的学校和教师认为素质教育会挤压学生学习书本知识的空间，如果学校过分地强调素质教育，让学生有更多的自由、更多的属于自己的活动时间，那么学生的知识面可能开阔些，思想活跃些，但书本知识容量肯定会减少；还有的领导和教师认为，如果学生因素质教育导致知识量下降，影响了高考的成绩，影响了自己学校在本地区名次的排位，要想获得社会和家长的支持就很困难。应该说，当下人们总体上能够正确评价高考，正确面对高考，但由于高考指挥棒的存在，对教育部门的领导、一线教师、学生及家长都还存在这样或那样的影响，这样，在实施素质教育过程中出现一些偏差就在所难免。

二

实施素质教育，我们追求什么？这是素质教育的目标问题。答案很明确，就是要促进学生全面有个性地发展。要发展学生的个性，要求教育课程、方法、教学组织形式等多样化、灵活化、个性化。生活化教育理念要解决的就有这方面的问题，如引导学生学会学习、学会生活、学会审美、学会健体、学会交往、学会关爱等，必须注意创设良好的情境，让学生多体验。实践过程中，一些学校实施的动手活动、游戏活动、对话体验活动等，让学生在经验中学，在做中学，在干中学，在解决实际问题中学，把时间交给学生，让他们把书读活，发展自己的能力，已显示出良好的成效。

我们要树立“学校的一切活动都是课程”的观念，学科课程、活动课程、环境课程都是学校课程的有机组成部分。教育教学实践证明，单靠课堂教学一种渠道，难以完成培养学生综合素质的任务，也与充分发展每个学生的聪明才智的要求不相适应。当前，随着社会信息化、学习化的发展，课外教育活动的重要性越来越明显。课外活动与课堂教学相辅相成，都是学校整个教育教学活动的有机组成部分，对培养高素质人才而言，两者缺一不可。课外活动绝不是课堂教学的简单“补充”或“延伸”，它是培养学生能力、发展学生个性的重要途径，对提高学生素质具有重要意义。因此，根据学科教材特点、中小学年级学生特点和学校具体情况，积极开展丰富多彩的课外活动已成为落实素质教育的必然。当然，这不是说课堂教学就不重要了，而是要强调课堂内外的结合。对于课堂教学，除了需要一套良好的教材外，更重要的是要有一套先进的、合理的教学方法。教学方法应随教学任务、教材及教学对象的不同而不同。如案例教学法、讨论法、启发式谈话法、多媒体教学法等，都是在一定情况下适用的。当然，无论采用何种教学方法，都必须充分调动学生的学习积极性、主动性，既要重视学习的结果，又要重视学习的过程；既要重视传授知识，又要重视培养能力。如在书中提到的对中学生进行性教育，不是简单地进行课堂上直白的讲解，而是要注意动脑筋想办法，让学生弄清楚到底是怎么回事，但又不能使其走向反面，带来负作用，从而影响青少年的健康成长。如有的学校请相关专家走进课堂进行演示，开设生理卫生讲座，进行现场个别答疑。在具体操作实施中，有的学校将男生与女生分开进行辅导，有的学生请家长进行辅助引导，如此等等做法，效果都不错。一句话，只要措施到位，方法得当，素质教育的实施就会名副其实。

三

中小学素质教育是个动态的过程，随着社会的发展，素质教育的内容会更加丰富,要求也会更高。当前我国的国民素质已经有了很大的提高,但与社会发展的需要相比还有一定差距。如近年来中国游客在境外旅游所暴露出的许多问题,说明国民素质在某些方面还需要进一步提升。再如干部队伍中的贪污腐败、市场上的假冒伪劣、经营活动中的坑蒙拐骗、社会生活中的偷盗扒窃、拐卖妇女儿童等。当然,不是说国民素质高了,上述问题就没有了,也不是说国民素质的问题都是教育的问题,而是说素质教育搞好了,国民素质就会不断得到提升,上述问题相应会得到有效的解决。中国作为大国,在实现民族梦想的征途上,应该说有许多障碍。最大的障碍不是资源问题,不是资金问题,也不是技术与设备问题,而是人口的素质问题。日本的资源不多,瑞士、瑞典、新加坡的资源也不多,国家却很发达,所以资源不是最大的问题;资金可以自己积累,还可以引进;技术可以自己发明创造,也可以引进;但人口的素质是无法引进的,必须靠我们自己去提高。从这层意义上说,提高人口素质是经济社会发展对教育的要求。人口多,如果素质高,在世界上就是优势;人口多,如果素质低,在全面建成小康社会的征途上就是包袱。转包袱为优势,不断提高人口素质,变人口大国为人口强国,教育任重而道远。本书中提到的中小学素质教育所存在的问题,可以说大多数都是发展中的问题。点出问题,是要大家一起努力去解决它,从而将素质教育推向更高、更新的阶段。不要一见问题,就以为是否定过去的成绩。面对问题,我们不能绕道走,必须迎难而上,解决问题,不断进步!

解决问题,要注意学校内部的力量整合。就学校而言,注意将领导力量、教师力量、后勤服务人员力量整合起来。学校领导要冲在前面,敢为人先,不要总是等着别人把经验创造出来,我们可以自己不断探索。教师也不能随大流,要积极探索,勇于争先,这本身也与素质教育的精神要求相一致。因为素质教育的根本目的是培养有知识、有理想、有创新精神、有冒险精神、有活力与创造力的一代新人,领导团队与教师团队高素质才易于引导学生的高素质。在实施素质教育的过程中,应鼓励广大教育工作者大胆地试,大胆地闯,大胆地探索。

同时,要加强学校与家长的沟通,形成校内外的教育合力。在实施素质教育的过程中,有些家长充当的是阻力而不是动力。我们要研究家长的心理,拿出有效的与家长沟通的措施,任何撇开家长的素质教育都是不会成功的。当然,要做好家长的工作并使他们认可、支持素质教育绝非易事,多年的习惯非一日就能改变。因此,教育工作者要针对家长的心理,研究出专门的说服教育方法。我们也不能指望毕其功于一役,以为不用花费太多的精力就能打破家长这个瓶颈,除了与家长的思想沟通之外,还应当配之以其他的措施。如有些中小学开办家长学校,有些中小学成立家长委员会,有些中小学让家长参与学校的相关决策活动等,都是一些有益的尝试。我们之所以提到上述这些问题,是因为"人的素质不是孤立地存在的,而是一个多侧面、多层次、多整体结构,素质的组成部分是相互依存、相互制约、相互促进的"①。素质教育中既要注意力量的整合,也要注意方式方法的整合。

当然,从根本上说,推进素质教育向更高层次发展,需要全民的文化自觉,特别是教育工作者的文化自觉。就高校而言,以人才培养、文化传承、科学研究与社会服务为四大任务,完成这些任务需要关注与探索中小学素质教育问题。大学在人才培养过程中,无论就课程体系还是教育对象,都需要注意与中小学进行有效的对接。因为课程体系既不能重复,也不能脱节;教育对象的整体性更需要递进式培养与教育。为此,研究中小学素质教育与学生发展的问题,可以看作是我们大学教育工作者文化自觉的一种体现。

---

① 张波. 中小学素质教育概述[M]. 长春: 吉林大学出版社,2012:5.

第一章　中小学生成长发展基本状况透视

提升学生身体素质、科学文化素质和心理素质，是素质教育的应有之义。新一轮课程改革以来，在素质教育理念引导下，教育部门颁发了中小学各科相应的《课程标准》，以规范素质教育的有效实施，从而促进我国中小学生的身体素质、科学文化素质和心理素质的发展。本章从中小学生的身体状况、学习状况和心理状况三个维度，阐述当前我国中小学生成长发展的基本状况，诊断其中存在的结构性问题，以期明确实施中小学素质教育的着力点。

第一节　当前中小学生成长发展的基本概况

当前，中小学生成长发展的总体情况是好的，但也存在一些不如人意的地方。根据我们的调查，现将基本情况分述如下：

一、当前中小学生的身体状况

中小学生的身体状况，与其家庭状况和社会环境密切相关。2011 年 10 月 26 日，温家宝总理主持召开国务院常务会议，审议并原则通过了农村义务教育学生营养改善计划。不久，国务院办公厅正式印发了《关于实施农村义务教育学生营养改善计划的意见》。自 2005 年国家提出“两免一补”[①]的政策以来，其标准不断提高。2011 年，来自经济困难家庭的小学借宿生每天享受 4 元生活费补贴，初中生则是享受每天 5 元的生活费补贴。2011 年 2 月，国务院印发《全民健身计划》(2011—2015 年)，对全民健身发展提出目标任务并制定了工作保障措施。教育部、国家体育总局还推出“阳光体育运动工程”，要求各地中小学能确保学生每天体育锻炼 1 小时。由于国家的高度重视，中小学生的身体状况持续得到改善。从《教育部关于 2010 年全国学生体

① 两免一补：“两免”是免学杂费、免费教科书，“一补”是补助家庭经济困难寄宿生的生活费。

质与健康调研结果公告》以及国家体育总局《2014 年国民体质监测公报》①来看，中小学生的身体状况总体上是处于改善当中的，当然，也还存在一些令人担忧的问题。

1. 全国中小学生的营养状况得到了改善

根据调研结果公告，中小学生的营养状况继续得到改善，低体重及营养不良检出率进一步下降，且基本没有中度营养不良。2010 年城市男生、城市女生、乡村男生、乡村女生7～22岁年龄组轻度营养不良检出率分别为2.87%、5.81%、2.69%、5.45%，与 2005 年相比别降低 0.02、0.21、0.27、0.27个百分点；低体重检出率分别为 17.32%、25.94%、20.03%、27.08%，与2005 年相比分别降低 1.40、0.78、2.80、1.35 个百分点。另外，乡村学生低血红蛋白检出率也继续下降，例如7 岁年龄组乡村男生、乡村女生低血红蛋白检出率分别为 16.85%、20.50%，与2005 年相比分别下降 3.19、3.86 个百分点；12 岁年龄组分别为10.64%、13.82%，与2005 年相比分别下降 1.97、0.10 个百分点。

2. 全国中小学生的健康状况总体有所改善

（1）形态发育水平继续提高。与2005 年相比，2010 年城市男生、城市女生、乡村男生、乡村女生 7～18 岁年龄组身高分别平均增长 1.01、0.79、1.55、1.12 厘米，体重分别平均增长 1.35、0.80、2.02、1.15 千克，胸围分别平均增长0.71、0.59、1.26、0.94 厘米；19～22 岁年龄组身高分别平均增长 0.84、0.55、1.34、0.64 厘米，体重分别平均增长 1.52、0.27、2.07、0.34 千克，胸围分别平均增长0.63、0.29、0.97、0.43 厘米。

（2）肺活量水平出现上升拐点。与 2005 年相比，2010 年城市男生、城市女生、乡村男生、乡村女生 7～18 岁年龄组分别平均提高 89、84、94、81 毫升；19～22 岁年龄组分别平均提高 137、102、185、123 毫升。

（3）乡村小学生蛔虫感染率持续降低。2010 年，乡村男生、乡村女生 7 岁年龄组的粪蛔虫卵检出率分别为 3.66%、3.14%，比 2005 年分别下降 4.48、5.24 个百分点；9 岁年龄组分别为 2.71%、2.42%，比 2005 年分别下降

---

① 教育部关于2010 年全国学生体质与健康调研结果公告（教体艺〔2011〕4 号）[EB/OL]. 中华人民共和国教育部网站. http://www.moe.edu.cn/publicfiles/business/htmlfiles/moe/s5948/201109/124202.html. 2011-08-29；国家体育总局 2014 年国民体质监测公报[EB/OL]. 国家体育总局网站. http://sports.china.com.cn/quanminjianshen/quanminjianshenbaogao/detail1_2015_11/18/472339.html. 2015-11-25.

3.86、4.87个百分点。

3. 全国中小学生身体素质逐步好转

2010年,全国中小学生身体素质逐步好转,如爆发力方面,与2005年相比,反映下肢爆发力的立定跳远成绩有所提高;柔韧素质方面,与2005年相比,反映身体柔韧度的坐位体前屈成绩有所提高;耐力素质方面,与2005年相比,7~12岁小学城乡男生50米×8往返跑成绩基本持平;力量素质方面,与2005年相比,7~18岁城市男生、城市女生、乡村男生、乡村女生的握力分别得到提高。

国家体育总局发布的《2014年国民体质监测公报》显示:与2010年相比,2014年我国城乡学生身体形态发育水平,即身高、体重和胸围等发育水平继续提高。肺活量继2010年出现上升拐点之后,继续呈现上升的趋势。乡村小学生蛔虫感染率持续降低。当然,就不同年级的学生来说,其自身对身体健康的认识与参与体育活动的实际状况也是有差别的。就高中而言,"高二年级学生对体育锻炼、身体健康状况的评价高于高一年级、高三年级的学生"①。

二、当前中小学生的学习状况

一般来说,学生的学习状况可界定为两大方面,即学生外在的学业负担与学生内在的学习状态。前者包括课程设置、课时、作业量、在校学习时间、考试的频次与评价、课外学习等;后者包括学习态度、学生的自我管理意识和能力、课堂上的思维状态以及对学习技能技巧的掌握能力等。

为了了解当前中小学学生的学习状况,2013年6—8月间,笔者对苏北某地不同学校、不同年级段的学生进行了问卷调查。其中,小学一至三年级的学生500名,小学四至六年级的学生500名;初一、初二、初三年级的学生各200名;高一、高二、高三的学生各200名。参与调查的学生中,来自农村家庭的占60%,来自城市非农户口家庭的占40%;60%的小学生、70%的初中生和80%的高中生,分别来自当地具有相当知名度的学校。需要特别指出的是,本调查属纯民间的学术性调查,因此能够最大限度地避免学生受到所在学校、老师等带有指向性的暗示,从而提高了调查的可信度。

---

① 邢利红.普通高中学生素质发展水平:现状与问题[J].教育测量与评估,2016(1).

1. 学生外在的学业负担基本符合规定

（1）基本按规定设置课程。98%的小学生和90%的初中、高中学生表示，“没有遇到音、体、美课被语数等文化课挤占的情况”，也没有学生回答“音、体、美课几乎总被语数等文化课挤占”的情况。98%的中小学生表示，“安全教育”是班主任老师给同学们上的开学第一课；100%的高一学生表示高一入学之初参加了军事训练，聆听了国防教育专题课。

（2）基本不延长、不缩短学生在校学习时间。100%的小学一至三年级学生表示，每周一到周五，上正课共计30节，包括班会课、自习课在内；85%的小学四至六年级学生表示每周一到周五上正课30节，包括班会课、自习课在内；此外，尚有15%的学生（主要是小学六年级的学生）则表示每周一到周五，每天下午2节正课之后，会有1节自习课。还有不足5%的小学六年级学生，表示周一到周五的晚间或者放学后，每天会在校自习1节课。70%的初中学生表示，周一到周五上正课共计35节，包括班会课、自习课在内；30%的初中学生表示，周一到周五，每天下午上完3节正课后，会有1节自习课；40%的初中生表示因在校借宿或者家中没有适合自习的安静环境或者因为在校自习更有利于自我监督等原因，会选择在校上2节课以上的晚自习。而在高中阶段，100%的学生表示，每周一到周五，上正课40节，包括班会课和自习课；此外，80%的高一与高二学生、90%的高三学生表示，因在校借宿或者家中没有适合自习的安静环境等原因，他们会选择在校上超过2节课的晚自习。调查显示，该地区的中小学校基本上按照教育主管部门的要求，安排学生在校学习时间为小学6小时、初中7小时、高中8小时，也真正落实了“将课程表贴到教育网上，接受家长监督”的江苏省教育厅的要求。

（3）义务教育阶段的考试频次比较合理，学生素质评价方式渐趋多元。100%的小学一至三年级学生、90%的小学四至六年级学生表示，每学期参加一次学校组织的考试即期末考试；100%的小学生反映，自己的《学生素质报告书》上以等级制实施考试评价。95%的小学生表示，班主任老师没有或者没有在公开场合对同学成绩进行排名；80%的初一、初二学生和95%的初三学生表示，每学期参加两次学校组织的考试，即期中和期末考试。80%的学生表示，班主任老师没有或者没有在公开场合对同学成绩进行排名；高中阶段，80%的高一、高二学生表示，每学期参加两次学校组织的考试。70%的高中学生表示，班主任老师没有或者没有在公开场合对同学成绩进行排名。95%的学生表示，每学期的《素质报告书》上，均有班主任撰写的有关德、智、体、美、劳方面的素质评价和寄语。这显示了该地区在义务教育阶段，关于考试的频次方面还是基本上能够按照上级教育主管部门的规定实施的；特别是考试评价方面，侧重于学生综合素质的评价，不仅仅依赖考试的成绩。

（4）课外学习阶段性特点明显。在课外学习方面，95%以上的小学一至三年级学生、90%的小学四至六年级学生、85%的初一和初二年级学生、80%的初三学生、84%的高一学生、90%的高二学生以及78%的高三学生，每天都能保证有30分钟的时间用于阅读课外书籍、浏览报刊或者通过网络、电视来获取信息。60%的小学一至三年级学生表示，利用课余时间参加过诸如书法、古筝、钢琴、舞蹈、播音主持、摄影等兴趣班或者社会办学机构的辅导班。40%的小学四至六年级的学生表示，利用课余时间参加过诸如书法、古筝、钢琴、舞蹈、播音主持、摄影、作文、奥数等兴趣班或者社会办学机构的辅导班。65%的初中学生和90%的高一学生、80%的高二学生以及95%的高三学生表示，没有足够的课余时间参加感兴趣的课外学习。

2. 学生们内在的学习状态良好

“学生不仅是一个名词，还是一种静态的身份，更是一个动词、一种趋向，即成为向学之生、爱学之生、乐学之生。学生处于学习生长的过程之中，这一过程是一个动态生成的过程。”① 学生的学习状态反映了学生“向学”的生命状态，这种状态存在于学习的态度之中，存在于课堂上的思维状态之中，也存在于学生对学习的自我管理和自我激励之中。

（1）绝大部分学生学习态度端正，能够正确对待家庭作业。家庭作业是课堂教学的延伸，是学生在没有老师督促的“管理真空”状态下完成的。在作业量合理、难度适中的条件下，家庭作业完成的质量是衡量学生态度的重要标准。虽然按规定，小学低龄段的孩子没有书面形式的家庭作业，家庭作业更多的是以“读几遍书”、“手工制作”或者“画个图片”之类的形式出现，在成年人看来具有高度的弹性，很难保证作业完成的质和量。所以这类家庭作业完成的质量，完全依赖于孩子的学习态度。在调查中发现，95%的小学一至三年级学生能够按照老师的要求，做好家庭作业，该读几遍的读几遍，虽然没有

① 刘铁芳. 什么是好的教育——学校教育的哲学阐释［M］. 北京：高等教育出版社，2014：54－55.

老师在现场。90%的小学四至六年级的学生、87%的初一和初二年级学生、86%的初三学生、85%的高一学生、91%的高二学生、84%的高三学生能够保质保量地完成家庭作业。

（2）绝大部分学生具有积极的课堂思维，能够注重提升课堂学习效率。学生课堂上的学习成果，是学生脑、眼、耳、鼻、舌、身多种感觉器官综合调度、综合作用的结果。学生全身心地投入课堂，表明其进入到良好的思维状态中，也才能够取得良好的学习成绩。所以，学生课堂的思维状态是衡量学生学习态度的又一重要标准。在调查中发现，93%的小学一至三年级学生、89%的小学四至六年级的学生表示，在课堂上，特别是在学习重要知识点和难点时，"注意力集中"，"自己积极思考"，"跟同学讨论、交流"；85%的小学阶段的学生还表示"积极举手发言"。虽然只有不足40%的初中阶段的学生和不足20%的高中阶段的学生愿意"举手发言"回答老师提出的问题，91%的初一学生、87%的初二学生、92%的初三学生、86%的高一学生和85%的高二学生以及88%的高三学生表示，在课堂上，特别是在学习重要知识点和难点时，能够"注意力集中"，"自己积极思考"，"跟同学讨论、交流"。中、高年级学生举手发言的比例偏低，这可能是受中国传统文化的影响，他们更愿意表现文静、沉稳、内敛和含蓄等民族性格，但这并不表明学生没有积极地思考。

（3）学生的自我管理意识和能力具有明显的阶段性发展特点。学生的学习是一个过程，这一过程包括预习、上课（听课、笔记、质疑、释疑）、作业、复习等几个相对独立又相互联系的环节。因此在学习过程中，离不开主体的自我管理。"主体身上必须产生某种变化，我们才能作出学习已经发生的推论。"①学习过程中的自我管理意识和能力的发展是学生身上发生的深刻变化之一，自然也就成为衡量学生学习状况的深层次标准。

在调查中发现，25%的小学一至三年级学生、40%的小学四至六年级学生、50%的初中学生和75%的高中学生表示，知道学习是几个环节组成的一个完整的过程，能够说出自己在课堂上的表现、作业方面的情况；85%的小学一至三年级学生、70%的小学四至六年级学生、40%的初中生和15%的高中生"不知道预习"或者"知道预习但不会预习"。这种百分比的高低变化，恰好

---

① 邵瑞珍. 教育心理学（修订本）[M]. 上海：上海教育出版社，1997：27.

反映了学生在学习过程中的自我管理意识和能力有着随年龄的增长而不断提升的规律性，是学生成长过程中的必然。与此相对应，学生学习技能技巧的掌握能力也呈现出这种阶段性的特点。当然，学习“主体的变化是由他与环境的相互作用而产生的，即后天习得的，排除由成熟或先天反映倾向所导致的变化”①。80%的小学四至六年级的小学生感觉算术、奥数“难”，60%的小学生表示在老师的“点拨”之下，可以逐渐找到其中的“窍门”。40%的初中生表示，刚开始学习代数时，感到“不适应”、“难”；50%、55%、48%的高一学生分别表示对高一的数学、物理和化学学习感觉“不适应”、“难”。不过，无论是小学还是初中、高中阶段，80%的学生都表示，自己通过多做习题，理解了原来认为难的知识，掌握了其中的“奥妙”或者解决这些问题的“窍门”。这反映了需要更多地运用抽象思维来学习、理解和掌握某些学科或者某些知识模块时，相当比例的学生能够在“懂”和“不懂”或者是“知”和“不知”的矛盾运动中，借助后天习得（练习）来反思、总结并掌握相关知识点的学习的技巧、技能，而这并非完全依赖于主体的“成熟或先天反映倾向”。这种学习技能、技巧的掌握，正反映了学生学习的深层次状况。

三、当前中小学生的心理状况

学生心理状况是其成长发展状况在心理上的反映，也是其成长发展状况的重要组成部分。前面所说的学生的学习态度、注意力、学习技能等，其实也属于教育心理学的研究范畴。但由于这些因素与学生内在的学习状态联系得更紧密，因此，笔者将学习态度等前移到学生学习状况的研究范围。这里所要研究的学生的心理状况，侧重于学生的心理健康角度，涉及中小学生与自我、他人和社会关系的处理，学生对自我和他人、社会关系的评价，学生在挫折面前所表现出来的知情意行，对不良情绪的调控和发泄，等等。2013年6—8月间，笔者在研究学生学习状况的同时，也就当前学生的心理状况对苏北某地不同学校、不同年级段的学生进行了问卷调查。

1. 绝大多数学生能正确地认识和处理自己与外界的关系

调查中，95%的学生认为自己在学习态度端正、学习比较勤奋时，成绩就能稳定；反之，成绩会下滑。95%的小学一至三年级学生、88%的小学四至六年级学生、85%的初中生和87%的高中生认为，自己的成绩是“自己认真学习

---

① 邵瑞珍. 教育心理学（修订本）[M]. 上海：上海教育出版社，1997：6.

的结果”,也有“老师教得好的缘故”;2%的小学一至三年级学生、8%的小学四至六年级学生、10%的初中生和12%的高中生表示自己的成绩不够理想,主要是因为自己“不够努力”造成的;3%的小学三年级学生、10%的小学四至六年级学生、5%的初中生和3%的高中生表示,自己的成绩不够理想,是由于家长、老师“督促”、“管教不够”,或者“玩手机、上网、打球,等”,或者“班主任、某学科老师水平不行”等原因造成的。

此外,从小学到高中,95%以上的学生表示,自己有玩得开心的好同学、好伙伴。接近100%的小学生、92%的初中生和88%的高中生对自己所在的班级因为文化学习、体育、卫生、好人好事等方面被学校表扬而“感到自豪”;接近100%的小学生、94%的初中生和85%的高中生表示,在学校组织的演讲比赛、运动会、大扫除等活动中,自己“积极参加”或者“做好服务性工作”;接近100%的学生表示,有“在公交车上为老人让座”或者帮助困难的同学、群众等经历。

在有过违反校纪校规如自习课不守纪律、上课思想开小差、与同学闹意见发生争斗、考试舞弊等行为的学生中,98%的小学一至三年级学生、95%的小学四至六年级学生、90%的初中生和88%的高中生表示,在家长、老师的批评教育中,“认识到自己的过错”。

凡此种种,都表明当前绝大多数学生的心态是阳光的、积极的、健康向上的,能正确地认识和处理自我、自己与他人、自己与社会的关系,对自己的成绩能够做出比较合理的“归因”,也能够遵守基本的社会伦理道德和法律法规。

2. 中小学生的自我调控制能力与身心发育基本协调

苏霍姆林斯基指出:“一个少年,只有当他学会了不仅仔细地研究周围世界,而且仔细地研究自己本身的时候;只有当他不仅努力认识周围的事物和现象,而且努力认识自己的内心世界的时候,只有当他的精神力用来使自己变得更好、更完善的时候,他才能成为一个真正的人。”① 笔者觉得,从心理学层面看,这里的“自我教育”,除了前文提到的,学生要能正确地认识世界及其内在的关系(包括对他人和社会的认识以及自我认识),更重要的应当是学生能够在情绪或情感冲突、价值冲突中,理性地作出价值判断和价值选择,学会

① [苏]苏霍姆林斯基.给教师的建议[M].北京:教育科学出版社,1984:339.

自我调控以实现内心的宁静、和谐。

在调查中，95%的小学一至三年级学生、89%的小学四至六年级学生、80%的初中生和65%的高中生，对家长和老师的管教表示“服从”，是因为“不敢违反”；70%的小学一至三年级学生、65%的小学四至六年级学生、50%的初中生和35%的高中生，对家长和老师的“过分严格”管教表示“怨恨过”；在表示“怨恨过”家长和老师的学生中，90%的小学生一至三年级学生、85%的小学四至六年级学生、92%的初中生和98%的高中生表示，经过一段时间之后，觉得家长和老师“其实挺好的”，或者表示“理解家长和老师”，或者表示“自己也有做得不好的地方”。这既反映了当前我国中小学生对“社会正统”的“真遵从”和“权宜遵从”① 的矛盾心态，也反映了随着年龄的增长，独立意识的增强，学生内心的“自我教育”或者“自我调控”的能力与身心发育是基本协调的。

在调查中，98%的小学一至三年级的学生、90%的小学四至六年级的学生、75%的初中生和50%高中生表示，感觉到被别人误解如被父亲或者母亲指责（未必是真的受误解或指责），或者被某一老师批评，或者被同学欺负时会向母亲或者父亲“倾诉”，2%的小学一至三年级的学生、7%的小学四至六年级的学生、20%的初中生和40%的高中生会向身边的“好朋友”或“哥哥姐姐”倾诉；3%的小学四至六年级学生、4%的初中生和8%的高中生会选择通过虚拟空间向QQ好友，或者向其他任课老师，或者选择校长信箱来表达自己的情绪。这表明绝大多数学生在遇到烦恼时，还是能够自觉不自觉地寻求社会支持来化解烦恼的，当然，初、高中的学生更愿意向同辈求助。这反映了中小学生这个群体的基本心态是正常的，是合群的，是能够并愿意敞开心扉与他人交流的。同时，也表明了在正统文化和同辈文化的冲突中，在自我意识发展但不够完善的矛盾冲突中，中小学生的自我教育与自我调控的意识和能力在不断地发展和提升。

第二节　当前中小学生成长发展的结构性问题

当前我国中小学学生成长的基本状况是良好的。当然，在发展过程中，也存在着一些结构性失衡的问题。

---

① 邵瑞珍．教育心理学（修订本）[M]．上海：上海教育出版社，1997：362．

一、体质与健康状况结构性失衡问题

从教育部关于2010年全国学生体质与健康调研结果来看，当前学生在成长发展中还存在一些结构性问题。[①] 对照全国相关指标，江苏省淮安市中小学生也存在类似情况。

1. 中小学生营养状况改善的同时，肥胖检出率继续增加

7～22岁城市男生、城市女生、乡村男生、乡村女生肥胖检出率分别为13.33%、5.64%、7.83%、3.78%，比2005年分别增加1.94、0.63、2.76、1.15个百分点；超重检出率分别为14.81%、9.92%、10.79%、8.03%，比2005年分别增加1.56、1.20、2.59、3.42个百分点。

2. 中小学生的健康状况总体改善的同时，视力不良检出率继续上升

7～12岁小学生视力不良检出率为40.89%（其中城市为48.81%，农村为32.98%），比2005年增加9.22个百分点；13～15岁初中生为67.33%（其中城市为75.94%，农村为58.74%），比2005年增加9.26个百分点；16～18岁高中生为79.20%（其中城市为83.84%，农村为74.59%），比2005年增加3.18个百分点；19～22岁大学生为84.72%（其中城市为84.14%，农村为85.30%），比2005年增加2.04个百分点。

值得注意的是：低年龄组视力不良检出率增长明显，如7岁城市男生、城市女生、乡村男生、乡村女生视力不良检出率分别为32.17%、36.43%、24.12%、26.95%，比2005年分别增加8.71、8.76、10.56、10.32个百分点。

3. 学生与家长总体上注意学生口腔卫生，但龋齿患病率出现反弹

与2005年相比，多数年龄组学生乳牙龋齿患病率、恒牙龋齿患病率出现反弹，如城市男生、城市女生、乡村男生、乡村女生12岁年龄组恒牙龋齿患病率分别为19.80%、18.64%、18.64%、23.85%，比2005年分别上升8.90、3.94、6.64、8.05个百分点。我们走访了淮安地区相关医院，口腔科相关专家也证明了上述基本情况，并呼吁社会与家庭要加强相关卫生知识的普及，重视口腔卫生技能的培养。

---

① 教育部关于2010年全国学生体质与健康调研结果公告（〔2011〕4号）[EB/OL]. 中华人民共和国教育部网站. http://www.moe.edu.cn/publicfiles/business/htmlfiles/moe/moe_947/201109/xxgk_124202.html. 2011－08－29.

二、教学内容与学习负担的结构性失衡问题

1. 严重的“智育”导向

德、智、体、美、劳和谐发展，是素质教育的内在要求。当前，高考“指挥棒”的存在，不仅影响着高中阶段的课程设置，而且也深刻影响着初中阶段的“中考”模式并进而影响着初中阶段的课程设置。以江苏省为例，自2008年以来，江苏省高考分为必修科目测试和选修科目测试。必修科目测试（俗称“小高考”）在高二阶段实施，理科生须参加历史、政治、地理以及化学或生物、信息技术科目的测试（高考选修化学的考生，参加生物学科的学业水平测试；反之，选修生物的考生参加化学学科的学业水平测试）；文科生须参加物理、化学、生物以及政治或地理、信息技术科目的测试（高考选修政治的考生须参加地理学科的学业水平测试；反之，选修地理的考生须参加政治学科的学业水平测试）。当年6月初的高考，理科的数学须加测附加卷，文科考生的语文须加测附加卷。理科的两门选修课，物理以及化学或生物、文科的历史以及政治或地理，均按考生比例划分A、B、C、D四大等级。在这样的模式引领下，江苏省内各大市的中考模式大同小异，均带有鲜明的高考模式的色彩。各大市在初二阶段，均有生物、地理的考查（俗称“小中考”）；中考时，各市的物理、化学合计分值大体上与语文、数学差不多，历史、政治部分或全部列为开卷考试。体育测试成绩均计入总分。全国其他各省、市、自治区的高考模式大部分为“语数外加文综／理综”模式，各省、市、自治区的中考模式也带有各自高考模式的烙印。2013年10月21日，北京市教育委员会公布《2014—2016年中考中招改革框架方案》（征求意见稿）、《2014—2016年高考高招改革框架方案》（征求意见稿）。这两个意见稿都将英语学科的分数权重作了相应的下降，高考英语实行社会化考试，一年两次考试，学生可多次参加，按最好成绩计入高考总分，成绩3年内有效。虽然，据专家介绍，此次（改革）是以考试为杠杆，但实际上是一次立体的变化，将从科目设置、试卷结构、分值比例三个方面进行调整，更注重基本应用能力，更贴近课标。不过，一年两次的英语考试，将给家长和学生的心态、学校的正常教学秩序以及各地中小学英语教学师资力量的配置等产生怎样的影响，还有待于进一步的观察。特别是多人次的频繁考试和英语学科分值的下降所带来的英语师资力量的多余，会否引发一系列的社会问题，也很值得关注。要知道，此前2008版的江苏省高考方案的实施，使得很多名牌中学因学生素质较高而大面积地选修物理—化学或者

物理—生物，导致这些学校在高二“小高考”之后，出现文史类教师赋闲的现象；而在普通中学，情形刚好相反——因学生基础较差而大面积地选修历史—政治或者历史—地理，导致这些学校在高二“小高考”之后，出现理化生教师赋闲的情形。在不少教师赋闲的同时，却是语数外老师疲于奔命的现象。特别是在教育系统实行教师绩效考核的情况下，这严重挫伤了老师的积极性，也必然会影响教学质量。

应该说，肇始于2005年的新课程改革及3年后的新高考模式实施，目的是实施素质教育，以全新的课程观、教师观和学生观引领中小学教育，减轻中小学生的学业负担。新课程改革的实践，使得中小学教师在很大程度上实现了课程观、教师观和学生观的嬗变。但是，新高考模式毕竟仍然是高考模式，其“指挥棒”功能不会丧失。事实上，媒体关于新的高考方案出台的传闻总是不绝于耳，其中对人们影响较大的莫过于高考英语在新方案中的安排。笔者以为，只要高考制度存在着，即使考试的评价方式发生变化，某些科目在高考总分数中的权重发生变化，也并不足以取消高考的选拔性功能。因此，各地中小学教育中，“重分数，轻能力”、“重自然科学，轻人文科学”、“重智育，轻德育”等顽症是一时难以消除的。

在“学生学习状况调查”中，我们发现，虽然不少中小学生能保证每天用不少于30分钟的时间阅读课外书籍，但其中有70%的学生阅读的课外书籍是学科辅导用书；而有助于提升学生人文素养的文史用书，只有不足5%的学生阅读。特别值得注意的是，85%的初高中学生表示，班主任老师更关注学习成绩，87%的学生表示家长更关注学习成绩。此外，55%的高三学生表示，他们的“成长记录袋”中有关社会实践的内容，除了军训内容真实外，其他如给社区打扫卫生、给敬老院老人做好事之类的内容，基本上是“造假”的。相关页面上的单位“红章”，也是凭借父母的社会关系在村委会、居委会或者在小区物管处加盖的。刚刚毕业的高三学生回顾自己的求学历程，发现班主任和任课老师对他们的励志教育，大多是以文化学习为中心的教育，是鼓励他们克服各种困难，永葆学习动力，圆所谓的大学梦的教育。

虽然各地中小学都能按照国家规定开齐开足规定的课程，但在课前课后的学习安排上，无论是学校还是家长，都自觉不自觉地注重对学生“智育”的引导，学生也自觉不自觉地将“学习”定义为语、数、外等文化知识的学习。尽管从总体上讲，素质教育实施情况比以前好，但“重智育，轻德育”、“重智育，轻心育”的现实还是存在的,且中学的情况比小学更加严重。

2.“隐形”的学业负担畸重

早在2009年6月,江苏省委办公厅、省政府办公厅就转发了省教育厅等部门《关于进一步规范中小学办学行为深入实施素质教育的意见》的通知,严格控制学生在校集中教学活动时间(俗称“五严要求”)。我们通过问卷调查发现,各地中小学基本上能按照相关部门的规定,安排学生在校学习时间,即小学6小时、初中7小时、高中8小时,做到不延长学生在校时间。但在一次学校调研中,江苏省教育厅厅长沈健的一次“奇遇”却很能说明问题。他问学生们最喜欢什么课,学生们齐刷刷地回答“最喜欢下课”。这脑筋急转弯似的幽默答案,让一个从事了多年教育工作、自认为了解学生的教育行政官员陷入深沉的思考:“为什么今天的学生不喜欢上学、不喜欢上课?”在现实的“五严”之下,中小学生依然存在着严重的“隐形”学业负担。

在“学生学习状况调查”中,我们发现了两个让人担忧的问题:

一是学生睡眠普遍不足。越是名校的学生,越是高年级的学生,越是毕业班的学生,越是存在严重的睡眠不足现象。我们通过对淮安地区某一四星级高中学校学生的调查,发现40%的高一年级学生睡眠不足,60%的高二年级学生睡眠不足,接近100%的高三学生睡眠不足。中国青少年研究中心的研究发现,1999年以来,中国中小学生的睡眠时间在持续减少,“学习日”近8成学生睡眠不足,周末也有超过7成睡眠不足。而长期睡眠不足,损害的不仅仅是孩子的身体健康,还会带来长期的精神创伤和人格障碍。① 二是学生“隐形”的课外学业负担重。我们在前面的调查中,发现虽然各地中学校的考试频次和考试评价方式似乎都符合教育主管部门的规定,但是,10%的小学高年级学生表示,每学期有两次学校组织的考试;另有不足5%的小学六年级学生表示,参加过各种各样的“竞赛性”考试,如奥数、写字、作文等,区域性所有学校所有学生都同时参加的学科统考统测变少了,但跨县区的校际联考或者学科间的分散的单元过关性测试变多了。所谓“上有政策、下有对策”,教育界也不例外。

在高考指挥棒、中考指挥棒,甚至“学前入学指挥棒”和“小升初指挥棒”的作用下,学校、家庭和社会所营造的“升学心理”氛围中,学生们或主动或被

① 杜飞进,等.学生负担过重,已成民族之痛[N].人民日报,2013-08-06.

动地投身于大量的课外作业、课外辅导中。90%的学生作业量超出各年级段的相应要求；超过50%的学生周末参加课外辅导，有的学生每周末甚至超过4小时用来参加课外辅导。“周一拼音，周二陶土，周三声乐，周四英语，周五钢琴，周末数学……”武汉徐女士已为5岁半的孩子报过17个培优班，累计花费近12万元。① 从学校的教育管理来看，学生们的学业负担似乎不重。但实际上，中小学生课后的学业负担是很重的，是超出教育主管部门管理时空之外的“隐形”负担。调查显示，长期高负荷的学业负担，使得80%的高年级学生特别是初三、高三毕业班的学生，基本上要靠老师、家长的督促，以某种“权宜遵从”的心态来完成作业。在晚自习期间，教学楼偶然断电，是好多学校参加晚自习的学生们最开心的“事件”之一。高考前夕，一些高三的学生大面积地抛撒讲义、练习本甚至书本，正是他们排解长久以来积压在心头的学业负担心理的一种发泄行为。

三、心理发育结构性失衡问题

通过心理状况问卷调查，我们发现目前中小学生的心理发育也存在着结构性失衡的问题。

1. 缺乏正确的自我认知，社会理解存在偏差

1%的小学一至三年级学生、5%的小学四至六年级学生、2%的初中生和2%的高中生表示，自己的成绩不够理想，全是由于家长、老师“督促”、“管教不够”，或者“班主任、某学科老师水平不行”，或者友邻位置的同学不自觉等原因造成的；在与同学、老师、家长有不愉快交往经历的学生中，接近3%的学生认为“责任总是在对方”，“没有更好的方法来消除不愉快”。此外，在学习勤奋、学习成绩名列前茅的学生中，25%的学生存在严重的考试紧张、焦虑心理，他们表示有过“考前拉肚子”、“考前失眠”、“考试后觉得自己没有在试卷指定位置填写姓名”等现象。调查中还发现，大约1%的初中生和2%的高中生在遇到心理问题时，不愿意向社会求助，哪怕是在虚拟空间找QQ好友倾诉，也不愿向同辈和家长、老师求助，反映了比较严重的心理偏差。

2. “知易行难”，自控能力不强

虽然老师们一再告诫学生，手机、网吧和早恋是教育界公认的、学生成长过程中的“三大杀手”，好多学生也明白这个道理，但95%的学生在尝到了其

---

① 杜飞进，等. 学生负担过重，已成民族之痛[N]. 人民日报，2013-08-06.

中"某一杀手"的滋味之后,仍旧欲罢不能;有的学生沉湎于时尚杂志,津津乐道于影视体育明星的花边新闻,或者沉湎于言情武侠小说之中,在课堂上还控制不住自己,时不时地要浏览几页,有的甚至达到痴迷的地步而荒废了学业;有的学生也知道不合理的饮食有害健康,一些垃圾食品对人有害,但仍然乐此不疲。凡此种种,都表明了中小学生知易行难、自控能力不强的问题。

3. 留守孩子的心理状况失衡严重

城市化、工业化的发展,为农村劳动力的转移提供了历史性机遇。2013年5月16日,《光明日报》发表了由全国妇联儿童工作部、中国人民大学人口与发展研究中心组成的课题组合作完成的《全国农村留守儿童、城乡流动儿童状况研究报告》。报告显示,根据2010年全国第六次人口普查资料推算,全国有农村留守儿童6102.6万人,占所有农村儿童的比重达37.7%,占全国儿童的比例为21.9%。与2005年全国1%抽样的调查估算数据相比,5年间全国农村留守儿童增加约242万人,增幅为4.1%。[①] 笔者所在的学校地处城乡结合部,生源构成上既有父母常年在外打工的农村孩子,也有父母常年在外跑生计的城里孩子。每次各个年级召开家长会,大约有20%的家长因为在外地打工难以到会,10%左右的学生由祖父祖母参加孙辈的家长会。多年来的教育实践中,笔者接触了众多留守孩子的教育案例。在此,笔者愿意多费一点笔墨,谈一下留守孩子中存在的心理失衡问题。

(1)"管吃管穿"所带来的放纵型。一些家长外出打工,无暇顾及孩子,只能对孩子"管吃管穿",提供基本的食宿条件。至于教育孩子,那是"望天收"(像种庄稼似的,收成如何得看老天爷是否风调雨顺)。如果孩子"听话",万事大吉;相反,因为常年不在家,偶尔在一起,"不忍心过分批评",也只是"说一说"而已,根本不会去做更多的沟通。家长的放纵,使得很多本应得到父母亲情温暖和管教的孩子变得早熟。有的因为缺乏管教,无节制地上网、玩手机,滥交、乱交朋友,耽误了学业甚至误入歧途。

(2)"隔代疼"所带来的溺爱型。一些家长外出打工,将孩子留给爷爷奶奶或者外公外婆看管。绝大多数孩子在父母那儿得不到满足的有关零花钱、零食、手机等的要求,会在爷爷奶奶或者外公外婆那儿更容易得到满足,这就

---

① 周易.205.7万独居留守儿童警示农村未成年人监护刻不容缓[N].中国青年报,2013-08-08.

是所谓的“隔代疼”现象。在“隔代疼”环境中成长的孩子，往往缺乏自我效能感，以自我为中心，缺乏互助互爱的团队精神，缺乏耐挫能力。

（3）“寄人篱下”的失落型。一些家长外出打工，将自己的孩子寄养在兄弟姐妹家中或是要好的朋友家中。这些孩子不和自己的父母在一起生活，而是较长时间地生活在他人家中。他们会感受到某种无形的约束力，胆小怕事、敏感多疑；而一旦亲戚不在家或者走出亲戚家门后，又会感觉无拘无束甚至无法无天；也有一些天生胆大的孩子，小毛小病的，亲戚“害怕小孩的家长多心”而“不好意思说”。久而久之，孩子就会违反校纪校规甚至违法。调查显示，缺乏良好的生活习惯或者性格孤僻、为所欲为等各种“问题学生”中，高达65%的比例出自留守孩子，这一比例远远高于常年与父母亲在一起的孩子。

4. 家境优裕的孩子的心理状况失衡

据报道，1978—1998 年，来自农村的北大学子比例约占 3 成，20 世纪 90 年代中期开始下滑，2000 年至今，考上北大的农村子弟只占 1 成左右。清华 2010 级农村生源仅占 17%，而当年高考农村考生的比例是 62%。① 不少成功的创业人士、公务员、自由职业者等物质条件优裕的家庭，非常重视对孩子的培养，乃至人们惊呼“寒门再难出贵子”。另一方面，频繁出现让人非常痛心的“官二代”、“富二代”等“二世”现象，凸显出孩子的成长环境和家庭教育之间的矛盾。所谓的“官二代”、“富二代”的教育问题是客观存在的历史性课题。其实，所谓条件优裕也是相比较而言的，并非有一个刚性的经济指标。2005 年，笔者曾经执教的一个班级，高一入学时，班里学习成绩排名前 10 名的学生，来自条件优越的城市家庭和条件相对较差的农村家庭的各占一半；前 20 名中，来自城市家庭和农村家庭的，刚好也是各占一半。但一个学年之后，学习成绩排名前 10 名的学生，来自城市家庭的只有 1 个；前 20 名中，只有 3 人来自城市家庭。这一案例说明，家庭经济条件相对较好也有弱化孩子学习动力的可能。“二世”们会因为有了更好的条件去追求更多的物质享受和感官刺激，反而在衣食无忧中丧失远大的人生理想和奋斗目标，也不愿意为实现理想而奋斗，没有学习兴趣，丧失了在能力、品行等精神层面上提升素质的愿望。一句话，他们会缺乏寒门弟子所具备的进取、创新、忍耐等优良品质，反而更多的是平庸、自大、浮躁和坐享其成。

---

① 农村学生难入名牌大学 北大占比从三成跌至一成[N]. 重庆晚报，2011－08－06.

某知名歌唱家之子李某某的成长轨迹，也许是家境优裕的孩子心理失衡的典型注脚。李某某4岁选入中国幼儿申奥形象大使，曾获得全国少儿钢琴比赛金奖，全国青少年书法大赛铜、银、金奖，最年少的海淀区书法协会会员。2011年，他曾因打人事件被收容教养。2013年9月26日，因强奸罪被判处有期徒刑10年。据著名艺术家杨洪基介绍，李某某小的时候，曾跟他爸爸吵架，结果他噼里啪啦打他爸爸。据杨洪基回忆，他曾说（善意的批评）李某某的父亲，怎么能容许他这样？李父认为，“小孩子不懂事”。杨洪基认为对孩子要严格教育，太宠他是害了他。李某某的父亲也痛心地承认自己家教失败。①

第三节 当前中小学生成长发展的问题诊断

人们在谈论中小学生成长发展过程中出现的各种问题时，往往会归因于高考制度，仿佛高考制度是教育界各种问题的总根子。确实，当前中小学生成长发展的问题，与高考制度是相关的。但高考制度本身作为人们头脑中的一种思想形式是由多种情况叠加在一起的。为此，我们既要考虑人们头脑中的动因，也要去研究国情。所以，笔者拟从我国国情和家长、政府乃至社会的心态角度来诊断当下中小学生成长发展中问题的成因。

一、国情使然

2010年，我国的GDP总量超过日本，成为世界第二大经济体。据国家统计局2016年1月19日公布的经济数据显示，2015中国全年国内生产总值（GDP）67.67万亿元，在世界排名第二，仅次于美国。然而人均GDP为5.2万元，约合8016美元，与美国、日本、德国、英国等发达国家3.7万美元以上的水平仍有很大差距。② 在我国经济总量上升的同时，还有不少制约我国经济社会发展的深层次问题，如发展中不平衡、不协调、不可持续的问题依然突出，科技创新能力不强，产业结构不合理，农业基础依然薄弱，资源环境约束加剧，制约科学发展的体制机制障碍较多，深化改革开放和转变经济发展方式任务艰巨；城乡区域发展差距和居民收入分配差距依然存在较大问题。“我国仍处于并将长期处于社会主义初级阶段的基本国情没有变，人民日益增长的物质文化需要同落后的社会生产之间的矛盾这一社会主要矛盾没有变，我

---

① 筱娅. 杨洪基在榕谈李某某案：李双江知道自己家教失败[N]. 东南快报，2013-09-28.

② 2015中国GDP世界第二人均GDP不如发达国家[EB/OL]. 搜狐网. http://mt.sohu.com/20160120/n435165526.shtml.

国是世界最大发展中国家的国际地位没有变。在任何情况下都要牢牢把握社会主义初级阶段这个最大国情,推进任何方面的改革发展都要牢牢立足社会主义初级阶段这个最大实际。”① 社会主义初级阶段这一基本国情,决定了我国当前的中小学教育处境尴尬。

1. 就业竞争带来升学的压力

近年来,国家机关、事业单位、国有大企业等收入稳定的部门,越来越成为大学生的向往之地。国家公务员招考中,竞争激烈到上千人抢一个饭碗的地步。“不能输在起点上。”在就业形势严峻这一现实的沉重背景中,各地高中必然会或主动或被动地参与到升学竞争之中,以便将来能进入就业竞争力更强的学校和专业。而这种心态和竞争压力必然会向初中、小学乃至幼儿园蔓延。在目前的高等教育体系下,最好的学校学费反而是最低的,学费最高的反倒是一批地方院校,出现了学费与学校质量、品牌倒挂,一般高校对学生学费依赖程度高的特殊现象;另一方面,据中国教育在线整理的信息,2013 年一本录取率最高的天津、北京、上海分别为 24.52%、24.33%、22.64%,大部分省市(自治区)的一本录取率在 15% 以下。有竞争就必然有淘汰。无论各地的教育怎么发展,质量怎么提升,总会有学生在高考竞争中上不了本科院校,而无奈地选择高职院校,甚至还有不少考生主动弃考。尽管如此,仍然有几百万的考生为了将来能有个好大学、好专业而参加高考。即使上不了名校,退而求其次,也力争上一本院校;即使上不了一本,也力争上二本院校;实在不行,也得读个好专业,哪怕是三本院校……以江苏省为例,2013 年的三本院校招收的分数线再次显示,依托南京大学、东南大学的三本分数线已达到普通院校的二本线。

2. 升学竞争引发升学率竞争

学生个体希望升入高一级学校,各个学校也在力争将自己招收进来的学生培养成高一级学校的学生。一些名校之间不仅比拼升学率,更比拼升入一流名校的学生数;这种现象还传递到初中、小学,各个学校之间在比拼升学率的同时,也在比拼升入当地名牌高中、初中的学生数,以此来打造一个个名牌高级中学、名牌初级中学和名牌小学。

---

① 胡锦涛. 坚定不移沿着中国特色社会主义道路前进,为全面建成小康社会而奋斗. 中国共产党第十八次全国代表大会文件汇编[M]. 北京:人民出版社,2012:15.

随着我国社会经济的不断发展，城市化的进程不断推进，农村人口也相应地逐步转移到城市，这就决定了教育布局会由当年的城乡遍地开花向“撤校并点”转变。而“撤校并点”的政策取向又引发了目前仍是农村户籍的农民子女难以享受到与城里孩子一样的教育资源。事实上，无论城市化怎么发展，总会有相当数量的农民及其子女生活在农村，总要在农村接受教育。教育布局的再调整和再优化以及教育公平化，也正是在我国现实国情的矛盾运动中提出来的。可以说，教育资源的不均衡实际上是我国现实国情、现阶段主要矛盾在教育上的投射。因此，不管怎么说，教育布局的再优化和教育公平化总得有个过程。城市里的教育资源不仅难以让农家子弟享受到与城里孩子一样的待遇——教育上的国民待遇，就是在城里，也难以让城市孩子均衡地享受到平等的教育资源。划定施教区、电脑摇号等措施不过是权宜之计，并不能从根本上解决这一沉重的历史性课题。现实生活中，从宏观层面看，教育公平有赖于经济社会的和谐发展；而从个体层面看，任何一个学生都有获得优质教育资源的权利，没有一个学生和家长会傻乎乎地等到教育资源再优化和教育公平化之后再去就近入学。为了升学，为了将来在就业大军中有更好的竞争力，在城乡二元结构依然存在、社会发展不平衡的现实背景下，家长们必然会通过择校、借读等途径（一些学校也很愿意）进入师资力量更强的学校。这样，就必然会出现生源从小学甚至幼儿园开始由乡村向城镇、由小城镇向县城、由县城向区域中心城市学校流动的潮流；在城市里，也必然会出现由所谓的薄弱学校向星级学校流动的生源大军。与此相对应，当优质的师资队伍也由乡村向城镇、由城镇向县城、由县城向区域中心城市流动时，为了实现自己作为教师的价值，为了印证自己也属于优秀教师抑或是为了自己的孩子也能到更好的学校等各种各样的想法，还能有多少优秀的教师愿意坚守在乡村中学甚至是乡村“空壳”学校呢？这种情形使得生源流动和优质师资队伍的流动形成恶性循环，进一步加剧了校际之间发展的不平衡，也就进一步加剧了上学难、上好学校更难的状况。有的地方恢复被裁撤的乡村学校，问题是家长还愿意将自己的孩子留在乡村里上学吗？

二、观念使然

法国社会心理学家古斯塔夫·勒庞说：“一千个偶然聚集在公共场所的人，没有任何明确的目标，从心理学意义上说，根本不能算是一个群体。”“虽然不可能看到整个民族聚在一起，但在某些影响的作用下，它也会变成一个群体。"① 换言之，社会观念或群体心理会对个体或群体的社会行为产生重要的影响。在我国社会主义初级阶段的基本国情之下，发展的不平衡、收入差异的存在等现实环境，催生了三种不同的家长心态。而这三种不同的家长心态，构成了当下中国中小学生成长发展过程中难以跳脱的心灵空间，从而极大地影响着中小学生的成长发展轨迹。

1. 三种不同家长心态的导引

（1）望子成龙、盼女成凤家长的心态。望子成龙、盼女成凤是中华民族的传统。这种传统，使得华人无论身在何处，其家庭教育都必然打上鲜明的中华民族的"胎记"。"虎妈"和"狼爸"现象正是这种民族传统的典型反映。有"虎妈"之称的美国耶鲁大学的华裔教授，原名蔡美儿，她出版了一本名叫《虎妈战歌》的书，介绍了她如何以中国式教育方法管教两个女儿。她骂女儿垃圾，要求每科成绩拿 A，不准看电视，琴练不好就不准吃饭，等等。17 岁的蔡思慧被哈佛和耶鲁同时录取，最终决定上哈佛大学。而有"狼爸"之称的香港商人萧百佑将三个孩子送进北大，其备受争议的教子经《所以，北大兄妹》，原名叫《打进北大》。虽然人们争论的是"虎妈"、"狼爸"的教育方式，而他们的教育方式背后正体现了浓厚的望子成龙、盼女成凤的中华民族的传统心态。

在中国当下的现实环境中，家长们对孩子的期盼心理获得更加持久而弥漫的发酵。据国家统计局 2013 年 1 月 18 日发布的消息，2012 年我国的基尼系数为 0.474，远高于联合国规定的 0.4 的警戒线。这是近年来官方首度正式承认我国存在贫富差距悬殊的现象。在不同职业之间存在着明显的收入差距、职业稳定性差距的现实环境中，父母"舍不得吃，舍不得穿，却舍得拿大把大把的钞票送给培训机构；孩子上学我们工作、孩子培优我们作陪，节假日不属于孩子也不属于家长；眼睛盯着的是考试成绩，耳朵听的是各路有关教育的小道消息，鼻子还要灵敏嗅出暗流涌动的培优市场孰优孰劣，口头谈论的也都是奥数、培优……疼她就是害她，总不能为了一个快乐的童年而失去美好的未来吧？"② "通过不同的过程，个人可以被带入一种完全失去人格意识的状态，会做出一些与他的性格和习惯极为矛盾的举动。""有意识人格的

---

① [法]古斯塔夫·勒庞. 乌合之众（修订本）[M]. 北京：中央编译出版社，2014：5.

② 杜飞进，等. 学生负担过重，已成民族之痛[N]. 人民日报，2013-08-02.

消失，无意识人格的得势，思想和情感因暗示和相互传染作用而转向一个共同的方向，以及立刻把暗示的观念转化为行动的趋向，是组成群体的个人所表现出来的主要特点。他不再是他自己，他变成了一个不再受自己意志支配的玩偶。"①在这种群体心理的作用下，即使直接从事教育的家长也不得不放弃自我意识，给自己的孩子找家教，强迫孩子进兴趣班，等等，也就遑论从事教育工作之外的普通的家长们不管怎么"心疼"、"变态"，为了孩子能在未来冷酷的就业竞争中胜出，也只能与孩子们一道投入残酷的升学竞争中去了。据光明网 2013 年 1 月 26 日报道，2013 年 1 月，广东省政协分组讨论中，政协委员、广州大学教授杨木壮建议高考将 375 分设为"最低录取线"，低于 375 分不录取。他说，低分考生不适合读书，不是说素质低，而是更适合干其他工作。此言一出，不仅在政协委员中引起热议，而且在社会上也掀起一番波澜，引发了人们对扩大职业教育的思考。"分太低是没必要上大学，但是中国现今社会没有一个良好的体制来接纳，如今万般皆下品唯有读书高的社会主流价值观，让这些年轻人怎么生存。关键不是定某个分数界线拒一部分人于门槛之外，而是创造一个不上大学能成才的多元价值观。"在笔者看来，网友@生瓜二蛋子提出了比较理性的观点。事实上，不到万不得已，有多少家长愿意中断望子成龙、盼女成凤的心愿，中断孩子的大学梦，心甘情愿地让孩子接受职业教育呢？

（2）"暴发户"型家长的心态。改革开放几十年来，取得了举世瞩目的成就，特别是数亿人脱贫，为全世界消除贫困做出了巨大贡献。虽然横向比较，我国的人均收入还很低，但是纵向比较所带来的富裕感，特别是在改革开放中，吃辛受苦发展起来的第一代农民工、企业家，甚至那些过五关斩六将，通过高考走上各行各业领导岗位成就一番事业的知识分子，他们的成长过程中，备尝了童年的饥饿感、外出打拼的艰辛、为了高考挑灯夜战的苦读等等。这些农民也好，企业家也好，机关干部也好，他们在子女教育问题上，往往第一步想到的是要尽最大能力使自己的孩子吃好穿好，避免重复自己当年的辛苦。受快餐文化的冲击，很多孩子在童年、少年阶段，就乐于消费可口可乐等碳酸饮料，乐于消费肯德基等高脂肪、高蛋白质、高胆固醇的"洋快餐"，而家长往往容易满足他们的消费心理，乃至于不少"二世"饮食结构失衡，出现营

① ［法］古斯塔夫·勒庞．乌合之众（修订本）［M］．北京：中央编译出版社，2014：10－11．

养不良和肥胖并存的现象。孩子成长过程的一些小错误,也会得到家长的原谅甚至纵容。俗话说得好,小洞不补,大洞吃苦。久而久之,这种缺乏足够的约束和管教的孩子,往往养尊处优,追求物质享受,追求个人主义,放松对自己的约束,等等,结果反而使孩子成为"学困生"、"问题少年",甚至少年犯。

出现这样的问题时,特别是出现所谓的"官二代"、"星二代"和"富二代"违法乱纪甚至言行嚣张的事件时,往往会引发巨大的网络民意。这是我国现阶段社会发展中出现的某些深层次问题的某种感性的折射和表达,如果冷静地加以思考,我们就会发现,更多的网络民意是出于"仇官"、"仇富",或者追求所谓的社会公平而言的。而从教育的角度看,笔者以为,我们这个逐渐富裕起来的民族还远没有形成教育好"二世"的自觉意识和一整套科学的方法论体系。

(3) 终日劳作农民工的心态。一边是"二世"的教育问题,另一边却是弱势群体在教育孩子问题上的无奈。改革开放之初,我国绝大多数的劳动力来自农村。如今,进城打工的农民保持在1.2亿人左右。在中西部地区,农民的工资性收入占家庭总收入的一半以上。由于学历、技术等方面的制约,绝大多数农民工在所打工的城市干的是粗活、累活、脏活,工资却相对较低。拖欠农民工工资的新闻事件还时有所闻。在工业化、现代化、城市化过程中,广大农民的经济条件和工作、生活环境,还没有获得相应的市民化这一不争的事实,不可避免地引发民工子女上学难、上好学校更难的问题。2013年9月30日中国青年报头版图片新闻报道了以农民工子女为主要生源的贵阳市兴国学校组织学生在立交桥上分组跑步,进行体能测试的情景。① 该校"操场面积非常小,呈一个三角形,操场最长的一边不足30米,最短的一边不足10米,明显不能满足体能测试的要求,学校外坑坑洼洼的空地上满是生活垃圾和建筑材料,流淌着脏水,也无法利用"②。绝大多数农民工不能将自己的孩子带到自己所在的城里上学,只能让自己的孩子处于"留守"状态。在城镇,也有不少类似于农民工这样为了生计,终日劳作,无暇顾及孩子的市民。在教育资源尚未公平的现实中,他们与绝大多数农民工同样淳朴,同样没有足够的物质条件,也同样没有相应的人脉资源去选择人们向往的所谓"好学校"。不少

---

① 徐丰山. 立交桥上的体能测试[N]. 中国青年报,2013-09-30.

② 体能测试为何走上立交桥[EB/OL]. 中国评论新闻网. http://www.chinareviewnews.com/doc/1027/7/5/3/102775381.html? coluid=20&kindid=240&docid=102775381. 2013-10-02.

孩子因处于“留守”状态,即使不是来自单亲家庭,不是孤儿,但很多人其实仍属于“情感孤儿”。这些孩子的老师无论怎么负责,老师情、同学情都不能简单地代替家庭亲情。正因为如此,“留守孩子”往往会产生各种各样的问题,最终成为学习上“困难户”。虽然绝大多数农民工也同样怀有“望子成龙、盼女成凤”的心态,但他们只能无奈地把自己的孩子送到层次较低的学校就读。有的在中考时因成绩不理想而进入职业中学就读。这又使得基础很差只适合到职业中学学习的孩子的家长,在“近朱者赤,近墨者黑”心态驱使下,将自己的孩子送进普通高中学习。而这部分孩子中的绝大多数人,高考之后最终还是进入职业技术学校。这种情形既耽误学生提前掌握职业技能的时间,制约着我国高中职业技术教育的发展,又造成我国高等教育资源的浪费。有些升学无望的高中生干脆放弃高考。截至 2013 年,全国高考报名人数已连续 5 年下降,2013 年为 915 万,比 2009 年少了 108 万考生。中国教育科学院研究员储朝晖表示,2010 年,他在对比各地高三学籍人数与高考报名人数之后测算出,当年全国大约有 80 万名学生弃考。近年,弃考人数以每年接近 10 万人的速度增加。照此计算,2016 年全国弃考学生大约在 100 万人。

2. 学校在多重压力下偏离素质教育的轨道

百年大计,教育为本。中小学教育事关千家万户。家长的殷切期盼所形成的社会压力,也必然传递给各级政府。升学率、一本率、名校率、“北大清华率”等指标,成了中学甚至是某些地方政府之间比拼教育政绩的筹码。所以,各地各级政府都非常重视当地的教育。河北衡水中学的例子最为典型。2013 年 7 月 22 日晚,以“超越梦想”为主题的衡水中学 2013 年高考庆功会在泰华雅阁大酒店隆重举行。衡水市委副书记、衡水市人大主任、衡水市委常委、秘书长、衡水市委常委、组织部部长、衡水市人民政府副市长、衡水市政协副主席、衡水市军分区政治部主任、市委副秘书长、中共桃城区委书记、桃城区政府区长、市政协教科文卫主任、衡水市教育工委副书记等领导莅临大会祝贺;除学校领导外,该校 2013 届高三全体教师及其家属、2014 届高三全体教师参加了庆功会。此外,还有赞助单位代表中国银行衡水分行行长、衡水市泰华房地产开发有限公司总经理、衡水老白干酒业股份有限公司董事长、衡水市商业银行副董事长、河北养元智汇饮品有限公司董事长、河北凯德生物材料有限责任公司董事长、衡水金源鞋材有限公司董事长、衡水橡胶总厂董事长、衡水宝力橡胶董事长、河北精信化工集团有限公司董事长以及该校部分 2013

届高三家长委员会代表也到会祝贺。如此规格的嘉宾，背后显示的实际上是学校承载着社会各界的期望和压力。类似这样的庆功会，衡水中学已经开过很多年了。高考成绩喜人，则开庆功会；失败了，学校将承担多大的社会压力呢？

多重压力之下，任何一所中小学校甚至是幼儿园都不能忽视教育质量（互联网上关于幼儿阶段教育拔苗助长、幼儿园小学化教育的新闻、文章比比皆是）。衡量教育质量最刚性的指标就是升学率，而提升升学率的方法虽然有很多，但任何一所学校都无法忽视对学习时间的挤占。教育主管部门可以检查一个学校学生的作息时间、课表，但不可能深入学生的家庭去查看学生的课外作业量；有不少学校以学生缺乏自修的家庭环境这一冠冕堂皇的理由，让学生或主动或被动地于晚间、周末留在学校上自习。而只要有学生在学校，任何一所学校都会担心安全问题，而不得不安排老师组织学生上自习。有时，老师还会"集中答疑"，继而，在切香肠的思维方式指导下，周末自习课也就会一步一步地演变为上课了。

无论是义务教育阶段的考试，还是大型的中考、高考，最基本的都是在考查学生对基本知识的再认再现和知识的迁移能力。"学习某种材料，达到一次完全背诵后仍继续学习，使学习巩固水平超过刚能背诵的程度，叫过度学习。心理学研究表明，过度学习可以使材料保持得更好。实验表明，150%的过度学习最为经济合理。"① 所以，在学生学习科目多、选拔性考试等多重压力之下，各科都布置一点"过度学习"的练习，累积起来必然导致中小学生学业负担重的现象。"减轻中小学生过重的课业负担"，口号喊了几十年，各地的"减负令"多达上百项，可是，"'减负'就像希腊神话中西西弗斯手上的巨石，每天被推上山，然后又滚下来，如此周而复始……"② 2013 年 8 月 22 日，教育部公布了《小学生减负十条规定》征求意见稿：小学一年级新生入学后，要严格按照课程标准从"零起点"开展教学；小学不留书面式家庭作业；一至三年级不举行任何形式的统一考试。其实，我们可以清晰地看出来，这是从学校和教师的教育教学行为的角度进行规定的。可问题是，管得了学校和教师，能管得了家长吗？虽然各地教育主管部门都明令禁止有偿家教，但在追

① 孙学礼. 心理咨询师[M]. 北京：中国劳动社会保障出版社，2008：52.

② 杜飞进，等. 学生负担过重，已成民族之痛[N]. 人民日报，2013-08-02.

求升学率这种汹涌澎湃的民意压力下，各地周末、寒暑假，学生及其家长找家教、找培训机构，是非常普遍的现象。实际上，对教师的有偿家教行为，各地教育主管部门基本上是“不告不理”的。因为这实在是周瑜打黄盖——一个愿打一个愿挨的事。也就是说，即使学校不布置作业，有条件的家长、有升学理想的学生也会通过其他途径和形式来自加压力。这样，即使学生在校学习时间符合规定，教师布置的作业量符合规定，可实际上学生“隐形的学业负担”还是难以降下来的。

为了升学率，励志教育实际上成了应试教育的助手。“守规矩方可日日进步，肯吃苦才能代代成才”、“今日疯狂，明日辉煌”，这些名牌中学的励志标语，如今在全国不少中学走红。就学生而言，增强纪律观念、增强吃苦意识、“疯狂地”学习，都是为了分数；就学校而言，励志的目的最终是为了提升升学率。各级学校特别是高三、初三年级，重“智育”而轻德育、轻体育、轻美育、轻劳动教育的思路和做法也就成为必然选择。一些学校围绕升学，甚至出现许多雷人的口号：“没有高考，你拼得过富二代吗？”“不学习，如何养活你的众多女人？”“提高一分，干掉千人。”①正因为激烈的升学竞争，当代中小学生少了太多体育锻炼的机会，少了太多的阅读美文和欣赏影视、音乐、美术等文艺作品的机会，也少了太多的成长过程中的乐趣。

---

① 徐睿哲．“励志标语”为何雷人［N］．解放日报，2012－12－03．

第二章　学生基础道德品质与公民意识的培育

中小学生的基础道德品质和公民意识教育是素质教育的重要内容，是贯彻国家教育方针、促进学生身心发展的首要任务。为了加强中小学生基础道德品质和公民意识教育，2004 年中共中央国务院下发了《关于进一步加强和改进未成年人思想道德建设的若干意见》（中央 8 号文件）。文件指出，加强和改进未成年人思想道德建设是一项重大而紧迫的战略任务。同年，江苏省委、省政府下发了《江苏省加强和改进未成年人思想道德建设行动计划》，对中小学生的道德品质和公民意识的培养作出了明确的要求。经过了十多年的探索和努力，各地方、各级教育部门在未成年人思想道德教育和公民意识教育方面进行了多方面的探索，取得了一定的成效，但也存在一些亟待解决的问题。

第一节　培养中小学生道德品质和公民意识的必要性

德育是素质教育的灵魂，这是“由德育全面促进个体素质发展的功能的特殊性决定的”①。我国中小学基础道德教育与公民教育存在的问题与时代要求存在差距，呼唤我们必须注意加强对中小学生进行道德品质与公民意识的教育。

一、中小学生基础道德品质和公民意识存在的问题

今天大多数中小学生在思想道德品质和公民意识方面都体现出了积极向上的态势，但由于全球化、价值多元的影响，我国中小学生基础道德品质和公民意识也存在一些问题。

1. 自我中心主义，缺乏合作精神

中国传统的家庭观念和社会环境的变化，使部分中小学生，特别是独生子女在家中有一种独特的优越感，以自我为中心的性格特征得到强化，与他

① 张波，郑子英. 中小学素质教育概述[M]. 长春：吉林大学出版社，2012：52.

人相处以自我为中心，不懂谦让，私心较重。一部分同学享乐为先，不懂节俭。独生子女的特殊地位和良好的家庭环境导致学生勤俭精神不足，吃要好的，穿要名牌，整天零食不断，花钱大手大脚，不珍惜父母的劳动成果，在承担责任、关心他人、勤俭节约、自我管理等方面明显存在缺失。许多中学生能明辨道德是非，但不一定能付诸实践，总强调"人人为我"，而较少想到"我为人人"，缺乏应有的道德责任感，表现在学习上更是"各自为政"，缺少合作精神。

一切以我为中心的价值观，严重地影响了中学生的学习目的和对人生价值的判断。判断力和自控能力不强就容易做事摇摆不定，陷入众多的矛盾困扰之中；对远大理想时时动摇，学习缺乏动力；心理压力过大，消极心理强，又不能及时有效地作自我调节，导致了他们封闭、逆反的心理。

2. 关怀品质下降，缺乏感恩精神和责任意识

信息社会的发展，使网络成为当代中小学生不可或缺的学习、娱乐和交往的工具。精彩纷呈、图文并茂的虚拟世界给他们带来了巨大的吸引力和诱惑。网络一方面给未成年人与其他人之间的交往带来便利，另一方面由于他们沉迷于与多媒体画面打交道，从而与人直接交往的机会减少，以致与家庭成员之间、邻里和同学之间的感情联系变得越来越少，既减少了对现实生活的关怀，也忽略了他人对自己的关怀。在现实生活中，有的学生不懂得感恩，认为父母、教师对自己的爱是理所当然的；同时，对他人、社会和自然缺乏责任意识，认为社会的不良风气、环境的恶化、他人的不幸是别人的事情，不能认识到"我"的发展和他人、社会、自然的关系。

3. 自律能力较差，心理素质脆弱

自律即自控能力，是指个人对自己的动机、兴趣、情感、态度、意志、毅力等的自我调节和控制能力，亦称自我管理能力。现在的一些中小学生，特别是中学生，盲目偶像崇拜。如疯狂的"追星族"、"发烧友"，大多是情窦初开、不谙世事的中学生。他们对有的港台歌星崇拜到了疯狂的程度，把明星当作生活的全部、仿效的对象，而对社会杰出人物、英雄人物嗤之以鼻，态度十分淡漠，认为这些人物"过时"了。

在当下教育改革的进程中，尽管素质教育、"减负"表面上开展得如火如荼，但由于中考、高考的"指挥棒"仍在发挥作用，学生们还只是重视对书本知识的学习，其他素质的培养，则统统为升学让道，自律能力等自觉不自觉地被淡化了。有的学生会为考试不理想、挨老师批评，或者和同学闹矛盾等，就容

易焦虑、空虚、怀恨在心、难以把握自己。近年出现的许多中学生出走、自杀事件,在一定程度上也说明了当代中学生自律能力较差、心理素质脆弱这一事实。

4. 知行不统一,道德认知与道德实践脱节

知行统一原则是指在德育过程中,既要重视对学生进行系统的理论教育,又要通过实践活动对学生进行教育;既要提高学生的思想认识,又要求学生作出相应的行动,把认识和实践、思想和行动统一起来。现在大部分学生理论知识非常丰富,但缺乏社会实践活动,往往言行不一,“口头一套,行动一套”。有的中学生还实行双重道德标准,要求他人遵守纪律,关心集体,而自己却自私自利,对集体和公共事物漠不关心。他们有独立的愿望,认为自己已长大成人,但在生活上又对父母过度依赖,自己不愿承担任何责任。

5. 传统美德有弱化的趋势

在中小学生的基本道德品质中,传统美德与现代意识并存,但部分传统美德的弱化须引起警惕。许多学生尊重知识却鄙视劳动,好逸恶劳,不懂得勤俭节约,不懂得孝敬父母。调查数据表明,中小学生在父母劳累一天回家后,不经常主动为他们做一些力所能及的事情的(如倒杯水、收拾饭桌等)占44.4%左右;当父母不在家时,不能自己做简单饭菜的学生占37.4%,不自己洗袜子的占30.7%。这表明三分之一左右的中小学生家务劳动习惯缺失,生活自理能力不足。中小学生购买新款的文具、玩具和时髦运动鞋等时尚物品的占61.6%,对于纸、笔、本等学习用品没有用完或用坏就换新的占58.0%。① 这表明有超过一半的学生存在购买时尚物品、浪费学习用品的行为。

6. 网络道德现状堪忧

近年来,我国的网民以每年25%的速度迅速增长。虚拟网络中的花花世界让青少年流连忘返。据调查,中学生上网为了学习的几率并不高,他们大多是为了玩游戏或浏览不良网站、找朋友聊天,关注影视文艺动态或关注体坛动态,也有的看新闻。目前,我国中学生上网的主要目的是游戏、娱乐、聊天和收发电子邮件。网络对中学生的思想和行为产生了极大的消极影响。

网络在传播知识和健康信息的同时,也传播着一些反动的、迷信的甚至不健康的内容。加上青少年的心理、生理、认知水平的局限,网上的不良信息

① 赵丽霞.当前我国中小学生基本道德品质调查研究[J].中国教育学,2012(7).

对他们的学习、生活、思想道德品质产生了很大的负面影响，甚至导致严重的网络道德失范和网上“行为偏差”，同时也诱发一系列社会问题。调查显示，经常上网聊天和玩游戏容易导致个性化情绪，比如情绪低落和孤独，与家人、朋友疏远。还有少数学生浏览不健康网站，恶意制造病毒，剽窃他人网上成果而侵犯知识产权。青少年沉迷网络已经成为严重的社会问题，家庭、学校、社会一定要多加关注和引导。

在调查研究中还发现，中小学生在基础道德品质和公民意识培育方面存在城乡差异。在基础文明素养和公民意识方面，城市孩子明显优于农村学生；但在勤俭节约、热爱劳动、孝敬父母等传统美德方面，农村孩子要比城市孩子好。

二、中小学生道德品质培育面临新的机遇和挑战

我国的中小学教育一贯重视学生的道德教育和品德养成，把学生的道德品德教育看作教育的灵魂和核心。今天，面对国际国内形势的深刻变化，我国中小学生思想道德教育既面临新的机遇，也面临严峻的挑战。我国对外开放的进一步扩大，一方面开阔了中小学生的眼界，为他们的成长提供了丰富的物质文化资源；另一方面，市场经济带来的拜金主义、享乐主义严重地侵蚀中小学生的思想；外部势力也通过各种途径和手段，加紧对我国未成年人进行腐朽文化的渗透。同时，某些消极、颓废的生活方式对我国广大中小学生的思想和生活造成了极大的负面影响。

中小学生表面上生活场所和生活方式简单，但事实上，成人世界对他们的影响并不亚于学校教育。成人世界的各种现象以一种既定的事实在证实强化或消解学校教育的成效。随着我国经济社会的深入发展，社会经济成分、组织形式、就业方式、利益关系和分配方式的多样化，为未成年人的全面发展创造了更加广阔的空间，与社会进步相适应的新思想、新观念正在丰富着中小学生的精神世界。另一方面，一些领域道德失范、诚信缺失、假冒伪劣、欺骗欺诈活动有所蔓延；一些地方封建迷信、邪教和黄赌毒等社会丑恶现象沉渣泛起；一部分人的价值观扭曲，拜金主义、享乐主义、极端个人主义滋长，以权谋私等消极腐败现象屡禁不止；等等。这些，也给中小学生的成长带来不可忽视的负面影响。互联网等新兴媒体的快速发展，给未成年人学习和娱乐开辟了新的渠道。与此同时，腐朽落后的文化和有害信息也通过网络传播，腐蚀着未成年人的心灵。在各种消极因素的影响下，一部分中小学生精神空虚、行为失范，有的甚至走上违法犯罪的歧途。这些新情况、新问题的出现，使未成年人思想道德建设面临新的挑战。

由于我国高考制度和用人方面的选拔机制对知识和能力的过度侧重和对道德品质的弱化考量，我国中小学生的德育教育无论是在家庭、学校还是社会都还没有得到足够的重视。虽然在各教育部门以及中小学校的相关会议上，可以看到大大小小关于如何重视和落实学生道德品质的讨论，而事实上以分数为坐标的考试制度仍然是左右着家长、学校和社会教育的指挥棒。所以，对学生思想品德的教育大多数时候还停留在口头和思想上，没有落实到行动中，而且随着学生学龄阶段的上升，这种趋势也越来越明显，学生的思想道德品行随着学生学龄阶段的上升而下降。

三、中小学生道德品质培育是时代发展的要求

“实施素质教育是时代的呼唤，也是社会发展的需要。”①当下迫切需要加强对中小学生基础道德与公民意识的教育。面对当前中小学生的现实状况，面对国内外的形势，面对国家发展的需要，我国出台了一系列加强中小学生道德教育的举措。2004 年 2 月 26 日，中共中央专门出台了《国务院关于进一步加强和改进未成年人思想道德建设的若干意见》(中发〔2004〕8 号文件)，对我国中小学德育教育的紧迫性和必要性进行了分析，并对我国中小学今后一阶段的德育教育的目标和内容提出了明确的要求。《意见》指出，要坚持以邓小平理论和“三个代表”重要思想指导未成年人思想道德建设，深入进行爱国主义、集体主义、社会主义和中华民族精神教育，大力加强公民道德教育，切实改进学校德育工作，广泛开展精神文明创建活动和形式多样的社会实践、道德实践活动，积极营造有利于未成年人健康成长的良好舆论氛围和社会环境，不断提高广大未成年人的综合素质，使我国未成年人形成热爱祖国、积极向上、团结友爱、文明礼貌的基础道德风貌。

《意见》把对中小学德育教育当成是一项长远而又紧迫的现实任务，把这一任务提高到确保党的事业后继有人和社会主义事业兴旺发达的战略高度，提高到全面建设小康社会和实现中华民族伟大复兴的全局高度，提高到树立和落实科学发展观，坚持以人为本、执政为民的高度，提出要努力开创未成年

---

① 曹俊军.农村中小学素质教育——课程与教学论视角[M].武汉：华中科技大学出版社，2011：19.

人思想道德建设工作的新局面。

按照《意见》的要求，各省市、自治区对如何进一步加强中小学生德育教育提出了具体的行动计划和实施意见。江苏根据本省的实际情况提出《江苏省加强和改进未成年人思想道德建设行动计划》，对省内加强和改进未成年人思想道德建设提出总体要求：以邓小平理论和"三个代表"重要思想为指导，围绕"一个目标"，突出"三个环节"，实施"六大工程"，落实50件实事。即以培育品德优良、素质全面，具有创业、创新能力的新一代江苏人为目标，以学校、家庭、社会三个关键环节为重点，实施"学校育人"、"团队育人"、"家庭育人"、"活动育人"、"基地育人"、"环境育人"六大工程，落实有利于未成年人思想道德建设的50件实事，推动思想道德建设贴近未成年人思想实际、生活现实和群体特征，促进广大青少年弘扬民族精神，树立远大理想，规范行为习惯，提高基本素质，为落实科学发展观、实现"两个率先"提供有力的精神动力、智力支持和人才保证。

2010年，《国家中长期教育发展规划纲要》出台，再次提出我国教育的战略主题为：坚持以人为本，全面实施素质教育。我国教育的核心是解决好培养什么人、怎样培养人的重大问题。为此，纲要提出要促进学生的全面发展，着力提高学生服务国家服务人民的社会责任感、勇于探索的创新精神和善于解决问题的实践能力。《纲要》把德育放在教育的首位，对德育的内容做了明确的要求，即把社会主义核心价值体系融入国民教育全过程。加强马克思主义中国化最新成果教育，引导学生形成正确的世界观、人生观、价值观；加强理想信念教育和道德教育，坚定学生对中国共产党领导、社会主义制度的信念和信心；加强以爱国主义为核心的民族精神和以改革创新为核心的时代精神教育；加强社会主义荣辱观教育，培养学生团结互助、诚实守信、遵纪守法、艰苦奋斗的良好品质。《纲要》还明确提出要加强公民意识教育，树立社会主义民主法治、自由平等、公平正义理念，培养社会主义合格公民。

目前，各教育机构和部门以及教育研究者对中小学道德品质和公民意识的培育都十分关注。中小学生中存在的理想信念缺乏、价值观混乱以及社会责任感的缺乏等问题已引起各级教育部门的重视。各级教育部门都在积极探索适合中小学道德品质和公民意识培育的有效途径。如在培养学生道德素养方面，人们普遍认识到引导学生参与劳动的重要性，引导学生进行活动体验的重要性。为此开展了丰富多采的各种实践活动，"通过活动，学生更加认识到，感恩社会，服务社会，必须提高自身能力以及全面素质”①。

第二节 中小学生基础道德品质与公民意识培育的主要内容

在中小学素质教育实施过程中，对学生进行基础道德品质与公民意识培育的内容是非常丰富的，我们在这里讨论一些主要的内容。

一、中小学道德教育和公民意识培养内容的主要依据

1. 国家对人才的需要是确定教育目标与内容的主要依据

在不同的历史时期，党和国家对人才的要求不同，德育的培养目标与内容也就发生相应的变化。新中国成立之初，以巩固政权为中心，学校德育的目标和内容也与这一要求相吻合。十一届三中全会以后，国家的中心任务转向经济建设，“社会主义现代化的建设者和接班人”就成了这个历史时期的培养目标，教育内容必须围绕这个目标来设定。2004 年中央 8 号文件提出，要教育和引导未成年人树立中国特色社会主义的理想信念和正确的世界观、人生观、价值观，养成高尚的思想品质和良好的道德情操，努力培育有理想、有道德、有文化、有纪律的德、智、体、美等全面发展的中国特色社会主义事业建设者和接班人。

党和国家的有关文献以及领导人有关教育目的、德育目标的论述，是确立我国社会主义初级阶段德育目标、内容的重要依据和指导思想。1990 年 4 月 13 日，国家教委发布了《关于进一步加强中小学德育工作的几点意见》，指出中小学德育的任务是：“遵循青少年儿童认知水平和思想品德形成发展的规律，通过教育使学生具有爱国主义精神、建设社会主义的志向、遵纪守法的观念、良好的品德和文明行为习惯，并逐步树立阶级分析的观点、劳动观点、群众观点、集体主义观点以及从实际出发、一分为二等初步的辩证唯物主义观点，为逐步形成科学的人生观、世界观打下基础。”②

2004 年 2 月 26 日，《中共中央国务院关于进一步加强和改进未成年人思想道德建设的若干意见》（中发〔2004〕8 号文件）指出，未成年人思想道德建设的主要任务是：① 从增强爱国情感做起，弘扬和培育以爱国主义为核心的伟大民族精神。深入进行中华民族优良传统教育和中国革命传统教育、中国

---

① 陈忠银．略谈小学生劳动素质教育［J］．成功，2011(6)．

② 国家教委关于进一步加强中小学德育工作的几点意见［J］．人民教育，1990(1)．

历史特别是近现代史教育，引导广大未成年人认识中华民族的历史和传统，了解近代以来中华民族的深重灾难和中国人民进行的英勇斗争，从小树立民族自尊心、自信心和自豪感。② 从确立远大志向做起，树立和培育正确的理想信念。进行中国革命、建设和改革开放的历史教育与国情教育，引导广大未成年人正确认识社会发展规律，正确认识国家的前途和命运，把个人的成长进步同中国特色的社会主义伟大事业、同祖国的繁荣富强紧密联系在一起，为担负起建设祖国、振兴中华的光荣使命做好准备。③ 从规范行为习惯做起，培养良好的道德品质和文明行为。大力普及"爱国守法、明礼诚信、团结友善、勤俭自强、敬业奉献"的基本道德规范，积极倡导集体主义精神和社会主义人道主义精神，引导广大未成年人牢固树立心中有祖国、心中有集体、心中有他人的意识，懂得为人做事的基本道理，具备文明生活的基本素养，学会处理人与人、人与社会、人与自然等基本关系。④ 从提高基本素质做起，促进未成年人的全面发展。努力培育未成年人的劳动意识、创造意识、效率意识、环境意识和进取精神、科学精神以及民主法制观念，增强他们的动手能力、自主能力和自我保护能力，引导未成年人保持蓬勃朝气、旺盛活力和昂扬向上的精神状态，激励他们勤奋学习、大胆实践、勇于创造，使他们的思想道德素质、科学文化素质和健康素质得到全面提高。[①]

2010 年教育部出台的《国家中长期教育改革和发展规划纲要（2010—2020 年）》进一步指出，坚持以人为本、全面实施素质教育是教育改革发展的战略主题。贯彻党的教育方针的时代要求，其核心是解决好培养什么人、怎样培养人的重大问题，重点是面向全体学生、促进学生全面发展，着力提高学生服务国家服务人民的社会责任感、勇于探索的创新精神和善于解决问题的实践能力。《纲要》指出，在教育过程中要坚持德育为先，立德树人，把社会主义核心价值体系融入国民教育全过程。加强马克思主义中国化最新成果教育，引导学生形成正确的世界观、人生观、价值观；加强理想信念教育和道德教育，坚定学生对中国共产党领导、社会主义制度的信念和信心；加强以爱国主义为核心的民族精神和以改革创新为核心的时代精神教育；加强社会主义荣辱观教育，培养学生团结互助、诚实守信、遵纪守法、艰苦奋斗的良好品质。

---

① 中共中央国务院关于进一步加强和改进未成年人思想道德建设的若干意见[M]. 北京：人民出版社，2004：6－7.

加强公民意识教育，树立社会主义民主法治、自由平等、公平正义理念，培养社会主义合格公民。加强中华民族优秀文化传统教育和革命传统教育。把德育渗透于教育教学的各个环节，贯穿于学校教育、家庭教育和社会教育的各个方面。①

二、中小学道德教育和公民意识培养的目标

目标是指人们想要达到的境地或标准，或称行为活动的指标。德育目标是指一定社会对教育所要培养的人在品德方面的质量和规格的总的设想或规定。德育目标是教育目标的组成部分。它是教育目标在德育方面的要求，是教育目的对人的政治、思想、道德、个性心理素质发展的规划，是培养人总体规划的一部分。道德品质和公民意识培养目标就是在道德品质和公民意识方面把被教育者培养成为什么样的人。

1. 我国中小学道德教育的目标

道德教育就是教人通过掌握道德原则和标准学会如何规范自己做人，懂得做人的基本道理。人民教育家陶行知先生说过："道德是做人的根本"，"没有道德的人，学问本领愈大，为非作恶愈大"。吕型伟先生强调：中小学阶段是基础教育阶段，而在基础教育中，首先要打好做人的基础，也就是从小做有道德的人。由此可见，道德教育对中小学生来说，从小养成做人的基础道德品质和良好的待人处世习惯，会使他们终身受益。否则，恶习一旦养成，矫正起来就相当困难。

对中小学生进行道德教育，打好做人的基础，不仅是青少年自身成长的需要，也是现代社会发展的迫切需要。联合国教科文组织 1989 年 11 月在北京召开的"面向 21 世纪教育"的国际研讨会上，与会者在讨论和分析 21 世纪人类面临哪些挑战时，被列入第一位的是道德伦理、价值观的挑战，并提出一个总的指导思想即"学会关心"。全世界对加强道德教育的趋势的共同点在于：加强基本的传统道德价值观的教育，注重弘扬本民族的文化和历史的优良传统，培养积极健康的生活观和人生观，在国际变化的新形势下扩展道德教育的内容，等等。在中小学德育中，只有让学生打好做人的基础，真正提高学生的行为规范和道德标准，才能把爱国主义、集体主义、社会主义的主旋律

① 国家中长期教育改革和发展规划纲要（2010—2020 年）[M]. 北京：人民出版社，2010：16－17.

深入开展下去。人一旦失去了做人的基本道德，失去了精神支柱，失去了人生价值的追求，那么，科技的进步，经济的发展，人类的富裕也就失去了它本来的意义。

根据我国对人才培养的需要和中小学生的身心发展特点，《中共中央国务院关于进一步加强和改进未成年人思想道德建设的若干意见》（中发〔2004〕8 号文件）指出，对小学生道德品质教育的重点是规范其基本言行，培养良好习惯；对中学生重点是加强爱祖国、爱人民、爱劳动、爱科学、爱社会主义教育，引导他们树立正确的理想信念和世界观、人生观、价值观。为落实中央 8 号文件精神，《江苏省加强和改进未成年人思想道德建设行动计划》（2004 年 7 月 12 日）对江苏省中小学道德教育目标和内容提出了具体要求：根据未成年人不同的年龄特征，突出课程设置的层次性，在小学分别开设品德与生活课和品德与社会课，引导小学生正确处理个人与自然、个人与家庭、个人与社区、个人与学校、个人与国家等关系；经过教育，使小学生能够做到爱亲敬长、爱集体、爱家乡、爱祖国；珍爱生命，热爱自然，热爱科学；自信、诚实、求上进。初步养成遵守纪律、保护环境、爱惜资源的良好行为习惯。①

2. 我国中小学公民意识培育的目标

在初中开设思想品德课，引导中学生在接受马克思主义基本常识教育、民族精神和革命传统教育、民主法制教育、国情教育和心理健康教育的过程中逐步形成正确的世界观、人生观和价值观。在语文、历史、地理、音乐、美术、科学等课程教学中明确德育教育的目标要求。

我国的公民意识教育还处在起步和探索阶段。改革开放 30 多年来，我国民众的公民意识逐渐生成并得到彰显，这反映了我国国民素质的提高和社会的进步。但总体上说，我国民众的公民意识还处于培育和发展过程中，公民意识教育还急需加强。有些人对公民意识还不甚了解，对自己的权利和义务认识模糊；有些干部好以"父母官"自居，有意无意地"为民作主"；公民意识的宣传教育针对性不强，实际效果不佳；等等。党的十七大报告强调加强公民意识教育，树立社会主义民主法治、自由平等、公平正义理念。这是"公民意识"在党的文献当中第一次出现。

---

① 中共江苏省委省政府关于印发《江苏省加强和改进未成年人思想道德建设行动计划》的通知[J]. 江苏政报，2004(14).

就公民教育目标而言，公民教育旨在培养未来公民社会的独立个体，即具有权利意识、义务意识、自主意识、法治意识、纳税人意识、道德意识、生态意识、平等意识、科学理性意识，等等，具有与时代共同进步能力的现代公民。

3. 德育教育的目标要与受教育者的身心发展规律相一致

不同年龄阶段学生的身心发展状况不同，对德育目标、内容也有不同的要求。6~12岁，即小学阶段，是品德发展的协调性时期，这一时期学生内在的道德心理倾向与外界行为之间比较一致，动机与行为也比较一致，这个阶段是养成道德习惯的最佳时期；随着年龄的递增和道德动机的发展，不同的学生言行一致和言行不一致的分化逐步增大。所以，这个阶段的学生一方面要养成良好的道德习惯，另一方面要发展道德信念，以提高道德行为的思想境界。13~15岁，少年期，即初中阶段，为动荡性品德发展时期，也是人生的十字路口。这个时期道德信念和道德理想开始形成，为世界观萌芽时期，学生开始试图以道德信念和理想来指导自己的行为；同时由于心理的发展跟不上生理成熟的速度，容易产生逆反、对抗心理，是幼稚与成熟、冲动与控制、独立与依赖错综并存的时期。16~18岁，青年初期，即高中阶段，这时品德发展的明显特点是成熟性，世界观、人生观初步形成。这个阶段的任务是形成道德行为的观念体系和规划时期，可以促使这些青年形成进取和开拓精神。各个年龄阶段学生的身心发展各有不同的特点，同时又存在交错和联系，这就要求我们必须考虑到受教育者不同年龄阶段的特点和水平以确定德育目标和内容。

三、中小学道德教育和公民意识培养的主要内容

道德品质和公民意识培养的内容是目标的体现，是按照德育目标的要求以教育学生的道德和公民方面的知识、理论、思想、观点、准则、规范等。根据中小学生品德教育和公民意识培养的目标，国家制订了中小学道德品质和公民意识培育的具体内容：小学阶段的课程在道德品质和公民意识方面主要培养学生遵守社会公德的意识和文明行为习惯，良好的意志、品格。中学阶段主要是促进学生良好品德的形成和社会性发展，为学生认识社会、参与社会、适应社会，成为具有爱心、责任心、良好的行为习惯和个性品质的社会主义合格公民奠定基础。

1. 我国中小学道德培育的主要内容

目前，我国中小学生的道德培育内容包括：一是自尊自爱，注重仪表。要

教育学生尊重自己的人格，爱惜自己的名誉，热爱生活，初步养成健康的生活方式。二是文明礼貌，友爱待人。对小学生提出适当的要求，训练他们的行为举止。对小学生进行文明礼貌教育，如要求他们在家尊敬长辈，礼貌待客；在学校尊敬老师，团结帮助同学，不打架骂人。中小学生的言行举止，必须有一个不断反复训练的过程，才能实现行为的习惯化和自动化。通过训练使他们具有基本的文明行为，如说话和气，举止文雅大方，注意语言美、仪表美和行为美等。三是勤奋学习，热爱科学。培养学生勤奋好学、认真仔细的学习态度，掌握良好的学习方法和形成良好的学习习惯。学生的劳动主要是学习，而学习也是一种紧张、艰巨而又复杂的劳动。学生要学好科学文化知识，就必须刻苦学习，通过学习来锻炼和培养吃苦耐劳、艰苦奋斗、勇于承担责任、富于创造的优良品质。四是勤劳俭朴，孝敬父母。教育学生自觉积极地参加力所能及的劳动，在劳动中养成劳动观点和劳动习惯，珍惜劳动成果；在生活上力求节俭朴素，不盲目消费；在家庭中要尊敬、热爱、关心父母，听从他们正确的教导和指点。五是遵守社会规范。懂礼貌，守秩序，行为文明。遵守公德，严于律己。教育学生自觉地遵守和维护公共场所秩序和社会公德，爱护公用设施、文物古迹，爱护花草树木，逐步树立环保意识。教育学生具有基本的文明行为，如在公共场所讲规矩，有礼貌，不大声喧哗，不妨碍他人的权益，不随地吐痰，不乱丢纸屑，维护公共场所的卫生等。帮助学生提高对文明行为价值的认识，养成文明的习惯，在社会实践中增强文明意识和社会责任感，使他们成为社会的小主人。六是爱祖国。进行国家标志——国旗、国徽及国歌的教育，尊敬国旗、国徽，会唱国歌，崇敬人民英雄，为自己是中国人感到自豪；开展热爱家乡的自然、历史、文化的教育，培养和激发他们的爱国之情，增强民族自豪感、责任感。七是集体主义教育。培养学生集体主义观念和价值观，使学生认识到集体是个人存在和发展的社会基础，只有在集体中，个人才能更快地进步，才能充分发挥作用。培养学生的集体主义情感和团结协作的精神，教育学生热爱集体、关心集体，勇于承担集体的工作和任务，乐意为集体做贡献。八是民主法制教育。对中小学生进行民主法制教育，培养他们的民主法制观念，不仅是我国法制建设的主要内容，更是中小学生道德品质建设的重要内容。通过对中小学生进行民主法制教育宣传，从而使其成为遵纪守法，懂得依法行使自己的民主权利、依法履行自己的公民义务的合格人才。

2. 我国中小学公民意识培育的主要内容

基础教育阶段是学生生理、心理、伦理和智力发展的关键时期，也是公民意识启蒙的关键阶段，如果错过了这一公民意识启蒙的关键期，对公民成长将造成难以补救的伤害。公民意识包括四个最基本的方面①：

一是公民主体意识。即公民作为国家主人和社会主体的意识，如选举权和被选举权等。对学生来说，就是要认识到我是家庭的平等成员，是班级和学校的小主人，是社会的小公民，而不是在身份上低父母一等、低老师一等、低成年人一等的人。这样的学生，才会有自信、自强、自立的性格，才会有平等、自尊而完整的人格，成人后才能成为公民，而不是臣民，才能承担更大的公民责任，发挥自身作为公民在政治生活和公共生活中的价值。②

二是公民权利意识。公民权利意识是指公民对宪法规定的基本权利的认知、主张、维护和要求的意识。对公民权利的认知，就是了解自己享有哪些权利；对公民权利的主张，就是行使自己的权利；对公民权利的维护，就是当自己的权利受到侵害时要予以救济。在培养学生的权利意识时，教师要让学生了解自己的权利，在生活中养成主张权利的习惯，比如鼓励学生对与自己生活和学习相关的家庭决策发表意见，激励学生参与班干部的竞选和班级民主管理等。同时在教育教学活动中，要对学生一视同仁，不能因为学习成绩的差别而采取不同的态度，每一个学生都有受教育的权利，都同样享有在受教育的过程中被尊重和被平等对待的权利。

三是公民义务意识。现在很多学生是独生子女，备受关爱，对他人要求多，自己付出少；要求的权利多，履行的义务少。在基础教育阶段，教师要有意识地培养学生履行自己应尽的义务。对个人而言，要珍惜生命，知道自我保护，讲究个人卫生，在日常学习生活中珍惜并安排好自己的时间；在家庭生活中，自己的事情自己做，如收拾自己的物品、整理自己的房间等，并做一些力所能及的家务；在学校，要遵守学生日常行为规范，尊敬老师，团结同学；在社会生活中，公共场所要讲文明，遵守公共秩序，适当参与公益活动和公共活动。

四是公民参与意识。公民的主体性体现在对公共事务的参与上，尤其体

---

① 许耀桐. 大力加强公民意识教育[J]. 求是，2009(5).

② 张宜海. 基础教育阶段如何培养学生的公民意识[J]. 人民教育，2010(18).

现在对政治活动和公共决策的参与上。目前，很多学校从培养学生的领导力、人际交往能力和爱心等目的出发，让学生去参与学生会竞选、参与志愿者行动等，这些活动其实质是培养学生的公民参与意识。

第三节　中小学生基础道德品质与公民意识培育的路径

人的道德品质是逐步养成的。教育者在对中小学生进行道德品质教育过程中，必须注意遵循道德品质养成的基本规律。

一、道德品质养成的基本环节

任何一种道德品质都包含有一定的道德认识、道德情感、道德意志和道德行动方式四个部分。道德认识是对于行动准则的善恶及其意义的认识；道德情感是伴随道德认识所出现的一种道德认同；道德意志是个体在履行道德义务过程中体现出来的自觉克服困难和障碍、做出抉择的顽强毅力和坚持精神；道德行动方式是实现道德动机的手段，是一个人的道德认识与道德情感的具体表现和外部标志，它主要是通过练习掌握行动技能，养成道德行为的习惯。道德品质的培养可以从多个角度入手，可以从培养道德行动技能与习惯开始，可以从培养学生的道德情感和道德意志着手，可以从提高学生的道德认识做起，也可以同时并进，相互促进。

1. 道德知识的认知

道德知识的掌握在道德品质形成中有着相当重要的意义。道德知识所指的是对具体的行动准则以及执行它们的意义的认识。一个人只有知道了应该怎样行动及为什么要这样行动，才有可能自觉地产生相应的行为。有一项针对小学五年级的学生所做的关于道德概念的问卷调查表明，在同一个班级中对“道德”一词的了解表现出几种不同的水平。有的学生说：“道德就是道德行为。”有的学生说：“道德就是不打架、不骂人。”有的学生说：“道德就是对人好。”有的学生说：“道德就是不做对集体有害的事情。”对道德不同的认知水平，对于道德行为及其效果有着直接的影响。因此，教育者不仅应该使学生一般地领会道德准则的要求，而且应当不断引导学生深刻地掌握道德知识。

在一些情况下，学生虽然领会了某些道德要求，但并不一定立刻接受它们，有时甚至拒绝接受这些道德要求。他们有时表现出“视而不见”，有时表现为“对立情绪”，严重时甚至拒绝接受来自教育者的道德要求。这表明在这些学生身上出现了某种“意义障碍”,即学生头脑中所存在着的某些思想或心理因素阻碍他们对道德要求、意义的真正理解,从而不能把这些要求转化为自己的需要。

产生意义障碍的原因有以下五个方面：第一,要求不符合儿童的需要;第二,要求的提出过于频繁,而又不严格检查执行的情况;第三,儿童对要求的实质产生误解;第四,提出要求时采取了强制或触犯学生个性的形式;第五,使学生感到教育者在处理某些问题时不公正。一旦出现意义障碍,教育者就必须设法消除学生的对立情绪,使学生渐渐体会到教育者的善意。

在学生掌握的道德知识中常常有许多错误或模糊的观念或概念。例如,有少数学生把尊敬老师认为是“逢迎”、“拍马”,把向老师汇报某同学的错误行为说成是“出卖同学”,把不守纪律当做是“英雄行为”。这时候,教育者要通过各种方法消除错误,以使学生的道德知识更加明确。消除这些看法的方法是多样的,其中最通用的办法是：通过讨论指出这种看法的错误性质;借助艺术作品或事实使学生看到这种错误观念以及由此所产生的行动后果;利用学生的自然行动后果使他们体验到这种错误观念的危害性。

当我们把道德要求的知识变成个人行动的指南时,无论是自己执行或看见别人执行这种要求都会引起种种情绪上的体验,这就表明此时道德知识已转化为道德信念。通过实践使学生获得道德行动的经验和有情感色彩的体验是使知识变成信念的主要条件。学生需要通过身体力行,使这些知识、要求被个人经验及集体经验所充实、所证明,被实践后果所引起的体验所丰富、所加强。当学生亲自体验到由于按一定的道德要求行事给集体、给别人带来好处,得到了舆论的好评与支持时,他们就会真切地感受到道德要求的正确性,产生继续做好事的热情,并对自己提出进一步的严格要求。所以,对知识的真正掌握要通过学生的亲身实践来完成。

道德评价是在道德认知基础上培养起来的一种道德能力。它是应用已有的道德知识对已发生的道德行动的善恶进行分析、判断的过程。学生的道德评价能力是逐步发展起来的,是在别人评价的影响下形成起来的。开始时,他们常常只是重复老师或别人的评价,后来才慢慢地学会了独立地对别人进行评价。在进行道德评价时,他们最初只是注重对行动结果的分析,慢慢学会依据个人的体会,转向对行动动机和行动外部原因的分析。学生对于自己的评价往往落后于对别人的评价,他们常常能够正确地分析别人的行动,却不善于全面而确切地分析自己的行动。为了培养学生的道德评价能力,教育者不仅要注意道德评价的示范,利用教材或学生日常生活中的典型事例作出简明而正确的评论,同时还应该注意利用教学与教育中的多种环节,如在作文课、为墙报写稿、班会讨论和优秀生评选等活动中,有意识、有步骤地提高学生的道德评价能力,使他们的道德评价水平渐渐由表面到本质、由别人到自己、由片面到全面、由浅入深地得到发展。

2. 道德情感的体验

情感是人的需要得到满足时所产生的一种内心体验。人的道德需要得到实现时所引起的内心体验便是道德情感。道德情感和人的道德信念是紧密集合在一起的。第一,人对自己做过的事,或者“心安理得”,或者“悔恨自责”,这都是个人运用一定的道德标准衡量或评价自己行动所产生的情感体验。当自己的道德行为与道德标准相一致的时候,便会产生积极的情感体验;相反,便会产生消极的情感体验。第二,与具体的道德形象相联系的情绪体验。它是通过想象而发生作用的一种情感。如在特定的情境下,人们想起了屈原、岳飞、文天祥、杨靖宇等人物的形象与事迹,便产生了对英雄人物的敬慕与爱国主义的情感。道德形象之所以能引起人们的道德体验,首先是由于这些形象作为社会道德规范的体现者非常典型,通过这些形象可以使人们更好地认识到道德要求及其社会意义;其次由于形象的生动性与感染性,引起人们情感上的共鸣。具体的道德形象能使人毕生难忘,因而与这种形象相联系的情感便可能成为一个人经常产生类似道德行动的强大动力。所以,要利用好的文艺作品、电影、戏剧,以培养青少年的道德情感。第三,意识到道德理论的情绪体验。它是以清晰地意识到道德要求为中介的情感,而且具有较大的概括性。例如爱国主义情感,只有当人们意识到个人与祖国的关系,个人对祖国应尽的义务与忠诚的必要性时,才会真正地发展起来,它是在许多情绪体验的基础上形成的,它是最概括的道德情感。意识到道德理论的情绪体验是一种比较深挚的道德感,因而也是比较持久而富有强大动力作用的情感。

中小学生培育道德情感的渠道有很多。老师可以通过言语激励学生进行自我认知,创设情境对他人进行全面审视,利用榜样的形象与感人的事例激发学生的情感共鸣。运用先进榜样教育学生,培养学生的品德,已成为我国各级学校经常使用、广泛开展的一种教育活动。它是政治理论教育的一种直观形式，也是品德教育的一种生动而有效的方法。透过榜样人物的言行、思想活动，把高深的政治思想理论和抽象的道德标准人格化、具体化，使儿童、青少年在富于形象性、感染性和现实性的范例中获得难忘的印象，从而受到深刻的教育。

充分利用好的艺术作品对学生进行情感上的陶冶。通过文学艺术作品塑造的人物形象教育学生，是促进学生道德品质和个性发展的一种有力的手段。在文学艺术作品中，正面人物的典范具有重要的地位，它通过生动的形象促进道德情感的产生与发展，培养为祖国、为人民做贡献的热忱，培养责任心、友谊感等品质，促使学生意志与性格的发展。学生在学习正面人物的勇敢、不屈不挠、果断、自制以及其他个性品质时，自己也会渐渐成为勇敢、顽强和有毅力的人。有时，对于那些因生理上有病残或精神有创伤而感到悲观失望的学生，文艺作品中的范例常常可以帮助唤起他们的意志力和创造力，对他们起着特殊的鼓舞作用。

3. 道德行为的训练

道德行为是指个体在一定的道德意识支配下的实践，是个人道德品质的外在表现，是衡量一个人道德品质好坏的客观标准。人的道德行为有三个层次：最低层次是自发的道德行为，它是靠外部的强制力量来实现的；中间层次是自觉道德行为，它需要个体一定的意志努力，靠内在自我监督来实现；最高层次是养成道德行为习惯，即不需外部监督，也不需要自己的意志努力，而是形成了习惯，这是道德教育的最佳效果。评价一个人的道德品质如何，不仅要听其言，还要观其行，不只看一个人一时一事的行为表现，还要看他各方面的行为和一贯的行为表现。

道德行为的训练或养成，就是着力培养人的道德行为习惯的教育活动的过程。道德行为习惯的训练或养成必须在日常教育教学和生活活动中，辅以有目的、有计划、有组织的教育训练和道德行为，形成主体的自我体验和感悟，以达到“从心所欲不逾矩”，自觉地选择道德行为。

由此可见，道德行动的训练，主要包括三个方面的内容，即道德行动的方式方法的掌握、道德意志的培养、道德行为习惯的养成。道德行动方式方法的训练有着多种形式。例如，通过学生守则、常规的讲解与练习，使学生熟知学校生活中最基本的行动要求；通过课文或故事的讲述，使学生理解某些典范人物行动的合理性；组织全体或部分学生讨论，为了完成一件好事所应采取的行动步骤;分析与总结道德行动的成功经验与失败教训; 等等。这些都是常用的方法。采取这些措施的主旨并不只是要求学生记住几条行动的具体规则,而是要使学生通过各种典型事例,概括地认识到在不同的情况下采取不同的合理行动的一般依据,换言之,就是要提高他们的道德认识水平,培养他们独立、主动并且创造性地选择道德行动方式的能力。

有些学生往往顶不住外界的诱惑及内心的不当欲求而明知故犯,做出违反道德准则的事,这多半是由于他们的道德意志不强,或没有养成良好的道德习惯所致。因此,学校应严格管理教育,培养学生自觉遵守道德规范的习惯,使学生养成讲文明、懂礼貌、守纪律、执行准则的好习惯,做到严格要求、严格检查、及时讲评、及时强化。教师要以关心、热爱、耐心、尊重、信任的态度对待学生,正确使用奖惩,帮助学生根除不良习惯,逐渐培养自觉遵守纪律的习惯,利用学生的自尊心、荣誉感、责任感,以形成良好的班风与校风。

4. 道德意志的磨练

道德意志的培养和一般意志的发展是紧密联系的。为了专门训练学生的道德意志,可以采取下列四项措施: 第一,使学生获得道德意志的概念,产生意志锻炼的愿望。研究表明,在听取了题为“困难及其克服的必要性”的讲演或进行个别交谈后,可以在学生行动方面看到克服困难的积极表现,即用顽强精神去迎接困难,而不是在困难面前退却。因此,中小学教育应当充分利用教材内容(如愚公移山、董存瑞和邱少云的故事等)或课外谈话、关于英雄模范人物的报告等方式,使学生形成意志的观念、概念与发展意志的意向。第二,组织行动练习,提高意志力。意志行为的练习途径有很多,完成学习任务、遵守课堂与学校的纪律、执行委托的任务以及校外无监督的文明行为等都可以锻炼学生的意志。为了使学生获得锻炼的信心,可以先给一些简单的、短期内能够实现的任务,然后再提出比较复杂且需要较长时间努力才能完成的任务。在练习过程中,为了激发学生的主动性和自制力,应该有意识地创设一些困难的情境,提供若干克服困难的条件。困难而有意义的活动可以引起学生意志上的努力,因此无论是在教学过程中或是在组织活动的过程中,应该给学生提供一些不能立刻引起兴趣但必须完成的任务,并适当地设置一些外部的障碍,勉励、赞扬、树立榜样、介绍方法,以增强学生克服困难的信心与力量。有时,集体的期望、机智的责备、暗示后果也可以激发学生排除障碍的决心。为了保证学生练习的成功和激发不屈不挠的斗志,应当充分地利用上述激励的条件。强化锻炼的成就和激起进一步锻炼的意愿有特殊的作用。奖励和批评要及时,而且应当针对行动的道德性质与意志品质的优缺点来进行,最好是帮助学生自己来进行小结。第三,树立坚强意志的榜样。中小学生学习的榜样主要是教科书中的典型人物。另外,教师和家长的意志行动也时刻影响着学生,教育者的工作态度、言行举止都会成为学生对待困难的态度和行为方式。因此,教育者要处处严格要求自己,以身作则,做学生意志行动的榜样。最后,要耐心指导,反复训练。常规要求要常抓不懈,逐步提高。由于学生的意志力还比较薄弱,因此,在意志培养过程中会经常出现反复。这就要求教师要有耐心,正确对待学生在生活和学习中的违反要求的行为,不能急躁,更不能失去信心。

5. 道德习惯的养成

习惯是在生活过程和教育过程中形成和培养起来的。习惯形成的方式有简单重复、模仿、有意练习等。培养良好的行为习惯应注意以下四个方面:第一,创设重复良好行为的情境。第二,提供良好的榜样。第三,在有意练习时要明确练习的意义、目的与阶段要求,要不间断地坚持,要让学生知道练习的成绩,体验到愉快并懂得成败的原因。第四,根除坏习惯时要使学生知道坏习惯的害处,加强克服坏习惯的信心,不要轻易地说“不可救药”等泄气话。运用各种具体方法,如活动替代法,铭记警句,利用人为动作延缓坏习惯的出现及合理奖惩等方法来巩固好习惯与抑制坏习惯。为了阻止坏习惯在班上蔓延,必要时还可以发动集体来谴责带头的学生。

各种课外活动对学生道德习惯的形成也起着非常重要的作用。学生担负一定的社会工作对于道德品质与个性的发展具有重要的意义。担任社会工作是接受集体或社会的委托,按照集体或社会的需要来行动的一种表现。在接受或执行任务的过程中,学生经常会发生同社会的要求相联系的需要与个人需要之间,即集体利益与个人利益之间的矛盾,也经常会发生完成任务与执行条件(如缺乏经验,同学不合作,缺乏用品等)之间的矛盾。克服上述矛盾的过程也就是集体主义品质与意志性格成长的过程。学生在执行任务的过程中,责任心、意志力等方面的品质也逐渐得到发展。

行为习惯在道德表现中有时也有负作用。因为过分地依赖习惯往往会忽略对情境的分析,产生刻板的行为反应。比如点头、微笑、握手等本属于有礼貌的道德行为习惯,如果不分对象地对一切人都表现出这种行动,有时也会成为一种不道德的行动表现。因此，在行为习惯的训练中，不应该脱离道德动机教育而孤立地进行。要让学生时时警觉，使自己成为行为习惯的主人，而不是行为习惯的奴隶。

二、公民意识培育的方式

长期以来，我们的教育片面地用德育代替公民教育。目前，无论是小学的《品德与生活》《品德与社会》，还是中学的《思想品德》《思想政治》等思想品德教材，都是以德育为主线，即使有公民教育的内容，也强调的是公民的“责任和义务”，而法制教育、权利与义务教育被严重忽视，导致青少年一代虽然有较高的智商，却缺乏一个合格公民所必备的基本素质。

现代公民意识的培养和提高是一项系统的工程，需要经历一个长期的过程。对中小学生学进行现代公民意识的培养是通过家庭、学校、社会等多渠道进行的。其中，学校是实施中小学生现代公民意识培养的主要渠道。学校要把对学生公民意识的培养贯穿日常教学和活动之中，注意营造民主、平等、公平、正义的氛围，让学生在享受权利和承担义务的实践操练中成长为一个合格公民。

1. 学科教学中的公民意识培养

注意挖掘和整合学科教学内容，要让学生明白：作为现代公民，我们首先应该具备哪些知识、培养哪些意识？在学科教学中，各学科教师应充分运用好丰富的学科教材，努力挖掘相关的学科教学资源，最大限度地将现代公民意识的培养贯穿课堂教学的常规中，使学生能够形成较为系统的现代公民意识的知识体系，为学生形成良好的现代公民意识做好准备。

中学思想品德课和思想政治课是对中学生比较系统地进行公民品德教育和马克思主义常识教育的基础课程，是学校德育的主渠道，其中包括道德教育、法制教育、心理品质引导、国情和社会责任教育，但课程的内容组织是根据其自身的知识体系安排的，不利于中学生掌握和形成系统的现代公民意识的知识。所以，学校教育要按照现代公民意识培养的内容进行整合，根据不同的教学内容在不同的年级对学生进行侧重点不同的现代公民意识的培养。

南京市第十三中学的语文老师曹勇军在某理科班设立时事讲坛，每周几次，在语文课上拿出五分钟或十分钟，请同学走上讲台，就时事热点问题进行演讲。学生演讲的题目有《进口片配额增加，中国电影如何自处》《掘掉我们急功近利的心态》《“徐悲鸿习作”造假之我见》《“小悦悦”事件：道德围观后的思考》《比灰霾更大的灾难》《校车事件频发的根源》《由方韩“骂战”说开去》《叙利亚问题背后的尊重》《由王澍获普利兹克奖看中国城市建设》《我们要知情权干什么》《“泄题门”与人才选拔》《今天,我们应该怎样看待日本》等。① 关心公共问题,是这个讲坛的主题,意在培养学生的现代公民意识,让学生在走上社会之前,在成为一个法律意义上的公民之前,先懂得什么是公民的权利和义务,先具备起码的公民精神、公民情怀。这种在学科教学中对公民意识的培育形式非常有效。

2. 参与活动中现代公民意识的培育

现代公民意识的培养需要引导学生以公民身份和公民角色,关注、参与社会问题的讨论,在实践中身体力行,提升其现代公民意识,深化现代公民意识教育。学校教育要把理论与实践相结合,注重学生在活动中、实践中理解现代公民意识的相关知识,在理解的基础上产生认同和支持,并把这些知识内化为个人的信念,外化为行动。

2012 年,杭州市对中小学生的公民教育提出一个新概念——“公共空间意识”,即要求学生遵守公共秩序,加强公德意识,尊重他人,体谅他人。每个中小学负责参与一个课题,发动学生去调研。其中,卖鱼桥小学文澜校区五年级的几位小学生,对“中国式过马路”做了一个调查。孩子们在杭州城区各个十字路口,用拍摄加记录的方式,统计行人、电动车甚至机动车的“各种”闯红灯。有的路口,10 分钟 40 多个行人过马路,35 人闯了红灯。在一个路口,学生统计了 15 分钟,有 207 人闯红灯。孩子们对此提了三条建议:管理部门加大监管力度;多宣传;小学生从小养成遵守交通规则的习惯。和睦小学的课题是“我与社区”,学生们在调查中发现社区的居民购物付款不排队、乱停车、乱扔垃圾、傍晚遛狗不用狗绳、宠物乱拉屎等问题。② 学生在公共空间发现了这些问题,深刻地意识到作为一个公民在公共空间不文明行为给他人带来的危害,以及作为一个文明人什么是应该做的。

3. 培育学生道德品质与公民意识良好氛围的营造

“身教重于言传”,民主和谐的课堂教学氛围、温馨和谐的师生关系是平等公正的现代公民意识的最好诠释。“亲其师,信其道”,课堂教学过程中师

---

① 曹勇军. 高三 10 班在六楼[M]. 南京: 江苏教育出版社,2012: 8.

② 徐斌,费瑞琦. 杭州中小学今年提出一个新概念——培养学生“公共空间意识”[N]. 都市快报,2012-12-12.

生之间能否建立起民主、平等、公正的关系，这关系到学生是否接受、认同课堂教学的内容，关系到现代公民意识的培养是否真正有效。对中小学生进行现代公民意识的培养要求教师要以自己的人格塑造学生的人格，以自己的心灵塑造学生的心灵，让学生在被尊重中学会尊重，在被关心中学会关心，在享受平等中学会平等地待人待事。民主和谐的课堂教学氛围，要求教师在教学中必须了解学生、尊重学生，认识到学生是具有巨大创造潜能的人；讲求民主平等的作风，让自己变成“小孩子”，成为学生的同学和朋友；鼓励学生说“不”，勇于挑战权威；平等对待每位学生，让每位学生都有参与讨论、发表意见的机会，防止那种排斥学习困难生、只有“冒尖生”享受的假民主出现，让学生真正体验到民主的广泛性和真实性。

4. 注重在家校合作互动中培养学生的责任感

现在的中小学生多数是独生子女，为此，家长总是乐此不疲地包办本该由孩子们独立完成的事情，这助长了孩子们自私、依赖性强、以自我为中心的缺点，严重影响中小学生公民责任感的形成，也使学校的教育效果弱化。因此，家长首先要有意识地强化孩子的责任范围，在家庭中明确哪些事情必须由孩子自己独立完成，给孩子一个明确的责任，在不同的年龄段给孩子制订不同的责任范围。其次要给予孩子足够的信任，相信孩子能把事情做好，顺应孩子承担责任的要求，激发孩子承担责任的热情。

江苏省扬州市维扬实验小学在江苏省“十五”重点课题《小学生体验教育与公民意识的培养》研究中，让小学生在家庭中体验主体性。该校二(3)班开展了“一次亲情作业”体验活动，主要是结合三八妇女节、母亲节等，让孩子们为付出辛劳的父母做一张贺卡、夹一次菜、捶一次背、洗一次碗、买一份早点、洗一回脚等。孩子在这些活动中获得了很多体验。一个孩子在日记中这样写道：“今天中午，我给妈妈夹了三次菜，妈妈给了我一个吻，说我是个懂事的孩子。晚上，我给妈妈捶背，妈妈给了我一个笑，说我是个孝顺的孩子。睡觉前，我帮妈妈打开电热毯开关，妈妈又给了我一个吻，这次，妈妈什么都没说，只是抚摸着我的头哭了。”① 由此可见，孩子们最最朴素的公民意识已渐渐产生并开始扎根心中。只有家长与学校教育协同一致，对孩子的培养才能收到最佳的成效。

---

① 岳乃红，卞国湘. 小学生体验教育与公民意识培养的实践探索[J]. 小学德育，2004(12).

第三章　学生优秀传统文化与民族精神教育

中华民族优秀传统文化和民族精神积淀蕴含着历代中国人的经验和智慧，是中华民族最为宝贵的精神支柱和文化遗产，也是当代中小学生素质教育的前提基础和重要内容。但在我国当前社会文化发展进程中，尤其是随着中西文化碰撞的不断加剧，中小学生优秀传统文化和民族精神教育正面临严峻的挑战。中小学生优秀传统文化和民族精神教育，是一项关系到国家前途和民族命运的大事，如何创造性地弘扬中华民族优秀传统文化和民族精神，业已成为一项刻不容缓的重要任务。

第一节　优秀传统文化与民族精神对学生素质的影响

中华民族优秀传统文化与民族精神教育的资源十分丰富，有效运用这些资源教育学生，对提升学生素质具有重要的作用。

一、中华民族优秀传统文化的内涵

所谓传统文化，是指文明演化而汇集成的一种反映民族特质和风貌的文化，是各民族历史上各种思想文化、观念形态及其附属物的总体表征，其中既包括物质文化，也包括精神文化，是一种外在于当代人主体的、历史地凝固了的文化，是一种既定的“存在”。古代传说、古代典籍、古代思想、古代建筑等，这些过去遗留下来的东西，都属于传统文化的范畴。从世界范围来看，各民族都有自己的传统文化，任何民族与国家也都无法完全摆脱自己传统文化的影响，只能以传统为文化发展和创新的逻辑起点，中华民族传统文化也不例外。

中华民族的传统文化是一个博大精深、源远流长的有机整体，在世界文明发展史上占有极其重要的地位。中国是世界上经济、文化发展最早的国家之一，有文字记载的历史长达5000年之久。早在1万多年前，华夏大地就已活跃着先民的身影，北至黑龙江南抵珠江，东起东海之滨西达青海高原，到处都有旧石器时代的文化遗迹。有着悠久历史的中华民族，在步入文明时代之初,便迅速形成了具有自己民族特色的传统文化,“四大发明”便是其中的杰出代表。此外,中华民族的传统文化广被四邻,影响深远。据史料记载,中国对外文化交流有两千多年的历史。从秦汉开辟的丝绸之路到晋朝法显的南亚之行,从唐朝玄奘西天取经到明代郑和下西洋,这些文明的印记为中华民族的文明和世界文化的发展作出了杰出的贡献。

中华民族传统文化博大精深。历经5000年文明的积淀,中华民族传统文化的内容极其丰富,不仅包括政治、经济、军事、历史、教育、哲学等方面的理论和思想,还包括科技成就、文艺创作、文物古迹和民风民俗等。如儒家文化、道家文化、法家文化以及孙子兵法的军事思想,都属于中国传统文化中的优秀因子。就文化的系统性及其对中华民族的历史影响来看,儒家文化更是中国传统文化的典型代表。再如,儒家和道家共同尊奉的经典《周易》提出的“一阴一阳之谓道”的思想,全面深刻地反映了中国传统文化的精华所在。它既是传统的,迄今已有几千年的历史发展,同时又是现代的,甚至与后现代文化也有相容之处。

中华民族传统文化影响深远。中华民族传统文化中许多普世性的思想内容历久弥坚,如修身养性、诚信仁爱、和谐中庸、崇尚正义、注重民本的思想,“国家兴亡,匹夫有责”、“先天下之忧而忧”、“富贵不能淫、贫贱不能移、威武不能屈”、“克己奉公,鞠躬尽瘁”的爱国精神和忧患意识等,都是长期以来中华民族赖以生存发展、维护国家统一的精神支柱。在中国社会历史发展的不同时期,优秀传统文化对于鼓舞中华民族团结奋斗,提高人民思想境界,推动社会进步,都发挥了巨大的作用。这些优秀传统文化构成了中华民族精神的核心,经过传承和创新,在现代社会仍然具有重要的思想价值,成为我们今天制定治国方略的重要历史资源和思想资源,也成为推动国家现代化建设的强大动力。

当然,中华民族传统文化毕竟是在农业社会背景下发展和演化而来的,是在不同时期、不同民族、不同流派的文化经过长期的碰撞和融合基础上形成的,是精华和糟粕的统一,不可避免地带有一些消极的因子。比如,中国传统文化具有世俗性的特征,更多关注现实人生,追求现实幸福,相对来说较少关心灵魂归宿和来世解脱,以人本主义排斥神本主义,以理性精神抵制宗教狂热,避免沦为宗教虚无,但这种实用理性也抹杀了对现实的批判和超越,避免了在彼岸世界的异化,却造成了此岸世界的沉沦,一定程度上造成了社会的停滞和静态延续。①

对待民族传统文化，应有清醒的认识和理性的态度，既不能简单地全盘否定，也不能一味地全盘肯定。对待民族传统文化，有两种错误态度是不可取的：一是历史虚无主义，不问青红皂白，全盘否定传统文化，将其统统归结为"封建、迷信、落后"，乃至"反动"的范畴，甚至把所有问题的症结都归咎于传统文化。二是不分青红皂白地全盘肯定，并且不允许人们对之有任何的怀疑与批判，否则就是贬低传统文化，数典忘祖，崇洋媚外。事实上，在肯定传统文化博大精深的同时，不得不承认传统文化中也有许多封建、迷信和错误的内容，这也不足为讳，更无损于传统文化之伟大。把传统文化封闭起来，无限拔高，拒绝批判与扬弃，最终的结果只能是断送传统文化。总之，对待民族传统文化，既要有着坚定的自信，给予其必要的尊重，又要把它放在历时性和共时性的宏观格局中来审视，既不能夜郎自大、孤芳自赏，也不能妄自菲薄、自暴自弃。

对于中华民族传统文化而言，既要对传统文化表示合情合理的尊重，又要对其中的腐朽之物保持足够的警惕。一方面，中华民族传统文化素以博大精深、源远流长著称于世，内蕴其中的优秀基因成为其薪火传承的精神命脉。这些优秀基因，即中华民族优秀传统文化是中华民族所创造的，为中华民族世代所继承发展的，具有鲜明民族特色的，历史悠久、内涵博大精深、传统优良的文化。中华民族优秀传统文化蕴含着民族发展的核心理念和思想基因，积淀着中华民族最深层的精神追求，因而成为中华民族安身立命、生生不息的精神根基，不仅为中华民族的发展和壮大提供了丰厚的滋养土壤，也为人类文明的进步贡献了智慧和力量。另一方面，包括中华民族传统文化在内的任何文化都不可能是尽善尽美的，都需要随着时代的变迁而不断创新。毋庸讳言的是，中华民族传统文化中固有的专制主义文化，经济上的平均主义思想，以及"三纲五常"、"不孝有三，无后为大"、"唯女子与小人难养也"等纲常伦理在一定程度上仍然是影响当代中国现代化推进的桎梏。② 就此而言，对于中华民族传统文化，必须采取"扬弃"的态度，取其精华，去其糟粕，古为今用，推陈出新。

---

① 李雯. 浅谈中国传统文化的特征[J]. 中共太原市委党校学报，2001(3).

② 闻丽，李朝军. 中华传统文化的传承与创新[J]. 理论月刊，2013(3).

二、中华民族精神的内涵

民族精神是一个民族在长期的历史进程和积淀中形成的民族意识、民族文化、民族习俗、民族性格、民族信仰、民族宗教，民族观念和价值追求等共同特质，是民族传统文化中维系、协调、指导、推动民族生存和发展的精粹思想，是一个民族生命力、创造力和凝聚力的集中体现，也是一个民族赖以生存和发展的核心和灵魂。中华民族精神，即中华民族优秀传统文化的基本精神，由在中华民族文化体系中处于核心地位的基本要素构成，是民族文化的主导思想，是中华民族表现于优秀传统文化中的卓越的伟大精神。

中华民族精神是中华民族在漫长的社会历史发展过程中逐步形成的，是中国各族人民社会生活的反映，是中华文化最本质和最集中的体现，是各民族生活方式、理想信仰、价值观念的文化浓缩，是中华民族赖以生存和发展的精神纽带、强大支撑和不懈动力，是创新社会主义先进文化的民族灵魂。2002年11月8日，江泽民在中国共产党第十六次全国代表大会上的报告《全面建设小康社会，开创中国特色社会主义事业新局面》中深刻阐释了中华民族精神的内涵："民族精神是一个民族赖以生存和发展的精神支撑。一个民族，没有振奋的精神和高尚的品格，不可能自立于世界民族之林。在五千多年的发展中，中华民族形成了以爱国主义为核心的团结统一、爱好和平、勤劳勇敢、自强不息的伟大民族精神。"①

爱国主义是中华民族精神的核心。爱国主义是人们长期凝结起来的对自己祖国的一种最深厚的道德感情，它表现为对祖国和家乡的深切眷恋和热爱，对祖国统一、民族团结的强烈期盼，对祖国繁荣昌盛的坚定信念，对祖国主权和尊严的坚决捍卫，对卖国求荣的无比鄙视，对爱国志士的无比崇敬等。中华民族历来具有爱国主义传统，为了民族的独立、发展和强大，一代又一代中华儿女前赴后继，进行了不屈不挠的奋斗，留下了无数可歌可泣的英雄事迹。"常思奋不顾身，而殉国家之急"的司马迁，"人生自古谁无死，留取丹心照汗青"的文天祥，"我自横刀向天笑，去留肝胆两昆仑"的谭嗣同，视死如归的革命先烈方志敏、刘胡兰等……这种为国家利益和民族大义而英勇献身的爱国主义精神，是中华民族精神的最高体现，是激励中华儿女奋发图强的强

① 江泽民. 全面建设小康社会，开创中国特色社会主义事业新局面——在中国共产党第十六次全国代表大会上的报告[EB/OL]. 中国共产党新闻网. http://cpc.people.com.cn/GB/64162/64168/64569/65444/4429118.html. 2002-11-08.

大精神动力。

中华民族的爱国主义优良传统有着极为丰富的内涵。第一,热爱祖国,矢志不渝。中华民族历史上涌现出许多爱国志士,他们刻骨铭心的爱国之情,矢志不渝的报国之志,生死不移的爱国之行,写满了中华民族的光辉史册。“苟利国家生死以,岂因祸福避趋之”、“位卑未敢忘忧国”、“报国之心,死而后已”等名言,都寄托了对祖国的热爱和赤诚之心,感人肺腑,流播四海,世代传颂。第二,天下兴亡,匹夫有责。以天下为己任,无论身居何位都心忧天下,关心国家的命运和民生的苦乐,自觉地把个人的前途与国家的兴衰联系起来。第三,维护统一,反对分裂。中华民族是一个多民族的统一体,民族团结和睦始终是各族人民的共同心愿,维护民族团结和祖国统一始终是各族人民的最高利益和神圣职责。在中国历史上,尽管出现过分裂和内乱,但促进民族团结和维护祖国统一始终是人心所向,是历史发展的主流。第四,同仇敌忾,抗御外侮。中华民族历来爱好和平与自由,但也决不容忍外来的侵略和压迫。面对外来侵略,各族人民总是团结一致,同仇敌忾,奋起反抗。

团结统一的民族精神。“中华民族是由五十六个民族组成的大家庭。从遥远的古代起,我国各族人民就建立了紧密的政治经济文化联系,共同开发了祖国的河山,两千多年前就形成了幅员广阔的统一国家。悠久的中华文化,成为维系民族团结和国家统一的牢固纽带。团结统一的精神,深深印在中国人的民族意识中。”① 中国自古是一个统一的多民族国家,各族人民在这片土地上共同劳作生活,繁衍生息,创造了璀璨的中华文明。在创造中华文明的过程中,各族人民不断地进行文化交流,由此形成了强大的凝聚力。团结统一是各族人民的共同愿望,从上古时期到晚清,历时几千年,中华民族始终把统一祖国视为“天地之常经,古今之通谊”②。中华民族的每个成员,都为祖国统一做出过自己的贡献,一部中国历史就是中华民族追求团结统一、反对分裂的历史。

爱好和平的民族精神。从古至今,中国作为一个东方大国,以协和万邦的姿态,与周边各国和睦相处;以驱恶扬善的浩然正气,支持各国人民的正义事业。在千百年的历史发展中,中国不仅与周边邻国进行友好往来,还将自

---

① 江泽民主席在美国哈佛大学演讲[N]人民日报,1997-11-02.

② 董仲舒传.汉书(卷五六).

己的文化瑰宝惠及友邦，奉献四海，为促进世界文明的发展进步作出了自己的贡献。正如江泽民同志所说，中国人民历来就有爱好和平的传统，“我国先秦思想家提出了‘亲仁善邻，国之宝也’的思想，反映了自古以来中国人民就希望天下太平，同各国人民友好相处”①。在处理民族及国家之间的矛盾冲突时，中国历来主张通过和平方式解决争端，秉承“和为贵”、“非攻”、“化干戈为玉帛”的理念，与周边国家和平共处，睦邻关系。张骞出使西域、郑和下西洋等，都是中外友好交流的历史见证。

勤劳勇敢的民族精神。几千年的文明史，记录了中华民族勤劳勇敢的史实。上古时代流传至今的有巢氏经过无数次试验，教会人们构木为巢、钻燧取火；大禹为解除困扰人民多年的水涝洪荒，率人治水；秦王朝修建了世界上最伟大的建筑——万里长城；汉朝张骞以无比的勇气和惊人的毅力，经历了无数艰难险阻，历时12年完成了沟通西域的使命；明朝郑和不畏艰险，七下西洋；前进不已，创新不止的新中国载人航天事业……上述这些，无不表现了中华民族的勤劳勇敢精神。勤劳勇敢使中华民族得以生存和繁衍，不断战胜大自然和社会的各种困难。没有勤劳勇敢的民族精神，就不会有灿烂的中华文明。勤劳勇敢的精神世代相习，薪火相传，成为中华民族持久深厚的精神气质。

自强不息的民族精神。自强不息的民族精神是人们在社会生活中，通过辛勤地劳动、勇敢地向各种恶势力作斗争的实践活动中逐步形成的。盘古开天辟地、后羿射日、愚公移山等神话是自强不息的民族精神的最早体现。自强不息的民族精神，是中华文明得以存在与发展的根本原因之一。正是依靠这种伟大的民族精神，中华民族很早就创造了以发达的农业和手工业为主要内容的物质文明，为民族的生存发展奠定了坚实的物质基础。自强不息的精神还表现在中华民族抵御外敌入侵、与侵略者殊死搏斗的斗争中。在两次鸦片战争、中法战争、中日甲午战争、八国联军侵华战争中，中国人民抵抗侵略的斗争虽然大多以失败告终，但他们可歌可泣的爱国壮举，为后代留下了不屈不挠、无比顽强的斗争精神。一个多世纪以来，中华民族在任何内忧外患、艰难险阻面前，都表现出自强不息的英雄气概，坚韧不拔、不可战胜。

中华民族精神深深根植于延绵数千年的优秀文化传统之中，始终是维系

① 江泽民主席在美国哈佛大学演讲. 人民日报[N]. 1997-11-02.

各族人民共同生活的精神纽带，支撑中华民族生存发展的精神支柱，推动中华民族走向繁荣昌盛的精神动力。千百年来，民族精神薪火相传，越燃越旺。井冈山精神、红军长征精神、延安精神、红岩精神、西柏坡精神是革命战争时期中华民族精神的突出表现。在当代和平时期，中华民族精神又有了崭新的表现。在研制"两弹一星"过程中，形成了"热爱祖国、无私奉献，自力更生、艰苦奋斗，大力协同、勇于攀登"的"两弹一星"精神；在与洪水的搏斗中，形成了"万众一心、众志成城，不怕困难、顽强拼搏，坚忍不拔、敢于胜利"的抗洪精神；航天工作者在长期奋斗中铸就了"特别能吃苦、特别能战斗、特别能攻关、特别能奉献"的载人航天精神；在可歌可泣的抗震救灾过程中凝成了"抗震救灾"精神。

三、优秀传统文化和民族精神对中小学生素质教育的影响

优秀传统文化和民族精神在青少年素质教育中发挥着重要的作用。文化作为各民族生存和发展的普遍价值框架和行为准则，在社会系统的发展和个体或群体的行为导向方面，发挥着任何其他社会系统要素都无法替代的独特功能。人类创造了文化，文化也在塑造着人。优秀传统文化和民族精神能够丰富中小学生的精神家园，引导他们积极参加健康有益的社会活动，不断完善自身的精神世界，是培养其健全人格的重要途径。

"实施素质教育，就是全面贯彻党的教育方针，以提高国民素质为根本宗旨，以培养学生的创新精神和实践能力为重点，造就'有理想、有道德、有文化、有纪律'的德、智、体、美等全面发展的社会主义事业建设者和接班人。"①换言之，素质教育依据人的发展和社会发展的实际需要，以全面提高全体学生的基本素质为根本目的，是以尊重学生的个性、强调开发学生的身心潜能、注重形成学生的健全个性为根本特征的教育。素质教育着眼于学生综合素质的全面提升，它提出了教育所要培养的人的合理素质结构，包括生理的、心理的、思想的、文化的素质。在上述复杂的素质结构体系中，"良好的心理"、"健康的个性"、"健全的人格"等要素，无疑都是实现其他素质的前提，而这些基本素质又蕴含于中华民族的优秀传统文化和民族精神之中。

弘扬中华民族优秀传统文化和民族精神是实施素质教育的题中之义。在素质教育的理念下，传授知识的目的不是让学生简单地记忆现成的东西，

---

① 李岚清. 李岚清教育访谈录[M]. 北京：人民教育出版社，2003：303.

而是通过现有知识学习的启蒙，一方面使学生从原有的自然状态提升到理性的存在状态，形成合理的知识结构，养成良好的自学能力和习惯；另一方面培养学生勇于实践、毅力坚韧、积极乐观、自觉学习的品德素养。而上述能力习惯和精神品质的培养，离不开优秀传统文化和民族精神为之提供的先进的教育理念和连绵不绝的精神动力。有些研究者在思考素质教育的精神价值时，往往不去思考素质教育的文化合理性，仅凭美好的愿望构筑素质教育的精神内涵，不知不觉中把西方人文传统中的精神价值直接搬到中国教育中，或站在西方人文传统的立场上，对我国素质教育进行缺乏原则的批评。① 事实上，“素质教育最重要的，就是要培养学生的创新精神和实践能力，培养学生树立建设中国特色社会主义的共同理想和民族精神，树立正确的世界观、人生观、价值观，养成良好的社会公德、职业道德、家庭美德”②。换言之，素质教育在精神内涵上不可能脱离优秀传统文化和民族精神的影响。优秀传统文化和民族精神界定了素质教育可能的发展逻辑，规定了素质教育的文化起点，素质教育只能沿着优秀传统文化和民族精神指引的方向发展。

优秀传统文化和民族精神在学生素质教育中发挥着重要的功能。如在中华民族优秀传统文化中，爱国主义精神历来被看作是一种大节。“以天下为己任”、“舍生取义”的爱国主义精神和浩然正气，在优秀传统文化中处处都有体现。《诗经》中提出的“夙夜在公”，《尚书》中提出的“以公灭私，民其允怀”，《墨子》中强调的“举公义”，贾谊《治安策》中提出的“公而忘私”，都是在强调一种为国献身的精神境界。“王师北定中原日，家祭毋忘告乃翁”的陆游、“壮志饥餐胡虏肉，笑谈渴饮匈奴血”的岳飞、“人生自古谁无死？留取丹心照汗青”的文天祥、“先天下之忧而忧，后天下之乐而乐”的范仲淹等，都是中华民族爱国之士的杰出代表。作为一种意识形态，爱国主义在中华民族悠久历史文化的基础上产生，随着历史的发展和社会的进步，又反过来给予中华民族的发展以更大的影响，它是一种伟大的凝聚力和向心力，是推动中华民族向前发展的巨大精神力量。在中小学素质教育中融进中华民族优秀传统文化的相关内容，将会激发中小学生的爱国热情，把民族振兴和祖国强盛作为自己义不容辞的责任，对帮助其树立为实现“中国梦”而奋发读书的使命

---

① 薛晓阳. 论素质教育的文化起点[J]. 南京师范大学学报，2003(1).

② 李岚清. 李岚清教育访谈录[M]. 北京：人民教育出版社，2003：303－304.

感，具有重要的现实意义。

再如，优秀传统文化和民族精神能够培养学生自强不息的良好品格。一个人的成功不在于其有多高的禀赋，也不在于其有多么优越的外界环境，而在很大程度上取决于其是否具有坚定的意志、坚强的决心和明确的目标。只有脚踏实地、百折不挠，一步一个脚印地向着崇高的理想迈进，才会有所收获，有所成就。我们的祖先历来强调，凡是成就事业的人，必定是自强不息的人。几千年来，"自强不息"的精神历经传承和发展，已成为中华民族生存和发展的重要精神支柱。《易经》提出"天行健，君子以自强不息"，《论语·子罕》中有"三军可夺帅也，匹夫不可夺志也"，《孟子·滕文公下》有"富贵不能淫，贫贱不能移，威武不能屈，此之谓大丈夫"，《礼记·儒行》中有"士可杀不可辱"……自强不息是努力向上，是奋发进取，是对美好未来的无限憧憬和不懈追求，它要求广大学生在生活和学习中，要有一种在困难情况下知难而进的勇气和不屈不挠、顽强拼搏的精神。换言之，自强不息是中华民族优秀传统文化展示给我们的有关"君子"人格的完整的范式，对中小学生人格样式的塑造有着深远的启迪意义。

第二节　中小学优秀传统文化教育面临的挑战

在文化交流和冲突日益激烈的当下，中小学优秀传统文化教育日益受到严峻的挑战，对作为优秀传统文化结晶和自觉结果的民族精神的弘扬，也不可避免地产生消极影响，因为中华民族精神本身就植根于民族传统文化中，离开民族优秀传统文化的根基，民族精神也就失去了生存之本。

一、传统文化课程设置和教材建设不尽完善

虽然传统文化教育不仅能提升学生的思想道德修养，而且可以丰富学生的生活状态，但传统文化教育有其特殊性。"现代学校主要以知识教育为主，即使进行传统文化教育，也是将它作为外在的知识予以传授，接受者很难体察到其学问与道德统一的内涵。"① 更令人担忧的是，在中小学课程设置中，传统文化在课程设置中的比重越来越少，传统文化素养的教育被分解到语文、政治、历史、地理等学科之中，导致中小学教育长期缺失"国学"内涵。一方面，在应试教育背景下，学生的学习范围大大缩小，也很少有机会接触课程

① 陈卫平."国学热"与当代学校传统文化教育的缺失[J].学术界，2007(6).

以外的更多东西。一些地方还固守“唯升学率”的教育评价机制，升学率高就可以“一俊遮百丑”，升学率低就“一无是处”。考试招生制度“唯分是举”，以致一些学校所有的教育活动都围绕着升学考试这根“指挥棒”转。老师为了完成上级下达的任务指标，往往“因需施教”，只注重专业课程的拓展和加深以及外语能力的提高，而忽视了对学生综合能力的开发，更忽视了对中国传统文化知识的汲取与传授。学生为了能够考上理想的初中、高中和大学，也“唯利是图”。这些都是致使一些中小学生在谈及中国传统文化时哑口无言的主要原因。

另一方面，缺乏良好的教材是中小学不能有效进行传统文化教育的又一重要原因。良好的教材是吸引中小学生了解和掌握优秀传统文化的重要平台和有效载体。北京师范大学教育学部国学经典教育研究中心主任徐勇认为，现有的中小学相关学科中，有不少与传统文化有关的内容，也有无数学校编写了传统文化的校本教材，甚至许多一线老师在没有教材、也无人督促的情况下，主动给学生讲授传统文化知识。但这显然不够，因为传统文化有其自身的逻辑和体系，不可能通过其他学科的“体现”或者“渗透”就能完成，更不可能仅通过简单组织几次能够“体现”传统文化精神的课外活动完成，而是需要系统学习，需要经过严格的课程设计，形成适合各年龄阶段学生学习的体系。① 即使是已有的渗透传统文化内容的教材也很难真正吸引学生的学习兴趣。以中小学历史教材为例，因为传统文化在历史教材中相对系统。无论是《百家讲坛》还是畅销的通俗历史读物，其吸引大众的秘诀之一是采取了“说书”的形式，即语言鲜活、故事生动、声情并茂、富于哲理，而且每个“说书者”个性独特；但与此同时，也带来了说书的弊端，即为吸引听众而产生的随意性，由此造成所谓的“硬伤”。这就给我们提出了一个问题：学校的历史课本能否既有“说书”式的魅力，又有胜于“说书”的严谨。然而，历史教材的现状恰恰与此相去甚远。②

二、学生对传统文化缺乏足够的认知

在传统文化日益受到挑战的情况下，很多中小学校及其老师对传统文化教育缺乏重视，中小学生对传统文化缺乏足够的认知。在某市小学语文期末

---

① 学者建言传统经典纳入中小学教材和考试范围[EB/OL]. 中国新闻网. http://www.chinanews.com/cul/2013/07-10/5027308.shtml, 2013-07-10.

② 陈卫平. “国学热”与当代学校传统文化教育的缺失[J]. 学术界, 2007(6).

测试卷上有这样一道题,“我知道:________吃元宵,________吃粽子。”结果很少有学生作答“元宵节吃元宵,端午节吃粽子”,甚至有学生给出“狗吃元宵,猫吃粽子”的答案。批卷老师看到学生“百花齐放”的答案,笑破了肚皮。但笑过之后,我们不得不反思,中小学生的传统文化教育亟待加强。① 这样的例子在现实生活中比比皆是,调查数据也佐证了这一点。如福建师范大学社会历史学院暑期社会实践队在闽东霞浦县长春小学进行一项问卷调查后发现,小学生对中国传统文化缺乏足够的认识。大学生志愿者共向三到五年级的小学生发放问卷 500 份,收回有效问卷 496 份。调查结果显示,只有 17% 的孩子看过《三国演义》等中国古代四大文学名著,知道四大名著作者的仅占 32%,而 25% 的学生表示一点都没看过。当问到“四书”、“五经”时,只有 4% 的孩子答对。一半以上的学生没听过“负荆请罪”、“卧薪尝胆”、“凿壁偷光”的故事。② 再如,农工民主党天津市委员会曾在中小学进行有关“国学”教育的问卷调查,在 205 份调查问卷中,中小学生和他们的家长、老师认为缺乏应有的文化、历史知识的,竟多达 138 人。认为在中小学应该设立“国学”教育专门课程的有 165 人,占 80%。认为中小学需要专门设立写字和书法课的有 180 人,占 88%。认为表达能力差的 82 人,不会写信、作文困难的 66 人,写字难看的 85 人。认为学生的语言、文学、文化水平令人担心的有 74 人,占问卷人数的 36%。而希望中小学“要由浅入深地学习中国文化知识”并认为“很有必要”的有 170 人,占问卷人数的 83%。③

三、学生对传统文化缺乏自豪感

离开了传统,割断传统文化的血脉和根,个体就会迷失自我,丧失根本。中小学应大力发展传统文化教育,向学生讲解中国优秀传统文化在中华民族发展史和世界文明史上的重要地位,讲清学生自身肩上所负有的责任,树立传承优秀传统文化的自豪感和责任感,让学生知道没有民族文化的传承和发扬光大,就没有中华民族的复兴,就没有“中国梦”的实现。但是,由于传统文化教育的氛围不够浓烈,很多中小学生对传统文化知之甚少,加之受多元文

---

① 传统文化教育的缺失当重视[EB/OL]. 丹江口市新闻网. http://www.hbdjk.com/html/2007-06/32201.html,2007-06-19.

② 学生对传统文化知之甚少[EB/OL]. 新浪网. http://kid.baby.sina.com.cn/2005-08-22/092110355.html,2005-08-22.

③ 中小学传统文化教育不足[EB/OL]. 新浪网. http://kid.baby.sina.com.cn/2006-01-16/092212097.html,2006-01-16.

化的影响和冲击,中小学普遍存在的“5 + 2 = 0”现象,即学校 5 天的教育成果,通过双休日 2 天的家庭和社会生活就被彻底抵消了,很多中小学生缺乏对传统文化的自豪感。前些年的恶搞圣贤之举,不但反映了有些中小学生对传统文化认知的缺乏,更体现了对民族优秀传统文化的轻慢。2012 年,恰逢诗圣杜甫诞辰 1300 周年之际,一组题为“杜甫很忙”的学生恶搞杜甫的涂鸦之作火遍了网络:杜甫时而成为送水工、机枪男,时而身骑白马,时而脚踏摩托,时而又变成各种动漫形象,海盗路飞、宠物小精灵、火影忍者……喜感十足。此类涂鸦触动了众多网友的记忆,他们也纷纷加入了恶搞行列。恶搞是近些年新兴的一种网络亚文化现象,是年轻网友基于讽刺、幽默、游戏的视角,来解构传统、颠覆经典、娱乐大众的一种网络风尚。恶搞本身是一种网络文化,是一种个性解读和另类表达,大可不必对恶搞现象过于敏感;但任何事物或现象都有一个度的问题,换言之,过于恶搞是不可取的。对杜甫这样一位人物的恶搞,虽有嬉戏的成分,但也在一定程度上反映了对中华民族优秀传统文化的淡漠与不尊重。作为唐代现实主义诗人,杜甫人生的主体部分是在安史之乱中度过的,基调是严肃和忧愁的。杜甫一生著诗逾千首,他的诗歌中无不显示出忧国忧民的忧患意识,以及关注苍生疾苦的动人情怀。学生在涂鸦过程中,到底有多少人能体会到诗人的高尚情操和诗中蕴藏的伟大的爱国精神,又是否愿意真正走进他、了解他,继而了解整个中国传统文化?每个民族都有属于自身的特有的文化积淀,我们如果不能做到汲取这些文化传统所带给我们的精神养分,那么至少也应该对文化经典保持一颗敬畏之心。这是对先贤的尊重,对民族的尊重,也是对自己的尊重。恶搞杜甫表现的是浮躁心态,但怎样引导中小学生正确看待传统文化,树立对中华民族优秀传统文化的自豪感,更值得我们警醒和深思。

四、优秀传统文化因子的缺失

继承和发展优秀传统文化对中小学生的思想、意识、行为模式都将产生积极的影响。但是,由于过多关注现代生活带来的感官刺激,无暇顾及甚至不愿顾及优秀传统文化,对中小学生精神品质和完善人格的培育产生了不容忽视的消极影响。福建师范大学的一份问卷调查显示,虽然多数学生知道“孔融让梨”的故事,但 11% 的孩子表示遇到类似情况不会像孔融那样做。在对待学习方面,89% 的小学生认为身边的同学有弄虚作假、不懂装懂的现象;74% 的学生把书中的知识和老师传授的知识视为真理,仅有 21% 的学生曾经质疑过老师所传授的知识。在意志品格方面，只有68%的孩子认为“富贵不能淫，贫贱不能移，威武不能屈”等中华民族的宝贵精神财富在现代社会中仍有重要作用，还有32%的同学认为“只有一些作用”。问及对“老吾老以及人之老”这一说法的理解时，24%的孩子认为“只尊敬自己的长辈”就够了。①即使在一些注重让学生掌握大量传统文化知识的学校，也因为应试教育的压力，偏重“形”而忽略了“神”，往往不注意把握传统文化的优秀因子以及从中折射出的民族精神。事实上，传统文化教育不是背几首古诗或诵几篇古文就可以解决的，更值得关注的是，文化价值和精神是否得到了传承。可以说，民族优秀传统文化教育的缺失，必然导致中小学生民族精神乃至人文精神的“缺氧”。

第三节 用优秀传统文化与民族精神提升学生素质的路径

用优秀传统文化与民族精神教育引导学生，不断提升学生的思想道德与科学文化素质，其路径是很多的，笔者在这里以发展的线索进行讨论。

一、近年来用优秀传统文化与民族精神教育学生的实践

当今世界正处在大发展、大变革、大调整的时期，文化交流、交融、交锋更加频繁，维护国家文化安全的任务更加艰巨，如何开展学生优秀传统文化和民族精神教育的问题引起了中央的高度关注。早在1994年，江泽民同志就强调：“要加强对学生进行马列主义毛泽东思想基本理论特别是邓小平同志建设有中国特色社会主义理论的教育，加强党的基本路线的教育，加强集体主义、爱国主义和社会主义思想的教育，加强中国近代史、现代史和国情的教育，加强我国优秀文化传统和革命传统的教育。”② 2007年，胡锦涛同志在党的十七大报告中提出：“中华文化是中华民族生生不息、团结奋进的不竭动力。要全面认识祖国传统文化，取其精华，去其糟粕，使之与当代社会相适应、与现代文明相协调，保持民族性，体现时代性。加强中华优秀文化传统教育，运用现代科技手段开发利用民族文化丰厚资源。”③ 2012年，党的十八大

① 学生对传统文化知之甚少[EB/OL].新浪网.http://kid.baby.sina.com.cn/2005-08-22/092110355.html,2005-08-22.

② 江泽民论青少年思想道德建设[EB/OL].新华网.http://news.xinhuanet.com/ziliao/2004-05/18/content_1476422.htm.

③ 胡锦涛.高举中国特色社会主义伟大旗帜 为夺取全面建设小康社会新胜利而奋斗——在中国共产党第十七次全国代表大会上的报告[EB/OL].中国共产党新闻网.http://cpc.people.com.cn/GB/64162/64168/106155/106156/6430009.html.2007-10-15.

报告进一步指出，“文化是民族的血脉，是人民的精神家园”，要“建设优秀传统文化传承体系，弘扬中华优秀传统文化”。[①] 习近平同志强调：“中国传统文化博大精深，学习和掌握其中的各种思想精华，对树立正确的世界观、人生观、价值观很有益处。”[②] 2013 年 12 月，习近平同志在中共中央政治局第十二次集体学习时强调：“对中国人民和中华民族的优秀文化和光荣历史，要加大正面宣传力度，通过学校教育、理论研究、历史研究、影视作品、文学作品等多种方式，加强集体主义、爱国主义和社会主义教育，引导我国人民树立和坚持正确的历史观、民族观、国家观、文化观，增强做中国人的骨气和底气。”[③]

为推动中华民族优秀传统文化和民族精神教育的深入发展，相关政策、文件陆续出台。1994 年 8 月，中共中央发布的《爱国主义教育实施纲要》指出：“要进行中华民族优秀传统文化教育。中华民族在创造灿烂中华文明的过程中，形成了具有强大生命力的传统文化，其内容博大精深，不仅包括了哲学、社会科学、文学艺术、科学技术等方面的成就，而且蕴含着崇高的民族精神、民族气节和优良道德；不仅孕育了无数杰出的政治家、思想家、文艺家、科学家、教育家、军事家，而且留下了丰富的文物史迹、经典著作，这笔丰厚的文化遗产是进行爱国主义教育的宝贵资源。”“要按照国家教委颁发的《中小学加强中国近代、现代史及国情教育的总体纲要》和《中学思想政治、中小学语文、历史、地理学科教育纲要》的要求，制定各学科（包括自然学科在内）爱国主义教育的分科计划，把爱国主义教育的内容分解、贯穿到各相关学科的课堂教学中去。”[④] 同年 9 月，国家教委颁发《关于贯彻〈爱国主义教育实施纲要〉的通知》，强调“要按照《纲要》的要求，进一步发挥课堂教学主渠道的作用。中小学要认真贯彻教学大纲规定的德育任务和要求，遵循学科特点，把

---

① 胡锦涛. 坚定不移沿着中国特色社会主义道路前进　为全面建成小康社会而奋斗——在中国共产党第十八次全国代表大会上的报告[EB/OL]. 人民网. http：//cpc. people. com. cn/n/2012/1118/c64094 - 19612151 - 6. html，2012 - 11 - 08.

② 习近平在中央党校建校 80 周年庆祝大会暨 2013 年春季学期开学典礼上的讲话[EB/OL]. 载中国共产党网. http：//theory. people. com. cn/n/2013/0304/c49169 - 20670182 - 3. html. 2013 - 03 - 04.

③ 习近平在中共中央政治局第十二次集体学习时强调：建设社会主义文化强国　着力提高国家文化软实力[N]. 中国文化报，2014 - 01 - 01.

④ 中共中央关于印发《爱国主义教育实施纲要》的通知[EB/OL]. 新华网. http：//news. xinhuanet. com/ziliao/2005 - 03/16/content_2705546. htm，2005 - 03 - 16.

爱国主义教育贯穿到课堂教学之中……要按大、中、小学不同阶段的特点，加强中华优秀文化和道德传统的教育以及形势教育”①。

2006 年 9 月，中央办公厅、国务院办公厅印发《国家“十一五”时期文化发展规划纲要》，为加强学生优秀传统文化和民族精神教育指明了方向。《纲要》要求：“重视中华优秀传统文化教育和传统经典、技艺的传承。在有条件的小学开设书法、绘画、传统工艺等课程，在中学语文课程中适当增加传统经典范文、诗词的比重，中小学各学科课程都要结合学科特点融入中华优秀传统文化内容。”“加强传统文化教学与研究基地建设，推动相关学科发展。”② 2010 年 7 月，《国家中长期教育改革和发展规划纲要(2010—2020 年)》颁布。《纲要》要求：“加强以爱国主义为核心的民族精神和以改革创新为核心的时代精神教育；加强社会主义荣辱观教育，培养学生团结互助、诚实守信、遵纪守法、艰苦奋斗的良好品质”，“加强中华民族优秀文化传统教育和革命传统教育”。③

2011 年 10 月，《中共中央关于深化文化体制改革推动社会主义文化大发展大繁荣若干重大问题的决定》，强调要“加强对优秀传统文化思想价值的挖掘和阐发，维护民族文化基本元素，使优秀传统文化成为新时代鼓舞人民前进的精神力量”，“发挥国民教育在文化传承创新中的基础性作用，增加优秀传统文化课程内容，加强优秀传统文化教学研究基地建设”。④ 2012 年 2 月，中央办公厅、国务院办公厅印发《国家“十二五”时期文化改革发展规划纲要》，提出“大力弘扬以爱国主义为核心的民族精神和以改革创新为核心的时代精神，深入开展社会主义荣辱观宣传教育，积极探索用社会主义核心价值体系引领社会思潮的有效途径，形成扶正祛邪、惩恶扬善的社会风气”，强调“加强青少年文化活动场所建设，创造出更多青少年喜闻乐见、益智益德的文化作品，广泛开展面向青少年的各类文化体育活动。大力弘扬中华民族优秀

---

① 国家教委关于贯彻《爱国主义教育实施纲要》的通知[EB/OL]. 法律教育网. http://www.chinalawedu.com/news/1200/22598/22615/22800/2006/3/ma01648263121360024480-0.htm,1994-09-23.

② 国家“十一五”时期文化发展规划纲要(全文)[EB/OL]. 新华网. http://news.xinhuanet.com/politics/2006-09/13/content_5087533_7.htm,2006-09-13.

③ 国家中长期教育改革和发展规划纲要(2010—2020 年)[M]. 北京：中国法制出版社,2010：7-8.

④ 中共中央关于深化文化体制改革　推动社会主义文化大发展大繁荣若干重大问题的决定[EB/OL]. 新华网. http://news.xinhuanet.com/politics/2011-10/25/c_122197737_5.htm,2011-10-25.

传统文化,深入挖掘中华传统节日、重大纪念日思想内涵,进行思想道德教育”。①

在中央高度重视和统一部署下,相关部门采取各种有效措施切实加强中小学生优秀传统文化和民族精神教育。早在1998年,中国青少年发展基金会就发起并组织实施了“中华古诗文经典诵读工程”,希望藉此让广大青少年以更便捷的方式接受中华古诗文的基础训练和文化熏陶,进一步激活优秀传统文化,提升青少年道德素质。此外,“诵读工程”还通过向农村贫困地区、希望小学捐赠古诗文读本及专项活动费用的方式,使农村少年儿童在获得平等受教育机会的同时,不再因贫困缺好书而影响完善人格、健康心理、良好道德的全面教育和培养。

2008年3月,中宣部等部门发出通知,要求以传统节日为主题开展经典诵读和诗词歌赋创作活动。在此基础上,教育部、国家语委、中央文明办等部门于2010年正式启动“中华诵·经典诵读行动”,具体内容包括:一是建设“中华诵·经典资源库”,加强青少年思想教育,构建中华民族共有精神家园。经典资源库以大中小学语文课本为基础,精心组织遴选反映中华民族优秀传统文化精髓、符合社会主义核心价值体系的经典诗词歌赋以及与传统节日有关的名篇,为课堂经典教学及课外活动、社会诵读活动等提供辅助和指导。二是举办“中华诵·传统节日诵读晚会”,展示民族优秀传统文化的魅力,增强民族自豪感和自信心。围绕“建设中华民族共有精神家园”的主题,开展以清明、端午、中秋和春节等传统节日为内容的“中华经典诵读”节日晚会和“中华赞·诗词歌赋创作”活动。三是推动群众性诵读活动,打造社会参与平台,调动国民文化创造积极性。通过开展中华诵经典诵读进校园、进社区等活动,使更多人受到优秀文化传统和革命传统的教育和熏陶。四是开展“中华诵”进校园活动,实施“中华诵·经典诵写讲”试点工作,立足学校教育教学,促进青少年人文素养的提升。② 2012年3月,为引导学生感受中华经典的独特魅力,领悟中华文化的思维智慧,建设优秀传统文化传承体系,弘扬中华优

① 国家“十二五”时期文化改革发展规划纲要[EB/OL]. 新华网. http://news.xinhuanet.com/politics/2012-02/16/c_111529579_2.htm,2012-02-16.

② 教育部副部长国家语委主任李卫红在“中华诵·经典诵读行动”经验交流研讨会上的讲话[EB/OL]. 安徽省语言文字工作委员会网站. http://ahyywz.ahedu.gov.cn/show.asp?id=200,2011-12-05.

秀传统文化,教育部语言文字应用管理司又开展了"中华诵·经典诵读行动"2012 全国中小学生作文大赛活动。① 上述活动的持续开展,正吸引着越来越多的中小学生走进经典,感受和亲近中华民族优秀传统文化。

2009 年 7 月,全国中小学国学教育研究成都市青羊区现场会召开。其间,教育部语言文字应用管理司司长王登峰透露:"现在我们正考虑把经典国学诗文谱写成流行歌曲,以经典诗词为词,结合现代流行音乐让中小学生传唱,这样做的目的是考虑到中小学生的年龄特点和心理需求,让国学经典教育深入到学校方方面面。"②

2010 年 8 月,文化部部长蔡武在接受《学习时报》专访时表示,鼓励在有条件的中小学校增加传统文化教育课程,在中小学生中广泛开展吟诵古典诗词、学习传统技艺等优秀传统文化普及活动。③

2012 年 9 月,首部由教育部在国家层面推出的传统文化教材《中国传统文化教育全国中小学实验教材》举行首发式。教材不仅选取了《弟子规》《声律启蒙》《论语》《孙子兵法》《道德经》等国学经典,同时还加入了《中国传统历法与节日》《中国茶文化》《中国传统书法艺术欣赏》《中国传统音乐欣赏》等优秀传统民俗文化与艺术的精粹内容。在每节课上讲解一个繁体字,让学生充分理解中国文字的意境和美。教育部基础教育司原副司长、国家督学郑增仪介绍说:"它不是简单地将中国古诗词印成一本书集合起来,而是要让孩子们从小就了解中国文化。另外,通过介绍字形字义的演变来介绍中国文字的发展演变。"④

此外,全国各地也结合实际对优秀传统文化和民族精神教育出台了相关规定。以江苏为例,《江苏省中长期教育改革和发展规划纲要(2010—2020

① 教育部语用司关于开展"中华诵·经典诵读行动"2012 全国中小学生作文大赛的通知[EB/OL]. 中华人民共和国教育部网站. http://www.moe.edu.cn/publicfiles/business/htmlfiles/moe/A18_gggs/201203/133058.html.

② 教育部. 将请歌星演唱经典诗词以契合学生需求[EB/OL]. 新华网. http://news.xinhuanet.com/edu/2009-07/09/content_11676696.htm,2009-07-09.

③ 蔡武. 鼓励在有条件的中小学校增加传统文化课程[EB/OL]. 中国新闻网. http://www.chinanews.com/gn/2010/08-30/2499826.shtml,2010-08-30.

④ 《中国传统文化教育全国中小学实验教材》由人民教育出版社出版、首发[EB/OL]. 人民教育出版社网站. http://www.pep.com.cn/rjs/rjdt/rjdt/201210/t20121017_1141259.htm,2012-10-17.

年)》强调要“广泛开展中华经典诵读等活动,加强传统文化教育”①。2012年,江苏省语委、省教育厅、省文明办通过开展“爱祖国、爱江苏、爱家乡”经典诵读系列活动,推动各地和学校以高度的文化自觉和文化自信传承中华民族优秀传统文化。② 南京市先后印发《关于在各级各类学校广泛开展中华经典诵读活动的通知》等文件,加强对经典诵读活动的指导,将经典诵读纳入教师继续教育内容,将经典诵读与语文课堂教学、学校德育工作、校园文化建设等结合。③ 淮安市盱眙县教育局启动“人文生态引导工程——中华经典进校园”活动,旨在发挥传统文化的育人作用,全面提升中小学生的道德修养水平和人文素养,引导师生、家庭共同读书,与书为伴,在读书中成长,达到文化熏陶、智能锻炼与人格培养的目的。④

多年来,淮安市中小学积极开展中华经典诵读活动,形成了一批经典诵读特色学校。淮阴师院附中努力探寻高效发挥经典诵读作用的方法,2000年率先成为“中华诗词进校园”试点学校,承办了国家级诗教现场会,并获得“全国诗教先进单位”称号。2010年,该校成功申报为江苏省经典诵读基地学校,同时被教育部批准为“中华诵·经典诵读行动”实验学校。⑤ 淮安市金湖县城南实验小学围绕“诵读国学经典,弘扬民族精神”主题,通过开展看国学讲座、诵国学经典、讲国学故事、唱国粹京剧、演国学经典等活动,弘扬了中华民族优秀传统文化,促进了学生的全面发展。⑥

二、拓宽用优秀传统文化和民族精神教育学生路径的着力点

近年来,加强优秀传统文化和民族精神教育已得到全社会的高度认可与广泛支持,各地中小学积极开展弘扬优秀传统文化和民族精神的教育活动,

---

① 江苏省中长期教育改革和发展规划纲要[EB/OL]. 新华网. http://news. xinhuanet. com/edu/2010-08/30/c_12497706_8. htm,2010-08-30.

② 省语委、省教育厅、省文明办关于开展“中华诵·爱祖国爱江苏爱家乡”经典诵读系列活动的通知[EB/OL]. 江苏教育网. http://www. ec. js. edu. cn/art/2012/4/24/art_4267_69815. html,2012-04-24.

③ 江苏省教育厅简报[EB/OL]. 江苏教育网. http://www. ec. js. edu. cn/art/2011/7/12/art_4381_33013. html,2011-07-12.

④ 淮安市盱眙县启动“中华经典进校园”活动[EB/OL]. 江苏教育网. http://www. ec. js. edu. cn/art/2012/3/2/art_4343_65846. html. 2012-03-02.

⑤ 师院附中. 诵读经典　点亮智慧人生[EB/OL]. 淮安教育网. http://jyj. huaian. gov. cn/jyxw/sqdt/content/ff8080813daa5e60013dc2ff4f3c2097. html. 2013-04-01.

⑥ 金湖县城南实验小学. 国学滋养师生心灵　诵读彰显学校特色[EB/OL]. 淮安教育网. http://jyj. huaian. gov. cn/jyxw/sqdt/content/ff8080813bbbf16a013c3ba42dd12cc2. html. 2013-01-15.

取得了明显成效，某些省、市、自治区的部分中小学已开设了传统文化教育内容与课程的试点，有些教师也已开展了传统文化内容与课堂教学的研究。但是，在学生优秀传统文化和民族精神教育的过程中也存在诸多问题，效果并不是很理想。学生对优秀传统文化的需求与他们的实际文化素养之间还存在很大差距，学生优秀传统文化教育还有很大的发展空间。为此，需要多方入手，采取有效措施，不断拓宽用优秀传统文化和民族精神教育学生的有效路径。

1. 增强学生优秀传统文化和民族精神教育的时代性

时代性是文化的重要特征，作为一个不断延续和发展的系统，任何民族的文化都是特定历史条件下的产物，不同的社会发展阶段必然有不同的时代文化。每一代人都生活在一个特定的历史文化环境下，他们很自然地从上一代那里承袭传统文化，并根据时代需要对其进行利用和改造，以使之适应新的时代需要。文化的时代性特征，意味着每一社会发展阶段的文化都有其特定内容和特征，每一种文化的建构既不能脱离时代性的规定，也不能与世界文化的大时代相违背。从民族传统文化的延续和发展角度看，文化发展是个动态的过程，一种文化能不能永葆其独特魅力和先进性，关键在于是否与时俱进地进行文化创新。人类社会的每一次转型，社会生产力的每一次进步，都伴随着相应的文化变革。任何文化都是在特定时空条件下产生和发展的，“这就要求人们在学习、研究、应用传统文化时坚持古为今用、推陈出新，结合新的实践和时代要求进行正确取舍，而不能一股脑儿都拿到今天来照套照用”①。对文化来说，其生命在于不断的进步与创新，只有不断更新的文化才能源远流长。换言之，只有使继承和发展、传统和现代相结合，文化才具有生命力，才会在传承中发展，在发展中创新，生生不息，兴旺发达。

传承传统文化是一个与时俱进的过程，优秀传统文化和民族精神教育应与时代接轨。文化的延续和发展是一种与时俱进的创新，只有将传统文化与时代特征有机结合，才能使优秀传统文化和民族精神得以延续和发展。因此，在新的时代背景下对中小学生进行传统文化教育，就应该对传统文化的精华予以提炼，给传统注入新的活力，使之合乎时代精神。唯此，才能吸引更

---

① 习近平. 纪念孔子诞辰 2565 周年讲话[EB/OL]. 人民网. http://edu.people.com.cn/n/2014/0925/c1053-25731131.html. 2014-09-25.

多学生主动亲近和感受优秀传统文化和民族精神。当前，学生成长面临多元的环境——学校的应试教育和家庭成才教育向孩子们灌输“理想世界”，网络媒体诱导他们进入“虚拟世界”，“现实世界”中的消极现象又使他们产生困惑疑虑，优秀传统文化和民族精神教育呈现前所未有的复杂性。因此，必须借鉴历史，立足现实，面向未来，在更高起点上把传统文化与时代精神结合起来。如今很多文化思潮和现象都能在传统文化里找到渊源，而传统文化的精华又必然蕴含在现代文化之中。以联系和发展的眼光进行“文化育人”，就必须将两者的内在联系揭示出来，给学生完整、科学的文化情愫和文化理念。① 同时，在全球化的时代背景下，任何一个民族都不可能固守本土传统文化，在外来文化面前，传统文化面临如何生存、发展和创新的问题。优秀传统文化和民族精神教育，必须坚持民族性与世界性相统一的原则，既植根于浓厚的民族土壤，又置身于宏大的世界背景。要培养学生开放的世界眼光，使传统文化在中国走向世界，也使世界走向中国的交相辉映中，最大限度地吸收外来文化的营养成分以滋补自身，即采外来文化之长，固民族文化之根，同时运用多种方式在学生中宣传和弘扬优秀传统文化和民族精神。

2. 增强学生对优秀传统文化和民族精神的认同感

所谓认同感，是指在特定的社会群体内，群体成员对来自外界的重大事项和原则问题形成共同认识和评价。认同是文化的基本功能之一，对优秀传统文化和民族精神的认同不仅意味着对其特质和内容的接受和认同，而且会产生一种归属感。文化认同引导人们热爱和忠实于民族文化，从而保存和光大民族文化，并最终将其纳入个人的价值观这一深层心理结构之中。良好的认同感可以有效激发学生学习和内化优秀传统文化和民族精神的积极性和主动性。当然，“个体的文化认同不是纯粹的单一的由所处文化情境塑造的过程，而是不同文化交融碰撞作用下的过程”②。随着全球化的日益深入，只有在多元文化的融合之中，人们才能不断加深对本民族文化的理解和认识。具体来说，增强学生优秀传统文化和民族精神的认同感需从四方面着手。③

---

① 继承和弘扬传统文化　培育时代新人[EB/OL]. 河北文明网. http://www.hbjswm.gov.cn/hbwmw/wmlt/ldzb/201007/t20100708_1821682.shtml，2010-07-08.

② 陈世联. 文化认同、文化和谐与社会和谐[J]. 西南民族大学学报（人文社科版），2006(3).

③ 唐利荣，庞坚. 为学生开启中华文化“精神家园”之门——中学生优秀传统文化教育存在的问题及对策[J]. 基础教育研究，2009(9).

（1）增强学生对优秀传统文化和民族精神的自豪感。其一，要让学生对优秀传统文化和民族精神有全面的认识。通过编印合适教材和合理课程，向学生系统全面地介绍中国传统文化，让学生对优秀传统文化和民族精神有较为完整的总体认识。其二，让学生理解优秀传统文化和民族精神的精华所在。诸如天下兴亡、匹夫有责的爱国传统，革故鼎新、因势而变的创新精神，富贵不淫、威武不屈的高尚气节，扶正扬善、恪守信义的社会美德，先天下之忧而忧、后天下之乐而乐的忧国忧民思想等，都是实现民族复兴的宝贵财富和不竭动力，也是学生应该传承的文化之“根”。其三，让学生感受中华文化的灿烂辉煌。中华民族创造了璀璨的文明，形成了优良的文化传统，不仅成为凝聚民族的精神纽带，也对世界文明作出了重大贡献，是值得炎黄子孙骄傲和自豪的，要以自豪的态度善待优秀传统文化和民族精神。

（2）增强学生传承优秀传统文化和民族精神的责任感。其一，向学生表明传承优秀传统文化和民族精神的重要意义。文化是民族存在和发展之根，没有优秀传统文化及民族精神的传承和发扬光大，就没有中华民族的伟大复兴。其二，向学生表明传承优秀传统文化和民族精神的责任。要让学生理解，作为祖国的未来，肩上负有传承优秀传统文化和民族精神的重任。如果割断传统文化的血脉和根，学生就会迷失自我、丧失根本，更谈不上民族的复兴。其三，向学生表明如何传承优秀传统文化和民族精神。学习传统文化不是复古守旧，而是为了在新的历史起点上创造出符合当代精神和时代潮流的新文化，要通过各种有效途径和手段使学生在学习、掌握的基础上真正内化优秀传统文化和民族精神。

（3）增强学生对优秀传统文化和民族精神的亲近感。其一，教育者须先受教育。要使学生亲近优秀传统文化和民族精神，教育者须加强自身的优秀传统文化素养。其二，要在校园营造浓厚的传统文化教育氛围，让学生在浸淫其中的同时不断接受传统文化的感染和熏陶。在校园文化建设中，要注重把优秀传统文化和民族精神教育作为重要组成部分，开展形式多样、生动活泼的活动，让学生在娱乐中学习并接受优秀传统文化。其三，要注意扬弃。要做到与时俱进，将传统与现代结合，赋予传统文化强大的生命力，注重把古代朴实的道理与现代的人和事结合，便于学生理解。

（4）增强学生对优秀传统文化和民族精神的受益感。其一，要让学生在学习优秀传统文化和民族精神中获得美的享受，觉得这是一种不可多得的精神食粮和时尚消费。其二，让学生在学习优秀传统文化和民族精神中促进优秀品格及良好生活习惯的形成。要通过开展优秀传统文化和民族精神教育活动，使学生在感受美文、品味经典过程中达到文化熏陶、人格培养、提高道德素养的目的。其三，通过学习优秀传统文化和民族精神增加学生对知识财富的获取。优秀传统文化本身就包含了语言文化、历史哲学、德育艺术等知识，接受优秀传统文化和民族精神教育，会使学生的知识结构更为全面和合理，由此成为其立身做人用之不竭的宝贵财富。

3. 注重学生优秀传统文化和民族精神教育的层次性

学生认知程度的差异性是客观存在的，如果在教育过程中不进行分层教学，套用同一方法、尺度和模式去规范学生，显然是违背因材施教原则的。客观地来看，不同年龄阶段的个体有着不同的心理特点：小学生刚脱离父母，上学是人生中遇到的第一件令人神往、值得骄傲的大事，对于所看到的一切都感到陌生而新奇。这时他们只有在教师的指导下，进行有目的有组织有系统的学习，才能获得知识。小学阶段的学习主要是摹仿。到了中学阶段，学生已经掌握了一定的知识技能和道德行为规范，思维能力显著增强。因此中学生的学习过程就不仅仅是摹仿，更重要的是渴望独立、自主、创造。① 显然，在中小学生心理和年龄发展的不同阶段内，优秀传统文化和民族精神教育的教学目的和任务都是有差异的，教学过程和形式也应该呈现出不同的水平层次。

要根据不同年龄阶段学生的特点，制订差异性的优秀传统文化和民族精神教育内容和教育模式。以传统文化经典诵读活动为例，对小学低年级学生，可以通过老师朗读或有关的音像材料进行读经教育，先入为主地将良好的人格特质观念印入其脑海；小学高年级学生则可以选择四书五经等重要经典为主要教材，并以历代公认的优美古文诗词为辅佐材料，反复熟读以陶冶性灵；到了中学阶段尤其是高中阶段，青少年的理解力有显著发展，应该阅读古今中外各类伟人的传记、历代忠孝节义及深明因果事理的典范故事，以及关于坚持理想、努力耕耘、不断奋斗的榜样等方面的书籍。此外，优秀传统文化和民族精神教育的深度也应随着年龄的不同而有所侧重。小学、初中阶段可以通过对《三字经》《弟子规》等传统蒙学教材的选择，对学生进行礼仪教育、诚信教育、感恩教育、生命教育等。高中阶段则应侧重于“君子人格”的养

① 戚建庄，王北生. 教学艺术新论[M]. 郑州：河南人民出版社，1990：20－21.

成教育，以及民族自豪感的提升、民族自信心的激发、爱国精神的培养等。①

即使是同一年龄阶段的学生，具体到每个学生，其心理特点也是有差异的。世界上没有两个完全相同的学生，也不该有两个一模一样的教育过程。针对每个学生不同的特点因材施教，让每个学生得到适合他们自身的教育，使其潜力得到充分的挖掘和发挥，这才是素质教育的目的。因此，在中小学优秀传统文化和民族精神教育过程中，不但要依据学生心理发展的一般年龄特征，而且要照顾到每个学生在心理上的个别差异。遵循学生认知的客观规律，要在教学目标设定、教学内容安排、知识传授与能力培养等诸多环节中，由感性到理性，循序渐进地提升学生内化优秀传统文化和民族精神的能力和水平。总之，只有注重优秀传统文化和民族精神教育内容和过程的层次性，才能切实提高教育的实效性。

4. 学生优秀传统文化和民族精神教育要注重各方的协同

学校是教育教学的组织者，但教育教学的成功离不开家庭与社会的配合。优秀传统文化和民族精神教育是一项宏大的系统工程，"关心和保护中小学生健康成长，不仅是教育部门和学校的职责，而且是全社会的责任和义务"②。

学校是学生优秀传统文化和民族精神教育的主渠道。学校在学生优秀传统文化和民族精神教育中发挥着应然的主导作用，但在"应试教育"向"素质教育"转轨的过程中，重知识轻品德、重成绩轻能力、重书本轻实践、重升学轻就业的问题依然普遍，很多学生习惯于以自我为中心，吃苦耐劳精神差，缺乏团结协作精神，这些无疑都与优秀传统文化教育缺位有很大关系。为此，首先，要抛弃功利主义和实用主义的教育观，通过开设相关课程，把优秀传统文化和民族精神的精髓传授给学生，使他们丰富知识，开阔视野，陶冶情操。其次，要在校园文化建设中，把优秀传统文化和民族精神中与时代相适应的道德理念、美学原则、价值追求等融入进去，通过潜移默化的浸润和熏染，增加青少年文化血液中的优秀传统文化因子。再次，要充分发挥学生社团的优势，大力开展诸如京剧进校园、经典诵读、历史名人足迹寻访等活动，这既可以丰富学生的课余文化生活，又能增强学生对优秀传统文化和民族精神的感

① 郭常亮，闵靓. 加强青少年传统文化教育的几点思考[J]. 青少年研究，2012(3).

② 中共中央关于改革和加强中小学德育工作的通知[EB/OL]. 新华网. http://news.xinhuanet.com/ziliao/2005-02/25/content_2619090.htm，2005-02-25.

性认识。①

发挥家庭在优秀传统文化和民族精神教育中的辅助功能。要发挥家庭的基础性作用，将优秀传统文化和民族精神的传承融入日常生活之中。事实上，中国向来都有重视家庭教育的传统并积累了丰富的经验。在家庭教育方面还留下了无数家书、家训的专著，形成了比较系统的家庭教育思想与理念。比如，注重对子女进行早期的家庭教育；突出"做人"的教育目标；以儒家精神教育和引导子女的思想与行为，将儒家的人生哲理与价值体系从小植根于孩子的心灵；通过祭祀祖先、诵读家规等突出"礼仪"。这些做法对于今天的优秀传统文化和民族精神教育具有重要的借鉴意义。② 通过家长们的言传身教，可以引导学生热爱传统文化，丰富历史知识，拓展人文思想，培育其良好的品德修养，塑造其优秀的行为品格，从而不断增强和提升家庭对学生优秀传统文化和民族精神教育的效果。

社会要发挥联络协调作用，共同营造崇尚优秀传统文化和民族精神的良好环境。教育行政部门要对学校、家庭、社区的优秀传统文化和民族精神教育进行宏观指导、组织与管理；文化宣传部门要认真实施民族民间文化保护工程；规划建设部门要注重重要文物设施复建规划的修编与建设，保护古老遗存，赋予历史以新生；新闻媒体把弘扬优秀传统文化宣传作为重要任务，开设各类专题和专栏，多层面、多角度地宣传优秀传统文化和民族精神。建设融思想性、时代性、知识性、艺术性于一体的优秀传统文化网站，形成网上网下弘扬优秀传统文化和民族精神的合力，实现对优秀传统文化和民族精神感性认识与理性认识的交融。把优秀传统文化开发、创作、编辑、出版成为青少年喜爱的读物和视听产品，激发青少年对优秀传统文化和民族精神的兴趣。利用传统节假日在社区和村镇传播中华民族优秀传统文化。利用文化资源开辟各类德育教育基地，结合各地实际充实传统文化的内容，有组织、有计划、有内容地开展好优秀传统文化和民族精神教育。③

---

① 郭常亮，闵靓. 加强青少年传统文化教育的几点思考[J]. 青少年研究，2012(3).

② 彭鹏，郭耀武. 重建青少年的精神家园——基于西安市青少年传统文化教育现状的调查与分析[J]. 理论导刊，2011(1).

③ 继承和弘扬传统文化　培育时代新人[EB/OL]. 河北文明网. http://www.hbjswm.gov.cn/hbwmw/wmlt/ldzb/201007/t20100708_1821682.shtml，2010-07-08.

5. 以社会实践活动为着力点,用优秀传统文化和民族精神提升学生素质

“实践性也是教育理论的属性之一。这是因为:教育理论是以对教育活动的规律的研究为旨趣,它与其他的人类活动一样,同属人类活动的范畴,它自然地也符合实践的规约,也具有实践性。”① 任何理论都源于社会实践,任何理论成果也只有应用到社会实践中才能得到检验并发挥其功用,优秀传统文化和民族精神教育必须要“坚持知与行相统一的原则。既要重视课堂教育,更要注重实践教育、体验教育、养成教育,注重自觉实践、自主参与,引导未成年人在学习道德知识的同时,自觉遵循道德规范”②。优秀传统文化和民族精神教育的成效需要在社会实践中去体验、感悟和升华,只有通过实践因素培育和养成其人文精神,才能实现中小学生素质的全面提升。因此,要注重将优秀传统文化和民族精神教育同社会现实相结合,有效地利用社会资源对中小学生进行优秀传统文化和民族精神教育,以进一步拓宽教育渠道,提高中小学生的人文素养和民族优良特质。

国外相关教育经验表明,社会实践活动在培育学生文化传承方面发挥着重要的作用。以日本为例,文部省在关于中小学课堂的指导方向中强调要重视实践教学,希望学生通过实践体验活动,体会劳动的价值、传统文化的魅力,形成正确的人生观和价值观。如筑波大学附属驹场中学所公布的体验水稻耕种活动将目标分为三点:一是通过稻田的耕种活动,了解日本传统的饮食文化;二是通过耕种水稻,认识集体协作的重要性;三是将学生水稻耕种的体验与教科书的内容紧密联系。学生在实践活动后提交的报告涉及文化、历史、科技以及社会问题等诸多方面。③ 通过社会实践活动得到的深刻体会是课堂教学达不到的,传统文化教育的成效在潜移默化中得以提升,为优秀传统文化和民族精神的发展和继承打下了良好的基础。

学生优秀传统文化和民族精神教育应注重实践教学。中小学要根据学生的身心特点和发展需求,深入发掘区域文化资源优势,组织开展丰富多彩的实践教育活动,通过探究文化源地、考察文化遗址、走访博物馆和历史古迹

---

① 林德全. 教育理论与教育实践关系之反思与新探[J]. 河南大学学报(社会科学版),2008(3).

② 中共中央国务院关于进一步加强和改进未成年人思想道德建设的若干意见[EB/OL]. 光明网. http://www.gmw.cn/01gmrb/2004-03/23/content_7262.htm. 2004-03-23.

③ 兰卉. 日本传统文化教育的特点及对我国的启示[J]. 西南农业大学学报(社会科学版),2011(1).

等，使学生在切身融入中端正对优秀传统文化和民族精神的态度，在实践中挖掘优秀传统文化和民族精神的内涵，了解中华民族的悠久历史和灿烂文化，增强民族自信心和自豪感。通过实践教学，学生能直接感受优秀传统文化的无穷魅力，进一步增强对优秀传统文化和民族精神的感性认识和认同感，同时也有助于从优秀传统文化和民族精神的内涵中提炼出鲜活的时代特征，并与自己的日常学习、生活和行为规范联系起来，在潜移默化中达到自我教育的目的。

第四章　学生世界意识与开放精神的培育

民族性与世界性的关系在全球化深入发展的现时代尤显突出。在这一宏观背景下加强中小学生的素质教育，必然要反映这种富于时代特征的关系。一方面，从民族性的角度来说，要立足于民族根基，弘扬优秀传统文化和民族精神，培育中小学生的民族意识。另一方面，从世界性的角度来看，则要批判吸收世界各国和各民族的文明成果，培育中小学生的世界意识与开放精神。客观的事实是，随着世界全球化进程的日益深入，中国融入国际社会的步伐正在不断加快，"与世界接轨"、"国际化的视野"、"积极参与世界竞争"等表述，业已成为当今中国人耳熟能详的话语，增强中小学生的世界意识与开放精神较之以往任何时候都显得更为紧迫和重要。

第一节　全球化与学生世界意识及开放精神的培育

一、世界意识和开放精神内涵

作为现代民族国家普遍交往的世界历史过程的观念表征和文化形态，世界意识也称全球意识或国际意识，是指立足于世界高度或全球视野，在承认人类共同利益的基础上，超越意识形态和社会制度的分歧，结合不同的文化背景，探究全球意识的渊源，容忍、理解和尊重世界各国和各民族在政治、经济和文化上的差异，克服狭隘的民族利益和国家利益，以博大的胸怀、自尊理性的科学态度认识人类文明的优秀成果，认识世界历史的一体多样化，认识本国和世界的互动关系，以开阔、理性的视角去考察和了解世界历史和当今国际社会，密切关注人类共同的命运，科学评价本民族和国家的地位和作用，正确认识自己的权利和义务的一种思维方式。

对世界意识概念的理解包括了以下四层要义：一是要具有开阔的知识视野，了解世界发展的轨迹与方向。不同于闭关锁国和固步自封，世界意识要求能够深刻认识近现代以来世界形成统一整体的进程，全面了解其他国家和民族的思想、文化、政治经济制度及生活方式。二是要学习和掌握本民族的优秀传统文化和民族精神。坚持世界意识并不意味着否定本民族的传统文化，本民族的优秀传统文化和民族精神蕴含着本民族历代传承的经验和智慧，是本民族最为宝贵的精神支柱和文化遗产，只有对本民族的文化进行与时俱进的创新，使本民族的优秀传统文化和民族精神得以延续、丰富、提高和发展，才能更好地坚持和彰显世界意识。三是要以博大的胸怀、世界的眼光和科学的态度，认识世界的一体化和多样性，克服狭隘的民族意识和国家意识，容忍、尊重并理解其他民族和国家的历史文化的差异性。四是要用联系与发展的观点认识本国与世界，认识本民族在世界历史发展中的地位和作用，树立民族自尊心和自信心，具有全面合作和共同发展的观念，树立民族平等、对外开放和参与世界竞争的意识。

狭隘的民族意识是阻碍各个国家和民族之间进行政治、经济和文化交流的根源，确立世界意识需要摒弃狭隘的民族意识。在自己国家发展的过程中，民族传统发挥了巨大的能量，但是，立足于本民族的传统，并不意味着画地为牢和固步自封，也不等于狭隘保守和妄自尊大，一种文化如果只是封闭和孤立地“寻根”和“固本”，最终只能发展为狭隘、甚至是愚昧的民族意识。狭隘的民族意识是一种自身民族感情的过度膨胀，从而变得忽视或敌视其他民族。在如何对待自己国家和民族传统的问题上，很多人往往带有强烈的民族感情，在这种狭隘的民族意识的主导下，常常过分注重本土化的需求，而对其他国家和民族的经济、文化、政治方面的差异视而不见，甚至嗤之以鼻。另一种情况是，在这种狭隘的民族意识下，为表示对自身民族的忠心与认同，甚至不惜以各种手段损害其他民族的利益，很容易发展成民族沙文主义和复仇主义。

狭隘的民族意识往往有两种倾向，要么更加封闭，要么更具侵略性。中国自清代中叶以来，政治愈发封闭，逐渐脱离了世界发展的主流轨道，由此也变得越来越落后。而落后是要被人欺侮的，政治和经济上的羸弱与高傲的民族意识形成鲜明反差，最终的结果只能导致国家更加封闭和落后。再看“二战”时纳粹德国的情形刚好相反，在民族复仇心理的鼓动下，国内被迅速武装起来，高举种族主义旗帜四处侵略扩张，给世界各国和其他民族造成了严重创伤，这是狭隘的民族意识的另一个极端例证。不同文化之间的碰撞和冲突是客观存在的，不同文化之间的冲突中并不存在哪一方超越另一方的问题，即使是暂时的领先也不过只是一个历史片段中的领先。事实上，“文化的‘中心'只是相对的，在全球史观的语境下，人类各民族所创造的文化都需要重新定位——从这个角度说，所有文化的冲突和对抗都是不必要的，只有将民族文化扩展到全球文化的层次上，才能彰显中华民族的人类性，才能将中华民族的精神遗产转化为更具普遍性的人类意识，才能最终上升为全球史观下的人类意识"①。换言之，随着人类活动空间的不断拓展，面对人类全新的生存背景，只有超越狭隘的民族意识，将制度安排、合作精神和全球理念纳入人类共享的价值观念中，把自己的国家和民族看做世界大家庭的一部分，才能促进民族化和世界化的和谐互动，也才能由此不断提升本民族的生命力和影响力。

中国古代的"天下"观念不同于世界意识。传统中国社会盛行的是以中国为中心的"天下观"，并且认为这代表了亘古不变的宇宙道德秩序。这种"天下"观念，和当时人们对"世界"的理解有密切联系。正如冯友兰先生在《中国哲学简史》中所描述的那样："中国是大陆国家。古代中国人以为，他们的国土就是世界。汉语中有两个词语都可以翻译成'世界'。一个是'天下'，另一个是'四海之内'。"②换言之，古人认为"世界"和"天下"是一个概念，当然，在他们的心目中，所谓的"天下"并没有超出古代中国封建诸国的区域范围。事实上，早在前秦时期，古人就已经有了把文明发源地的黄河流域视为华夏的中心，而把其他区域视为蛮夷世界的文明中心主义传统。对此，冯友兰先生评论道："从先秦以来，中国人鲜明地区分'中国'或'华夏'，与'夷狄'……中国人历来的传统看法是，有三种生灵：华夏，夷狄，禽兽。华夏当然最开化，其次是夷狄，禽兽则完全未开化。"③可以说，中国古代对"天下"的认识，就是以具有先进文明的"华夏"为中心的整个"世界"的认识，这种根深蒂固的优越感和"四夷"永远落后、野蛮的蔑视心理，普遍存在于中国人尤其是封建社会上层的观念中。这种狭隘的认识无形之中在社会各阶层心里砌起了坚不可摧的牢固围墙，阻碍古代中国人去想象"天下"以外的世界到底是何种景象。中国古代的"天下"观念是以家庭为主的小农经济为基础，以不平等的层层封建统治秩序为承辅，以封建的伦理纲常为思想保证，在人们的心理上形成一个庞大的网络，严重束缚了人们的思想开放，拘禁了人们的视

① 强光中. 全球史观下的孔子学说[M]. 海口：南方出版社，2011：16.
② 冯友兰. 中国哲学简史[M]. 北京：北京大学出版社，1985：22.
③ 冯友兰. 中国哲学简史[M]. 北京：北京大学出版社，1985：221.

野,也阻碍了中国社会的发展。①

强调世界意识并不排除对民族意识的重视,正确处理世界性和民族性的关系,在全球化日益深入的现时代尤显重要。民族性与世界性既不能等同,也不能截然分开,二者是个性与共性的关系,是互相联系又互相区别的一对矛盾的两个方面。民族性和世界性辩证统一,民族性中包含着世界性,世界性中也包含着民族性,二者相互依存,相互促进。如果只追求民族意识而忽视世界意识,将导致整个民族似井底之蛙,最终必然被时代所淘汰。反之,如果只追求世界意识而忽视民族意识,那么整个民族将会因为缺乏稳定和恒久的精神支柱,最终被其他民族所同化或自行消亡。因此,应当坚持民族意识和世界意识的统一,二者不可偏废。正如毛泽东同志所说的那样:“学习我们的历史遗产,用马克思主义的方法给以批判的总结,是我们学习的另一任务。我国这个民族有数千年的历史,有它的特点,有它的许多珍贵品。对于这些,我们还是小学生。今天的中国是历史的中国的一个发展;我们是马克思主义的历史主义者,我们不应当割断历史。从孔夫子到孙中山,我们应当给以总结,承继这一份珍贵的遗产。”② 同时,也“应该大量吸收外国的进步文化,作为自己文化食粮的材料”③,“决不可拒绝继承和借鉴古人和外国人,哪怕是封建阶级和资产阶级的东西。但是继承和借鉴不可以变成替代自己的创造,这是决不能替代的”④。

坚持民族意识和世界意识的有机统一需要注意三个方面的问题。首先,坚持民族性要求我们不能盲目地夜郎自大,无视甚至一味排斥其他民族的价值。要尊重和包容不同民族之间的文化、信仰和生活方式的差异,认识到人类相互依赖的特性,并且通过不断吸收其他民族文明成果的精华来完善和发展本民族固有之价值。世界意识的确立与培养非但不会削弱对自己国家和民族的强烈热爱与高度的责任感,相反,它会把对祖国和民族的情感提升到一个更广阔的空间,使之更具理性和包容性。其次,世界性既不等同于美国化,也不等同于欧洲化。世界价值不是以某一个国家或民族的价值为样式的,事实上,随着各民族价值的发展,会在相互冲突、相互认同的基础上,逐步

---

① 王敬川.论魏源的世界意识[J].河北工程技术职业学院学报,2002(3).

② 毛泽东选集.第2卷[M].北京:人民出版社,1991:706.

③ 毛泽东选集.第3卷[M].北京:人民出版社,1991:860.

④ 周文华.全球化与大学生价值观教育[J].铜陵学院学报,2009(6).

建立起具有某些相同特质的超越民族性的世界价值。最后,强调世界性并非是去完全消解民族的个性。融合不是将不同民族的文化简单地掺和在一起,彼此不分。相反,融合是为了通过吸收其他民族文化之合理成分来发展自己的民族特色。总之,既要立足于本民族的特色,继承民族传统文化中的"精华",坚持和弘扬本民族的优秀传统文化和民族精神;又要放眼世界,顺应全球化的客观趋势,尊重不同民族文化和价值观的独特性,批判地吸收世界各民族的优秀文明成果。① 具体来说,具有这种"世界意识"或"全球视野"不是以损害自己国家的利益为出发点,相反,既要维护民族国家的根本利益,又要超越民族文化的狭隘局限,从全球视角考虑相关问题。简言之,具有世界意识或全球视野应该做到"全球化思考,本土化行动"(Think Globally,Act Locally)。②

世界意识要求我们以博大的胸襟、自尊理性的科学态度去认识人类文明的优秀成果,认识世界历史的一体多样化,认识中国和世界的互动关系。当今世界,全球化已成为一股不可抗拒的历史潮流,各个民族和国家之间的政治、经济、文化交流越来越密切和频繁。主动参与到全球化的进程中去,面向世界,主动开放,发展自己,是所有国家和民族明智而正确的抉择。事实上,任何一个国家要想得到发展,孤立自己,闭关自守,不加强与其他国家的交往,不引进先进技术和先进经验,不引进外资,都是不可能的,必须积极地与世界各个国家和民族对话、交流和合作。

开放精神是世界意识的自觉状态和逻辑结论,是世界意识所蕴含的某种价值判断或目标追求。意识是主体对自己、自己的认知以及自己所认知的对象进行反思而产生的主观觉察和体验,而精神则是意识这种认识或思维的产物。世界意识和开放精神相辅相成,相互依托,共生共存。一方面,世界意识是开放精神得以产生的观念先导,是开放精神赖以产生和存在的灵魂。世界意识催生开放精神,没有世界意识就不会产生开放精神。另一方面,开放精神是世界意识的依托平台。精神是意识反作用于物质世界,推动物质世界发展变化的结果,世界意识建立在开放精神所催生的实践活动之上,世界意识理念的发扬有赖于开放精神的实践土壤。就此而言,开放精神强化世界意识,开放精神的弘扬必将反过来推动世界意识的升华。

---

① 周文华.全球化与大学生价值观教育[J].铜陵学院学报,2009(6).

② 孔锴.美国当代公民教育的基本理念:责任、参与、全球意识[J].外国教育研究,2011(7).

秉承世界意识要求坚持开放精神，而坚持开放精神则要求具备海纳百川、兼容并蓄、博采众秀、开拓创新、以我为主、为我所用的理念。所谓“开放”，大致可以从两个层面加以理解。就精神层面而言，就是要打开心胸，放开思路，放眼观看，侧耳倾听，虚心求知，让新知识、新事物进到视野和心胸中来，然后经过内心理解和加工积极创新知识，让新知识再走出去；而在实践层面上，开放则蕴涵着开创拓展事业的意思，包括通过“引进来”和“走出去”的方式开创和拓展事业。①

开放精神有着非常丰富的内涵。首先，开放精神要求具有一种平和包容、胸襟开阔的心态。平和包容的心态是一种对新事物理解和接受的心态，而胸襟开阔本身就是一种开放的心态，内蕴着开放的心愿、开放的意境、开放的意志、开放的思想，这些意识因素孕育着开放精神。其次，开放精神是一种汲取新知识的精神。在开放精神的意识结构中，这是一种比开放心态更高一级的意识要素，是指有意识地开阔心胸、放开视听，积极自觉地认识新事物、获取新知识和创造新知识的思想意识，是开放思想的自觉状态。再次，开放精神是一种工作中的民主精神。所谓“兼听则明，偏信则暗”，人们在认识事物和解决问题的过程中，只有注意并善于倾听各种不同的意见，才能在各种意见的争论和比较中，认清事物的本质，看透问题的关键和要害，以此展开的行动才会更具正确性、更有可靠性。因此，在具体的工作中，要贯彻民主精神、民主意识和民主作风。最后，开放精神是一种开拓事业的精神。开放精神要求在精神方面不断开阔心胸和视野，不断充实和提高知识、理论、理想和思想境界，不断增强意志、勇气、信心、决心和力量，由此才能在行动和实践上更强劲地推动人们不断开拓自己的事业。此外，坚持开放精神还要求人们在开拓事业的过程中，积极吸纳和高效利用各种有益的信息和能量，不断壮大和强盛自己，从而达到推动事业发展的目的。② 质言之，坚持开放精神，不仅要求具有恢弘的气度，容忍和理解歧义，尊重其他国家和民族的传统和文化，更重要的是要以开放的心态积极参与到国际经济、政治、文化的交流和合作中去，让其他国家先进的科学技术、成功的管理经验、合理的制度设计、优秀的文化因子为我所用，以促进自己国家现代化过程中的技术创新、制度创新

① 吕振合. 当代中国哲学精神导论[M]. 呼和浩特：内蒙古人民出版社，2006：100.

② 吕振合. 当代中国哲学精神导论[M]. 呼和浩特：内蒙古人民出版社，2006：100－107.

和文化创新。

二、世界意识形成的历史渊源

世界意识是在人类社会发展到一定历史阶段形成的。只有当经济、社会和文化的发展超出了国家和民族的界限，当科学技术的发展为世界各个国家和民族的相互往来和交流提供了极大便利，从而将世界各个国家和民族日益紧密联系起来的时候，世界意识才有产生的可能。

世界意识的萌发和勃兴顺应了世界全球化的历史潮流。从词源的角度来考察，英文中的“全球化”或“全球性”（globalization）由形容词“global”（全球的，全世界的）派生而来，而“global”又来自拉丁语中的“地球”观念。全球化的概念最早被应用于国际经济学研究中，其基本含义就是“一体化”。① 据学者考证，全球化的概念是由美国经济学家提奥多尔·莱维特（Theodre Levitt）最先提出来的。1985 年，莱维特在其《市场全球化》一文中，用全球化这个词形容前 20 年间国际经济的巨大变化，即商品、服务、资本和技术在世界范围内的生产、消费和投资领域中的扩散。② 此后，当人们讲到全球化概念时，其原意就是指经济的全球化。

自 20 世纪 90 年代以来，“全球化”日渐成为一个时髦的术语，基于研究角度和目的的不同，学界对全球化内涵的诠释也不尽相同：社会学从人类互动意义增强的角度来定义全球化，认为人类集团之间的联系随着社会发展而逐渐加强，最后形成全球性的联系，这个过程即全球化；政治经济学则将全球化定义为英国资本中心出现之后资本中心和资本外围的关系，这个过程不仅是经济过程，也是政治过程；也有学者认为，全球化是一种公共物品，是文化的传播；而另外一些学者则通过对现实的描述来界定全球化，认为全球化是全球网络的金融、信息、资本乃至思想跨越国境，使市场变成了世界市场。③ 虽然对全球化内涵的界定众说纷纭，但就一般意义而言，作为一种人类社会发展的现象过程，全球化通常是指全球联系不断增强，人类生活在全球规模的基础上发展及全球意识崛起的过程。

就其发展轨迹而言，全球化在经济、政治和文化层面渐次推进、整体互动的过程，业已成为当今全球化十分突出的趋向。全球化首先是从经济层面展

---

① 孙熙国，刘志国. 全球化与中国传统文化的现代转换[M]. 济南：山东大学出版社，2009：66.
② 刘金源，李义中，黄光耀. 全球化进程中的反全球化运动[M]. 重庆：重庆出版社，2006：3.
③ 孙熙国，刘志国. 全球化与中国传统文化的现代转换[M]. 济南：山东大学出版社，2009：66.

开的。第二次世界大战后,生产和资源的国际化流动使各个国家的经济联系日益紧密,互相影响,互相渗透。随着经济联系过程的不断发展,全球经济发展趋向一体化,经济和生产力随之趋向国际化。在这种条件下,生产发展和资源配置在一个国家内部已经不能满足发展需求,在全球范围内实现经济资源的配置,使经济和生产力不再局限于一定的地域和国家范围,日益成为全球化发展的必然要求和客观趋势。同时,这一过程也导致世界各国之间的交往日益频繁和密切,而科学和技术革命的发展又进一步推动了全球化发展的步伐。经济全球化是一种必然的趋势,它不期而遇地带来了一些全球性的问题,如环境污染、全球变暖、恐怖主义、网络黄赌毒等,这些问题的后果直接影响到全世界人们的共同利益,其解决也有赖于世界各国的合作。随着全球化进程的不断深入,全球化继而也涉及政治、文化等意识形态领域的内容,使各个国家和民族之间的思想、文化交流和渗透更加广泛。事实上,全球化日渐使人类在和平、发展、人口、资源、环境等问题上存在着越来越多的共同利益。

中国人产生近代意义上的"世界意识"是较为晚近的事情。今天使用的"世界"一词对于许多晚清人而言是一个外来的"新词汇"。近代以前的中国,"世界"主要是作为佛教用语出现的,其本身并不具备指向现实的意味。佛教所说的"世界",由时间和空间组成。其中"世"属于时间的范畴,包括过去世、现在世和未来世;而"界"则是对方位的界定,属于空间的范畴,有六方和十方之说,前者是指东、西、南、北、上、下,后者则是指东、西、南、北、东南、西南、东北、西北、上、下。比如,《楞严经》卷四有:"云何名为世界?世为迁流,界为方位。汝今当知,东西南北东南西南东北西北上下为界,过去现在未来为世。"① 可见,中国古代关于"世界"一词的理解迥异于其近现代的含义。似乎是与生俱来的人类差异恐惧症(heterophobia),传统的中国社会习惯地认为"非我族类,其心必异",盛行的是以华夏为中心的"天下观",认为这是一种永恒不变的宇宙道德秩序。以黄河流域为主的华夏是"天下"的中心,至于其他区域则被视为蛮夷世界,对周边的异族用"四夷"一言以蔽之。世界意识的建立必然伴随着中国中心观念的动摇与破灭,"世界之中国"作为一种认识范

---

① 赵朴初."世界"一词的由来[J].人才资源开发,2012(2).

式,随着日益深重的民族苦难逐渐在晚清浮出历史的水面。① 至此,"世界"这一传统意义上的佛教用语不仅开始出现了新的内涵,而且其使用频率也在激增。

西方列强的坚船利炮打破了大清帝国的大门,中国人的世界意识开始被逐渐激发出来。西方列强通过坚船利炮把中国强行纳入了世界秩序,同时也带来了西方的知识系统,促使一部分先进的中国人开始摆脱"普天之下莫非王土"的天下主义与"华夷之辨"、"华夏中心主义"的华夷秩序观,逐渐走出了中国即"天下"的误区,进而意识到中国是需要遵守"公法"的"万国"中的普通一国,是现代国际体系中的平等一员,进而把建立有特定地域而非漫无边界、主权属于特定族群的现代民族国家作为奋斗目标。当中国封建社会走向穷途末路之际,"康乾盛世"已成过往烟云,处于内外交困、风雨飘摇中的大清帝国,却依然沉浸在"天朝上国"、"华夏中央"和"四夷蛮貊"的美梦之中,而被他们称为"西夷"的西方国家在近代化的进程中已走过了近200年的时光。鸦片战争中"天朝大国"被"蕞尔小邦"日本打败的严酷事实,促使林则徐、魏源等人从"天朝"至善至美的梦幻中觉醒,成为初具世界意识与国家意识的"睁眼看世界"的先驱,他们相继撰写了《四洲志》(林则徐,1839年)、《海国图志》(魏源,1843年)等著作,开始介绍世界各国历史、地理等方面的情况,这标志着近代中国人世界意识的萌发——开始摆脱传统"天下"观念的束缚,从"天朝大国"、"夏夷之辨"心态中觉醒,并且眼光开始越出"天朝"的围墙,用具有近代意义的世界观念来关注围墙外的世界,以全新的眼光重新审视世界格局,把中国的命运与世界联系起来。② 质言之,世界历史发展的大趋势极大地拓展了中国人的视野,就此逐步建立起了取代传统天下观的、全新的世界观念。此后,从"求富自强"的洋务运动,到积极主张实行资本主义制度的维新运动和辛亥革命,中国人的世界意识进一步得到强化。

此后,从中国革命的胜利到改革开放,中国人的世界意识经历了一个从被动顺应、主动回应到自觉参与的历史性转变。③

---

① 金观涛,刘青峰.观念史研究:中国现代重要政治术语的形成[M].北京:法律出版社,2009:246.

② 俞祖华.晚清知识分子现代国家观念的生成[J].河北学刊,2013(1);王敬川.论魏源的世界意识[J].河北工程技术职业学院学报,2002(3).

③ 有关这一历史转变历程的相关内容参阅柳春清.中国共产党人全球意识的发展及时代价值[J].沈阳师范大学学报(社会科学版),2012(5).

革命和建设初期被动顺应的世界意识。以毛泽东为代表的中国共产党人在新民主主义革命时期的主要任务是完成民族解放、建立独立的民主共和国。毛泽东用世界眼光思考中国的革命，在《新民主主义论》中强调“中国革命是世界革命的一部分”①。新中国成立后，面对西方的封锁，毛泽东树立的是“一边倒”的世界意识，倒向苏联社会主义阵营。20 世纪 50 年代，中国又提出和平共处五项原则作为处理发展国际关系的指导准则。即使在“文革”时期，他也提出了具有全球战略眼光的思想。在对待文化发展战略方面，毛泽东提出“洋为中用”的同时，强调这种吸收必须去其糟粕，取其精华。但是，由于中国国内长期的战乱以及被封锁遏制等时代背景的局限，此时的世界意识具有被动顺应的特点。

改革开放初期主动回应的世界意识。中国共产党人的全球意识在改革开放初期实现了重大转变，具有主动回应的特点。中国的改革开放有一个非常宏大的时代背景——全球化，随着经济全球化的发展，国家之间经济的相互依赖性在不断增强，全球化对中国政治、经济、文化以及社会稳定的持续影响，是一种客观的、不以人们意志为转移的现实存在。邓小平敏锐地认识到，“中国过去在很长时间里处于封闭状态，经济发展受到限制”②，“中国要谋求发展，摆脱贫穷和落后，就必须开放”③，“现在的世界是开放的世界”④，“中国的发展离不开世界”⑤。在怎样建设社会主义的伟大实践中，邓小平作出了历史性的抉择——改革开放。可以说，中国的改革开放就是对全球化的主动回应，改革是对社会主义制度的自我完善和发展：对外开放则是实现社会主义根本任务的重要途径，通过扩大国际市场和吸引海外投资，打开外部市场和寻求比较利益，从而不断解放和发展生产力。

改革深入发展时期自觉参与的世界意识。20 世纪末，面对日益增强的国际竞争，中国自觉参与的世界意识显著增强。江泽民在党的十五大报告中指出，“对外开放是一项长期的基本国策。面对经济、科技全球化趋势，我们要以更加积极的姿态走向世界，完善全方位、多层次、宽领域的对外开放格局，

① 毛泽东. 新民主主义论[M]. 北京：人民出版社，1975：5.
② 邓小平文选：第 3 卷[M]. 北京：人民出版社，1993：228.
③ 邓小平文选：第 2 卷[M]. 北京：人民出版社，1994：266.
④ 邓小平文选：第 2 卷[M]. 北京：人民出版社，1994：64.
⑤ 邓小平文选：第 3 卷[M]. 北京：人民出版社，1993：78.

发展开放型经济，增强国际竞争力，促进经济结构优化和国民经济素质提高。”① 在新世纪新阶段，中国的经济、政治地位决定其已成为全球化进程中的一支重要力量。面对政治多极化、经济全球化、文化多元化、社会多样化的趋势，胡锦涛提出了科学发展观，继而在此基础上又强调要构建社会主义和谐社会，同时也努力将“和谐”理念延伸到国际事务的实践之中，提出建设和谐世界的构想。2012 年 11 月 29 日，习近平在参观“复兴之路”展览时，首次提出了实现中华民族伟大复兴的“中国梦”，其后在国内国际多个场合，他结合不同工作内容就“中国梦”的具体内涵、奋斗目标、总体布局、实现路径等进行了系统阐释。“中国梦”的提出，不但彰显了每一个中国人魂牵梦萦、念兹在兹的目标，也是与世界共赢的倡议，因为中国梦本身也包含了中国的“世界梦”，习近平的一句“中国人自古就主张和而不同”② 道出了中国梦与世界梦对接的真谛。总之，中国梦的提出集中体现了中国共产党人在新时期世界意识方面的理论突破。

无疑，全球化的客观现实对人的教育提出了严峻的挑战。人是全球化的主体，人的观念主导着全球化进程的取向，全球化的发展要求教育培养的人才应该适应未来的世界及其要求，具有视野广阔的世界观，能够面对世界的重大问题，学会合作，学会生存。就此而言，加强中小学生的世界意识和开放精神教育是适应全球化潮流的必然选择。目前，人类已经进入了一个全球化时代，在这个时代，人类已在全球范围内进行经济、政治、文化等领域的交往，任何民族、国家的生存和发展都离不开其他民族、国家。正如安东尼·吉登斯所言：“在某种意义上，现代性所导致的社会活动的全球化，就是真正的世界性联系的发展过程，这些联系包含在全球民族—国家体系中或国际的劳动分工之中。然而，概而言之，全球化的概念最好被理解为时空分延（Time—space Distanciation）的某些方面的表述。全球化使在场和缺场纠缠在一起，让远距离的社会事件和社会关系与地方性场景交织在一起。”③ 全球化时代扑面而来，世界各国在交往中已经形成“你中有我，我中有你”的崭新局面，各个

---

① 江泽民. 高举邓小平理论伟大旗帜，把建设有中国特色社会主义事业全面推向二十一世纪——在中国共产党第十五次全国代表大会上的报告[EB/OL]. 中国共产党新闻网. http：//cpc. people. com. cn/GB/64162/64168/64568/65445/4526288. html，1997 - 09 - 12.

② 习近平接受金砖国家媒体联合采访[EB/OL]. 中国共产党新闻网. http：//cpc. people. com. cn/n/2013/0320/c64094 - 20845747 - 3. html，2013 - 03 - 20.

③ [英]安东尼·吉登斯. 现代性与自我认同[M]. 北京：生活·读书·新知三联书店，1998：23.

民族和国家的文化遗产已经成为人类文明的共同遗产，一种由世界各国和各民族共同关注、共同认可的文明价值正在逐步形成。全球化和“地球村”时代的形成，使人们深刻感受到彼此之间的关联性和依存性，从而不仅为我们提出了把全世界作为一个整体，从宏观角度审视和研讨历史和现实的重大课题，而且也为人们突破狭隘的乡土地域观、民族观或国家观，以全球思维代替传统思维，并为真正意义上的世界意识的形成奠定了物质基础。世界意识中蕴涵着人类的共同追求，“世界公民”的概念也正在形成，具有世界意识和开放精神是中小学素质教育中必须树立的基本理念。通过世界意识和开放精神的教育，不但可以增进中小学生对世界其他国家和民族的认识和理解，以多元化的世界观来适应全球化的发展与变化、危机与挑战，还可以使他们以更宽、更广、更高的角度，感悟和认识中华文化在世界文化中的地位，更加尊重世界各民族的文化和历史，形成包容、进取、多元和开放的理念，树立人类友爱、国际合作、民族依存的意识。

三、中小学生世界意识和开放精神培育的必要性

世界全球化的趋势，客观上要求中小学生能够站在世界的高度，以包容的态度和发展的眼光来看待世界，了解世界，高度关注人类共同的命运，全面认识自己国家和民族的作用和地位，深刻体会自己的责任和义务。就此而言，面对全球化给各个国家和民族带来的挑战，对中小学牛世界意识和开放精神的教育较之以往任何时候都显得尤为重要和急迫。具体来说，在全球化时代的宏观背景下，培养中小学生的世界意识和开放精神具有以下三个方面的积极效应。

1. 培养中小学生的世界意识和开放精神有助于促进学生的全面发展

从人类社会历史发展的宏观视野中去考察就会发现，人的全面发展与社会开放的历史进程高度一致，因为社会开放和人的发展互相依存、互相影响、互相促进，这是人类社会历史发展的辩证法。全面发展有着丰富的内涵，学生的全面发展并不仅仅意味着掌握了各科系统的科学文化知识，还应考虑其思想品德、身体心理、生活技能、态度情感等诸多方面的要素。不同于应试教育，素质教育就是一种强调以全面提高学生的综合素质为目的的教育模式，它要求学生在各个方面都能得到全面发展，其根本任务是为学生今后的发展和成长奠定坚实而稳固的基础，而世界意识和开放精神教育正是素质教育的题中之义。具体来说，世界意识和开放精神教育对中小学生的全面发展具有

重要意义。一方面，在人类社会发展的历时性层面，开放的社会交往反映了不同时代的社会主体之间的广泛性联系。这种联系使得价值观念、文化遗产、科学技术等人类文明的丰富成果，在不同民族的文化源流、在不同代际之间实现了传承、互补和相互促进。另一方面，在人类社会发展的共时性层面，开放的社会交往是不同国家和民族的社会主体之间的一种创新性的交往活动。这里的社会交往活动，更多的是一种“跨文化交流”或“跨文化交际”，人们以自己的情感、意志、观点、思想相互影响对方，以自己的个性化的行为方式、习惯作风和方法艺术来强化自己经历文化的归宿性，催生相互之间的认同感和亲密感，实现物质文明、精神文明、政治文明和生态文明的再创造，也使得文化之间的吸收和借鉴更为全面。① 换言之，通过世界意识和开放精神的培育，不仅可以使中小学生领略到不同国家和地区丰富多彩的文化，了解人类的共同理想和所面临的共同问题，还能使学生逐渐意识到要从他人的角度来认识世界，从而更好地了解自己，促进自身的发展。

2. 培养中小学生的世界意识和开放精神是新时期对人才素质的客观需要

全球化既给不同的国家和民族提供了更多的发展机会，也必然增加彼此之间竞争的强度和激烈程度。充分认识世界发展的这种新变化，对于我们更好地利用这种机会发展教育，以期适应这种变化对人才素质和培养方式的挑战，具有重要的意义。全球化、知识经济社会和网络时代这三股浪潮的合流，必将使得知识和人才在全球范围内快速发展、迅速流通和激烈竞争。新的社会是一个无限丰富、知识共享、社会和个人快速进步的时代，也是一个更加残酷的优胜劣汰的时代。人类文明成果的全球共享使得个人如何发展成为一个日益严峻的现实问题，如果一个人缺乏世界意识和开放精神，不参与知识开放和知识交流，就不仅享受不到他人的知识，而且也将会很快被别人抛在后面。要使中小学生在竞争日益激烈的开放时代处于有利地位，就必须在日常的教学过程中对学生进行世界意识和开放精神的教育培养，使他们学会不仅从个人的角度考虑问题，而且能够从社会的角度思考问题；不仅能够从自己所生活的狭隘时空去分析问题，而且能够从更大的甚至是世界的角度去认

① 杨竞业. 世界历史视野中人的全面发展[J]. 广东社会科学，2005，(4).

识世界和自己。[①] 此外，只有具备了世界意识和开放精神，才可以使教育工作者在人才培养过程中，能够有意识和主动地去发现和利用各种资源和信息，寻求各种教育发展的机会与可能，从而使中小学生世界意识和开放精神教育的发展获得更强有力的支持和基础，使这种教育体系下培养出来的学生更具开放的头脑、宽广的视野和博大的胸襟，也更能适应现代社会的挑战。

3. 培养中小学生的世界意识和开放精神是努力探索和实现中华民族伟大复兴的“中国梦”的必然要求

“实现中华民族伟大复兴，就是中华民族近代以来最伟大的梦想。这个梦想，凝聚了几代中国人的夙愿，体现了中华民族和中国人民的整体利益，是每一个中华儿女的共同期盼。”[②] 在新的世纪，面对世界多极化趋势继续发展，经济全球化进程不断加快，现代科学技术日新月异的时代潮流，中华民族如何迎接未来的挑战，推进社会主义现代化，实现中华民族伟大复兴的“中国梦”，是一个不容回避的重要课题。“复兴”是一个不断丰富和发展的概念，中华民族的伟大复兴不仅是某些经济发展指标的简单放大，而且包括了经济、政治、文化、外交和国防等诸多方面的整体意义上的全面繁荣和进步。实现中华民族伟大复兴的“中国梦”的宏伟目标，人的现代化和素质的全面提升是核心问题。青少年是民族的未来和希望，着力培养中小学生的世界意识和开放精神，可以使他们在深入了解本国优秀文化传统的同时，广泛了解和深刻理解世界其他国家和民族的优秀成果，以博大的胸襟与睿智的眼光看待包括自己国家和民族的文化传统在内的全球多元文化的一切资源，以中国的胸怀，世界的眼光，作双向传播和多方位拓展融合。唯此，才能使中小学生在广阔的范围和视野中陶冶人格，提升素质，为中华民族伟大复兴的“中国梦”的实现储备更多合格的人才资源。

第二节　学生世界意识和开放精神培育的内容

一、世界意识的独特特征

明确教学内容是教育的重要前提，只有厘清世界意识和开放精神的基本

---

① 谢维和. 论经济全球化对人才素质和人才培养方式提出的挑战[EB/OL]. 海淀教育网. http://www.hdavec.org/plus/view.php?aid=2515,2004-03-08.

② 习近平. 承前启后　继往开来　继续朝着中华民族伟大复兴目标奋勇前进[EB/OL]. 中国共产党新闻网. http://cpc.people.com.cn/n/2012/1129/c64094-19744088.html,2012-11-29.

内容,才能使中小学生世界意识和开放精神的培育更具针对性。而厘清世界意识和开放精神内容的前提则是科学界定世界意识的基本特征,因为世界意识具有不同于其他社会意识的独特特征,这也就决定了中小学生世界意识和开放精神培育内容的特殊性。

世界意识和开放精神培育有其特定的时代背景。科学技术的发展从来都是为人类铸就了一柄"双刃利剑",在产生"宝葫芦"效应的同时,如果不加以正确引导,就会像"潘多拉魔盒"一样,释放出吞噬人类的魔鬼。近几十年来,人类凭借现代科学技术的力量,在追求进步和创造文明的同时,也因自身某些盲目和非理性的活动,导致了一系列威胁人类生存和发展的全球性危机,这些全球性危机涉及人口膨胀、环境污染、资源枯竭、"南北"差距和地区性冲突等诸多层面。全球性危机由于在性质上牵涉全人类的根本利益,且在规模上具有全球性,因而解决这类重大问题,不是一两个国家就可以胜任的,它需要世界各国人民的相互协作和共同努力。全球性问题的一个重要特点是超越国界,超越民族、文化、宗教和社会制度,无论某一个国家多么强大,都无力单独解决任何一个全球性问题。人类生存和发展的共同利益,要求国际社会在全球性问题的挑战面前和衷共济,通力合作,建立新的全球伙伴关系,要求公民具备世界性的眼光和全球性的思维。在全球化浪潮的冲击下,要解决全球性问题,人们思维上的变革、观念上的更新是必不可少的,这就必然导致各国对公民世界意识和开放精神培育的重视。

人类意识是客观存在的主观映像,世界意识作为全球化浪潮下对当今相互依赖、密切联系的整体性世界的反映,有着标志其存在的身份特征,只有厘清了世界意识的基本特征,才能使教育过程和手段更有针对性。世界意识作为人类社会意识的一种,除了具备自觉性、能动性、社会制约性等人类社会意识的一般特点和普遍特性外,还具有全球化这一宏观背景的基本特质,由此,世界意识也具有以下不同于其他社会意识的独特特征。①

1. 世界意识具有世界性的特征

意识是思维的起点,是人类思维和行动不可或缺的基本要素。社会意识和社会存在是社会历史观的基本问题,从哲学的角度看,社会意识是和社会存在相对应的范畴,是社会生活的重要组成部分。作为人类社会特有的现

---

① 邱耕田.全球意识——一种主导未来社会的新价值观[J].未来与发展,1993(5).

象，人类的意识以抽象概念的形式，即理性的形式反映外部世界。换言之，社会意识是社会存在的客观反映，社会意识依赖于社会存在，反映社会存在，人类的社会存在决定社会意识，这是社会意识的一般本质。社会意识依赖和反映社会存在的本质特点，决定了它的具体性和历史性。社会存在是历史和具体的，作为社会存在反映之意识当然也是具体和历史的，社会存在发生了变化，社会意识必然也会随之发生相应的变化。

从产生世界意识的社会存在来看，世界意识以紧密联系、相互依存的当代世界为现实基础，这是它产生的客观前提。全球化使得人类在生活习惯、思维方式、价值观念等方面表现出的区域性、民族性差异越来越小，而其全世界性、全人类性的特征则越来越显著。全球化发展的现实情况反映到人们的社会意识中，便形成了世界意识，世界意识也具有了显著的世界性的特征。如果说，当代世界发展的整体化或一体化的客观事实是世界意识产生的现实基础的话，那么，全球问题的凸现以及人类解决全球问题的实践活动，则是世界意识产生的催化剂和强大的现实动力。①

2. 世界意识具有协调性的特征

依赖并反映社会存在的社会意识，并不是独立于社会存在之外的精神实体，它始终是意识主体对运动着的社会物质生活的反映。同时，社会意识也具有一定的相对独立性，它对社会存在的反映并不是消极和简单的，而是一个能动的复杂过程。可以说，社会意识的相对独立性，最突出地表现为它对社会存在的能动的反作用。如果说世界意识的世界性是从意识产生的角度对其所作的概括的话，那么，这里所提到的协调性特征以及随后所述的平等性特征，则是针对世界意识的能动作用或功能而言的。

作为一种被世界各个国家和民族普遍接受的价值理念，世界意识的首要功能，就在于它为人们提供了如何正确处理和协调人与自然、人与社会以及人类社会内部不同利益群体之间关系的行为指针。人类以趋同的方式享受着人类文明成果，也在承受着人类的非理性行为所带来的一系列全球化发展催生的负面效应，这些负面效应涉及人与自然、人与社会以及人类社会内部等不同层面。要使人类摆脱上述问题或困境，就必须优化人和自然环境、人和社会环境以及人类社会内部不同利益群体之间的关系，而世界意识显然具

---

① 李太平. 全球意识教育和爱国主义教育[J]. 宁波大学学报(教育科学版)，2001(4).

有这种独特的能动功能，由此不断推动着世界各个国家和民族加强联系、协调行动。可以说，在世界各个国家和民族交往和联系日益加深的今天，在全人类被一系列全球问题所严重困扰的情况下，人类的共同利益表现出了其不容忽视的客观性和迫切性。承认人类在某些方面的共同利益，其必然结果就是要求每个国家和民族在开展自身活动的过程中，在制订自己国家的大政方针和发展战略时，都要考虑到人类的共同利益，要从人类这个大局出发，做到既要维护本国家、本民族的利益，又要团结一致，维护人类在某些方面的共同利益。这显然是一种需要协调才能获得成功的活动。

3. 世界意识具有平等性的特征

世界是由各种各样的国家组成的，有强弱之分，有大小之别，民族、种族、文化、信仰、习俗等也不尽相同，但并没有所谓的优等民族和劣等民族的区别，每个国家都是平等的。无论国家大小、种族肤色和价值观有何差异，人类都应该平等相待，和睦共处。世界意识的平等性特征就是指在全球化的过程中，要坚持国家、民族相互平等、相互尊重的原则，倡导世界各国的共同发展、共同繁荣。

世界意识之所以要坚持国家、民族相互平等和相互尊重的原则，是由产生它的现实基础所决定的。世界意识是在当今世界上仍然存在着大小不同的国家的基础上形成的，因而它就不能不考虑到当代世界的基本现状。虽然全球化进程使人类的共同利益日益增加，“但围绕国家利益的冲突、对话与合作，仍具有更基础的意义”①。尽管西方的一些未来学家和罗马俱乐部的理论家们猛烈抨击“国家主权原则”，但我们仍然必须清醒地看到，在当今世界上，国家仍是最大和最基本的组织单位，国家、民族之间的竞争在全球化时代会表现得更加激烈和复杂。国家利益不仅体现在领土完整、军事安全和政权巩固等方面，而且体现在国家的经济安全、科技安全、信息安全和生态安全等方面。在当今国际竞争中，资本实力成为火力，对市场的渗透取代了国外的基地和驻军，过去依靠武力难以获得的东西现在凭借经济威力可以获得，全球化时代民族国家围绕经济利益而展开的斗争无疑较之以往更加复杂和激烈。因此，就弘扬世界意识的层面看来，一方面既要维护人类的共同利益，另一方面也不能否认每一个国家民族利益的存在。从来没有放之四海而皆准的模

① 蔡拓. 全球主义与国家主义[J]. 中国社会科学，2000(3).

式，各国人民都有权根据本国的具体情况选择符合本国国情的社会制度和发展道路。国家无论大小、强弱、贫富，都应当作为国际社会的平等成员参与国际事务，国与国之间理应互相尊重，求同存异，平等相待，友好相处。任何一个国家都不应将自己的政治、经济模式和意识形态强加于别的国家和人民。

就当前现状来看，已经完成现代化的发达国家与正在启动甚至是尚未启动现代化的后发展国家，在社会、经济、文化的发展上存在着愈来愈大的差距，而不合理的国际经济秩序则为发达国家掠夺和剥削后发展国家提供了可能。因此，为了从整体上促进整个人类社会的发展与进步，消除造成世界局势及生态环境系统不安宁、不稳定的主要根源，使世界各个国家和民族都能为解决全球问题，维护人类利益做出它们应有的贡献，就必须在强调世界意识的理念中，倡导世界各国的平等发展和共同繁荣。当然，正如"人人平等"在当今任何社会都不可能完全实现一样，在今后相当长的一段时期内，各个国家和民族也绝对不可能达到事实上的完全平等。虽然如此，但其作为世界意识强调的一种价值观，理应得到人类应有的尊重，并为之去不懈努力和奋斗。

二、中小学生世界意识和开放精神培育的内容

世界意识的独特特征使得中小学生世界意识和开放精神的培育具有其特殊性。人类社会的发展是一个不断演进的过程，作为社会存在客观反映的社会意识，从来都不是一个静止不动的范畴，世界意识的内容也是如此，但一般来说，中小学生世界意识和开放精神的培育需要重视以下四个方面的内容。

1. 开放的理念

随着社会的发展，过去数千年长期存在的各个国家和民族之间相互隔绝的状态已经在越来越广、越来越深的程度上被打破，整个世界在经济、政治、文化等方面逐步形成为密切联系、互相依存又互相矛盾的统一体。当今世界是一个有机联系的整体，任何国家都无法与世隔绝、孤芳自赏，只有主动置身国际社会，才能找准自己的位置，也只有积极开展国际交流与合作，才能发挥自己应有的作用与价值。就此而言，秉承开放理念，坚持对外开放，与世界各个国家和民族进行经济、文化交流，展开政治对话，是世界意识的一个重要组成部分。近代以来，从英国的工业革命到美德之崛起及日本明治维新的成功，20 世纪 50、60 年代欧美经济的迅速发展，随之而来的亚洲各国及地区之异军突起，都是对外开放的成果。

在对外开放方面我们有过成功的经验，也有深刻的教训。中国古代文明曾长期领先于世界，秦汉文化的气势恢弘、隋唐文化的大开大合、宋元文化的全面繁荣，无一不是在对外开放中取得的。相反，闭关锁国给中华民族带来的则是与世界越来越大的差距和深重的灾难。可以说，也正是长期领先于世界，“天朝物产丰盈，无所不有，原不借外夷货物，以通有无”① 的观点，始终占据着统治者的头脑，因而常以“天下中心”自居，不思进取，自我满足，以致从18 世纪开始，长期抗拒学习世界的先进事物，对影响世界发展进程的工业革命不仅一无所知，而且不闻不问。同时，又单纯地从国防安全等因素考虑，一度实行被动的封海政策，关闭所有对外贸易的海上通路。客观上讲，这一做法对西方殖民者的侵略活动，起到了一定自卫作用，但最终的结果是，资产阶级革命和工业革命，使得当时的西方国家迅速跨入生产力飞速发展的新时代。与此同时，闭关锁国的大清帝国与世隔绝，既看不到世界形势的变化，也未能适时向西方学习先进的科学知识和生产技术，在世界上逐渐落伍。闭关锁国是落后的封建自然经济的产物，对近代中国社会的发展起到了严重的阻碍作用。闭关锁国政策的结果让我们清楚地认识到，盲目排斥外来事物，拒绝与世界进行有效沟通，选择将自己与外界隔绝开来，最终只能导致自己的落后，无论是思想理念抑或是社会经济层面都难以适应世界的潮流。痛定思痛，我们确立了对外开放的基本国策，30 多年的实践已经充分验证了开放理念的必要性和正确性。总之，正反两个方面的例证已经向我们明示，当今世界，任何国家和民族的发展和壮大都离不开开放，闭关锁国只能落后挨打，只有秉承开放理念，形成站在世界的角度看中国、站在中国的角度看世界的习惯，才能适应世界发展的潮流和趋势。

2. 全球利益的理念

从民族国家时代到全球化时代，各国都经历了国际环境的重大变革，众多国际理念、规则和制度从各方面制约、影响着各国对国家整体利益的追求。全球化使国家利益从封闭的体系转变为开放的体系，框定国家利益的因素大大增加，从而导致国家利益在内容、结构和维护的手段上都发生了重大的变化。可以说，在全球化日趋深入的时代，世界各个国家和民族的利益既有各

① 出自乾隆皇帝在接待马嘎尔尼率领的英国使团时给英国国王的“敕谕”。见梁廷枏. 粤海关志(卷二十三，第四册)[M]. 台北：成文出版社，1968：1679.

自具体利益获取不均、高度分化的一面，而随着各个国家和民族在政治、经济、社会、文化和军事方面相互依存的不断扩大，又有“一荣俱荣、一损俱损”的另一面，尤其是全球问题的出现，进一步凸显了确立全球共同利益理念的重要性。换言之，在全球化时代，只有在民族国家主体利益和全人类共同利益相依共生的基础上，坚持利益的主体性意识和全球性意识的统一，才能正确处理好自己国家同世界的利益共生关系，从而更好地维护民族国家的根本利益。

全球认同是追求安全与效率的理性认同，而民族国家认同则是基于价值和情感的感性认同。在全球化的时代背景下，国家与国家之间的冲突是客观存在的，但正确的国家利益观应该是，在保证国家的生存和主权独立的基础上，以不损害全球共同利益为根本前提，在尊重他国合理利益的同时，最大限度地追求和实现本国的国家利益。一方面，全球利益是国家利益的一部分。在全球范围内的环境治理与保护，减少地区冲突，共同合作打击毒品走私、跨国犯罪和恐怖主义等国际活动中，全球共同利益得到实现的同时，各国也必然从中受益。在一定意义上讲，全球认同满足了民族国家认同所追求的，但在单个国家都难以实现的目标追求。另一方面，合理的国家利益只可能与集体性的国际利益相对立，但与全球共同利益应该是一致的。集体性国际利益是指某一些国家集团的利益，而全球利益则是指全人类共同的利益。也就是说，国家利益必须以全球利益作为判断其合理性的唯一前提，如果一国利益的实现危害到全人类的共同生存与发展，那么迟早也会给该国带来灾难。①“人类需要人类一体意识，即把人类理解为统一整体，理解为四海同胞，达到人类互爱，互相携手。”② 虽然国家利益在相当长的时期内仍然是神圣不可侵犯的，但全球化时代的全球利益和全球秩序的存在也应引起人们足够的关注，任何国家和民族都只是世界的一个组成部分，都有责任和义务为解决全球共同利益问题贡献自己的力量。质言之，世界意识的重要方面是承认全人类共同利益的存在和合理性，只有具备了全球利益的理念，世界各个国家和民族才能和谐共生，人类才能在地球上继续生存。

3. 发展的理念

秉承世界意识要求确立共同发展的基本理念，因为全球化已经成为一种

---

① 蔡拓，唐静. 全球化时代国家利益的定位与维护[J]. 南开学报(哲学社会科学版)，2001(5).

② [韩]赵永植. 重建人类社会[M]. 北京：东方出版社，1995：150－151.

不以人的意志为转移的客观趋势，任何一个国家都不可能脱离世界而存在，任何国家的发展都和世界其他国家休戚相关，只有在相互信任的基础上加强合作，实现和谐共济和互利共赢，才能真正推进本国社会经济的发展。"一旦某些国家和地区发生经济危机，不仅发展中国家会深受其害，发达国家也难以置身其外。全球化的经济需要全球性的合作。国际社会的所有成员应本着责任与风险共担的精神，共同维护世界经济的稳定发展。"① 全球化使得各个国家和民族社会、经济活动的关联性日益加深，发达国家和后发展国家的发展相互影响，如果后发展国家的社会经济发展长期处于停滞不前的状态，那么势必也将影响发达国家的发展速度。

这种影响仅就经济层面来看就可见一斑。经济全球化加速了生产要素在全球范围内的自由流动和优化配置，为后发展国家利用国际资金和市场提供了难得的新机遇，但也带来了各种负面影响，这些负面影响随着经济全球化的迅速发展，不可避免地要"传导"给后发展国家，使他们遭受巨大的冲击，甚至将面临被世界"边缘化"的境地。首先，由于世界经济广泛而紧密的联系，后发展国家国内经济稳定与否，不仅取决于国内因素的变化，而且受到生产、贸易、金融等国际因素直接而巨大的影响，经济全球化将使后发展国家经济产生波动的可能性增加。其次，经济全球化将对后发展国家产业和国内市场发展带来不同程度的冲击。随着生产国际化程度的发展和加深，生产的国际分工和协作不断升级，必然促进横向国际分工水平进一步提高。对外开放国内市场，将使后发展国家一些脆弱的、事关国计民生的产业受到冲击。再次，金融一体化是经济全球化的重要内容，在参与经济全球化的过程中，金融一体化面临的风险最大，可能诱发后发展国家的国内金融危机，以致整个国民经济危机，其危害极大。最后，经济全球化通过对资源在全球范围的合理配置，使成本降低，效率提高，生产大幅度增加，从而创造出了更多的财富。但是，在目前的国际经济分工格局下，少数发达国家主导了经济全球化进程，财富越来越向少数发达国家或利益集团集中，导致在世界范围内贫富差距不断扩大，经济发展的"马太效应"凸显。这些负面影响正在不同程度上危及处在不同水平上的后发展国家的发展进程，并导致业已存在的南北差距继续扩

① 江泽民. 在亚太经合组织第六次领导人非正式会议上的讲话[N]. 人民日报，1998－01－19.

大。① 如何应对这些负面因素的危害，关系到广大后发展国家未来的发展进程，也将对南北关系未来的走向产生深远影响。就此而言，强调世界意识就必须树立公正、互惠的持续发展理念。

4. 合作的理念

全球化不可避免地会影响到世界各国的经济、政治、文化，甚至是人类活动的所有领域，这就需要促进各个国家和民族之间的相互理解，培养协作精神和养成平等宽容的态度，因为人类不仅是利益的共同体，也是承受灾难的共同体，为了维护全人类的共同利益，必须积极地在各个领域加强国际合作，唯此才能促进各国的共同持续发展。全球化日益强化了世界各个国家和民族的关联性。“这样一种联合需要一种意识和一种相互归属的感情，把我们联接于被视为最初的和最终的祖国的我们的地球。”②“因此我们需要学会在地球上‘存在在那里(ětre-là)’。学会存在在那里，这意味着学会生活、分享、交流、融洽相处；这是人们通过各个特殊文化而学习的东西。而我们今后也需要学会作为行星地球的人类而存在、生活、分享、交流、融洽相处。不仅是属于一个文化的，而且是属于地球的。我们应该致力于不再是主宰，而是布置、改善、理解。”③ 总之，全球化的深入使得世界各个国家和民族的合作愈发重要。

人类只有一个地球，人类必须学会在地球上共同生存，这也是人类的一种基本操守。对于当代人来说，要想渡过难关，摆脱困境，战胜危机，就必须树立一种团结合作的思想理念。全球化推动了人类的进步和发展，但其催生的负面效应也愈发明显。以生态危机为例，伴随着经济全球化的加速发展，生态平衡和环境问题也日益突出。自然是人类生存和发展的载体，人类自诞生以来，便依赖于自然，可以说没有自然及其进化，便没有人类的诞生和发展。自然环境遭破坏，人类的生存和发展将面临威胁。经济增长虽然使人类收获了现代文明，却付出了环境被破坏的沉痛代价。由于片面强调经济增长而在一定程度上忽视了对环境进行有效治理，造成人口、资源与环境关系的失调，导致整个地球和人类难以承受的环境与发展危机，并已严重威胁到人

① 陈宗德. 经济全球化：发展中国家面临的挑战与对策[EB/OL]. 中国政协新闻网. http://cppcc.people.com.cn/GB/34961/51372/51376/51494/3600217.html，2005－08－08.

② [法]埃德加·莫兰. 复杂性理论与教育问题[M]. 北京：北京大学出版社，2004：58.

③ [法]埃德加·莫兰. 复杂性理论与教育问题[M]. 北京：北京大学出版社，2004：59.

类的生存。一国的环境污染会影响到周边国家的环境质量,一国的资源耗竭也会危及其他国家相关产业的发展。因此,保护人类赖以生存和发展的生态环境,不仅是每个国家和民族各自利益之所在,而且也是全人类的共同责任。这就像1992年联合国环境与发展大会所倡导的那样,要“以公平的原则,通过全球伙伴关系,促进全球可持续发展,以解决全球生态环境的危机”。无论是资源稀缺的国家,还是资源富有的国家,无论是环保技术先进的国家,还是环保技术落后的国家,都要重视资源的有效利用和合理分配,避免资源的闲置与浪费;尽量采用能耗少和物耗小的新技术和替代资源,推行资源与废弃物的循环利用,减少稀缺资源的消耗和有害气体、有毒物质的排放;坚持可持续发展的公平性、可持续性和共同性原则,使人类与自然之间保持一种互惠共生的关系,实现从以经济增长为核心到以社会全面发展为核心的转变,以及以资源发展型模式向以技术发展型模式的转变。要解决生态难题,在全球化进程中实现公平、公正基础上的经济增长,使所有国家都成为经济全球化的受益者,即实现全球“共赢”,从而顺利实现可持续发展的人类目标,需要发达国家、发展中国家和国际社会各个方面奉行国际合作原则,开展和加强包括环境、发展和贸易政策等在内的多方面协作和真诚的国际合作。①

此外,后发展国家的人口激增,发达国家的人口老龄化、移民浪潮、难民问题等,同样对全球经济和社会生活带来了多方面的影响,需要国际社会互相协调,共同解决。而诸如预防国际犯罪、防止生化武器和核武器、控制艾滋病等等问题,也都早已超越国界和社会制度的范畴,需要国际社会的广泛合作。因此,无论是争取生存,还是谋求和平与发展,都离不开世界各个国家和民族的齐心协力。只有加强国际合作,才能解决上述各类问题,促进人类和谐。

第三节　学生世界意识与开放精神培育的现状与对策

一、世界意识和开放精神培育溯源

在全球化浪潮扑面而来的当下,生活在这个世界上各个地区的人们,再也不能互相回避,或者奉行闭关自守的孤立主义政策了。整个世界愈来愈被联系在一起,在日益密切的交往中,“世界意识”已经成为各个国家和民族对

① 王伟中. 冲突与融合——全球化与可持续发展[M]. 长沙: 湖南科学技术出版社,2003: 125.

话与交流的话语体系的主流。通过教育使个体成为一个合格的公民，这是国家和民族对个体发展最基本的期望，也是教育最基本的功能和目标。可以说，教育不仅仅是一个如何使个体全面发展的问题，它也是一个国家和民族得以凝聚、延续、稳定的根本所在，教育的作用在现代国家由此也得到了前所未有的重视。目前，基于政治架构、经济体制以及文化传统等的差异，世界各国对中小学生素质的要求与教育的内容会有所不同，但随着全球范围内交往和融合的日益深入，对学生世界意识和开放精神的培育日渐增强。

对公民世界意识培育具有影响力的思考可以追溯到德国著名哲学家康德。康德（Immanuel Kant）在《世界公民观点之下的普遍历史观念》一文中指出："大自然迫使人类去加以解决的最大问题，就是建立起一个普遍法治的公民社会。"① 基于自然目的论原理，在理性精神的审察下，康德认为人类历史在经历了种种曲折复杂的冲突、牺牲和斗争之后，必将指向一个充分发挥人的全部才智的未来社会——"普遍法治的公民社会"，这是人类历史合乎自然目的之发展。按照康德当时的设想，应该把国际法发展成为世界法，如此一来，每个个体不仅具有各自民族国家的公民权，同时还具有了"世界联邦"的公民权，进而就会成为具有世界意识的"世界公民"。② 尽管这一过程会充满曲折和反复，但康德对此仍然持较为乐观的态度，认为"在经过许多次改造性的革命之后，大自然以之为最高目标的东西——那就是作为一个基地而使人类物种的全部原始禀赋都将在它那里面得到发展的一种普遍的世界公民状态——终将有朝一日会成为现实"③。尽管康德的上述设想可谓用心良苦，也令人钦佩，但这一设想终究过于理想化，几近于无法实现的乌托邦。事实上，在一个以主权国家为主体的世界架构中，在一个至今依然信奉利益、实力乃至强权的国际格局中，怎么可能有世界公民的诞生呢？然而，全球化时代的到来，再一次把这一问题真真切切地摆在世界各个国家和民族面前。可以说，对具有世界意识的世界公民的呼唤，在人类历史上不仅从来没有像今天这样如此迫切，而且也第一次具有了以前从未有过的实现的现实依据，尽管这一过程仍然坎坷，仍然需要人类为之付出巨大的真诚和努力。④

---

①③　[德]康德. 世界公民观点之下的普遍历史观念[A]. 历史理性批判文集[C]. 北京：商务印书馆，1997：8，18.

②　赵汀阳. 天下体系[M]. 南京：江苏教育出版社，2005：24.

④　王啸. 全球化时代的中国公民教育[M]. 福州：福建教育出版社，2006：131－132.

长期以来,受文化传统、体制模式以及客观环境等诸多因素的影响,中国学生的教育大多基于民族国家的立场,而较少去考虑全球利益和人类立场,因而在教育过程中也就往往忽视了对学生世界意识和开放精神的灌输与培育。正如有学者指出的,从小学到大学,一种把学生思路圈进预定的狭窄小道,使人精神狭隘并导致智力局限的倾向贯通我们教育的各个环节,尤其预设于课程设置和教材内容取舍上,其中以各级文科教材为甚。这种教育理念和模式缺乏一种尊重、关注个体生命的人道意识,缺乏一种引导学生去认识和体验人类一体、去关注人类的共同命运、尊重人类的共同规范的精神,缺乏有助于不同民族和文化相互沟通、理解和彼此尊重的内容,相反,它有意无意地灌输了一种惟我独尊、与其他文化形成壁垒的不健康精神。①

改革开放的到来,终于使中国摒弃了长期的封闭状态,以开放的姿态回到世界舞台,尤其是随着中国社会的转型以及社会主义市场经济体制改革的逐步深入,中国人的世界意识和开放精神逐步得到确立。"文革"结束后,邓小平领导了教育战线的拨乱反正,使我国教育事业的发展重新步入正轨。面对世界经济、科技竞争的形势和我国经济实力薄弱、资源不足、人口众多的基本国情,邓小平具有远见地指出,科学技术是第一生产力。我们要实现现代化,关键是科学技术要跟上。发展科学技术,不抓教育不行。邓小平通过对世界经济、科技发展和国际形势发展的敏锐观察,通过对中国历史经验教训的深入分析,明确指出:现在的世界是开放的世界,中国的发展离不开世界。教育作为一个民族最根本的事业,不仅要求以中国的政治、经济、科学、文化为参照系考察教育,而且要以世界政治、经济、文化、科学技术发展为参照系来考察教育。1977 年,邓小平就教材问题专门作出指示:要进口一批外国教材(自然科学的),要进口日本的、英国的、美国的、法国的、联邦德国的自然科学教材。要结合本国的国情编写教材,要组织一个很强的班子,编大、中、小学教材,结合我们自己的实际编好教材,以后就按新教材来上课。今年实行起来有困难,从明年招生开始……要编几种教材,以供选择。② 此后,根据国际新技术革命和国内现代化建设的形势,针对当时我国教育同现代化建设严重不适应的情况,邓小平在 1983 年 10 月为北京景山学校题词时,提出了"教

① 肖雪慧. 公民社会的诞生[M]. 上海: 上海三联书店,2004: 4.
② 何东昌. 中华人民共和国教育史(下卷)[M]. 海口: 海南出版社,2007: 550.

育要面向现代化,面向世界,面向未来”。其中,教育要“面向世界”的内涵非常丰富:一是了解和学习世界各国的先进科学技术和教育经验,二是培养学生具备面向世界所需的素质,三是使我国的教育达到世界先进水平,自立于世界教育之林。“三个面向”的题词不只是对景山学校教学改革实验的鼓励和指示,也是对全国教育改革的鼓励和指示,集中体现了邓小平对教育地位的全面审视和战略思考,形成了改革开放新时期教育工作的重要指导方针,进一步推动了中小学生的世界意识和开放精神培育。

汹涌而至并席卷世界的全球化浪潮,无疑为中小学生世界意识和开放精神的培育提供了新的视角和契机。在全球化已成既定事实的情况下,作为一个对现代化和民族复兴孜孜以求的后发展国家,无论愿意与否,我们都已经被裹挟着涌入全球化的进程,全球化浪潮中的学生世界意识和开放精神的培育非常现实地摆在了教育工作者面前。如前所述,社会意识是客观的社会存在的主观映像,全球化语境下培养的学生应具有与新的时代背景相适应的内涵和新的发展。质言之,随着全球化进程及信息化社会的到来,整个世界将更加开放。在这种背景下,教育的开放性、国际性也愈发明显,人才的竞争将愈加激烈,教育要面向世界业也已成为制定当代中国发展战略的首要问题之一,必须自觉地把学生世界意识和开放精神的培育纳入宏大的全球化视野中去考量。

任何国家和民族都不可能置身于全球化浪潮之外,包括中国在内的所有国家和民族都有责任鼓励受教育者确立世界意识和开放精神。通过教育帮助受教育者去了解其他国家和民族的社会、经济和文化成果,帮助受教育者获得一种关于世界的多样性的见解,学会在不同民族和文化的差异背后去发现人类的共性,发现把人类维系在一起的共同纽带;通过教育传输文化多元、人类团结、世界一体的观念,拓宽受教育者的心胸和眼界,帮助他们在认识自己的民族和国家对人类有过的贡献的同时,也了解别的国家和民族的贡献,克服文化的自大或自卑,以开放而自信的心态去面对一个多元化的世界,学会对不同的民族、不同的文化作同情的理解。①

二、我国中小学生世界意识和开放精神的现状

全球化时代学生世界意识和开放精神培育的问题已日益引起教育决策

① 王啸.全球化时代的中国公民教育[M].福州:福建教育出版社,2006:131-132.

者、教育理论工作者和实际工作者的普遍重视。较之以往，我国中小学生的世界意识和开放精神得到显著增强。刘启红对南京地区400名中学生有关世界公民意识的调查也佐证了这一判断。这一调查涉及开放意识、全球利益意识、发展意识、合作意识等几个方面的构成要素。①

在开放意识方面。调查显示，愿意关注国际上发生的事情的学生占总数的81.6%，只有18.4%的学生表示不会去关注国际上的事务。在关注国际事务的学生中，吸引他们最多的问题集中在国际政治关系领域，其中68.5%的学生表示会关注国际政治关系方面的事务；而关注全球环境气候变化和各国文化、体育的人数大体相近，分别占57%和59.4%，这表明对全球环境和文体方面的关注仅次于国际政治关系。关注相对较少的是世界经济动态方面，不及关注国际事务总人数的一半。还有7.4%人关注其他方面的问题，主要是军事、自然灾难、娱乐新闻、科技成就等内容。虽然多数学生关注国际事务，但在问及对待国际政治问题的态度时，能积极关注并且乐于发表自己看法的被调查者只占44.9%，53.7%的学生只是偶尔关注一下，并没有什么特别的想法，1.4%的学生则表示根本不去关注。在不关注国际事务的学生中，主要的原因在于学业繁忙，精力有限。18.2%的学生认为个人能力有限，关注也没有用，因此也就不去关注；3%的学生表示国际事务与自己无关，所以不去理会。由此可见，大多数学生初步具备较为开阔的世界视野和开放意识，对世界问题有着较为浓厚的兴趣，但囿于知识层次的限制，对世界问题的进一步探究显得较为薄弱。

在全球利益意识方面。调查显示，91.5%的学生表示“非常同意”或“比较同意”世界各国应该共生、共在、共荣、共存，3.8%的学生对此表示不清楚，仅有4.6%的学生不同意这种共存的观点。在涉及“当别的国家遭遇困境时，会将其当成自己国家的事情一样尽力帮助解决”这一问题时，84.4%的学生表示同意，其中表示“非常同意”的占52.3%，而“不太同意”和“非常不同意”当成本国事情尽力而为的学生仅有7.7%，7.9%的学生对此没有任何意见，表示不清楚会怎么做。当别的国家遭受了严重的自然灾害时，表示会主动捐款，贡献自己力量的被调查者占83.6%，而表示不会去尽一份力的有16.4%，

① 刘启红. 全球化时代中学生世界公民意识现状与世界公民教育[D]. 南京：南京师范大学，2011.

其中11.8%的学生认为这不是自己国家的事,所以不会去捐赠,4.7%的学生是因为觉得和自己本身无关,因而没必要理会。可见,大多数的学生已经意识到了在全球化时代世界各国之间要和谐共处,具备了一定的全球利益观念。

在发展意识方面。如前所述,发展意识涉及公正、互惠、可持续发展等基本理念,在问及学生对"国际形势是由大国决定,而小国没有作用"的看法时,75.6%的学生表示"不太同意"和"非常不同意",这部分学生肯定了小国在国际交往中的作用,在一定程度上显示出对国家平等的看法。5.8%的学生表示不清楚这个问题,没有什么看法,而表示"比较同意"和"非常同意"的学生共占18.6%。在涉及种族平等的问题上,被调查学生的观点较一致,95.9%的人认为各种族人民是平等的,每个种族都有其优势,种族间并无优劣之分。只有4.1%的学生认为是存在种族优劣之分的,其中2.2%的学生认为白种人会更加优越,1.9%的学生则认为有色人种会优越一些。对于所有人共同参与解决世界问题表示"非常同意"或"比较同意"占总数的94.2%,仅有1.9%的人表示"不太同意"或"非常不同意"共同解决世界问题。可见,在全球化背景下,学生已经具有一定的共同发展理念。

在合作意识方面。对于国家之间团结协作的作用,94.5%的被调查者表示"非常同意"或"比较同意"能够更有益于人类的幸福,只有4.4%的学生对此表示"不太同意"或"非常不同意",1.1%的学生表示"不清楚"。可见,绝大多数学生认同国家之间合作的积极作用。对于解决地球温室效应问题,91.5%的被调查学生认为像这种全球性的问题需要全世界国家通力合作;4.7%的学生觉得这个问题与自身关联太小,还没有考虑过;另有3.8%的学生认为不是必须要国家之间合作解决,其中3.3%的学生觉得自己国家承担好应负的责任即可,别的国家无法控制;另有0.5%的学生认为不需要去理会全球温室效应,别的国家会去解决这个问题。对于中国加入世界贸易组织这一问题,91.5%的被调查者认为加入世贸组织后,将有更多的机会和其他国家共同合作,能够更有效地促进本国的发展。有5.5%的学生认为加入世界贸易组织对中国来说也没什么作用,毕竟发展还是要靠自己。直接反对中国加入世界贸易组织的被调查者占3.0%,他们认为中国加入世界贸易组织不但不会有利于中国发展,反而会受到大国的限制。可见,大多数学生具有了加强国家和民族之间合作的意识。

上述对中学生世界意识的调查显示,在全球化日益深入的今天,学生的世界意识和开放精神得到了显著增强，但学生的世界意识和开放精神也体现出一定的不平衡性。如在上述调查中，有一定比例的学生缺乏世界意识和全球视野，没有远大理想与抱负，甚至是两耳不闻窗外事，只关心自己的学习成绩和未来的升学问题。再如，调查中问及国际政治领域的事务时，只有44.9%的学生表明在关注国际政治中不仅关注而且愿意发表自己的看法，53.7%的学生只是偶尔关注，并没有真正参与其中的意识，1.4%的学生表示根本不去关注。其他有关世界意识的调查也有类似结论。这些都说明学生虽然能赞同一些具有世界意识和开放精神的提法，但有些学生仍然没有内化为其内在观念，在日常生活中也无法显示出来，这正是中小学生世界意识和开放精神教育中需要解决的主要问题。①

此外，在中小学生世界意识和开放精神萌发的过程中，两种极端的趋势不得不引起我们的关注。随着中国与世界接轨的步伐逐渐加快，越来越多的领域受到了全球化的冲击和影响。对于中小学生而言，从小看的更多的是国外的动画片，接受多元化价值观的冲击，长大后又受到影视领域"哈美"、"哈韩"、"哈日"等外来文化潮流的冲击，对西方社会的关注逐渐增强。更为重要的是，以互联网为标志的信息革命彻底改变了人类信息的传播方式。遍布全球的互联网所营造的虚拟空间，将全球联结成一个整体，带来了全球性信息的同步效应，使人类突破了既往的时空限制，缩短了人与人、民族与民族、国家与国家之间的距离，把人类置身于一个更加广泛的联系和交往之中。互联网的发轫和勃兴不但跨越了不同语言文字的障碍，促进了全球性的文化交流，同时大大提高了信息处理的速度和效率，使全球信息交流更加快捷化。正如比尔·盖茨所言："信息高速公路将打破国界，并有可能推动一种世界文化的发展，或至少推动一种文化活动、文化价值观的共享。"② 网络信息技术的飞速发展使中小学生可以方便地从网上汲取各种全球性信息。这样，一方面引起了中小学生对国际问题、国际形势的兴趣，一定程度上对开阔中小学生的国际视野和全球意识的养成起到了启蒙作用；另一方面也使得判断能力和辨别能力不强的中小学生面对网上泥沙俱下的海量信息无所适从。与此同时，我们对于中小学生世界意识和开放精神的养成培育又往往不能适应现

① 刘启红. 全球化时代中学生世界公民意识现状与世界公民教育[D]. 南京：南京师范大学硕士学位论文，2011.

② [美]比尔·盖茨. 未来之路[M]. 北京：北京大学出版社，1996：326.

实需要，这样便使得中小学生在自发和盲目地选择信息的过程中形成了两种极端的趋势。一是盲目的崇拜西方价值观，认为“国外的月亮一定比中国圆”，言必称西方或美国，对于中国的一切都盲目地用西方尤其是美国的价值观来评判，表面上似乎是“国际化”和“全球化”，实质上是片面接受了西方的价值理念，没有足以涵盖广大后发展国家的视野和胸襟，同时对本国的认识也流于表象化。另一种极端的趋势是伴随着中国国力的逐步强大，爱国主义情绪逐渐高涨，部分中小学生受到国内民族主义思潮的影响，片面排斥西方的一切价值理念，从而导致对国际视野和世界意识的拒绝和排斥，这种倾向实际上是一种狭隘的民族主义和盲目的爱国主义。①

三、中小学生世界意识和开放精神培育的对策

全球化时代的世界意识和开放精神培育是素质教育的重要方面，中小学生世界意识和开放精神存在的问题必须引起足够的重视。对中小学生世界意识和开放精神的培育是一项系统工程，必须对症下药，采取相应措施，从学校、家庭和社会等多方面着手，构建学校、家庭、社会三位一体的世界意识和开放精神培育的立体网络模式，在学校、家庭和社会之间架起有效沟通的桥梁，由此取得综合性的整体效应。

1. 发挥学校在中小学生世界意识和开放精神培育中的主渠道作用

学校和教师是实施中小学生世界意识和开放精神培育的主导力量，他们对学生如何进行世界意识和开放精神培育的目标、内容、方法和途径的理解，直接影响着培育的实施效果。

（1）学校教育要明确学生世界意识和开放精神培育的具体目标。目标不但决定了世界意识和开放精神培育的方向，而且规定了世界意识和开放精神培育的内容，是中小学生世界意识和开放精神培育体系的重要范畴。在确立世界意识的培养目标方面，英国对中小学生进行全球意识教育的做法值得借鉴。英国中小学全球意识教育的目标是培养“优秀的”、“有责任感的”全球公民，全球公民的要求可以从知识、技能、态度等三个方面来理解。知识性目标主要包括社会公平与平等，多样性，全球性与相互依赖，持续发展，和平与冲突；技能性目标主要包括批判性思考，有效辩论的能力，挑战不公平、不平等的能力，尊重人和物，合作与争端解决；态度性目标主要包括身份感与自尊

① 郭品. 当代青少年的国际视野与全球意识现状、特点及培养[J]. 法制与社会，2011(31).

感，感受人性，献身于社会公平和平等，重视与尊重多样性，关心环境、关注持续发展，相信人们会过得更好。在此基础上，每个方面的目标又根据不同的学习阶段划分为相互联系、逐步深化的阶段性目标。知识、技能、态度三方面的目标在实践中并不是相互独立的，而是相互依存、相互制约的，通过三者的融合、内化使学生成为“优秀的”、“有责任感的”全球公民。① 英国对中小学生进行全球意识教育的理念和做法给我们提供了可资借鉴的有益素材。为此，需要结合中国国情，通过借鉴和创新不断完善中小学生世界意识和开放精神培育的目标体系，制订切实可行的中国中小学生世界意识和开放精神培育的目标及其行为标准。只有明确了教育的目标，学生的世界意识和开放精神培育实施活动才能更有针对性和实效性。

（2）在教育过程中要注重把握对世界意识和开放精神内涵的科学阐述和理解。世界意识和开放精神的内涵非常丰富，要引导学生对其予以科学的理解和把握。比如，世界意识中的开放态度并非单向度的开放，而是既欢迎走进来，也需要主动走出去。任何国家、民族都应具备开放的心态，超出在各自国家和民族孤立发展阶段形成的国家或民族中心主义的狭隘性，从更广阔的视角来理解自己国家和民族所处的位置，正确看待和分析本国、本民族所面临的机遇和挑战，以客观、平等、宽容的心态对待异域文化，承认并尊重文化多样性。再如，对世界意识中的合作理念的诠释。世界意识中的合作理念并不是简单的遵从，而应包括积极参与并制订合作的规则。任何规则的产生都是与一定历史背景相关联的，是特定条件下政治、经济、文化等综合因素的体现，是与一定的价值观念相适应的。国际合作规则应适应全球化的时代背景和国际大家庭的现实特点，符合各个国家和民族利益诉求的需要。因此，世界意识中的合作理念不是单纯的被动遵从和适应国际规则，更应该表现为一种主动参与制订合作规则的意识，积极表达本国家和本民族的利益诉求，并在其中贡献自己的智慧。②

（3）在学生世界意识和开放精神培育中采取有效的途径和方法。中小学校需要将有关世界意识和开放精神的正确理念转化为有形的课程，并通过课堂教学和课外活动等各种途径对学生进行世界意识和开放精神的强化教育。

① 吕雅菲，康庆苗. 英国中小学的全球意识教育[J]. 前沿，2102(2).

② 郭品. 当代青少年的国际视野与全球意识现状、特点及培养[J]. 法制与社会，2011(31).

在课堂教学中,要通过相关学科课程推进学生对世界意识和开放精神的理解。可以开设独立和综合性的世界意识和开放精神教育课程,通过系统而集中的学习,加深学生对世界意识和开放精神的领会和掌握,也可以将学生的世界意识和开放精神培育渗透到各科教学中。世界意识和开放精神的培育往往会涉及不同学科领域的知识,这种方式将世界意识和开放精神培育同具体的学科领域结合起来,注重知识的融会贯通,实施起来更有其积极意义,效果也会更好。此外,世界意识和开放精神的培育不单涉及知识学习,更重要的是使学生通过实践的锻炼形成正确的价值观。只有通过各科与世界意识和开放精神相关的课外和校外活动来实施教育,发动师生共同参与和关注世界意识和开放精神的教育,才能不断提升世界意识和开放精神培育的效果。

2. 提升家庭在中小学生世界意识和开放精神培育中的辅助效用

由于家庭教育是在家庭成员之间进行的,这就决定了它的初始性、持久性和施教者与受教者之间关系的亲密性,同时子女在伦理道德和物质生活的需求方面对父母长辈有很大的依赖性,家庭成员在根本利益方面具有一致性,这些都决定了父母对子女有较大的制约作用。父母长辈的教育易于被孩子接受和服从,家长合理地使用这一特点,对孩子价值观的形成有重要的影响,就此,家庭教育对中小学生的影响之大就不言而喻了。由此可见,中小学生世界意识和开放精神培育不仅仅是学校的重要任务,家庭对学生世界意识和开放精神的形成同样具有至关重要的作用。在家庭中,学生将形成早期的社会价值观,父母有关世界的观点和理念将对学生世界意识和开放精神的形成起到潜移默化的作用。努力提高家庭教育的水平,是提高中小学生世界意识和开放精神培育效果的一个重要环节。反之,如果家庭在中小学生世界意识和开放精神培育方面存在偏差,则不但会使学生个体发展受到负面影响,而且会在很大程度上削弱学校教育的成效。为此,家长首先要有意识地阅读有关全球化和世界意识以及开放精神的书籍或资料,形成有关世界意识和开放精神的正确理念。只有这样,才能充分发挥榜样示范作用,言传身教,以身作则,向孩子传输正面的影响,促进孩子世界意识和开放精神的形成。

3. 重视中小学生世界意识和开放精神培育的社会环境

任何个体的教育都不可能脱离具体的社会环境,实施学生世界意识和开放精神培育是社会各种单元、各种组织、各种机构的共同责任。尤其是在网络信息技术高度发达的现时代,社会环境对中小学生世界意识和开放精神培育具有越来越重要的影响力，提升中小学生世界意识和开放精神培育的质量需要在校内外营造一种良性的“社会—文化环境”。营造中小学生世界意识和开放精神教育的“社会—文化环境”主要涉及两个层面的内容：一方面，除了要求教育行政部门给予政策和资金等方面的支持，加强对学校教育的组织、管理、监督和指挥外，其他担负起世界意识和开放精神培育责任的有关单元、组织和机构也都应各司其责，各尽其能，并保持上述单元、组织和机构相互之间的横向沟通和整体协调。唯有如此，才能使中小学生的世界意识和开放精神培育真正落到实处。另一方面，创造良好的“社会—文化环境”，还要求从物质层面、制度层面、心理层面引导学生，为中小学生世界意识和开放精神教育提供各种形式的支持，帮助学生确立和巩固正确的世界意识和开放精神。①

总之，只有将中小学生的世界意识和开放精神培育活动置于具体的“社会—文化环境”之中，完善社会领域相关的世界意识和开放精神培育的宣传和支持机构，才能有利于巩固学校和家庭教育的效果，培养出与民族传统和时代精神相适应的合格公民。

---

① 赵晖．社会转型与公民教育——中国公民教育目标与内容体系的建构[M]．北京：人民教育出版社，2007：184.

第五章　学生素质教育中创新精神与实践能力的培养

21 世纪是充满竞争和挑战的世纪。进入这个世纪后，科学技术突飞猛进，综合国力的竞争日益凸显。世界各国无不意识到：创新是竞争的核心，实践是竞争的基础，具有创新精神和实践能力的人才是在竞争中立于不败之地的决定性因素，谁能抓住历史机遇，加速培养创新型人才和实践性人才，提高创新能力和实践能力，谁就能赢得竞争的主动权，从而在社会综合发展中占据主导地位。《中共中央国务院关于深化教育改革全面推进素质教育的决定》指出："实施素质教育，就是全面贯彻党的教育方针，以提高国民素质为根本宗旨，以培养学生的创新精神和实践能力为重点。"培养中小学生的创新精神和实践能力，是提高中小学生综合素质的重要切入点。作为我国人才培养重要基地的中小学校，面对新的形势，必须研究创新精神和实践能力培养的机制的问题。

第一节　学生创新精神与实践能力培养的意义

创新精神和实践能力是指人们在学习、生活和工作中表现出来的独到见解、独特方法等创造发明的素养，以及运用所学知识和技能，参与社会实践活动，解决相关实际问题的能力。培养学生的创新精神和实践能力，提升学生的综合素质，对培养符合时代需要的合格人才，进而推进中国特色社会主义建设事业稳定而快速的发展具有重要的积极意义。

一、创新精神与实践能力的内涵

1. 创新精神的内涵

1912 年美籍奥地利经济学家约瑟夫·熊彼特将"创新"一说引入经济学，最早提出了"创新"概念。他认为：所谓创新，就是建立一种新的生产函数，也就是说，把一种从来没有过的关于生产要素和生产条件的"新组合"引入生产体系。这种新组合包括以下内容：① 引入新产品；② 引进新技术；③ 开辟新市场；④ 开拓并利用原材料新的供应来源；⑤ 实现工业的新组织。① 显然，熊彼特所提及的创新概念的内涵范围较为广泛，归纳一下，涉及两大方面，即技术性变化创新和非技术性变化创新。

继约瑟夫·熊彼特之后，诸多学者在不同领域，以不同视角对“创新”这一概念进行了研究，虽然说法不一，但有一点是共同的，即创新是人类在认识世界、改造世界过程中表现出来的一种变革性的特殊活动。其特殊性表现为：人们在认识世界和改造世界的过程中，以知识为基础，凭借个人品质和能力，通过一定的思维和实践活动，发现问题、认识问题和解决问题，并生发出有价值的新思想、新方法和新成果。

与“创新”具有较高关联度的一个概念是“创新精神”。创新精神是指人类面对客观世界中具体的事与物时，能够综合运用已有的知识、信息、方法和技能，提出新思路、新观点和新方法的思维能力和进行创造、革新的意志、信心、勇气和智慧。创新精神属于科学精神和科学思想范畴，是进行创新活动必须具备的一种心理特征。

创新精神包括创新意识、创新兴趣、创新胆量、创新决心以及相关的思维活动。创新精神是一种勇于抛弃旧思想旧事物、创立新思想新事物的精神，它包括了多维内涵：不满足已经掌握的事实、已经建立的理论、已经总结的方法等已有的认识，能够不断追求新知；不满足现有的生活生产方式、方法、工具、材料和物品，能够根据实际需要或新的情况，不断进行改革和革新；不墨守成规，不受已有的方法、理论、说法和习惯的限制，敢于打破原有框框，探索新的规律和新的方法；不迷信书本和权威，敢于根据事实和自己的思考，向书本和权威质疑；不盲目效仿别人的想法、说法和做法，不人云亦云、唯书唯上，而能够坚持独立思考，说自己的话，走自己的路；不局限于共性，而能够在尊重共性的基础上追求与众不同和新颖独特的个性；不僵化、呆板地处理所遇到的各种事务，而能够灵活地应用已有知识和能力解决所有问题。

创新精神是科学精神的一个方面，与其他方面的科学精神具有统一性。如创新精神以敢于摒弃旧事物旧思想、创立新事物新思想为特征，同时创新精神又要以遵循客观规律为前提，只有当创新精神符合客观需要和客观规律时，才能顺利地转化为创新成果，成为促进自然和社会发展的动力；创新精神

---

① ［美］约瑟夫·熊彼特. 经济发展理论［M］. 北京：商务印书馆，2000：22.

提倡新颖性和独特性，同时又必须受到一定的道德观、价值观和审美观的制约；创新精神提倡独立思考，而不是孤芳自赏、固执己见、狂妄自大或者人云亦云，而是善于倾听他人意见，讲究团结合作和相互交流；创新精神提倡大胆开拓，不要被担忧犯错误的情绪所困扰，并不是鼓励犯错误，而是要科学地认识到出现错误认知有时是科学探究过程中不可避免的环节，要尽量少犯错误；创新精神提倡不迷信书本和权威，但并不反对学习和借鉴前人的知识和经验，而是强调前人已经取得的成就是创新获得成功的前提基础；创新精神提倡大胆质疑，而质疑要有事实和思考的依据，并不是虚无主义地怀疑一切……总之，要用全面、辩证的观点看待创新精神。

2. 实践能力的内涵

实践有着诸多含义，概括起来有两类：一是实行、履行。《宋史・理宗纪》："至我朝周敦颐、张载、程颢、程颐，真见实践，深探圣域，千载绝学，始有指归。"明朝徐渭《季先生祠堂碑》："（先生）著书数百万言，大都精考索，务实践。"清朝陈康祺《郎潜纪闻》卷八："吾恨不从牧令出身，事事由实践。"毛泽东《纪念白求恩》："白求恩同志是实践了这一条列宁主义路线的。"在这些著作中，实践是实行、履行之意。二是人们改造自然和改造社会的有意识的活动。毛泽东《实践论》："马克思主义者认为人类的生产活动是最基本的实践活动，是决定其他一切活动的东西。"艾青《光的赞歌》一诗："实践是认识的阶梯，科学沿着实践前进。"魏巍《东方》第五部第三章："实践出经验，斗争出智慧。"这些著作中的实践是指人们改造自然和改造社会的有意识的活动。

实践能力是人才培养过程中经常被提及但又很少被研究的一个内容。从学术界的研究状况来看，学者对认知能力的研究较多，而对实践能力的研究相对偏少。在国外，美国哈佛大学教育研究院的心理发展学家霍华德・加德纳（Howard Gardner）提出的智力概念与实践能力相近，他指出："智力是在某种社会和文化环境的价值标准下，个体用以解决自己遇到的真正难题或产生及创造出某种产品所需要的能力。"① 在国内，傅维利、刘磊、吴志华等学者对其进行了研究。吴志华、傅维利认为："实践能力是个体在生活和工作中解决实际问题所显现的综合性能力，是个体生活、工作所必不可少的；它不是由

① [美]霍华德・加德纳. 多元智能[M]. 北京：新华出版社，1999：5.

书本传授而得到的,而是由生活经验和实践活动磨练习得的。"① 刘磊等人认为:"实践能力就是对个体解决问题的进程及方式上直接起稳定的调节控制作用的个体生理和心理特征的总和。"②

观览国内外学者的研究成果,实践能力向我们展示的是相对于认知能力而言的一种运用知识、技能解决实际问题的能力,其含义要高于"动手能力"。"动手能力"构成了实践能力的主体,但不是全部。所以,实践能力是人们在生活、工作、学习和社会活动中,敢于接触实际,运用已掌握的知识和技能,对身边出现的事物进行敏锐观察、系统分析,并提出问题、协调资源、解决问题的综合应用能力。

实践能力应该包含四层内涵:① 相对于认知能力而言,实践能力是认知能力的重要组成部分;② 实践能力活动的对象包括生活、工作、学习和社会活动等各个领域;③ 实践能力的形成是个体在后天实践中学习获得的能力;④ 运用知识、技能解决实际问题的主体所进行的参与式实践活动是实践能力形成的本源,策略性知识的创造性运用对形成和提高创新能力至关重要。③

二、培养学生创新精神与实践能力的意义

1. 培养学生创新精神的意义

(1) 培养学生创新精神是建设中国特色社会主义和谐社会的时代需要。中国特色社会主义和谐社会建设是史无前例的伟大事业,古今中外没有任何现成的模式和成功的经验可供直接借鉴,需要我们从现实和需要出发,主动、积极、创造性地去贯彻党和国家的方针政策。我国现代化建设和中华民族伟大复兴的步伐是在人口多、底子薄,生产力不发达的基础上起步和迈进的,在这种情况下,如何摆脱传统思想观念的束缚,因地制宜地建立符合当今国情,能够促进经济、政治、社会、文化和生态五位一体综合发展的体制,这本身就是一种开创性的工作。当前,我国的改革开放已经进入了全面建成小康社会的攻坚阶段,社会主义现代化建设和中华民族的伟大复兴事业也进入了关键时期。经过三十多年的改革与建设,我国的社会生产力水平持续提高,综合国力日益增强,人民生活条件有了极大改善,社会安定团结,为全面建成小康社会这一阶段性战略目标奠定了坚实的基础。但我们也必须清醒地看到,实

---

① 吴志华,傅维利. 实践能力含义及辨析[J]. 上海教育科研,2006(9).

② 刘磊,傅维利. 实践能力:含义、结构及培养对策[J]. 教育科学,2005(2).

③ 何万国,漆新贵. 大学生实践能力的形成及其培养机制[J]. 高等教育研究,2010(10).

现这一目标还存在诸多的困难和挑战。中国特色社会主义市场经济体制应怎样完善,高度的民主政治和精神文明水平应怎样去提升,社会和生态建设应如何推进,在新形势下党的建设应如何开展,党内腐败现象应如何根除,这些复杂的社会现实问题都需要我们去积极面对和勇敢解决。我们只有勤于探索、大胆创新,才能将这些难题不断化解,才能顺利完成中国特色社会主义和谐社会建设这一伟大事业。

当代中小学生是建设中国特色社会主义这一实践活动的未来的生力军,中国特色社会主义和谐社会建设事业能否顺利完成,在很大程度上,需要他们在未来的社会历程中进行创造性工作。因而培养中小学生的创新精神,是全国各族人民建设中国特色社会主义和谐社会的迫切需要。

(2) 培养学生创新精神是应对新科技革命的根本对策。当今世界,科学技术迅猛发展,使我们处于一个激变的时代。从科技革命的角度来看,这个时代有三大显著特点。一是知识激增。据联合国教科文组织所隶属的世界科学技术情报系统的统计,20 世纪 60 年代以来,科学知识的年增长率由 9.5% 上升到 10.6% ,80 年代的增长率达 12.5% ,而 90 年代全世界每年发表的科学论文约 500 万篇,平均每天发表包含新知识的论文达 13000 ~ 14000 篇;正式登记的创造发明专利每年超过 30 万件。进入 21 世纪后,这些数字还在不断增加。知识激增的客观事实要求人们必须具有主动掌握知识和不断探索新知识的能力。二是知识更新的周期缩短。据有关资料统计,知识更新的周期 18 世纪为 80 ~ 90 年,19 世纪到 20 世纪初为 60 年,20 世纪 50 年代为 15 年,70 年代为 8 ~ 9 年,80 年代为 3 ~ 5 年,90 年代为 1 ~ 2 年,21 世纪初到现在是 3 ~ 6 个月。知识更新周期的缩短,加快了新技术、新产品的更新换代。以电子产品为例,短短 30 年内就经历了电子管、晶体管、集成电路、大规模集成电路四代更新,技术上几乎每隔一两年就有重大的突破。知识更新的加速,要求人们应具有自我更新知识的能力。三是高度信息化。目前,信息技术和信息产业在经济、政治、社会、文化和生态发展中发挥着主导作用。信息产业在国民经济中的比重不断加大,信息技术在传统产业中的应用程度不断增强,信息基础设施建设水平代表着一个国家的基础建设水平。可以说,我们已经进入了一个高度信息化的社会。在这一社会里,信息知识成为重要的生产力要素,与物质、能量一起构成社会赖以生存的三大资源。信息经济、知识经济是整个社会的主导经济。科技与人文在信息知识的作用下结合得更加紧密。在高度信息化的时代,信息与信息知识日新月异,更新速度风驰电掣。在这样的社会背景下,对劳动者的基本要求就是必须拥有创新精神。

面对迅猛发展的新科技革命,为了能够在激烈的国际竞争中占据优势地位,世界各国都在寻求对策,制订自己的发展战略。在这一过程中,许多国家都提出了“科技立国”的发展思路。这场新科技革命对中国来说既是机遇,又是挑战,它为我们学习和运用新技术提供了难得的机遇,同时也对人的素质提出了新的更高的要求。如果没有创新精神,墨守成规,固步自封,或跟在别人后面亦步亦趋,在新科技革命中就没有我们的立足之地。中小学生是未来高科技的掌握者和开拓者,只有加强其创新精神的培养,造就一流的科技队伍和大批高素质的创造性人才,才能抓住机遇,迎接挑战,在新科技革命和国际竞争中占据有利地位。

(3)培养学生创新精神是实现其自身价值的客观要求。马克思主义价值观告诉我们,人的价值不在于索取,而在于奉献,一个人对社会的贡献越大,其人生价值就越大。我国目前仍处于社会主义初级阶段,社会分工依然存在,每个劳动者都在各自的工作岗位上从事着某项具体的工作。由于每个人的本职工作都是整个社会工作的组成部分,因而做好本职工作就是对社会的一种特殊贡献。虽然在特定的条件下,人的价值也可以在本职工作之外的其他领域得以体现和实现,但对大多数人而言,其人生价值主要体现在本职工作中,因而做好本职工作是人们实现自身价值的主要渠道。在现实生活中,人们从事本职工作的情况大致可分为两种类型:一种是重复性工作,即在完成本职工作时“复制”他人使用过的已有的技术和办法,重复他人完成此项工作的相同程序;另一种是创造性工作,即在完成本职工作的过程中创造性地使用他人没有使用过的新技术和新方法,打破旧有的常规程序。在重复性工作中,工作效率与原来相同,完成工作任务的质量没有提高,且无法解决工作中遇到的新问题,因而对社会的贡献的增幅不大。而创造性工作不仅可能提高完成本职工作的质量,而且能够使工作效率成倍地提高,大大缩短人们完成工作的时间,使人们在相同的时间内完成更多的工作,同时更为重要的是它能够解决工作中遇到的新问题。由此可见,只有创造性工作,才能把本职工作做好,为社会多作贡献,使自身价值得到充分的实现。长期以来,由于我们对学生的创新教育重视不够,使得许多人走上工作岗位后都安于做重复性工作,不能主动自觉地创新,工作效率得不到提升,这种状况严重制约了社会主义现代化建设的客观进程，也影响了人们自身价值的充分实现。中小学生是社会主义现代化建设的未来中坚力量，他们将面临技术难度、复杂程度更高的工作环境，如果在其身上不能彰显创新精神，就很难立足于未来社会，实现自身价值。

（4）培养学生创新精神是实现“中国梦”的必由之路。中华民族以勤劳勇敢、聪明智慧闻名于世。四大发明和地动仪、纺织机、金属生产工具等重大发明创造，向世人表明中华民族是富有创新精神的伟大民族，正是这种高度的创新精神，使古代中国成为世界文明古国，也使得中华民族能够长期雄居世界民族之林。但到了近代，由于腐朽落后的封建专制统治者闭关自守，夜郎自大、墨守成规，使得强大的中国逐步走向了贫穷落后，最终竟沦落到被动挨打、任人瓜分宰割的悲惨地步。中国共产党把马克思主义与中国革命具体实践相结合，形成了毛泽东思想这一科学理论，团结和领导各族人民推翻了反动统治，建立了社会主义制度，使人们的积极性和创造性得到了极大的调动，取得了恢复国民经济和社会主义改造的巨大胜利，使旧中国的贫穷落后面貌得到了根本改变。但从20世纪50年代后期开始，“左”的思想在党和国家工作中占据了主导地位，在长达20年之久的社会主义建设过程中，我们机械地照搬马克思主义和苏联模式，使社会主义失去了生机和活力。打倒“四人帮”以后的头两年，由于“左”的思想仍占据上风，“两个凡是”禁锢了人们的思想，使党和国家的工作徘徊不前。为打破这种沉闷的局面，党的十一届三中全会重新确立了实践标准和实事求是的思想路线，号召人们解放思想，大胆探索，勇于创新，从而使我国进入了改革开放和社会主义现代化建设的新时期。1992年邓小平南方谈话，深刻地回答了长期束缚人们思想的许多重大认识问题，使人们的思想再次得到了解放，掀起了改革开放和社会主义现代化建设的新高潮。党的十五大把邓小平理论确立为党的指导思想，形成了现阶段的基本纲领，明确了阶段性的基本经济制度，提出了政治、经济、文化等各个领域深化改革的新思路，为把中国特色社会主义建设这一伟大事业全面推向21世纪提供了科学理论指导。随着改革开放事业的深入推进，我们党又创造性地提出了“三个代表”、“科学发展观”、“和谐社会”等理论，为中华民族伟大复兴这一“中国梦”的实现不断添砖加瓦。我国近代以来的史实表明，创新才能图存，创新才能富强。三十多年的改革开放使们的社会有了长足的进步，但与发达国家相比仍存在较大差距，“中国梦”的实现还将面临诸多困难与挑战。肩负中华民族伟大复兴这一历史使命的中小学生，代表着中国的未来，他们踏入社会后只有不断创新，才能离“中国梦”更近，因此，培养他们的创新精神是实现“中国梦”的必由之路。

2. 培养学生实践能力的意义

（1）培养学生实践能力是完善学生健康人格的需要。人的思想品德的形成、行为习惯的养成，都依赖于实践，实践出真知。对中小学生来说，很多道德观念认识仅靠讲述、灌输并不能形成，而需要在实践活动中得以体验和强化，从而形成道德观念和道德意志。人的思想品德是知、情、意、行综合的结果，一般来说是以知开始，以行告终。在这一过程中，实践是人的思想品德最终形成和巩固的关键环节。课堂教育可以使中小学生形成一定的政治、思想、道德认识，但只有通过实践锻炼才能真正认识，并形成牢固的观念。

我国古代学者就对实践的作用给予充分的重视，主张凡事要躬行。荀子说：“学至于行之而止于行。”墨子说：“学而行为本焉。”朱熹更强调实践，“洒扫应对进退之节，爱亲敬长隆师亲友之道”，是“修身、齐天下之本”。古代人对道德教育也非常重视，荀子曰：“君子之学也，入乎耳，著乎心，布乎四体，形乎动静。”孟子有段名言：“天将降大任于斯人也，必先苦其心志，劳其筋骨，饿其体肤，空乏其身，行拂乱其所为，所以动心忍性，曾益其所不能。”这些表述向我们展示，要注重从小培养孩子的实践能力，让他们在实践中养成艰苦奋斗、自强不息的精神和担当重任的本领。

我国现代教育家也很重视实践能力的培养，现代学者、著名文人朱自清先生说：“要让孩子在正路上闯，不能老让他们像小鸡似的在老母鸡的翅膀底下，那是一辈子没出息的。”陶行知先生在《手脑并用歌》中生动地写道：“人生两个宝，双手和大脑。用脑不用手，快要被打倒！用手不用脑，饭也吃不饱。手脑都会用，才算是开天辟地的大好佬。”他还要求孩子做到：“小事自己干，零用自己赚，全部衣食住，不靠别人助。”陶先生还提倡对儿童实行“六大解放”，即解放孩子的头脑、嘴巴、眼睛、双手，以及解放孩子的时间和空间，让孩子充分发挥主观能动性。陈鹤琴先生在《怎样做父母》等书中，强调要让小孩子凡是自己能做的事情都让他们自己做，自己能想的事情都让他们自己想；如果不让小孩子使用自己的手和脑，不让他们自己想、自己做，等于不让儿童的心身得到发展。老一辈革命家们更是重视这方面的教育，如邹韬奋强调，凡是儿童自己干得来的，要让儿童自己干，大人们至多在一旁指导，决不要越组代庖。朱德同志也明确要求,生活的基本功能个人都要学,提醒人们不能把孩子们养成衣来伸手、饭来张口的小少爷。这一切都说明,培养学生的实践能力对学生养成良好个性、完善健康人格具有积极意义。

(2) 培养学生实践能力是学生立身社会的需要。就学生而言,总是在一定时间的学习之后,以一定的职业作为归宿。因此,从某种意义上讲,学校教育是为学生将来的就业做准备。当一个人拥有一定的职业之后,在学校里习得的知识、技能或是道德,就变成了一种综合的社会实践活动。显然,培养学生的实践能力是学生长远发展的需要。

众所周知,当代社会充满了竞争,适者生存,优胜劣汰。在这个充满竞争的社会里,需要每一个成员都能具备一定的生存能力、竞争能力、科研能力、创业能力、适应社会环境的能力、协调人际关系的能力。没有这些能力,就很难适应现今社会发展的需要,很容易在激烈竞争中被淘汰。对现今社会来说,一个合格的人才就应该是拥有这些能力的人才。而这些能力不是与生俱来的,也不是单纯能够从书本中就能学到的,它必须在实践中加以训练和形成。因此,我们必须加强中小学生实践能力的培养,放手让他们参与各种实践活动,进行多方面磨炼,在实践中摸爬滚打,长见识,学本领,增才干,提升他们的综合竞争能力,使他们成为符合社会需求的合格人才,从而在未来跨出校门时能够很好地立身于社会。

(3) 培养学生实践能力是强化学生自理能力的需要。由于独生子女的特殊性、升学压力的增大、父母的厚望等因素的影响,现今社会的许多青少年在生活学习方面的自理能力不强。北京市教科所曾经在某普通小学一年级某班进行过这样的调查:全班有学生 44 人,该班学生中,家长每天给他们整理书包的有 17 人,占 39%;家长给他们洗手绢的有 29 人,占 66%;家长给他们洗脚的有 23 人,占 52.3%;家长给他们穿衣服的有 26 人,占 59%;家长不陪读就不做作业的有 21 人,占 47.7%;不会做作业,由家长代替做的有 17 人,占 38.6%;家长启发后才会做作业的有 5 人,占 11%。对于小学一年级学生来说,这些本应是他们能够独立完成的事情,但从调查结果来看,大多数孩子自己的事情由父母和其他长辈部分代劳或全部代劳,“自理率”较低,暴露出了现在中小学生自理能力较弱的现状。一些家长对孩子包办过多,保护过度,照顾过分,陷入溺爱的误区,严重地阻碍了孩子的健康成长。前苏联教育家马卡连柯曾这样说过:“过分的溺爱虽然是一种伟大的情感,却会使子女遭到毁灭。”歌德也曾经说过：“谁不能支配自己，谁将是自己的奴隶。”因此，必须解放孩子，通过实践能力的培养，让他们在具体的实践活动中不断加以磨炼，从而“吃得苦中苦”。

随着科技的进步、社会的发展，未来社会需要的是开拓创造型人才，而一个真正意义上的开拓创造者，既要有极强的动脑能力，又要有极强的实践能力。试想，如果连自己的生活学习都不能自理，只会在父母或老师的提示下死读书本，这样的孩子即使能够在考试中获得高分，未来也很难在激烈竞争的社会中立足与发展。据了解，现在许多高中生到了大学就感到手忙脚乱，既不会安排生活，也不会安排学习。有些学生到了国外，最大的弱点也是生活能力和独立决策能力差，这些暴露出了我们学校教育和家庭教育的薄弱环节，即没有注意对中小学生进行实践能力的培养，提升他们在生活学习方面的自理能力。因此，要想改变这种令人堪忧的现状，必须强化中小学生实践能力的培养，提升他们的生活、学习自理能力，使他们未来更好地立足于社会，走好人生每一步。

（4）培养学生实践能力是优化学校传统教育的需要。实践是认识的源泉，又对认识的发展具有促进和推动作用。然而长期以来，我们的学校教育主要是通过课堂教学这一途径来进行的，学生所面对的是教师和既定的教材，所活动的范围是教室，课堂实践环节较少，长期缺乏课外丰富多彩的社会实践活动。这样，教学的结果不仅违背了认知规律，割裂了知识与生活的内在联系，而且容易使学生滋长厌学心理，产生学习无用的思想倾向。教育家陶行知先生曾经说过：“行，是一切知识之来源。”可见实践的重要性。同样，也只有在实践中，才能解放思想，有所领悟、开拓、创新。所以，学校教育必须强化学生实践能力的培养。

学校教育培养学生的实践能力，也可以理解为：让学生在学习的过程中，有尽可能多的经历，有尽可能多的体验，有尽可能多的“会做”。在传统的教学体制下，学生一走进课堂就走进了一个早已预设的外于他的“书本世界”。当这个“书本世界”同他过去的“经验世界”没有很好地联系和沟通时，他就无法理解这个书本世界里最精要的东西——关于客观世界本质的、规律的知识，以及典型的、最富有魅力的表现形式。这就好像截断了拓展学生精神生活所必须的“源头活水”。当我们忽视架设书本世界通往现实世界的桥梁时，受困于书本的学生，也就很难听到现实世界对他的召唤，难以领略现实世界为书本知识的运用提供的诱人境界和无限风光。这样,“书本世界”变成“一潭死水”,其实际意义就变得极其有限。

2001 年教育部发布的《基础教育课程改革纲要(试行)》明确指出了“新课程的培养目标”:要使学生“具有初步的创新精神、实践能力、科学和人文素养以及环境意识”①。新课程之所以积极倡导自主、合作、探究的学习方式,就是为了更好地通过学生的实践性学习来培养学生的实践能力。作为中小学教师,选择运用教法、设计使用学法的宗旨也应该是为了方便学生实践能力的提高。

第二节　影响学生创新精神与实践能力培养的因素

创新精神和实践能力不仅是科技进步的推手,也是现代社会每一个成员必须拥有的理念和技能。从多位学者调研的情况来看,我国目前中小学在创新精神和实践能力培养方面的力度和效果依然不容乐观,在这一过程中,受到了多种要素的影响。

一、影响学生创新精神培养的因素

在培养学生创新精神过程中,有多种因素会影响学生创新精神的培养,概括起来主要有以下四个方面。②

1. 传统教育的历史局限对学生创新精神培养的影响

教育是一种“传承”,是把历史和他人的知识传授给教育对象。在传统教育模式下,相对固定的传统知识体系一直是学生学习的对象,它们不断被复制,代代相传,亘古不变,学而不用和用而不学的不良现象在很长时间内、很大范围内存在着。

从历史条件和综合实力来看,我国目前整体上还处在从农业社会向工业社会的过渡阶段,而西方发达国家正处于从工业社会向后工业社会的发展阶段。不同社会的发展状态有着相应的特点和现象,在以互联网为主的信息极速传播的时代,各种媒体向学生提供了多维的选择空间,使得学生面对一系

---

① 基础教育课程改革纲要(试行)(2001 年 6 月 8 日,教育部印发). 中华人民共和国教育部网站. http://www.moe.edu.cn/publicfiles/business/htmlfiles/moe/moe_309/200412/4672.html. 2001-06-08.

② 周晔. 理工科院校学生创新精神培养的影响因素[J]. 华北电力大学学报(社会科学版), 2005(3).

列社会特点和现象时必须作出自己的判断和应对。如果教育对这一系列社会特点和现象不能进行正确分析，就不能给予学生正确的引导，甚至产生误导，就容易使学生对诸多现实问题产生曲解。在这一社会环境下，学校教育既要对传统文化进行分析和取舍，继承传统文化的积极因素，淘汰其不足，又要对西方文化进行分析和取舍，吸收其积极的成分，为我所用。假如学校教育不能很好地完成这一使命，仅仅机械地"克隆"前人的思想和知识，就很可能使得教育形成"两层皮"现象，从而导致学校教育既不能承担提升学生文化素质的重任，也不能在现代社会背景下强化学生的创新思维。

更为重要的是，教育不仅是理论问题，也是实践问题，学习的目的是应用。创新精神积淀于创新行为与活动的精神层面，它不仅体现在人们的认识与思维活动中，更重要的是体现在人们改造世界的实践过程中，是一种实践精神。在当今社会，创新精神还是一种最重要的时代精神，是先进文化的不可或缺的组成部分。在我国传统教育中，重理论、轻实践的现象依然存在，因而创新显得不足。而许多西方发达国家特别重视理论与实践的结合，注重在实践中对理论进行创新，他们的学校教育往往与企业紧密相连，注重应用，发挥实效，有时甚至用企业对人才的需求来直接调整教育方针和政策。在今天，中国特色社会主义市场经济的发展进程不断加快，对传统教育的内容、手段和方法等提出了新的要求，需要施教者不断寻求突破，进行不断创新。而创新的坚实根基是实践，学校教育只有以实践为支点培养学生的创新精神，才能使学生真正成为认识社会、改造社会的中坚力量，才能使他们在充满竞争的市场经济中立于不败之地。

2. 教育理念对学生创新精神培养的影响

从全球范围来看，一种全新的知识经济正在取代传统的农业经济和工业经济而成为世界经济发展的重要力量。托夫勒引用赫伯特·格乔伊的话说："明日的文盲不是不能阅读的人，而是没有学会怎样学习的人。"① 由于掌握新知识和活知识的需要，学习已不是简单的一劳永逸的行为，而是贯穿学习者整个人生的持续性行为；学习的场所也不限于传统的学校，而是渗透在家庭、社区、工作单位和各个社会角落。在以互联网为主要支撑的信息社会背景下，各种不确定性的信息或知识随时都会传递给学生，需要学生不断加以

① ［美］阿尔温·托夫勒. 未来的冲击［M］. 贵阳：贵州人民出版社，1985：428.

分辨和应对,这就意味着学校教育必须培养学生的创新精神,使学生能够积极面对新现象、新问题,创造性地去学习新知识、新技能。

要培养学生的创造精神,学校教育的理念必须创新,即学校教育本身必须具有创造性。学校教育的创造性理念要求学校教育必须具有自我革新的内在活力,这就要求学校教育必须围绕四大支柱来重新设计、重新组织。这四大支柱又称之为四种基本学习能力:① Learn to be,即学会生存,学会做人的能力。② Learn to do,即学会做事,学会在一定环境中工作的能力。③ Learn to how to learn,即学会学习的能力。④ Learn to be with others,即在人类活动中,要学会共处,学会与他人一起参与。

3. 科学的异化对学生创新精神培养的影响

从理论层面看,科学知识是对事物本质和规律的一种揭示,是一种相对真理,具有客观性,一般状态下相对稳定,不宜随便改变。但是,知识的应用具有主观性,在不同人身上由于自身的知识水平、认识能力、思想意识等要素的影响,会产生不同的选择结果。也就是说,科学知识一旦应用恰当,就能发挥正能量,一旦应用失当,就会发挥负能量,这就意味着有时主客观之间难免形成冲突和矛盾。换言之,科学知识的客观性容易被人的主观性所异化。正如居里夫人所说:科学本身无罪,而有罪就在于滥用科学。滥用科学知识是一种科学异化现象,学校教育必须认识到这一消极影响因素,在培养学生创新精神的过程中努力加以关注和克服。

当前,科技革命所引发的工业革命,已将培根关于运用知识统治自然的主张和笛卡尔关于人是“自然的主人和所有者”的观念付诸实现,自然界已从人类赖以生存的基础转变为被征服、被控制的外在实体。但是,科学技术也有它消极的一面。比如,克隆是一门新技术,如果运用不当,将在伦理道德、社会文化、家庭关系等方面产生负面作用。因此,自然科学技术不是万能的,需要社会科学来指引方向,弥补其缺失。在科学技术应用方面,人们既可以利用科学技术推动社会发展,也可能利用它危害社会,这种危害性就是科学技术的负面效应,属于科学的异化现象。当今社会,现代科学技术的迅速发展已经对人类的物质文明和精神文明产生了越来越多的负面作用,诸如环境污染、能源危机、人口膨胀、人际关系的疏远和伦理道德的畸变、人文精神的缺失等。更为可悲的是,技术不仅没有完全给人类带来自由和解放,反而变成一种异己的力量束缚和主宰着人类,使人类处于异化受动之中。在这种打击之下，人们对科学技术合理性的信念开始发生动摇。因此，重新审视科学技术对人类的意义问题以及人与自然的关系问题显得极为必要。这就需要学校教育在培养学生创新精神的过程中更多地要进行人文引导，使学生能够意识到创新活动在社会、经济和生态等领域总会有正反两个方面的结果出现，从而对自己的创新活动进行自觉的监督和控制，以期发挥其正能量。

4. 文化模式对学生创新精神培养的影响

不论是技术创新还是管理创新或是组织创新，它们都是思维创造活动的结果。其中，思维方式对创新过程和结果的影响更深。有学者曾对在“农业时代”领先世界的亚洲痛失历史良机导致落后于西方发展的现象进行过探讨，认为主要原因在于思维方式的不同，突出表现为东西方哲学思想的差异。东方哲学的终极理想是“和谐”，追求“天人合一”，其内涵是求“静”，因而形成了“重维持、恐创新”的传统思维；而西方哲学的终极理想是最大限度地接近上帝和天国，其内涵是求“动”，重“开拓”，通过对此岸不完美世界的不断认知和超越，去发现通往彼岸天堂的光明之路。于是，解放自己、优化自己、认识自然、超越自然就成为西方文化的共识。正是这种观念的影响，使得西方社会更具创新精神，西方的科学技术也得到了迅猛发展。

渗透于欧美国家各社会阶层的宗教信仰是基督教。在基督教社会中，每个人面对的是神，而人与人之间是平等的，个人主义首先作为重要的价值被承认。但在其他地区比如亚洲国家中，人代替神对个人进行干涉。在基督教社会中，即使神会束缚和干涉人的自由，但人在人类社会中是自由的，正因如此，人也伴随着承担责任。个人主义和对自由的承认，正如在西方社会看到的那样，产生了尊重独创性和个性，绝对依赖个人的理性。这种观念对于人们充分发挥其积极性和创造性无疑具有极其重大的意义。

在东方社会里，存在着明显的无言的教义原则，它像一颗颗地雷，埋藏在社会的方方面面。这种“无言的教义”是一种以人际关系为中心的、以感情为纽带的非逻辑、非理性的原则。虽然“国有国法、家有家规”，但问题在于执行力度上时常有不到位现象。尽管某些有识之士也强调“王子犯法与庶民同罪”，但“有法不依、执法不严”，“人情大于王法”的现象依然存在，这与西方建立的明确有序的法律制度和其他社会规范截然不同。应该说，这种情况对学校培养学生的创新精神有着很大的制约作用。当然，东方文化也有其优势，即强调集体的力量。总体来说，东方文化对人的个性和创造性的培育的重视程度相对偏弱，这是我国学校教育在培养学生创新精神的过程中必须加以克服的重要影响因素。

二、影响学生实践能力培养的因素

1. 学生主体因素对学生实践能力的影响

动机、态度、知识、技能和经验等主体因素对学生行为活动有着重要的影响，对学生实践能力的形成和提升起着核心作用，这种作用主要表现在三个方面。

（1）动机与态度对学生实践能力培养的影响。实践动机是由实践目标或实践对象所引发的实践活动的内在动力。良好的实践动机会使学生在某种精神力量的支配下参加实践活动，迸发出积极性和坚强意志，克服困难，去冲破实践过程中的各种阻力，达到既定的目标。积极、主动的实践态度，使人产生较强的实践能动性，对实践过程中出现的问题能自觉面对并能加以积极解决。

（2）知识与技能对学生实践能力培养的影响。知识与技能是构成学生实践能力的资格和条件，既包括实践活动中需要的专业理论知识，也包括按照一定程序或步骤行事的技能，还包括与人交往过程中表现出来的沟通技巧、合作技能等社会知识与技能等。知识与技能越多，对实践问题的理解就越深刻，完成实践活动的效率就越高，效果就越好。

（3）历史经验对学生实践能力培养的影响。历史经验来自于自己过去亲身实践的经历和体验，是学生对自身过去实践活动总结的结果。一般而言，问题解决者的经验，特别是与要解决的问题相关的专门经验和解决同类问题的成功经验等，直接影响着当事人知觉系统对问题情景中信息的选择和对觉察到的信息的解释。历史经验越丰富，与新的实践活动关联度就越大，对新的实践活动产生的影响也就越大。旧有的实践给学生带来的体验越大，在脑海里留下的“痕迹”就越深，对新的实践活动产生的影响也就越深。

2. 学校组织因素对学生实践能力培养的影响

“教育的核心问题就是教会学习者思考，学会运用理性的力量，成为一个更好的问题解决者。”① 学校对于学生实践能力培养的态度和对学生实践的

① ［美］David H Jonassen. 面向问题求解的设计理论［J］. 远程教育杂志，2004(6).

定位直接影响着学生的实践能力。学生实践能力的提升与发展体现在学生不断参与各种有效的实践活动之中。学生的实践活动与实践能力发展的关系遵循实践能力发展的机理。当"学生的实践活动与学生主体水平形成疆界,并且这个疆界恰好在学生最近发展区内,学生的实践能力将获得有效提升"①。这些有效实践活动的设置,依赖于专业人才培养方案制订者的认知水平。与此相伴,实践活动的实施,取决于学校的组织管理和教师的责任心。只有学校管理层从战略高度认识到实践能力培养的重要性,才会整合资源,加大投入,加强校内外实践基地建设、师资队伍建设,才会建立健全各种相应的制度,调动学校各方面的积极性,形成最大合力,提高实践能力培养的效果。

3. 社会环境因素对学生实践能力培养的影响

学生是生活在一定社会现实环境中的人。如果说学校环境是影响学生实践能力培养的小环境,那么,社会环境就是影响学生实践能力培养的大环境。一方面,小环境受着大环境的影响;另一方面,学生也直接受到大环境的影响。学生实践能力的发展是一个潜在的过程,在此过程中,现实社会环境对学生实践能力的培养起着制约或促进作用。社会的经济环境表现为影响学生实践能力形成与提升的物质环境,而社会的政治环境、文化环境往往通过师生的外在感受影响学生实践能力形成与提升的心理环境。可见,心理环境不是孤立存在的个体小环境,它自身的变化由社会环境的变化而引发,而学生个体心理环境又是学生主体内部动机变化的源泉。显而易见,现实社会环境直接或间接地影响着学生实践能力的培养。

第三节　学生创新精神与实践能力培养的有效策略

创新精神和实践能力是一个国家和民族发展的不竭动力,也是一个现代人应该具备的素质。当今社会的中小学生只有具备创新精神和实践能力,才能适应不断变化的未来社会,并在未来的社会发展中不断开辟新的天地。要想构建科学的创新精神和实践能力培养机制,可以从培养思路和实现途径两个方面入手。

① 赵建华.生态学视角下的实践教学建设[J].高等工程教育研究,2006(1).

一、学生创新精神与实践能力培养的思路

1. 学生创新精神培养的思路

（1）加强对学生创新精神的理论研究。[①] 目前，在我国中小学校中，对学生的创新精神还没有统一的认定和要求，这就造成了不同学校对创新精神内涵的理解在侧重点上有较大差异，从而影响了学生创新精神培养的质量。为了扭转这种现状，必须加强中小学生创新精神的理论研究，探索中小学生创新精神的内涵及培养途径，弄清中小学生创新精神与大学生创新创业之间的联系和区别，为中小学生创新精神的培养提供理论依据。

（2）强化学科教学对学生创新精神的培育。教师在学科教学中除了注重对学生进行知识和技能传授之外，更要加强对学生创新精神的培养，以提高学生的综合素质。在日常学科教学中，教师要采用多元化教学方法，多管齐下，增强学生的创新意识和创新勇气，同时还要向学生多提问题，并让学生多动手练习，培养学生的创新能力。只有这样，教师才能调动学生的积极性，有针对性地对学生实施创新教育，使教育行为符合学生的实际情况，以便真正有效地培育学生的创新精神。

（3）拓展培养学生创新精神的途径。就目前中小学生创新精神培养的状况来看，学校是重要的实施主体，但仅靠学校本身，还不能完全承担起培养中小学生创新精神的职责，也就是说，仅仅依靠学校一方的力量，还远远不能满足中小学生创新精神培养的需求。学校是培养人才的中坚阵地，所以学校应主动加强与社会、家庭的联系，建立"学校—社会—家庭"三维网络体系，使三方之间形成经常性的联系和沟通的机制，从而拓展学生校外创新精神培养的实践点，扩大学生创新精神培养的活动空间，使校内外形成合力，大大提高中小学生创新精神培养的效率和质量。

（4）建立科学的学生创新精神评价标准。创新精神的评价标准是培养学生创新精神的方向标，对学生创新精神培养的实施行为起着导向作用。目前中小学生创新精神培养效果之所以不够理想，其原因之一就是缺乏科学且操作性强的评价标准。因此，只有建立科学且操作性强的中小学生创新精神的评价标准，才能使教师有的放矢地进行教学，同时有效地引导学生的学习行为，使学生在日常的学习中自觉地进行创新实践，从而提高中小学生的综合

① 薛建男，王伟. 小学生创新精神培养的现状、问题及其对策[J]. 现代中小学教育，2011(5).

素质。

2. 学生实践能力培养的思路①

（1）调整教学目标，凸显知识运用过程中的实践能力培养。目标具有重要的导向功能。实现课堂教学的实践能力培养功能，意味着课堂教学首先在目标定位上要做出相应的调整和变革，即改变传统教学目标定位的知识取向和认知取向，转而以知识的实际运用和学生实践能力的发展为重要目标。具体要求是：其一，教学目标要突破仅仅使学生掌握系统的学科知识或培养学生学科思维能力等的局限，转而以实际生活和现代社会的需要为出发点和立足点，以开发学科知识的实践能力培养价值为切入点，培养学生主动运用知识解决相关实际问题的“学科实践能力”。同时，还应突出培养学生将各门学科知识综合起来加以运用的能力。其二，教学目标中除了关注培养学生应用意识外，还应进一步明确地强调培养学生运用知识解决实际问题的能力。针对以往的教学目标中过分强调知识和认知目标而忽视知识的实际运用的弊端，新课程标准中明确提出培养学生的“应用意识”（即主动运用相关学科知识的观念或意识），但要实现知识教学的实践能力培养功能或目标，仅仅培养学生的知识运用意识显然还不够。毕竟应用知识的观念和意识都只是停留于“想”的层面，离“做”（具体的实践和行动）还有一定差距。因此，教学目标除了强调培养学生的知识运用意识外，还应强调培养学生的知识运用能力，即帮助学生将运用知识的意识进一步转化为运用知识的行动。

（2）转换教学内容的呈现方式，在知识运用情境中提高实践能力。为促进学生实践能力的发展，知识不是如传统的教学那样直接呈现给学生，而应与其运用的相关条件一起“镶嵌”在各种包含实际问题的情境中，有待学生在自我与情境的交互中去感知、觉察、识别、探求、发现、提炼和概括。因此，提供或创设相关知识运用的实际问题情境和复合问题情境，为学生个体知识与实践能力的生成提供问题情境支撑，就构成了教学内容的核心。当然，要求“问题”必须是“实际”的，主要为了克服传统课堂中“问题”的“去情境化”或与社会生活脱节的“虚拟情境化”的弊端。这并不意味着完全摒弃课堂，或把教学直接“搬”到课外的社会生活场景中去进行，而是强调知识与其运用情境

---

① 张琼. 知识运用与实践能力培养——兼论以实践能力培养为导向的教学改革[J]. 全球教育展望，2011(3).

的依存关系,即"问题"必须包含实际生活问题所具有的一些显著特征,比如真实性(来源于日常生活且与生活息息相关)、复杂性(相关或不相关因素交织其中)、具体性(包含知识运用的实际条件或限定因素)、社会性(问题的解决有时需要借助个体与其他个体或群体的交往与互动)、不确定性(解决方案可能是多种的,需要学生对之作出解释、辩护或有待进一步验证)等。创设知识运用的实际情境,更容易提升学生的实践能力。

(3) 变革教学过程与方法,实现个体知识与实践能力的双重建构。同样的知识,学与教的方法和过程不同,所产生的结果也会迥异。传统的教学在呈现知识后,一般遵循的是"讲解知识—分析重难点—练习强化"的路径。与传统模式不同,由于知识是"嵌套"或"隐含"在真实的问题情境之中的,因此,学生不仅要运用已有的知识去发现和确定问题,制订问题的解决方案,同时还需要通过具体的行动去实施方案。如通过查找资料、与同伴的交往和合作等方式从情境中主动寻求知识和资源,对搜寻到的资源予以协调和整合,结合活动目的和自身已有的知识经验等作用于问题情境等。教学的主要任务就在于促进这一学习过程的有效展开。这实际对整个教学过程提出了全新的要求,需要教师作出一系列转变:其一,教学理念的转变,即从传递知识转向帮助学生主动获取能够运用于解决实际问题的知识。其二,教学思路的转变,即从只是考虑知识结构的系统与连贯、知识重难点的分析与把握等,转向寻求知识与学生生活的关联、知识实际运用的条件以及采取什么方法帮助学生顺利实现知识实际运用等。其三,教师角色的转变,即由单纯的知识讲授者、传递者、灌输者转向学生知识学习的组织者、引导者、促进者和帮助者等角色。其四,教学方法的转变,即教师从传统的"一讲到底"转向采用灵活多样的教学方法,不过,教学方法的多样化并非是指花样越多越好,而是指教师要根据目的、内容、不同学生学习与运用知识的过程等实际情境的需要,灵活且有针对性地选择适宜的方法(如示范、提问、反馈强化等)。

二、学生创新精神和实践能力培养的途径

1. 学生创新精神培养的途径

(1) 适时更新教学内容。社会发展日新月异,新知识不断出现,时代的发展需要学校能够及时更新教学内容。学校能够适时更新教学内容是培养学生创新精神的基础。众所周知,知识是创新的源泉,创新使知识生生不息。要培养具有创新精神的人才,必须注重打好学生的知识基础。在学校教育活

动中,学生的知识很大一部分来自于教学内容的优化和更新。因此,在进行学校创新教育的整体设计中,教学内容要符合不断创新的要求。首先,在课程设置上,教学内容要有更多的前瞻性和主动设计的成分,要真正把学科前沿理论和综合化的知识提供给学生,形成有利于培养学生创新精神的知识体系。学科前沿知识是指那些在某一学科领域中,推动高科技发展、引起革命的尖端科学,是在培养学生创新精神的进程中起关键作用的核心知识。其次,要注意学生的文化基础知识、学科基础理论知识和学科专业知识的结构合理配置。如果三个层次在结构上失衡,就会导致创造潜力受阻。

(2) 开展创新思维训练。具有创新精神的人,主要体现在擅长形象思维和非严谨的、非条理的、发散性的思考,善于在实践中独辟蹊径,突破常规。由此,学校老师要注重在教学过程中开展创新思维训练,这是培养创新精神的前提。美国的学校在教学过程中特别注重使用多种方法培养学生的求异思维和标新立异的能力,这使得今天的美国学校不仅是人才的培养库、文化的传播者,而且是知识的创造源、能力的增长源。这一点值得我国借鉴。在教学过程中,我们要彻底改变过去"满堂灌"的方法,真正实行启发式、研讨式、专题研究式的教学,同时教师要以更多的精力去组织好各种类型的研讨和实验活动,充分调动学生的自学热情和独立思考的主动性,把学生真正当作教学过程的主体,使学生主动参与教学过程,充分激发和调动学生的思维积极性,在教学活动中锻炼和培养他们通过逆向思维、求异思维、发散思维及直觉思维去认识和分析问题的能力,以帮助学生形成敏捷的创新思维。

(3) 营造自由民主氛围。自由、民主、平等、公正是人类社会的永恒追求。德国的戈特费里德·海纳特教授提出:"教师凡欲促进他的学生的创新力,就必须在他们班上倡导一种合作、社会一体的作风,这也有利于集体创新力的发挥。"良好的教育必须建立一种相互理解、相互尊重、相互信任、平等民主的新型师生关系,既能够尊重与众不同的疑问、观念,又能够给学生以学习的机会。这就要求教师对学生应该少一些严厉多一些微笑,少一些指责多一些宽容,少一些约束多一些尊重,真诚地融入学生中,了解他们,欣赏他们,鼓励他们。这样的氛围不仅有利于实施因材施教,也是对学生想象力和创新能力的尊重和爱护,这种自由民主的创新教育氛围是培养学生创新精神的保证,它改变了"一言堂"、"满堂灌"的弊病,更容易激发学生的创新激情,能够形成以学生为中心的生动活泼的学习局面,让学生在无拘无束的气氛中进行创新。

只有让每个人都能"自由地呼吸"，在自由、民主的环境里，感觉到爱和尊重，从"客体"变为"主体"，才能使他们乐观而自信，不唯书，不唯上，敢于发表自己的见解，勇于提出自己的质疑，才能表现出强烈的求知欲和蓬勃的创造力。

（4）鼓励学生大胆质疑。"杰拉德·卡斯帕尔教授，你错了！"美国斯坦福大学荣誉校长杰拉德·卡斯帕尔，在给本科一年级学生上课时，学生们经常这样提醒他，但这正是他最高兴的地方。他说："学生们的天真让我意识到我的理解并不全面，然后再把讲义重写一遍。创新就要靠这种质疑的勇气。"在当今的信息社会，知识更新的速度大大加快，要在海量的信息中获取有用的知识，教师必须培养学生良好的判断能力和批判精神。教师应鼓励学生在学习和继承人类已经创造出来的优秀文明成果的基础上，勇于突破陈规，勇于质疑现有的知识，挑战旧的学术体系，在发现和创新知识方面敢于独辟蹊径。要打破"听话的孩子就是好孩子"的观念，倡导勤思、善问的良好学风。教师绝不能扼杀学生质疑的优秀品质，要保持一颗平常心对待学生的质疑，不要怕被学生问倒。著名特级教师宁鸿彬老师对学生提出"三个欢迎"和"三个允许"的开放政策：欢迎质疑、争辩和发表意见，允许出错、改正和保留意见。这些民主的教学理念，都为学生创新精神的培养创造了积极的条件。

2. 学生实践能力培养的途径

（1）立足教材，开发实践渠道，引导学生参与实践活动。荷兰数学教育家费赖登塔尔曾经说过："学习数学的唯一方法是进行'再创造'，就是让学生把将要学习的东西自己创造出来；教师的任务是引导和帮助学生进行这种创造，而不是把现成的知识灌输给学生。"这一种理论虽然是针对数学教育而言，但同样也适用于其他学科。课堂上老师应该为学生学习知识提供充足的探索时间和空间，引导学生参与到实践活动中来，让学生在实践中动脑、动手、动口，感知新知，提出问题，获取新知。教师切不可为了图省事或过分注重课堂教学的严谨性，在课堂教学中越俎代庖、一人包办，忽视或者缺少课堂实践这一环节。具体可以从以下三个方面入手①：

其一，以实践活动开始感知新知。中小学生的思维方式主要以形象思维为主，其抽象思维需要具体事物作支撑，只有当他们对具体事物或材料的感知达到一定数量、一定程度时，才开始由形象思维上升到抽象思维这一层面。

---

① 杨东. 新课程教学基本策略[M]. 北京：开明出版社，2005：90－91.

因此，教师在向学生教授比较抽象的知识时，要遵循中小学生的思维特点，多联系生活实际，为学生提供实践环境，引导学生在实践活动中通过对具体事物进行有形操作以形成表象，并逐步建立起抽象的概念。

其二，以实践活动提出问题。著名物理学家李政道曾经说过："最重要的是要学会提出问题，否则将来就做不了第一流的工作。"学生学习过程中对具体事物的疑问是学生在探求新知过程中积极思考的思维结晶，是新、旧知识矛盾冲突的具体体现。教师在教学中应善于根据学生好奇心强的心理特点，引导学生在探索知识的实践过程中积极发现问题，提出有价值的问题，培养学生质疑问难、多思善想的好习惯。

其三，以实践活动获得知识结论。苏联著名教育实践家和教育理论家苏霍姆林斯基认为："人的心灵深处，总有一种把自己当作发现者、研究者的固有需要，这种需要在小学生精神世界中尤为重要。"这表明，培养学生的自主探究意识，引导他们积极地参与知识形成的实践过程，比那些只是单纯片面讲授、直接告诉学生结论更富有实际意义。这就要求教师在教学过程中，多利用学生好奇心强的天性，让他们在看、摸、猜等具体体验中感知事物，然后在此基础上引导他们去想、说，如果需要，还可以设计一定的情境组织学生进行表演。经历这样的课堂，相信学生一定会对所学知识兴趣盎然，不但知其然，而且能知其所以然，并且印象深刻，记忆久远。

（2）跳出教材，拓宽实践渠道，放手让学生参与实践活动。学生的实践能力不是在课堂"言说"过程中形成的，而是在充分的"践行"中形成的。教室是学生实践的重要场所，但教师还应树立大课堂理念，构建一个开放的学习世界，打通课堂学习与社会生活联系的通道，将课内与课外、校内与校外、教材与社会充分结合起来，让学生走出教师的范围，走出教材，走出课堂，在社会实践中获取知识，形成能力。叶圣陶曾说："教任何功课的目的都是为了不需要教，即孩子自己会学，学了会用，会解决实际问题，光纸上谈兵是没有用的。"教师应该立足于学科教育和学生的长远发展，使学生体会到知识与人类生活的密切联系，让他们用所学的知识、思维方式思考和解决日常生活中的问题，并且把实践过程中发现的问题带到课堂中加以研究、提升。教师要注意沟通课堂内外，充分利用学校、家庭、社区等教育资源，开展综合性学习活动，拓宽学生的学习空间，增加学生实践的机会。从获取知识的角度看，可以引导学生围绕新学的知识内容去广泛收集信息，通过图书馆、阅览室、互联网查阅资料，还可以通过观察、调查等手段收集与所学知识内容有关的材料。这样做既可以通过收集来的资料帮助学生了解所学知识内容，还可以扩大学生的知识面。同时，收集资料的过程也是学生运用已有知识、能力和学习方法的过程，是一个实践提高的过程。

除此之外，教师还要引导学生善于从自己周围的各种渠道获取知识，如课外阅读、看电视、听广播、参加社会活动、旅游等，还可以从家庭、邻居、公共场所等与人们的交流中获取知识。当然，应提示学生要善于倾听、观察、动脑筋，要善于把自己认为好的内容、有用的内容及时记录留存下来。这个过程是吸收知识的过程，在这个过程中，一是学生会运用已有的知识、能力和方法对新知识进行分析、理解和归纳；二是学生会把新知识与已有知识相结合。因此，从能力形成的角度来看，这个过程与实践也紧密相关，可以说这个过程也是一种实践的过程。

另外，教师还要引导学生将所学的知识和实际运用结合起来，在课堂上运用，在学习其他学科时运用，在社会生活中运用，在一切有条件的地方运用。对所学知识加以力所能及的运用，有助于学生将所学的知识转化为一定的实践能力。

第六章　中小学素质教育中关爱生命话题

中小学素质教育的主旨何在？答案就是提升个体的生命质量。人的生命可以分为物质的生命和精神的生命，个体不仅要活着，而且要活得有意义、有价值。素质教育就是要通过培养学生的全面发展能力，提升生命的质量，来实现其自身的价值。可以说，“关怀生命，是教育必须承担的责任，也是教育应该确立的价值取向”①。

从目的论的角度来考察，中小学素质教育面对个体生命的存在，教育的目的只能着眼于个体的生命，而不是着眼于社会等外在于人的事物，不能以牺牲个体生命的发展去迎合社会的要求，也不能以牺牲人的当下发展或现实的生活去追求渺茫的未来。教育即是促进人的生长，生长既是状态，更是过程，教育的过程就是一个持续不断的生长过程，在教育过程的每一个阶段，都应以增加学生生长的能力为其目的。“何以为生”是教育的初级目的，“为何而生”是教育的终极目标。

第一节　关注生命是素质教育的崭新视角

素质教育要引导个体认识生命，感悟生命，从而发现生命的意义，进而使自己获得生活的智慧，逐步把生活看得清清楚楚、明明白白。

一、注重引导学生感悟生命的美丽

生命首先是人的一种生存、活着的状态。现代生物学研究成果已经为我们从整体论的视野认识、理解生命提供了可能。如DNA组成成分及结构的发现，揭示了人的生命与类生命的共通性；遗传密码化学结构的发现，决定性地打开了生物学通向物理——化学结构和人类文化的开口。生命是一个能够自我调控的高度有序的复杂系统，是一个在时间上和空间上不断变化的网络，它的每一部分都影响着整体。每个个体的生命都是人类生命的持有者与

① 王晓虹.生命教育论纲[M].北京：知识产权出版社，2009：11.

展示者。这些独一无二的生命个体，既具有共性又具有个性，是多样性与独特性的有机统一与和谐共存，是肉体与精神的有机整合。从哲学的立场看，生命可以有两个面向：一个是生命的现象，另一个是生命的意义；前者是实然，后者为应然。存在主义者主张“存在先于本质”，此中之存在和本质是如何界定、怎么理解的，则自然有其反省的进路、言说的背景以及脉络中的意义。我们不一定都持和它相同的论调，但显然如果没有生命现象做前提，就不可能有生命意义的朗现。即以儒家之舍生取义、杀身成仁为例，总得先有生可舍、有身可杀，然后才有成仁取义的可能；此外，一个人假如身体不健康，那么对“人文化成”的事业、“任重道远”的贡献势必会有心余力拙的遗憾，相对地也将拖累其生命意义的实现。因此，如何护持生命现象的健全以为其所用，无疑是营造璀璨人生所不可或缺的必要条件。以前的教育过程中我们对前者强调不够，只是一味地强调后者。实际上，有的人大病一次后，可能会改变自己的人生观和价值观，这也说明重视生命的现象对实现生命的意义关系是极为重要的。

生命对每一个人只有一次，珍惜生命是人的天职。作家史铁生在双腿残废后经常去地坛，死亡的阴影一直笼罩在他的心头。大多数人都考虑过生与死的问题，但是没有像史铁生那样贴近死亡。即便如此，他最终还是选择了让自己的生命延续下去。在《我与地坛》一文中，他告诉我们：一个人出生了，这就不再是一个可以议论的问题，而只是上帝交给他的一个事实，死是一个必然会降临的节日……

教育要让学生明白生命的美丽，因为生命给我们提供了种种机会，让我们去爱，去学习，去工作，去欣赏花儿的美丽，去聆听鸟儿的歌唱，去仰望天上的星星……生命使我们能够认识这个世界的丰富多彩，领略大自然的五彩缤纷，体验人生的酸甜苦辣。更重要的是，它能使我们充分地发挥自己的聪明才智，改造世界，创造价值，憧憬未来。当然，我们倡导珍惜生命的存在，并不止于生物体的活着，不是“好死不如赖活着”，而是要我们充分认识和感受生命的美丽，让我们有一双发现生命之美的眼睛和一颗感受生命之美的心灵，让我们置身大自然之中，面对高山流水、潮涨潮落、繁星皓月，能感受自然之美；站在达·芬奇的《蒙娜丽莎》、罗丹的《思想者》面前，聆听着贝多芬的交响乐、施特劳斯的圆舞曲，能欣赏到艺术之美；遨游在知识的海洋里，在探索奥妙无穷的未知世界时，能体味到科学之美；被生活中普通人身上的善良、诚实、友爱、正直所打动时,能感悟人性之美;等等。世界之美、生活之美是生命所赋予的。生命充满了美好,要懂得欣赏,懂得珍惜。

在新课程改革的过程中,我们欣喜地发现《北京市小学生日常行为规范》已经将沿用了二十多年的"遇到坏人坏事要主动报告、敢于斗争"这条中的"敢于斗争"去掉,实在是可喜的变化。有的地方把"敢于斗争"改为"机智斗争",告诉小朋友遇到火灾要及时拨打火警电话,遇到坏人要机智逃离现场,求助警察叔叔,如此等等。这反映了施教者开始理智地对待生命,教育学生学会保护自己的生命。其实假如生命都丢失了,还谈什么意义的实现呢?

素质教育在提升中小学生生存质量方面的任务是比较艰巨的,由于种种原因,现实生活中我们的青少年对生命的意识较为淡薄。曾读到一篇文章,记述了美国某校发生火灾,许多学生都从火海中逃离出来,但老师发现少了两个学生,于是命令所有的学生到火场外去寻找他们。但一位来自中国的同学却认为,他们两个人一定在火海中没有出来,于是没有向老师报告,就"奋不顾身"地冲进火海,最后我们的"小英雄"不幸遇难,而他要救的那两个美国小朋友早已顺利逃生。更令人不可思议的是,就在这个我们认为是真正的英雄行为发生后,美国学校竟没有表扬,更谈不上"追认"什么了,校方反而因为没有教好中国学生如何逃生而受到地方当局的处罚。美国的这一做法,值得我们深思。再一个就是近年来自杀现象突出。在我们这个世界上,每年大约有100万人死于自杀。在我国大约每两分钟就有1人自杀,8人自杀未遂。自杀已经成为我国人口的第5大死因。在15~34岁人群中,自杀是首位死因。有人对262例青少年自杀案例进行了分析与研究,"发现绝大多数自杀为非理性自杀,而无法摆脱客观上的心理压力是青少年实施自杀的第一原因"①。青少年伤害生命事件虽然各有诱因,但根本原因都是对生命的漠然和轻视,没有认识到生命的宝贵性、有限性、不可逆转性,不能珍惜生命。试想一下,一个连自己生命都不珍惜的人,还有什么能让他们觉得应该珍惜呢。不珍惜自己生命的人,往往也会对他人、他物的生命构成威胁,近年来发生在大学生身上的用浓硫酸伤熊案、马晓明杀亲案、马加爵杀害同学案,即是如此。因为对自己生命的轻视必然伴随着对他人、他物的轻视,对自己的身体缺乏尊重和珍惜,极易漠视他人的痛苦。

---

① 马新声,肖敬.拯救生命:我从高中立志[J].青年文摘,2010(10).

常有人提出疑问：生命是属于自己的，难道自己连死都没权选择吗？表面上看此话问得好像在理，实际上，你的生命不仅是属于你自己的，而且也是属于社会的。一个人的生命涉及自己、家庭、社会等多方面的利益，个体只有对自己的生命负责，才能够对社会负责、对家庭负责。教育就是要让个体懂得珍惜自己生命的重要性，并且要求每一个人具体落实在自己的行动中，如平时对自己的生命要关心与重视：学习中注意用脑科学，起居注意规律，注意锻炼身体，不浪费时间，讲究个人卫生，注意养成自己良好的生活习惯。再者就是要求我们注意保护自己的生命，不断增强自己保护生命的意识和能力。据有关部门统计，造成少年儿童意外死亡的主要有这么几类：卫生事故、中毒、交通事故、抢劫、绑架、溺水、烧伤、窒息等。素质教育过程中要注意引导学生尽可能避免损害生命事件的发生，如引导学生学会自我保护应该是教育面临的一个新课题。当然，教育学生珍惜生命，不仅包括维护自己的生命，还要熟悉与他人相处的法则，学会尊重，学会关爱，学会宽容，学会共同生活。人是群居性的动物，个人必然处在关系之中，生命的存在只有在相互关爱中才显得珍贵，也只有在关爱他人中，自己的生命才能获得真正的提升。所以，一方面，我们要注意人际交往，学会与人沟通，与人和平相处；另一方面，我们要注意学会关怀，学会接纳他人，欣赏他人，与他人、与世界共融共存。这里涉及学生的道德品质问题，当然又不止于道德品质一个方面。

二、着力引导学生关注生命的过程

学校教育是要把学生培养成为全面发展的人，而学生的全面发展是其整个生命过程的发展，为此，素质教育应该着力关注学生的生命历程。我们的教育活动要想卓有成效，就应该敬畏生命，润泽生命，就应该关注学生的生命历程，并不断提升学生的生命质量。生命是教育之本，教育活动只有关注学生的生命历程，才能展现出自身的无尽魅力。而关注学生的生命历程，核心是关注学生的精神生命过程，实质是要为学生精神家园撑起一片蔚蓝的晴空，进而能让学生在这片蔚蓝的晴空下，充分释放自己的创造潜能，展示个体生命的亮丽。

教育应注意激发个体生命的兴趣。兴趣是个体丰富多彩生命活动的一部分，激发了一个人的兴趣，就易于激活他生命的潜能。著名学者丁肇中先生说得好：“只有兴趣才能引导你不断往前走。”伯格在荣获诺贝尔化学奖时，也谈到了类似的体会：我是获得双重幸福的人。除了诺贝尔奖给我的荣誉和名望外,研究工作本身也给了我难以用语言表达的欢乐——新的发现、开创新的事业和进入无人涉足的新领域,都使我感到无比的激动和愉悦。

理论研究和实践都表明,个体对于感兴趣的东西,总是津津有味地咀嚼,不知疲倦地探求。我们的教育活动一旦拨动了学生兴趣的心弦,就会弹奏出强劲的生命乐章。这就要求我们在日常的教育活动中,注意激发学生的兴趣,多开展一些学生感兴趣的教育活动,以吸引学生参与其中;在教育活动过程中要注意点拨学生的兴趣之弦,从而让他们积极体验其中,自觉修炼其中。激发学生兴趣的方法是多种多样的,如以情激趣、以理激趣、以需激趣、以美激趣等。

教育应注意满足个体生命的需要。北京市中小学德育实效性研究课题组的调查表明:学生最喜欢的活动是郊游野营活动和学生自己组织的活动等。学生最不喜欢的活动是公益劳动以及班主任组织的活动等。上述相关活动受学生欢迎程度为何差别如此巨大?原因就在于前者适合学生个体生命的心理需要,满足了学生自主性发展的要求,后者却违反学生的生命需要,表演性的教育活动反而成了学生的心理负担。由此看来,教育活动只有关注学生的生命需要,才能为学生所接受,离开学生的生命需要谈教育无异于舍本逐末。当然,这里所说的满足学生的需要,是说应该满足学生合理的心理需要,不是说我们的教育活动一味地去迎合学生的一切要求,否则我们的教育活动就可能走向另一个极端。

施教者在日常的教育过程中,要注意研究学生生命的需要,并善待他们与生俱来的需要,如探究的需要、获得新发现的需要、获得认可与欣赏的需要、承担责任的需要等。每个学生都是鲜活的有血有肉的人,我们既要关注个体生命的理想性需要,又要关注个体生命的现实性需要,并注意把理想性需要渗透现实性需要之中,否则,理想性需要的教育便成为远离个体生命的虚无缥缈的东西。正如朱小蔓教授所说:关注学生个体生命的现实当下的需要,实质便是关注每一个学生每一天健康的成长,帮助每一个学生过好每一天。因为学生精神生命的成长,是他在生命历程中,对遭遇到的一连串事件的意义进行诠释和领悟。学生源于生命的诸多需要和对于生命本源的叩问,若被认为无意义而从教育交往中轻轻抹去的话,学生就会因这些无法满足的需要和无处求解的叩问,层层叠加而淤积在心灵深处,使心灵之途因壅塞而狭窄,因挤压而变型。有些学生产生的心理障碍乃至心理疾病,都与此壅塞和挤压有关。所以,关注学生生命的需要,要求我们为学生生命需要的满足创设多种选择的良机。当前,教育改革中的一个重要理念,就是要求教师由管理者变为引导者,在教育活动中能为学生提供丰富的"菜单",让学生自主选择努力的目标,自主选择实现目标的途径和方式,自主选择实现目标的期限。时下有人以牺牲学生的生理需要、安全需要、社交需要和尊重需要为代价,过分强调学生的"自我实现",使学生穷于应付。这并非学生真正的需要,相反,它正是无视生命需要的另类表现形式。

教育应注意尊重个体生命的差异。哲人说过,世界上没有两片完全相同的树叶,更何况两个相同个性的人呢?传统德育活动中那种"齐步走,一刀切"的做法,泯灭了学生的个性,摧残了个体的身心,已遭到许多人的批判。关注个体生命的差异,要求我们在教育活动中必须注意因材施教。因为每个学生自身的心理特点、经验结构、价值系统、成长的过程、追求的目标都是不一样的,忽视或否认学生生命个体之间的这些差异,本质上就否认了学生生命的存在,这样就难以培养出具有强大生命力的人。实际上,教育的根本任务之一就在于发展学生的个性,让个性由依附走向独立,由封闭走向开放,由内敛走向凸现,使学生成为一个大写的人、一个独特的人。

要达此目的,首先须研究学生,关注学生,了解学生的心理需要和个性心理倾向性,做到一把钥匙开一把锁。其次要引导不同个性的人进行多元沟通。个性的发展离不开沟通,学生的个性必须在沟通中得以协调,教育活动应走出学校课堂狭小的天地,引领学生走向社会、走向自然、走向生活,使学生在多元沟通中发展个性,在对大自然的体悟中健全个性,在对社区的服务中完善个性。再次要关注学生个性的和谐发展。我们的教育活动应注意创设利于学生顺利成长的条件,促进学生认知、情感态度与创新等方面的全面提高,不仅要注意学生目前的发展,还要注重学生的可持续发展,使学生真正成为丰满的个体,成为他自己。

教育应注意关注个体生命的创造。生命体内有不断向上的内驱力,我们应当注意保护学生创造的热情,以引导学生的生命自由生长。近年来,不尊重学生个体生命创造性的现象时有发生,除了体罚外还有"心罚"。据报道:有学生在学习秦牧的《土地》时提出疑问:"老师,野马怎么会有缰绳?"但遭到训斥;有学生在学惯性理论时,产生了"如果地球突然停下来会如何"的设想时,被老师认为是胡说八道而予以否定。"心罚"的表现方式各有不同,但本质上是一样的,都是不尊重学生个体生命的表现。

记得班华教授说过:教育走向人性化,就是要注重尊重学生的人格,就是要注重从单向灌输转向双向平等的对话。一个永恒的话题是,处于成长过程中的学生是稚嫩的、不完善的、易犯过失的,正因为如此才需要教育的引导,才需要教师的呵护。教育要真正成为学生个体生命健康成长的精神家园,就应该宽容学生的过失,包容学生的"叛逆",关注学生的"奇思妙想"。这就要求教师不但要告别"心罚",克服冷漠,而且要注意引领学生大胆地探索,积极地思考,自由地表达,在教育活动中要允许学生插话,鼓励学生争论。尊重学生个体生命,需要老师淡化师本意识,需要教师蹲下身子与学生进行平等的对话,需要老师在教育活动中营造一种平等、民主、自由、双向互动的氛围。

泰戈尔说过:"教育的目的应当是向人传送生命的气息。"而教育之"育"应该从尊重生命开始,使人性向善,使人胸襟开阔,使人唤起自己身上美好的"善根",让学生能具有面对一丛野菊花而怦然心动的情怀,具有在乎河滩上一条小鱼那样美丽的心境。如此,我们的教育活动就真正进入了学生的生命,且利于提升学生的生命质量。

有一本书叫做《素质教育在美国》。书中,黄先生把中国学生与美国学生做了对比,认为中国学生学科基础知识比美国学生扎实,但在动手实践、灵活变通等方面不如美国学生。读罢该书,对照现实,愈加感到我们的学生真正是应试教育的牺牲品。思想政治课之所以在许多学校里不受学生欢迎,就是因为知性德育磨灭了个体生命的激情,耗费了个体生命的心血,削弱了个体生命的活力。看看从我们课堂里走出来的学生吧,一个个老气横秋的模样,失去了他们这个年龄的人所应具有的童真和欢乐,这是怎样的一种悲哀和苦涩?!

为此我们呼吁,教育应主动担负起解救学生的使命,全力关注个体的生命,注意张扬学生生命的活力,着力引导学生过上美好的生活。张扬生命的活力,就是要给学生生命的成长营造自由的空间。生命就其本身来说是自由的,所以教育活动中应把学生看成是真正的人,保证学生的最大自由,坚持"纪律必须通过自由获得"的原则,把学生精神生命发展的主动权交给他们自己,让他们尽情地挥洒;张扬生命的活力,就是要实行教育民主,注意德育活动的互动性,大力开发学生自身的潜能,注意营造宽松的环境;张扬生命的活力,就是要注意培养学生的自信心,引导学生真正做到敢于尝试,敢于竞争,不怕失败，并能借助生活基础课程和研究性学习的平台，促使学生尽显自己生命的风采。

三、有效引导学生叩问生命的意义

关注生命，关爱生命，敬畏生命，是教育的着力点。现实教育过程中，我们往往会只注意“何以为生”的教育，而忽略或疏离“为何而生”的教育，结果造成许多人生活的无意义感。“学生的意义世界建构不了，信仰缺失，精神沙漠化，生命就无法安顿，生命便极易流于任意。”①

我们在教育过程中，往往不把他人看成是与自己一样具有平等权利的生命体，教育者往往以权威自居②；不管受教育者愿不愿意，总习惯于强行灌输，所以我们进行的教育也仅仅是道德规则的传授，而不是与学生进行生命的交流；我们也常常离开鲜活的生命需要，在教育中进行假大空的说教，使得教育的效果总是不如人意。实际上，离开人的生命，一切教育总得落空。因为“善是保持生命，促进生命，使可发展的生命实现其最高价值；恶是毁灭生命，伤害生命，压抑生命的发展”③。所以有人提出，如果教育不能促使个体清晰地认识到生存的意义，反而使自己丢失了原本具有的“善”根，这样的教育不要也罢。

我们知道，世界的存在就是生命的存在，教育面对的是具有鲜活生命体的学生，每个生命体在除去各自的角色、名称后，最本质的就是生命，如何引导学生获得生命的意义，并且能过上有意义的人生，是教育的价值所在。

只有从生命层次上认识到每个生命都是值得敬畏的，是唯一的、和你一样的生命的时候，所产生的爱才会是生命之爱，这也是教育所要培养的爱，爱是联系一切生命最基本、最重要的方式，只有从生命层次上产生的爱，才能与其他生命产生爱的联系，才能让每个生命体验到其他生命。当你对其他生命产生爱时，也就与其他生命共同体验快乐、痛苦，你也就进入了他人的生命。这样，自己的心灵得到了安慰，得到了净化，得到了升华，就有可能把自己造就成为有道德的人，从而不断追寻生命的意义。

---

① 郑晓江. 生命教育演讲录[M]. 南昌：江西人民出版社，2008：167.

② 据笔者的见闻，老师在批评学生时，如果学生为自己的权利进行了必要的辩护，有的老师就大呼：现在的学生不得了了，你说他，他还敢“犟嘴”。瞧，这些老师本来就不是和学生在进行平等的沟通。

③ [法]阿尔贝特·史怀特. 敬畏生命[M]. 上海：上海社会科学出版社，1992：17.

要通过教育使学生获得生命的意义，教育过程中首先就要关注学生的生命。关注生命，就是要关注生命的需要。教育一旦触及学生的生命需要，必将创造出令人瞩目的奇迹。离开了需要谈教育，无异于舍本逐末。关注生命，就是要关注生命的个性，创造宽松的环境、宽松的氛围，让学生的个性自由翱翔。因为宽松的环境是个性自由流动的小溪，是个性自由穿透的阳光，个体的生命有了阳光雨露才能茁壮成长。教育要通过发展学生的个性，促使学生的个性由依附走向独立，由封闭走向开放，由内敛走向凸显。关注生命就是关注学生的发展，而关注学生的发展，在内容上要求教师着眼于学生的全面成长，促进学生认知、情感、态度与技能等方面的发展。关注学生的发展，在时间上要求我们不能只盯着学生的今天，而应该更多地思考学生的明天会怎样，着眼于学生的可持续发展。人之为人，不是单纯的生命体存在，有意义的生命才是存在的根本。

不道德的教育难以让学生体验到生命的意义，生命哲学家反对将教育过程集中到传授知识，这可能就是一个重要方面。柏格森认为，我们往往以固执的态度，将有生命对象当做无生命对象去处理，并且用界限分明的固定形式去思考全部现实，而"只有处理非连续性的、静止的和死去的对象时，我们的智力才感到应付自如。智力天生就不能理解生命，这就是智力的特征"①。生命哲学家针砭道德教育中盛行的主智主义倾向，认为对道德的把握过程是直觉的过程，而非全然理智的。教育过程主要是将生命的活力投射到他人的过程，是使自爱之心扩展为爱人之心的过程。他们对人生持乐观态度，强调个人道德情感的形成与发展，认为教育首先应珍惜人的自然纯真的本性，而不使它发展为偏执。爱，作为一种由敬畏生命而产生的感情，在爱其他生命的过程中内化为一种生命的准则。我们的教育应鼓励学生能够把爱作为一种生存的品质。当我们把敬畏生命作为生命的信仰时，爱也就内化为生命的内在要求。这样，你也就对其他生命产生一种敬畏感，就会体验到其他生命的存在，这样的教育才能称之为真正的教育。而真正的教育能对学生的生命产生激励作用，易使生命感受到生存的意义。

---

① ［法］昂利·柏格森. 创造进化论［M］. 北京：华夏出版社，2000：141.

第二节　提升生命质量是中小学素质教育的旨归

人在生活中，你不对他实施教育他也会生活，那么我们为什么还要一味地强调教育呢？实际上，对人实施教育是为了不断提升个体的生命质量，使他能更好地生活。如果人们接受教育而不能解决自己的实际问题，不能提升他们生命的质量，那么这样的教育就难以被人接受。提升个体的生命质量，需要我们注意唤醒个体生命的潜能，促使个体活出生命的精彩，引导个体实现人生的价值。

一、素质教育中注意唤醒个体生命的潜能

个体生命的潜能是巨大的，一个普通人的潜能一生中只被开发利用了一小部分，大部分潜能处于沉睡状态。科学家用南瓜做了一个非常有趣的试验：试验人员用很多铁圈将一个小南瓜整体箍住，以观察当南瓜逐渐长大时能承受多大的压力。最初他们估计，南瓜最大能够承受大约 500 磅的压力。在实验的第一个月，南瓜承受了 500 磅的压力；实验到第十个月时，这个南瓜承受了 1500 磅的压力，当它承受 2000 磅的压力时，研究人员必须对铁圈进行加固，以免南瓜将铁圈撑开。最后在研究结束时，整个南瓜承受了超过 5000 磅的压力后瓜皮才产生破裂。打开南瓜后发现，它的中间充满了坚韧牢固的层层纤维，试图想要突破包围它的铁圈。为了吸收充分的养分，它的根部甚至延展超过 8 万英尺，所有的根往不同的方向伸展，最后这只南瓜独自地接近控制了整个花园的土壤与资源。

人类个体的潜能也是很大的。为什么世上大部分人都活得平常呢，就是因为他们生命的潜能没有被很好地挖掘出来。道德教育过程中，我们必须注意帮助个体挖掘生命的潜能，唤醒个体生命中蕴藏的巨大的情感能量和智慧能量，以不断提升个体生命的质量。在教育过程中如何去唤醒个体沉睡的潜能，引导个体实现连他自己都想不到的许多“奇迹”？首先，要注意培养个体良好的行为习惯，搞好养成教育，为个体以后巨大能量的喷涌打好坚实的基础。习惯成自然，良好的习惯是个体生命辉煌的必要条件。在一次诺贝尔奖获得者的颁奖大会上，有记者问一位科学家在哪所名牌大学受过的教育对今天的成功影响巨大？想不到这位科学家回答说是在幼儿园：在幼儿园里学会了饭前要洗手，不是自己的东西不能要，有好东西要与小伙伴分享……话语朴实，给人的启迪却是深刻的。所以，教育过程中必须抓好养成教育。

其次,教育过程中要注意培养学生的集体主义观念,引导学生置身集体的良好氛围之中,不断激发自己拼搏的斗志。因为在良好的集体生活中,利于集思广益,利于形成“比学赶帮超”的局面,在这过程中利于个体挖掘出连自己都难以想到的巨大的潜能。例如在奥运赛场上,一些运动员举起了平时从未举过的重量,爆发出巨大的能量,一举取得令人瞩目的成绩。刘翔的成功也是一个证明。一个生命体一旦真正进入一种无我的境界,极为容易挖掘出自己的潜能。激发出巨大的生命潜能,多年沉睡的生命能量可能一下就被唤醒了。表面上看,是刹那间唤醒了个体的潜能,实际上是包括道德教育在内的多年对个体进行教育的结果。有一个真实的故事:钢铁厂厂长对公司派来的老总诉苦,工人懒散,产量上不去。老总没有说什么,而是花了几天时间进行调查,弄清了原因后,老总在厂门口的地上写上了“今天的日产量是6吨”几个大大的粉笔字,还在“6吨”下面画了杠。接班的工人弄清原因后,稍稍多使了点劲,生产了7吨。老总又把厂门口的6吨改为7吨。日班工人接班后不服这口气,又生产出了10吨……就这样,厂门口地上的粉笔字,在不断地变化着。人都有一种向上、向善的天性,并且蕴藏着巨大的情感能源和智慧能源。但由于环境、条件等多种原因,这些上进心、积极性、创造性,这些情感和智慧的能源往往处在沉睡状态。教育的任务,就是要唤醒人沉睡着的巨大潜能。唤醒是对人内存主体力量的开发,又是对人生命质量的提升。天生我材必有用的自信心,需要教育的唤醒和培养;个体身上的闪光点,需要教育工作者去发现、去唤醒;个体生命的能量需要教育去刺激,这种刺激,可能是一种批评,但更多的是一种启发,有时候,一句温暖的话语、一个鼓励的眼神、一次信任的微笑,都能唤醒个体沉睡的潜能,都能促使个体天性中最优美、最灵魂的东西发挥到极致。我国的张海迪、日本的井上美由纪、美国的海伦等,都是具有说服力的人物。教育不但能唤醒个体的潜能,还能唤醒个体的良知和善根。这方面的例子也有很多,在这里就不再列举了。

再次,在教育过程中要注意培养学生的自信心和意志力。有个孩子,对一个问题一直想不通:为什么他的同桌想考第一一下子就考了第一,而他想考第一,结果才考全班第21名?回家后他问妈妈,妈妈与他进行了全面的分析。妈妈肯定了他的“聪明”,鼓励他不断努力,还带他来到海边,指着前方海面上的各种鸟与他探讨:你看那些在海边争食的鸟儿,当海浪打来的时候,小灰雀总能迅速地飞起,它们拍两三下翅膀就升到了天空,而海鸥却显得非常笨拙，它们从海滩上飞到天空总要花很长时间，然而，真正能飞越大海横过大洋的还是它们……后来这个孩子以全校第一名的成绩考入了清华大学。

唤醒个体生命的潜能，要靠教育者的智慧。报载有个学生考了 54 分，老师没有批评他，而是找他谈心，并且告诉他，老师现在暂时“借”给他 6 分，让他这次及格，但条件是下次必须还给老师这 6 分。这位学生的学习热情就这样被老师激发了出来，突然间像变了一个人似的，刻苦学习，努力拼搏，接下来的考试一下子就得了 84 分。唤醒学生的潜能，教育过程中要让学生明白生活当中的“理”，并能注意明理导行。这就需要老师要多用生活教育学生，多用生活中的事例启示学生。有位老师在激发学生的斗志时用了下面的例子：在美国，有一个家喻户晓的英雄。他的名字叫鲍勃·威兰德。1969 年，他刚刚 23 岁的时候就被应征到越南战场。不幸的是，在越南的第二个月，他在亚热带密林中踩上了地雷，腰部以下顷刻间不复存在。他由一个魁梧的男人变成了不足 1 米高、有手无腿的半截人。面对这样的人生遭遇，灰心丧气及至轻生厌世都是可以想到的，但他没有！鲍勃·威兰德告诉关心他的人说，没有了双腿，我可以用双手替代。医院里，他拒绝护理人员给他更衣，上下楼梯他也拒绝护理人员搀扶。后来还学会了驾驶汽车，并又重新走进了洛杉矶的大学校门，甚至考取了体育教师的资格。不久，他用手跑完从洛杉矶到华盛顿的 500 英里路程。世人都感到不可思议：沿途既有连绵起伏的山路、荒无人烟的戈壁沙漠，也有人迹罕至的原始森林。在他跑的过程中，不计其数的家长带着自己的儿女到他经过之处等待他的来到，他们要告诉自己的孩子，这就是那个征服自己的人，就是那个从来都不知道什么叫困难的人，就是对自己的潜能挖掘巨大的人。据笔者观察，在老师介绍的时候，教室里静静的，所有学生都沉入到事件当中。他们热血沸腾，仿佛对生命的感悟又多了许多。这是多么有利于提升学生生命质量的教育啊！

二、素质教育中激发学生活出个体生命的精彩

教育过程要让学生活出生命的精彩，就必须让学生轻装上阵，真正减轻学生的负担，引导学生丢掉私心杂念，过好每一天。面对生活中不断增多的压力，教育者要以平等的姿态、探讨的方式，引导个体排解压力，不但要教给学生相关方面的知识，更要想办法缓解其压力。

（1）要让学生发挥主观能动性。人是生命的个体，人和动植物不同。植物的生命虽然有自我生长的特点，但它们的命运却掌握在大自然手里，其生

存由自然来证实,它们几乎不能选择自己的生存环境。大自然创造植物时,总是连同它们的环境一块儿创造。动物的生命过程是其本能充分展开的过程。但是,人不可能完全由本能去支配自己的生命,必须由人的意识支配自己的本能。人从本能的支配中解放出来,就变成了能够支配自己生命活动的"高级动物"。人作为高级动物,不但要活着,而且还要活得有"人味"。马克思说过:"动物和它的生命活动是直接同一的。动物不把自己同自己的生命活动区别开来。它就是这种生命活动。人则使自己的生命活动本身变成自己意志和意识的对象。他的生命活动是有意识的。"① 有生命力的人不是一成不变的存在物。孔子对人的生成过程有过经验性的描述:"吾十有五而志于学,三十而立,四十而不惑,五十而知天命,六十而耳顺,七十而从心所欲,不逾矩。"② 在孔子看来,人生处在不断的发展之中,人总是不满意现在的我,总在追求理想的我,通过自我否定来实现自我肯定,不断地生成新的自我,使自己的人生活出生命的精彩。大千世界,芸芸众生,每个生命体的状态都是不一样的,生命的质量是有高低之分的,这是事实。教育就是要在个体生命原有状态的基础上加以有效的教育引导,引导他们活出自己个体生命的精彩,以不断提升自己的生命质量,避免像有的人那样,一辈子把自己混同于动物,一生碌碌无为,临终前才落下悔恨的泪水。

(2) 生活着的人有不同层次的教育需要,所以教育要注意分层次对个体进行引导,即让个体的生命在自己的人生境界中活出滋味,活出精彩。个体生命的精彩,不一定是一生硕果累累,个体只要在为社会的进步过程中作出了自己的贡献,活出了自己的滋味,就是精彩。为此,我们可以说农民在田间地头奔忙是精彩的,工人在轰鸣的机器旁劳作是精彩的,解放军战士手握钢枪保卫祖国的边疆是精彩的。精彩的生命寓于平凡的工作生活中,在充实的生活当中,精彩是个体平凡生活的聚焦点。唱红了《我的中国心》的张明敏,我们说他活出了生命的精彩。在1984年之前,张明敏是电表厂一名普通的工人,之后虽然开过歌舞厅、酒廊、广告公司等,但都没有发财,现为香港一家生物科技上市公司的执行董事。所以,个体实实在在地过好每一天,不断地提升自己生命的质量,就可以认为他活出了生命的精彩,不一定非要轰轰烈烈、

---

① 马克思,恩格斯.马克思恩格斯论教育[M].北京:人民教育出版社,1999:12.

② 《论语·为政》。

惊天动地。

要让个体的生命活出自己的精彩，在教育过程中要注重引导学生对生命进行体悟，注重培养个体热爱生活的态度，注重引导个体对生命高度的炽热追求，从而引导学生不断演绎自己人生的精彩篇章。当今社会，青少年由于受到功利主义的影响，在科技和资讯迅猛发展的时代吞咽着快餐文化而成长，容易成为“无根之人”，精神容易枯竭，思维容易呆滞，人生态度易于世俗化，行为方式易于畸形化，最终使得生命的诗意尽失。诗意的生命必然应追问生命的意义。哲学家冯友兰把人生划分为四个境界：自然境界、功利境界、道德境界与天地境界。美学家白华说人生有功利境界、政治境界、学术境界、艺术境界、宗教境界等。心理学家马斯洛把人的需要划分为生理的需要、安全的需要、爱和归属的需要、尊重的需要和自我实现的需要。尽管分类存在着差异，但他们都把超越生理的、物质的、功利的和政治的境界向道德的、艺术的、宗教的境界攀升，看成是对人生意义不断追寻的过程，也是生命魅力彰显的过程。

要使个体生命活出精彩，教育过程中必须引导学生在日常生活中做到：一是“不后悔”。一定意义上讲，一个人生命质量的高低往往与他对自己的所作所为是否后悔有关，尤其是在生命即将结束时。教育就是要帮助学生统筹好人生，做到“不后悔”：① 将生命追求与生命意义相关联，以死亡这一事实来校正自己的生命追求，确立生命意义之所在。② 将个人与他人、社会相连。人是关系性存在，离开了关系也就无法存在，而良好关系的存在是个体生活美好的重要条件。③ 将自己当下生活贯穿整个生命过程之中。当下包含着过去与未来，教育要引导个体过好每一天。④ 培养个体自主选择、自我负责的意识与能力。这是一个人对自己生命负责、对他人和社会负责的重要体现，也是做到“不后悔”的重要条件。二是主张积极面对人生。引导学生拥有积极向上、乐观、开朗、豁达的人生态度与追求。人的一生可能会遭遇到各种坎坷、痛苦、失望、委屈、冤枉等，但积极的人生态度与追求，可以帮助人在成长的过程中泰然处之。为此，教育过程中必须做到：① 引导学生大胆进取，敢想敢干，如果人类不是一次又一次地力求取得不可能的东西，也就不能取得可能的东西了。在生活中既要大胆竞争，又要搞好合作，保持良好的竞争状态，真正做到胜不骄，败不馁。② 享受自己所做的事情，引导学生拥有这样的心态：这事是我愿意做的，那么我就有责任做好，“失手”了也不怨天尤人。

③ 要帮助学生悦纳自己，学会接受"不足"。每一个个体生命都不可能是完满的，都是有"欠缺"的，要勇于承认自己的弱点，并努力弥补。对无法弥补的，要坦然接受它。三是充满生活的希望。希望是存在的原动力，是人活着的力量所在，希望是人最后的生存基础。尼采说，一个人宁可追求虚幻，也不可无所追求。失去生活的希望，等同于行尸走肉。为此，教育过程中必须让学生明白：① 社会是永远向前发展的，过去办不到的事情，现在有可能办到；现在办不到的事，将来也许能成功，我们的明天会更美好。② 人活在世上，一定要有信念与勇气。钢铁是在烈火中锤炼成的，只要你能扼住命运的咽喉，最后的胜利一定属于你。这里有个案例：在一场世界一流水平的指挥家的赛场上，当时初出茅庐的小泽征尔凭借着精湛的指挥技艺，与另外两位选手进入了前三名的决赛。他们将分别指挥同一支世界一流的乐队，演奏同一首具有国际水平的乐章，从而角逐出一名金奖。另外两位选手在小泽征尔之前上台，指挥完毕，都赢得舞台下热烈的掌声。然而，评判台上的作曲家和评判委员会等权威人士却一直保持沉默。当小泽征尔上台指挥时，他突然发现乐曲中有一处错误。他考虑再三，坚信自己的判断是正确的。于是，他朝着评判台大喊一声："不！这一定是乐谱错了！"他的喊声一落音，评判台上那些高傲的评委们立即站立起来，向他报以热烈的掌声，祝贺他在大赛中夺魁。原来，这是评委们精心设计的圈套，以试探指挥家们在发现错误的情况下，能否坚信自己的判断。前两名选手也意识到乐谱有错误，但正是因为他俩都缺乏坚信自己的勇气，而与金奖失之交臂。人生之路漫长而曲折，坚信自己，敢于正视现实，幸运之神往往会把开启成功之门的钥匙交到自己手中，从而使自己的生命更精彩！

当然，坚信自己是有前提条件的，那就是有实力。这就需要平时积极投身到事业当中，修建自己的码头，敢于剔凿掉自己身上存在的缺点和不足，不断割舍生命中多余的"石屑"——这样的人生才能凸现生命的质感，镂刻出别样的景致。实际上，生命力就在自己心里。解放战争时的一次战役中，有两位担架队员突然看见前方有战士倒下了，便没命地冲上前去，把伤员扶上担架，立即往后方跑，直跑得两个人汗如雨下，气喘吁吁，总算到了后方医院。眼见战士的伤口包扎上了，两个担架队员才放下心来，笑了，站着歇口气。年轻的女护士忽然一声叫："呀，血！"她看见一个担架队员赤裸的小腿上和鞋上都是血。就在这时，那位担架队员也看见了自己腿上的血，一声没吭瘫倒在地，昏死了过去。检查结果是他流血过多，受了重伤。医生们推测，他如果不是先于那名战士受伤，也一定是在抬起战士开始跑的时候就已经被子弹打中了小腿……鲁迅先生曾患过很严重的肺结核，那个年代里，这种病几乎就像现在的癌症一样，但是，鲁迅先生太专注于他与黑暗势力的战斗了，早已将个人的生死置之度外，所以医生才说他带着重病比怕死怕活的人竟然多活了十多年。人们往往只知道生命力与生理有关，常常忽视了生命力还与心理有关。只有那些心理上的强者，并且对自己喜欢做的事情有专注力的人，才可能有旺盛的生命力，才易于活出生命的精彩。教育过程中，施教者要引导个体认定目标，专注于心，无论是对一生的追求，还是对做好某件事，都会产生意想不到的力量。要活出生命的精彩，这一点至关重要。

三、素质教育中引导学生实现个体生命的价值

人生的价值不在于索取，而在于贡献。个体的生命只有投身集体的事业当中，只有投身到为人民服务过程当中，才能找到其中深刻的意义。这就告诉我们，一生只为自己活着的人是可怜的，一生只为少数人活着是可悲的。教育就是要帮助学生正确理解人生的意义，从而最大限度地实现自己的人生价值。

个体的幼小生命来到世界上，需要社会的帮助，包括社会物质财物方面的帮助，也包括精神方面的帮助。如果他长大后，为社会的贡献包括物质方面的贡献和精神方面的贡献小于社会提供给他消费掉的财物及精神方面的帮助，他就欠社会的，他的人生价值就是负数。如果社会上人人都这样，这个社会就不能生存，就会最终走向毁灭。只有个体生命创造的社会价值大于社会为他提供的物质方面和精神方面的价值，他的人生价值才是正数，贡献越大，个体的价值越大。所以，道德教育中我们必须引导学生通过讨论明白这个理，并注意以理导行。如果个体不为社会做贡献，或者不为大多数人做贡献，我们说，其人生价值仍然没有能够实现。这也不是我们所要培养的人才。

生命的意义在于为大多数人谋利益，教育在提升生命意义的过程中必须注意唤醒个体的良知和善根。教育最终是有关人的灵魂的教育，而非单纯的理论知识和认识的堆集，这是教育久远而宏大的终极旨趣，我们就是要培养个体面对一丛野菊花而怦然心动的情怀。人的体力和智慧是一把双刃剑，为善可以造福人类，为恶可以祸及社会。德国著名化学家弗里茨·哈伯的人生经历充分说明了这一点。哈伯一生从事化学研究，解决了合成氨大规模生产

的难题，使农业产生了根本的变革；但同时他利用自己的化学专长助纣为虐，成为现代化学战的“始作俑者”。服务社会还是危害人民，道德教育任重而道远。

教育的使命就是要让每一个生命体能强烈地感受到生命的意义并努力实现人生的价值。在1999年由英国广播公司和路透社举办的一项评选“千年伟人”的大型民间调查中，马克思和爱因斯坦分居“千年思想家”和“千年风云人物”的榜首。他们之所以能赢得人们的尊重，就是因为他们为社会的进步和发展做出了无与伦比的巨大贡献。所以，在教育过程中我们必须注意激发出学生活着就要做贡献的情感。人的生命是靠其他无数生命来维持和延续的。而延长生命，主要是延长生命的精神智力，自己活着就要做贡献，以实现自己生命的最大价值。上海的邬博，在看到媒体连续报道数起交通事故后，得知“致命杀手”司机急刹车是误踩油门。电视画面上遇难者亲人的恸哭与哀鸣，使她久久不能平静。经过调查研究，利用自己的聪明才智，她历时多月，发明了一种以CMOS芯片为核心的自动控制装置。这种装置可以自动判断司机的刹车行为，一旦发现司机误踩油门，就会打开刹车系统，切断发动机点火线路。邬博也因此项发明而荣获国家教育部颁发的“明天小科学家”一等奖。据专家介绍，即使全国只有20%的汽车使用该项发明，其市场价值也有60亿元。当记者就此采访她时，她平静地说：“我不知道60亿元是多大一笔钱，但我能感受到一个生命有多重。”乌博的发明是一种科技创造活动，然而创造活动的内在动力却是对人的宝贵生命的珍爱与关怀。她关爱世人的生命，也使自己的生命熠熠生辉。

鲁洁教授认为，人虽然生下来就在探索生活的意义，但这种探索往往受到自身年龄、经验、理解和生活范围、交流对象等的限制而难以找到其真谛。对儿童与少年来说，如果仅凭他们有限的经验和理解能力，对自己的生活、自己的活动行为就只能作出以自我为中心的理解，并不一定理解自己的生活。教育的启示与促进是必须的。

要实现生命的价值，教育就要帮助学生理解不断变化着的人生的意义世界。意义世界如同物质世界一样也是在不断创新、变化的，它不仅对个体来说是这样，对整体社会和人类来说也是如此。随着人与人、人与世界关系的变化，随着人自身的发展，人也不断扬弃原有的意义世界，创造出新的意义世界。原来有意义的，现在无意义了；原来的意义，现在需要有新的诠释；现在的意义在未来生活中会有转换。教育就是要通过扩大已有的意义，以提升生命的质量，实现人生的价值。

教育指向的是人自身，它的主旨在于导人以善，使人在善的追寻中活得更有意义，与他人、与自然相处得更为融洽和谐，使人得以建构起更为完美、充实的意义世界。一旦个体生命停止了意义追寻，那将是十分悲哀的。因为一个虚度生命的个体是残缺的个体，一个缺少人生意义的生命是痛苦的个体。教育就是要为这样的灵魂点起一盏灯，撷来一缕希望，引导这样的个体找回失落的自我。当然，也要为在意义追寻中的个体加油助力，让教育真正成为学生心灵的守护神。

教育要引导学生获得生命的意义，激发出学生生命的巨大能量，就应当深入个体生命的历程中去，与真实的心灵进行对话。著名作家三毛说过：一个聪明敏感的孩子，在对生命的探索和对人生价值的思考上，往往因为过分执着，拼命探求而得不到答案，于是一份不能轻视的哀伤，可能会占据他日后许许多多的年代，甚至永远不能超脱。教育就应该担当起个体心灵“牧师”的职责，通过教育、引导，不断提升个体的生命质量。

要实现人生的价值，“人必须超越它的庸常、重复和机械的因素，必须凭借想象进行有目标的活动，用新的展望刺激我们的思想，磨砺我们的感觉，唤醒我们的激情并寻求新的表达的可能性，探索人类存在的求知能力。否则，人生便是无意义的、令人厌倦的，或者毫无新鲜感的人生，对于我们来说就是无意义的人生”①。教育的责任就在于通过自己的启发和引导，使人不以僵化、不变的观念去株守固有的意义世界，而能在不断创新中提升意义世界。有了教育的这种启发和引导，人就能够在自己已经获得的生命意义的基础上，进一步去发现、创造新的生命意义，从而刺激生命的激情，激发生命新的灵感，推动生命不断地焕发青春，从而不断超越自己，实现自己的人生价值。所以，教育的存在就在于帮助我们“认识生命、体悟生命、热爱生命、实现生命、升华生命”②。

要引导个体实现人生价值，教育的引导作用非常重要：一是尊严的引导。俗话说，人要脸，树要皮。我们要注意过去有些人为面子可以牺牲生命的做

① ［美］艾温·辛格.我们的迷惘［M］.南宁：广西师范大学出版社，2002：114.

② 何仁富.生命教育引论［M］.北京：中国广播电视大学出版社，2010：127.

法，但也要注意反对近来一些人，为了金钱、利益可以不择手段、不要尊严的偏向。道德教育过程中要让人明白，人的生命是宝贵的，失去了生命，一切都不复存在；同时人与动物是不一样的，人要活得有尊严，失去人格，便没有了尊严，人就失去了人之为人的根本。据报道，浙江25名大学生跪在街上，为他们的生病而无钱医治的同学筹集资金。许多人认为，这是不得已而为之。难道除此之外，就真的没有其他办法了吗？请看一下一位母亲的做法，当得知她的孩子得了白血病以后，为了凑足资金给自己的孩子换骨髓，这位母亲没有到街上下跪，而是拿着医生的诊断书到居民楼去寻求善良人们的支持和帮助。她对每个人说明情况，不要现金，只给人一个账号，愿意的就自愿把钱存进去。我更赞成这位母亲的做法，既珍惜孩子的生命，又维护孩子的尊严和自己的尊严。我们既反对死要面子活受罪的虚荣心理，也要反对为了活命不要尊严的低级趣味。二是生活的引导。教育要提升生命的质量，就要注意引导个体有正确的生活状态，如意志力的锻炼、正确生活态度的培植等。没有实现梦想的决心，梦想永远都是梦想。没有持之以恒的努力，我们只能望洋兴叹。教育要引导学生积极进取，奋力拼搏，刻苦学习，不断促使自己成为一个全面发展的社会合格的人才。让个体真正做到："不要逃避生活，不要被生活的假象所欺骗，要永远直面生活。"①野草之所以比禾苗长得快，那是因为它的根扎得深。大树为什么粗壮？那是因为它吸收了大量营养。三是智慧的引导。要实现生命的价值，不能没有生活的智慧。所以，教育过程中我们一定要通过智慧的引导，使学生过上智慧的生活。四是生命价值实现的引导。人生价值不在于索取，而在于贡献。而要实现生命的价值，你就必须为他人、为社会多作贡献，这就要求个体投入到集体奋斗的洪流中。只有置身于集体的事业中，你才能找到生命的乐趣、生命的意义、生命的价值。一个人的生命是有限的，可是为人民服务是无限的，我们要把有限的生命，投入到无限的为人民服务之中。一滴水只有注入大海才能不干，个体的生命只有溶入人类的历史长河，才能熠熠生辉。教育过程中我们要注意引导学生体会其中的哲理，并注意身体力行，在投身于壮丽的事业中、在努力的拼搏中实现自己的人生价值。

---

① 梅亚．活在生活中[J]．青年文摘，2013(8)．

第三节　中小学素质教育要引导学生过上美好生活

教育的旨趣就是要引导学生过上美好生活。正如克里夫·贝克所说："不应该把道德看成目的本身，而应该看成是通向美好生活的一种手段。"①就教育而言，我们不仅要使学生获得知识，提高认识，还要培养学生的情感，注意引导学生过上美好生活。

一、明确教育与美好生活的关联性

美好生活是一个内涵比较丰富的概念，"如果我们把值得过的生活或者应该去追求的生活，看做是美好生活，如果美好生活是人人追求的值得过的生活，那么，教育就要贡献于这种生活"②。所以，美好生活说到底就是追求德性的实践生活本身。追寻德性的实践行动本身使人能够获得行动本身的内在利益，同时也实现着德性的拥有与践行，这就是一个美好生活的历程。由此可见，过美好生活与追寻德性是同一的过程，德性的追寻加深和完善了对美好生活的理解和实践，而美好生活的实践是拥有德性的方式。追寻德性带来自我生活充实感、成长与发展的价值感，德性的践行与对美好生活的追求使个人在平常的生活中体验着美好和幸福。教育就是要通过引导和培养学生个体的德性而实现过美好生活的目的。

教育要引导学生过上美好生活，就应当从"生活中的人"出发，并在"人的生活中"展开，这样才能实现教育的目标。然而，传统教育中知识本位、技术至上，加上政治、经济等外界于教育自身因素的强行介入，使教育演化为工具的教育，教育谋求的是"何以为生"的本领，忽略了情感的培养，不尊重学生个体的生命，脱离学生的生活世界，强行灌输，管理控制，社会本位，使得教育脱离生活主体去构建伦理生活，传统教育的弊端显而易见。

强行灌输，无视人的需要。传统的教育将道德与理性、理智等同起来，无视学生的需要。在学校进行的教育过程中，教师觉得食物对学生来说非常有营养，于是便不择手段地满堂灌，惟恐学生吃不饱，全然不顾学生是否有食欲，也不管学生是否消化不良。教育中的强行灌输，扼杀了学生参与的热情，窒息了学生生命的活力，使得在"静听"的课堂里，学生养成了对他人头脑的

---

① [加]克里夫·贝克. 学会过美好生活中[M]. 北京：中央编译出版社，1997：7.

② 金生鈜. 教育哲学怎样关涉美好生活？[J]. 华东师范大学学报(教育科学版)，2002(6).

依赖，习惯于被动地吸收，结果学生主体性的地位丧失了，鲜活的个性泯灭了，创造的冲动消逝了，这与教育的追求恰恰是背道而驰的。用黑格尔的话来说，教育的本意就是要使自在的存在通过培养变为自为的存在，这一过程就引出一个属于个体的精神，也就是引出一个人来。而在强行灌输中，尽管学生还没有完全沦为动物，但学生在其中的被动、屈辱的被改造地位是十分突出的，结果致使学生既失去过上当下的美好生活，也易使学生放弃对未来美好生活的追求。

管理控制，束缚人的心灵。建立在传统教育观下的教育，体现为一种行为约束和管制。教室里的学生一个个正襟危坐，如同一个模子铸造出来的，大家板着一张张与年龄极不相符的脸，难以听到欢声笑语。经久的"封闭管理，强化训练"，严重地束缚了人的心灵，使学生逐渐丧失了自由翱翔的野心和能力。今天的学生已被分数大战的硝烟给淹没了，强行控制，表面上管好了纪律，实质上束缚了学生身心自由生长的灵性，使得学生源于生命的诸多需要和对于生命本源的许多叩问，都被忽视了。结果，课堂这方本该充满诗意和生命活力的阵地，被浇铸成了分数至上、滴水不漏的一只铁桶，从这只铁桶中走出来的个体一个个是老气横秋的模样、小心翼翼的神情，以及或逆来顺受或桀骜不驯的个性，学生的心灵之途因沉重的挤压已变形，这样就极易造成学生的双重人格。"在一个世界里，儿童像一个脱离现实的傀儡一样，从事学习；而在另一个世界里，他通过违背教育的活动来获得满足。"①

社会本位，忽视人的尊严。教育的价值不仅表现为社会价值，而且还表现在个人价值上，因为教育的主体是一个私人性主体，追求个人的美好生活是每个人的事，尽管人们需要社会，但从根本上必须为生活着想而不是为社会着想，因为社会的价值不是自足的价值。这就告诉我们，教育的目标只能是通过真理的揭示去实现有价值的个人生活。然而，传统教育注重社会本位，忽视人的尊严，忽视人格独立问题，特别是人的幸福问题没有得到应有的关注。他们宣传的教育理想遥不可及，使人感到做一个人难之又难。这种教育不但脱离了社会发展阶段的现实，而且也是违反人的本性的，因此也难以在生活中扎根，从而引导学生体验美好生活。马克思强调，人是社会的主体，社会的一切均是为了人。人是先爱自己，再爱自己身边的人和物，然后再把

---

① 联合国教科文组织国际教育发展委员会. 学会生存[M]. 上海：上海译文出版社，1979：14.

这种爱扩展到爱家乡、爱祖国、爱人民之中的,那种“宗教式的弃绝私利和盲目的舍己精神是跟共产主义道德格格不入的”。

一个学生曾问他的德育老师：你让我们注意修养德行,这到底对我的生活有什么用呢？学生的问题确实是尖锐的、一针见血的。因此,在这里我们首先要搞清楚这个问题,即道德教育对学生过上美好生活的价值到底何在？答案是,教育能满足学生主体需要,使之拥有愉悦体验；教育能使学生主体获得自由,拥有幸福生活；教育能完善学生主体德性,使之分享美好生活。

(1) 教育能满足学生需要,使之拥有愉悦体验。康德指出：“人,总是一切理性动物,是作为目的本身存在的,并不是仅仅作为手段给某人意志使用的。”这就告诉我们,学生是一个完整的生命个体,是一个有着丰富的、灵敏的、有内在需求和感受的人。教育本来是要把一定社会的行为准则和道德观念转化为学生道德品质的社会实践活动。这种实践活动一旦满足了主体的需要,学生就会体验到快乐、幸福,获得一种精神上的享受,从而感受到教育的崇高和生活的美好。真正人性化的德育,总是潜心研究学生的需要,注意善待学生与生俱来的需要,既注意满足学生生活的理想性需要,又注意满足学生生活的现实性需要,并把理想性需要渗透在现实性需要之中,用理想性需要引导学生的现实性需要。而“关注学生个体生命的现实的当下需要,实质便是关注每一个学生每一天的健康成长,帮助每一个学生过好每一天”①。教育通过关注学生的生活,满足学生主体的需要,以丰富学生的情感体验,在解决学生日常存在的实际问题中,不断提高学生各方面的能力,增强学生的自信心和愉悦感,进而引导学生追求且过上美好生活。

(2) 教育能使学生获得自由,拥有幸福生活。教育不是禁锢人思想的枷锁,恰恰相反,德育能使人自由。自由是人的存在状态,人所具有的自由本质,使得生活得以不断超越出它自身。人在自由活动中舒展着自己的生命,体验着自己的生存状态,享受着生命的快慰和生活的乐趣。当人们因自身情绪或道德缺失及知识不足影响了他过美好生活时,我们就认为他是不自由的,因为他已成为自己情绪的奴隶。所以,人们生活在现实社会中,总在不断地为自由而奋斗,以此争取过上美好生活。著名学者叶澜认为,教育的过程就是把个体精神生命发展的主动权还给学生,从而引导学生自由创造和自主

① 刘慧,朱小蔓. 学校道德教育：关注学生个体的生命世界[J]. 中国社会科学文摘,2002(2).

发展的过程。因为教育就是要激发学生的主体意识，使学生身心处于自由状态，让他们在生活中体会成功，感受失败，找回自尊，确立自信，培养自强，实现创造。就自由与幸福而言，幸福是它自身，放弃幸福就等于放弃美好生活。幸福是不断被超越的，因为幸福不是一种恒久状态，也不是一种结局，随着时间的前移，幸福也将必然被赋予新意。美国道德哲学家弗兰克纳说得好："从道德上讲，任何道德原则都要求社会本身尊重个人的自律与自由，一般地说，道德要求社会公正地对待个人，并且不要忘记，道德的产生是有助于个人过好的生活，但不是说人是为了体现道德而生存。"① 所以，追求自由，就是为了追求和获得美好生活。

（3）教育能完善学生主体德性，使之分享美好生活。刘次林先生说过："修德不是为了别人，而是为了自己，德性不是自我牺牲，而是自我实现。"②如果修德仅仅是为了他人幸福而不能使自己分享美好生活，那么，这样的教育就会失去人性的基础。

这里所说的教育使主体能分享美好生活，主要是说学生一旦学会自律，拥有良好的品质，他就会受到来自社会各方面的拥护、赞扬、接纳、帮助，使他更容易感到自己存在的价值，使他更容易与人共同分享美好生活。如《射雕英雄传》中的郭靖，由于他具有热情、真诚、朴实、憨厚的品质，人见人爱，得到多方帮助，终成一流高手。现实社会中，一个人的道德修养高，品行好，就更容易获得心理的宁静，古人总结的"君子坦荡荡，小人常戚戚"，说的就是这个道理。一个人德性好，有时也易于形成过美好生活的有利环境。以修养诚信品行为例，虽然我们要求学生个体对所有的人都必须讲诚信，这是义务，但与此同时，学生个体也有权要求他人、甚至社会对自己讲诚信。这样一来，学生个体的义务自然就转变成了学生个体的权利，规范个体的道德准则自然也就能够成为大家相互信任的保障，而相互信任本身就是人们分享美好生活的必备条件之一。正因为德育对个体具有重要的价值，所以，我们必须注意创设条件，以引导学生体验美好生活、追求美好生活。

二、素质教育应凸现生命关怀

教育必然要凸现生命的主题，引导个体生命健康地成长。实际上，生命

---

① ［美］威廉·K. 弗兰克纳. 善的求索：道德哲学导论［M］. 沈阳：辽宁人民出版社，1987：247.

② 刘次林. 自我扩展的德育［J］. 华东师范大学学报（教育科学版），2000(3).

教育就是为了生命主体的自由和幸福所进行的生命化的教育。北京师范大学肖川博士认为，生命教育有十项内容：一是自然地生活，即还儿童以童真童趣，而不是把儿童变成小大人；引导儿童不要装模作样，也就是说，要让个体按照生命成长的自然规律慢慢长大，而不是人为地一下子将之拔高。二是安全地、健康地生活，即道德教育要注意呵护生命，引导儿童远离伤害和危险，增强儿童自身的保护意识，珍爱生命。三是文明地生活。一个人如果发展成具有鲜明的个性，又能顾全大局，谈吐文明，举止得体，他的生活必将文明。四是快乐地生活。不要压抑孩子的生命需求，不要磨灭孩子与生俱来的野性。相反，我们必须创设必要的条件，让他展翅高飞。五是负责任地生活。一些孩子做事不负责，包括不认真学习等，道德教育就是要教会他们如何对未来负责，如何对家庭和社会负责。六是有尊严地生活。看看大街上行乞的孩子，很多是父母领着的，教育要注意培养学生自尊、自重、自爱、自强的品质。七是富有爱心地生活。我们的社会、我们的教育要多关注弱者群体，尤其是贫困农民、打工族以及下岗职工、单亲家庭和组合家庭的子女，培养学生的同情心和爱心。八是富有创意地生活。学校生活不仅是为未来作准备的，而且是当前实实在在的生活，因而不能事先设计一种自认为理想的生活方式，让学生去模仿、适应和再现；而应该开放地生活，自由地生活，减轻学生的生活负担，解放学生的生活时空，提供更多让学生表现的、创造的机会。

对照一下生命教育内容的要求，目前我们许多地方做得不够好。前面提到的青少年自杀，究其原因，与长期以来家庭、学校教育奉行成绩至上原则，对学生的生命关怀不够有直接关系，更与社会大环境价值准则的迷失与暴力文化的泛滥直接相关。在这种糟糕的氛围中，青少年的情感、心灵与个性被忽略，他们体验不到生命存在的意义和价值，压抑的情感往往会以不可预料的形式发泄出来。我们呼吁道德教育要重视学生的生命，就是希望弥补现行教育制度中的缺乏理性教育、忽略人文教育的不足。看一看我们的家庭教育吧，溺爱与偏差问题比较严重，溺爱的结果是使得小小的生命缺乏质地，没有了生存意识，缺乏应有的生活能力。在家长撑起大伞将孩子置于自己保护之下的时候，造成了孩子的怯懦；在家长用自己的大手代替孩子的小手时，铸成了他们的依赖；在我们逼着孩子在分数高山上攀登的时候，给予他们的是一个灰色的世界。这样，在我们力求给孩子一个美好未来的同时，也就熄灭了他们创造的火花。有一篇关于替蝶破茧的文章，让人很受启发。作者说的是自己看到幼蛾在痛苦地挣扎，由于小小的翅膀太稚嫩，所以久久挣脱不出来，于是这位仁兄就手拿剪刀将茧剪开，最终导致稚蛾的死亡，亦即他自己后悔的“好心办了蠢事”。现在社会上类似于“替蝶破茧”现象很多。许多家长望子成龙、望女成风心切，出于爱心而包办，使孩子失去了体验生命、磨炼自己的机会。许多家长忽视了以道德为核心的对子女全面素质的提高，一心只想着孩子的学业，忘记了孩子的身体和品德。兴趣班替孩子报了若干，假期也不让孩子玩，致使我们的孩子感到玩耍就好像是犯罪。许多家长总希望孩子考上名牌大学，让孩子替自己实现未了的心愿，小小的生命整天在书山学海中奔波，身心疲惫不堪。看着许多孩子少年老成的模样，我们感到心酸，感到悲哀。

教育在担当让个体认识生命意义、实现生命崇高的过程中常常遇到阻力。除上述原因外，还有就是许多家长对死亡比较讳言。由于我国有忌讳死亡的文化传统，死亡教育很难得到国人认同，一位中学老师要求每位学生为自己做一篇悼词：先假设自己死了，然后再用悼词的形式，追忆自己的一生。老师的初衷是让学生以此加深对生命的体验，感悟人生的不易和生命的珍贵。可此举立即引起学生家长的强烈反对。国内不少媒体也借机炒作，认为这有违社会风俗。笔者认为，我国的青少年亟待普及死亡教育，前面的轻生，表现即证明了这一点。实际上，教育过程中只要得法，就可以解决儿童生命成长中的许多难题。有一位博士在与笔者交谈中提到，他在多年前，由于中考失利，作为学习尖子的她“连死的心都有了”，自己偷偷地准备了几十片安眠药，准备一死了之。当时由于被父母发现了，才避免一场悲剧的发生。当父母发现了她的问题时，不但没有责怪她，反而理解与鼓励她：人的一生中有许多次考试，一次失利没有什么；再说了，干什么都能生存，只要自己努力就行了。父母最后在征求她意见后，鼓励她，在哪儿跌倒就在哪儿爬起来，这才是真正的好孩子。在父母的抚慰下，她很快稳定了情绪，加倍努力学习，最终考上了理想的大学。现在回忆起来，她还说，父母当年的理解与安慰，不仅使她走出低谷，而且足以受益终身。

每每得到这些信息，笔者心里总是感慨万千。是的，教育事关个体的生命，真正来不得半点大意。要让个体认识教育的崇高，教育本身必须显示重要的价值。我们经常强调教育必须把握学生的思想脉搏，进行有针对性的教育和引导，其意义就在于此。教育要实现担当生命教育的重任，关键是我们必须做好扎扎实实的工作。一次做好就有一次收获，十次做好就有十次收获。曾读到这样的报道：高一时，一个名叫英子的学生，每天第一个到教室，最后一个离开教室，下课也不跟大家玩。后来大家知道了原因，是英子小时候患小儿麻痹症而使自己的左腿落下终身残疾，她不愿意让人家看到她走路的姿势。一天，一个新来的老师让同学们轮流上台讲故事，叫到了她。全班同学的眼睛一下子都投向了英子。她把头低下，犹豫了一会儿，慢慢地站起来，眼圈红红的，一拐一拐地走向讲台。骤然间，老师和全班同学为她鼓起了掌。英子站在台上定了定自己的情绪，开始了她的故事。当她结束演讲时，又响起了一阵掌声。从此，英子不再忧郁了。高二那年，她代表学校参加全国奥数比赛，还得了奖，后来考上了北京的一所大学。再后来，她的性格愈发开朗起来。她说自己永远忘不了那次掌声。生命化的道德教育就是要让人燃烧起生命的激情，扬起生活的风帆，永远向前。

教育要凸现生命意识，老师首先要尊重生命教育的崇高，具有关爱生命的意识，这样才能在日常教育教学中关怀学生，赏识学生，创造一个师生之间民主平等的"我—你"关系，创造一个浅显易懂、和谐共振、充满生命活力的学生成长环境。一段时期以来，教育忽视了学生生命的体验和感受，少了关怀和爱的获取和注入。教师的权威作用发挥得过分了，就会成为一种桎梏、束缚。当一些老师虐待学生生命的反教育行为被披露以后，许多人都对这个教师本人口诛笔伐，这可以理解。但要提醒的是，为什么会一而再、再而三地出现虐待学生生命的现象？这个教师所在单位的领导，有没有生命化对待这位教师？家长平时对教师是怎么要求的？社会又是怎么导向的？评价一个教师，是只看他的学生的考试成绩，还是看他对学生成长过程的促进状况？这一切应引起我们的反思和警醒。否则，虐待学生生命的现象就难以彻底杜绝，教育提升个体生命质量的任务也难以真正地达成。

三、创造有利于学生过上美好生活的条件

教育过程中教师应注意创设适当的条件去引导学生有效追求崇高，帮助学生能够成功地将体现人类尊严的规范纳入自己追求、向往的价值体系，使外在的道德规范不断内化为主体的教育理想并实现在教育个体言行上的自然呈现，从而让学生体验美好生活、追求美好生活。实践中我们的做法是：倡导平等的对话，实现生活化的道德交往；营造自由的教育氛围，实现学生的解放；搞好意义教育，引导学生追求美好生活；引导学生学会选择，帮助学生更

好地面对生活。

1. 倡导平等对话，实现生活化的道德交往

反思20世纪的教育时，人们认识到：一个人是通过共同生活的过程来教育自己的，而不是被别人所教育的。教育本质上是生命教育，它不能只是对“道理”的领悟，它还必须切入个体的生命历程中去，与真实的心灵进行对话。教育中如果缺乏平等的对话，这种教育本身就是不道德的，更不可能去引导学生过上美好生活。对话就是主体间在相互尊重、彼此平等的基础上的交流，目的是达成双方的互相理解。倡导教育对话就是倡导师生共同面对真实的生活，共同探讨生活中的问题，共同享受生活的乐趣。对话本身没有强制，没有虚饰，有的是信任、关怀和理解。通过对话，教师可敏锐地感受学生的内心需求，学生也易于充分信任和接纳教师。对话中，师生间、学生间彼此真诚地敞开心扉，袒露心声，思维碰撞，生成智慧，心灵交融，享乐人生，以此引导学生追寻与践行道德，提升学生现实生活的质量，促成学生实现现实生活中的幸福。因此，教育中要注意重视学生现实生活中内心世界的种种复杂体验，通过对话化解问题，向往崇高，追求美好。“在道德教育过程中，对话实际上构成了学生的智力背景，并使学生真正地进入到由不同个性和视界所构成的‘精神场’，通过理解、沟通，逐步实现‘视界融合’。”① 正是在这个意义上，布伯才说：“我与你的对话不仅是言语上的你来我往，而是寓于‘生活深处’的具体体验。”

2. 营造自由氛围，实现学生的解放

教育培养未来公民德性的基点在于创造有利于德性生存的合乎人性的环境，即创造以人为目的的基于个体的自由、自主、自觉的教育的所有方面，以宽容、健康、快乐、友善的精神展开教育。这样的教育才能有助于培养出学生的理性思维能力，才有可能以相应的方式促使学生个体德性的养成和对美好生活的追寻。因此，教育中本质的东西不应是“制约”而应是“解放”，即解放学生的头脑，让他们能想；解放学生的双手，让他们能干；解放学生的眼睛，使他们能看；解放学生的嘴巴，使他们能谈；解放学生的空间，使他们能到大自然和社会中去取得更丰富的学问；解放学生的时间，使他们的生命自由地舒展。学校是学生学知识、长智慧、养德性的地方，它应该是宽容的，是学生

---

① 邵广侠. 生活德育的理论与实践[M]. 南京：东南大学出版社，2015：131.

可以犯错误的地方。教育活动中我们应该给学生的自由生长营造出宽松的环境，把大量的自主的空间和时间还给学生，让他们敢于想、敢于说、敢于行动、并善于想、善于说、善于行动，让学生自由地挥洒，让学生自主地行动。这里特别要提醒的是，我们不应该为了学生所谓的将来就牺牲他们当下现实生活中的乐趣，相反，为了学生的将来，就应该让学生开放地生活、自由地生活、愉悦地生活。

3. 搞好意义教育，引导学生追求美好生活

我们生活在一个科学技术迅速发展、物质条件日益丰富的时代，科技的发达、物质的丰富在提高人们的生活水平、改善人们生活质量的同时，却又走入另一个怪圈，那就是人们精神世界的失落、生命意义的缺失。当代心理学家罗洛·梅在大量临床经验的基础上指出：20 世纪中期以后，人们主要的心理问题是空虚感和无意义感。那种压抑、消极、被动的生活所带给学生的负面生活体验，是对生命本性的一种伤害，并无可挽回地造成生命的无意义感。意义存在于每个学生个体生命之中，它需要在他人的参与下，通过自身活动来生成。这样，教育要帮助学生发现追求与建构生命意义，其主张与行动就必须回到个体生命本身，回到个体生命本身的特性，以及所处的生存环境和当下状态，回到个体生命的经验与体验，置身于学生具体而现实的活动之中，注意引导学生拥有积极向上的人生态度。研究表明，积极的人生态度能够“开启”个体好的基因。依据村上和雄的研究，一个人只要经常积极向上，乐观进取，任何事情似乎都会变得顺利、称心。因为在这个时候，人的心理状态会使好的基因开启，而使不好的基因处于休息状态。① 苏霍姆林斯基在陈述他的教育经验时也说，教育应“使每个人的个人幸福来源于亲密的个人关系中的纯洁、美好、高尚的道德”。他曾讲述过几个故事，如病儿米沙在同学们的帮助下重新恢复健康和学习的故事，还有老游击队员安得烈·斯捷潘诺维的故事：他在反法西斯战争中惨遭妻儿伤亡的悲剧，便变得古怪、孤独起来。学校的学生们为他义务除草，与他亲密交往。日子长了，他的孤独个性被融化，结果他和学生们“相互间都感到快慰”。德育就应该能不断提升人的精神境界，使之在帮助他人的同时，也使自己获得生活的充实和人生的有意义感。

---

① ［日］村上和雄. 生命的暗号［M］. 北京：中国人民大学出版社，1999：14.

4. 学会选择，帮助学生更好地面对生活

学生只有学会选择，才能更好地面对生活。亚里士多德说过："人人都希望幸福，但幸福来源于正确的选择，因为幸福只能是存在于合乎德性的现实活动的正确选择中。"① 教育中要让学生知道他有选择的机会，并引导学生走进广阔的生活世界，使学生学会选择。美好生活是在追求美好生活的过程中实现的，任何的道德选择都是为着这一生活本身的。

引导学生学会选择，首先，应让学生明白，自己有权利选择自己的价值观，并根据这种价值观选择和谋划自己的美好生活。但是，我们不能把自己的道德观作为至上的、超越于他人的。在价值多元的时代，我们应学会接纳和容忍，这样就会减少许多摩擦，烦恼和痛苦就易远离自己，快乐、幸福的生活就往往会不期而遇。其次，有人认为"快乐人生"与"寒窗苦读"、"百草园"与"三味书屋"之间总会有冲突，这是无法选择的。其实，人在成长过程中总是要付出努力的，如果目标激发了自己强大的内在动力，我们就会感到生活虽苦犹甜。再次，要学会放弃。放弃也是一种主动选择。个体生命在其成长过程中受其内部与外部的各种条件限制，不可能"随心所欲"，也不可能"皆如人意"。放弃是一种豁达、乐观的生活态度。我们应让学生明白：明智的放弃是"无为而无不为"的智慧，是"有所不为才能有所为"的体现，是避免丢失自己的一道防线。尤其在今天，面对社会上各种诱惑的氛围，学会放弃显得格外重要。教育中我们要帮助学生学会放弃，引导学生关注生命中最主要的东西，选择最富有意义的人生价值目标，选择最适合自己的生活方式。这些，实质上都有利于自己过美好生活。

① [古希腊]亚里士多德. 尼各马科伦理学[M]. 北京：中国社会科学出版社，1999：7.

第七章　学生性教育的进展、问题与对策

长期以来,在传统观念的影响下,世界各国对性教育工作的态度是冷淡的,甚至是排斥的。随着社会文明的进步、性科学的发展,以及社会上性问题的日益突出,性教育逐渐引起人们的关注。通过有史以来性教育的实践证明:性教育的开展增进了人类特别是青少年的身心健康,维护了社会的安定,提高了国民的素质。包括中国在内的许多国家,已经把性教育列入学校教育的体系之中,社会对性教育的科学态度正在被不断普及,并通过各种渠道、各种方式加强性教育,已起到了很好的效果。但在目前,由于我国实施性教育的时间较西方国家晚,在打破固有的思想束缚方面仍然存在诸多困境,不重视性教育的情况仍然存在,有关理论、原则、措施等尚在探索研究和实践尝试中。

学校是人生重要的受教育场所,学校性教育应该肩负起学生健康发展的责任。尤其是在中小学时期,这一时期是人形成世界观、人生观、价值观和健康人格的重要时期,这一时期性教育质量的优劣直接影响学生以后人生的健康发展。根据我国中小学生性教育现状和我国目前经济社会发展的现状,在全国范围内开展中小学性教育已经是迫在眉睫。但是,目前中小学性教育的工作并不如人意,甚至显得停滞不前,这与目前国家发展的形势是不适应的。现代社会要求人类更多地了解自身,完善自我,这样的需求与现状存在尖锐的矛盾。我国著名性学专家、社会学家潘绥铭教授说过:"要操心的不是这些孩子,而是为什么我们的教育还在自欺欺人?"

目前实施的新课程标准中明确指出:坚持"健康第一"的教育理念。这里所谓的健康,不仅指身体上的健康,而且包括心理上、思想上的健康。中小学时期是人性生理和性心理发育的萌芽时期,其生理和心理上都发生着巨大的变化,这一时期如果能给予适当的教育和引导,对孩子将来的健康发展具有十分重要的意义。

现代性科学认为,性至少有三种存在方式——生物存在、社会存在和心

理存在。性是由动物遗传下来的生殖机能所决定的能量（或张力），为其释放而要求或产生的一切构造、机能和行为的总和。[①] 人类的性以其生物性为基础，并且受社会存在和人的情感、意志的制约，是一种系统的存在整体。“性教育”不仅指对受教育者在生理方面知识的灌输，而且包括有关性的情感方面和社会方面的培养和教育，是受教育者对性的各个层面不断内化的过程。因此说，性教育是涉及家庭、学校和全社会的系统工程，也是一个随受教育者年龄不断增长的再社会化过程。

第一节　素质教育中学生性教育的进展

中国的性教育自古有之，并且有着丰富的内容，只是在性教育的内容、途径、对象、目的上与今天不尽相同罢了。笔者在参照以往关于性教育素材的基础上，将中国性教育特别是学校性教育的进展分为三个阶段：第一阶段为性教育的禁闭阶段（　—1978）；第二阶段为性教育的萌动阶段（1978—1987）；第三阶段为性教育的发展阶段（1988 至今）。

一、性教育的禁闭阶段

由于历史文化等诸多因素的影响，这一时期涉及的性教育多为理论性的研究和探讨，没有形成比较完善的系统，但它是我国学校性教育理论的积累阶段，为我国学校性教育奠定了思想基础。

在制度建设方面，1929 年，教育部颁发了《学校卫生实施方案》训令（728 号）。该方案明确规定，性教育应作为一门课程来设置，其教学内容要在学校实施。[②] 这是我国最早的国家颁布的性教育规定。

1954 年，刘少奇同志在有关节育问题的座谈会上指示，卫生部可以卫生常识的名义编写一些性知识的小册子。同年，周恩来在给北京各大学应届毕业生的讲话中指出，要破除对性的神秘感，要对青少年学生进行性知识教育。

1957 年，毛泽东同志在中共八届三中全会上指出，可以在中学开一门节育课程。

1952 年、1956 年和 1963 年颁布了《中学生物教学大纲》。按照大纲的要求，教材中应包括性生理和性卫生的相关内容，如男女生殖系统的构造、生殖

---

① 潘绥铭. 性的社会史[M]. 北京：光明日报出版社，1998：9.

② 李膺. 青少年性教育[M]. 济南：山东人民出版社，2006：27.

细胞的形态结构、月经和排卵、受精、胚胎在母体内的发育、人体各个发育时期的特点、发育时期的卫生保健等,占 2 ~3 课时。

1963 年 3 月,全国卫生科技规划会议在北京人民大会堂召开。周总理召集叶恭绍等十多位专家举行座谈会。周总理指示,医务工作人员要把青春期的性知识教授给青少年,让青少年学会利用科学的性知识来维护自己的健康,促进正常发育。叶恭绍和一些提倡者在报刊上介绍有关性发育、性卫生方面的知识,反应十分强烈。这一现象带动了性健康教育和咨询活动在我国的开展。

1973 年,周总理要求中学的生理卫生课要有生殖系统这一章内容,并要求配以男女生殖器官的彩图,以便进行直观教学。周总理对青少年性教育的关心一直激励着后人开拓性教育的荒漠。

1975 年,国家教育部和卫生部联合颁发了《关于进一步加强中学生卫生教育的几点意见》,指出要"重视青春期生理卫生教育,包括青春期生殖系统的发育变化等生理现象"。

根据这一精神,上海市教育局在全国率先在初中年级的生物课中安排了人体解剖的教学内容,并开始了青少年性教育的研究和试点工作。①

在性教育论著方面,1925 年商务印书馆发行了较有影响的性教育专著,在学校教育方面有《性教育与学校课程》,书中包括廖世承"性教育与中学",盛朗西"性教育在新学制课程上的位置",邰爽秋"中等学校性教育之实施",常导之"美国中学校性欲教育大纲",沈泽民译"同性爱与性教育"。这是较早的专业论述学校性教育的论著,对以后学校性教育的发展起到了引领作用。

1936 年,由杜占真著,程克敬、卢永春、郝鸣琴校订的《幼儿期性教育》由北京教育短波社出版。当时任北平师范大学体育系主任的袁敦礼教授在序言中指出:"性教育的基本问题,不专在身体方面,而在心理方面,尤其在社会方面。所以使儿童有良好性的习惯、态度和知识必须从极幼小的时候着手,按照他的需要,和发育的情形循循诱导。"值得指出的是,这本书是国人进行的关于性教育的调查研究和系统的论述。作者认为:"性与人生的关系非常密切,性与生活的范围几乎相等,性生活是穿插在普通的生活中……性教育的范围,在纵的方面,应包括自婴儿初生以至成年育儿止;在横的方面,应包

---

① 刘文利. 我国中学性教育的历史和发展[J]. 生物学通报,1991(5).

括家庭、学校、社会各方面直接或间接与性有关系的一切活动。”

这个阶段值得一提的另一著作，是1936年商务印书馆列入“师范小丛书”中出版的《苏俄性教育的理论与实际》（张郁光译）。该书包含了当时苏联权威性教育专家的论述以及性教育的教学大纲，对于我们借鉴国外先进的性教育理论和实践，摸索和形成自己的性教育理论具有重要意义。

1940年，周尚的《性教育》由商务印书馆出版。全书共分10章：性教育总论，性教育史略，性的生理，性的心理，性教育的原则，性教育的师资，幼儿园及小学低年级的性教育，小学中高级的性教育，初级中学的性教育，高级中学的性教育。作者在自序中说：“性教育不比他种教育，行之不得法，往往比没有更坏，而且不易下手。”这一看法是值得重视的。

1941年，朱云平著《性教育概论》共9章：绪论，性教育的沿革，性教育的生物观，性教育的心理学观，性教育的社会学观，儿童时期的性教育，青年期的性教育，性教育与社会教育，结论。① 各章列有参考文献和注解，学术性较强，较有参考价值。作者认为：性是两性间在生物上、心理上与社会上所交互而成的一种行为。性教育是供给关于性知识的一种教育，在生理上求得性的正常发展，在心理上求得性的合理适应，在社会上求得两性间完美的生活。作者对“性道德”的见解也很发人深省，他认为道德的标准是相对的，有空间和时间的不同，性道德是对于人类欲望中强烈的性欲加以一种“限止”，使之与社会利益不发生冲突；同时，性道德对于性欲也加以“尊重”，使之不被社会所压抑。这两层意义是性道德应具的素质。性道德在性的“限止”与“尊重”上应得到同等重视。这个意见，今天看来仍然是正确的。

1956年，由王文彬、赵志一和谭铭勋三位医生联合编写的《性的知识》在人民卫生出版社出版。书中介绍了人的性器官、性交图片，以及讲解如何避孕的方法。这是新中国成立以来第一本有关性的专著。同年，《大众医学》杂志社将发表过的18篇文章辑成“性知识专号”刊出②。

1962年，我国著名的青少年卫生研究专家叶恭绍通过历时4年的调查研究，获取了大量的第一手资料，通过深入的研究和分析，首次提出了我国青少年第二性征的分度，为我国广大青少年卫生工作者的研究提供了重要的参考

---

① 朱云平. 性教育概论[M]. 上海：世界书局，1941：21.
② 于光元. 性知识[M]. 上海：上海卫生出版社，1956：117.

依据，开辟了中国青少年青春期发育的新领域，推动了青少年青春期卫生保健和教育的蓬勃发展。

20世纪70年代末和80年代初，在一代代教育、医学工作者的共同努力以及在全社会的共同关注下，一系列与性教育有关的书籍相继出版，如北京出版社出版了谢柏樟的《青春期卫生》(1978)、阮芳赋的《我们的身体》(1980)、胡廷溢的《性知识漫谈》(1980)。这些书籍的出版昭示着性教育禁区的突破。同时，在许多城市的许多学校都开展了不同形式的性教育，在制度建设、教材研发等方面做出了很多有意义的探索，性教育在我国取得了较大进展。

二、性教育的萌动阶段

改革开放开启了我国社会发展的新纪元，也打开了国人思想的禁锢，性教育随着中国改革开放的步伐，逐渐从禁闭状态进入萌动状态，以往思想上的或是文化上的禁区逐渐被打破。

1978年，教育部颁发了全日制十年制中学《生理卫生大纲(试行草案)》，指出在中学生的性教育中，青春期生理卫生、晚婚教育和计划生育等内容必须包括在内。其中，初中教授生理卫生，高中教授晚婚和计划生育。

1979年，按照《中学生物教学大纲》的要求，人民教育出版社出版的教材包含有关性生理和性卫生的教学内容。这是首次将性教育知识以学校教育的方式呈现在教学课本中。

1981年，国家教委宣布在高中开设人口教育课，对学生进行性生理知识和人口学知识的教育。

1982年，吴阶平主持编译美国的教科书《性医学》。这本书的出版，为中国性医学的建立、性教育的开展奠定了很好的基础。

1984年，教育部、卫生部和国家计划生育委员会联合发布了《关于改进和加强中学生生理卫生知识教育的通知》，要求在中学进行青春期卫生知识的教育。

1985年，北京医学院阮芳赋教授主编的《性知识手册》在科学技术文献出版社出版。这是当时最全面的性教育科普读物，为我国普及性教育知识提供了科学的性知识基础。

1986年，由上海社科院姚佩宽教授主编的《青春期教育常识》一书出版。这是我国第一本青少年性教育的参考书，全面系统地介绍了开展青春期性教育所涉及的主要内容。

1987 年,中国科协副主席吴阶平教授在《中国心理卫生杂志》第 3 期发表题为“开展青春期性知识和性道德教育刻不容缓”一文,指出,青春期性教育十分重要而且迫切,必须引起全社会的关注。同年,由姚佩宽教授主持编写的《青春期常识读本》一书,成为我国首部由国家教委推广发行的性教材,并由此拉开了我国普及青少年性教育的序幕。

三、性教育的发展阶段

1988 年 7 月,《中国德育大纲》颁布,第七条把青春期性教育内容明确规定为:“青春期性教育应该为青春期心理卫生和性道德教育,男女同学真诚有益的教育。”同年 8 月,国家教委、计生委发布了《关于在中学开展青春期教育的通知》,指出要适时对青少年进行青春期教育,正确引导、促进和保护青少年健康成长,正式要求全国中学迅速开设性教育课程。这标志着青春期教育正式纳入中小学常规教育计划之中。从此,我国青少年性教育进入了快速发展的阶段。同年 12 月,国家颁布《中共中央关于改革和加强中小学德育工作的通知》,指出:“中学阶段是学生身体逐渐发育成熟的时期,要结合生理、心理卫生,适当地进行性教育。”

1992 年 1 月 1 日起正式施行的《中华人民共和国未成年人保护法》为中小学校进行青春期教育提供了法律依据。同年 9 月,卫生部和国家教委共同印发《中小学健康教育基本要求(试行)》,要求将青春期教育的性生理、性心理、性道德融入中小学生健康教育的内容中。20 世纪 90 年代末期,国家教委又发出通知,要求中等学校开设青春期常识的健康教育。

1995 年,国家计划生育委员会颁布了《中国计划生育工作纲要(1995—2000 年)》。纲要指出,在中学(农村在小学高年级)的有关课程中,要进行人口、国情与青春期教育。

1998 年,国务院颁布《中国预防与控制艾滋病中长期规划》,规定普通初级中学要将艾滋病、性病预防知识纳入健康教育课程。

20 世纪末至 21 世纪初,性教育逐渐走进了小学课堂,许多小学试着开设了性教育课程。1994 年 9 月,第三次联合国国际人口与发展大会在开罗举行,大会发表了《关于国际人口与发展行动纲领》,指出:“要满足青少年教育和服务的要求,使他们能够积极地、负责任地对待性的问题。”我国政府对此做出了积极的回应,先后出台了一系列政策法规,包括具有里程碑意义的《中华人民共和国人口与计划生育法》。

2000 年,《国务院关于基础教育改革与发展的决定》指出:“把原有思想品德课、思想政治教育课及青春期教育等相关内容有机结合进行,帮助学生掌握一般的生理和心理保健知识和方法,培养良好的心理素质。”

2001 年 4 月,教育部基础教育司颁布了新的课程标准,指出新课程标准的重要目标之一就是要促进学生“健康地生活,健康地度过青春期”。

2001 年 12 月,国务院颁布《中华人民共和国人口与计划生育法》,并于次年 9 月 1 日起在全国范围内实施。该法指出:“学校应当在学生中,以符合受教育者特征的适当方式,有计划地开展生理卫生教育、青春期教育或性健康教育。”该法律的出台,标志着国家从法律上保证了青少年有接受性教育的权利,学校应当承担起青少年性教育的责任,这在中国性教育的历史上具有重要的意义和深远的影响。

2001 年教育部颁布的《中小学健康教育基本要求》、2003 年教育部办公厅印发的《中小学生预防艾滋病专题教育大纲》以及《中小学毒品预防专题教育大纲》等文件,都对中小学性教育提出了要求。

2001 年,王滨有主编的《初中生性健康教育》《高中生性健康教育》《大学生性健康教育》青春期性教育系列教材,由黑龙江教育出版社正式出版发行,经过 8 年的试用,于 2009 年 4 月正式进入黑龙江省各级学校。同年,由陈一筠主编的《青春期性健康教育读本》初中分册和高中分册由人民教育出版社出版,并在上海市的试点学校中使用。

2003 年,阮芳赋主编了一套“全年龄全方位的科学性教育”系列丛书。该系列丛书分为《婴幼儿科学性教育》《小学生科学性教育》《中学生科学性教育学生读本》《中学生科学性教育课堂读本》《中学生科学性教育家长读本》《大学生科学性教育》《青年科学性教育》《中年科学性教育》《老年科学性教育》,共 9 册,近 120 万字。丛书提倡一种实实在在的、立足于现代生物科学、心理科学、社会科学、哲学和伦理学,特别是现代性学和性医学的、合理而有效的“科学的性教育”。

2007 年 2 月,国务院办公厅转发的教育部《中小学公共安全教育指导纲要》和 2008 年 12 月教育部印发的《中小学健康教育指导纲要》分别规定了从小学一年级至高中三年级,各年级段进行性安全教育、性健康教育的具体目标和内容。这让更多的教育者认识到:在中小学实施性教育是学校不可推卸的责任，对学生进行相应的性安全、性健康教育是每一个教师的责任。

2010年，由刘文利主编的《珍爱生命——小学生性健康教育读本》（一年级上、下册）由北京师范大学出版社出版，并在北京市一些民办外来务工人员子弟学校试用。

2011年年底，中国颁发了《中国儿童发展纲要（2011—2020）》，规定将性与生殖健康教育纳入义务教育课程体系。

经过几十年的努力，我国学校性教育在政府的高度重视下，在教育部门的积极推动下，在广大教育工作者的不断探讨和努力下，在很多家长的支持下，取得了阶段性成果，目前正朝着更加满足学生需要、符合和谐社会发展要求的方向前进。

第二节　素质教育中学生性教育的问题

就目前来看，素质教育中学生性教育还存在以下一些问题。

一、来自家庭的问题

调查显示，近九成的中小学生希望从父母那里获得性知识。但是，由于我国长期的封建思想的禁锢，使得人们仍然将有关性的知识看成是家庭教育的禁区，中小学生的家庭性教育的重要性仍然没有得到应有的重视，家庭性教育的现状令人担忧。家庭性教育的问题主要表现在以下三个方面。

1. 家长素质问题

家长在性教育问题的认知、态度方面存在问题，很多家长自身对科学的性知识就很缺乏，他们所知道的也只是自身生活经验的总结，带有很大的盲目性和偏见。同时，性教育是包括性生理、性心理、性法律等学科知识的综合，这对于广大的中国家庭来说无疑是一个巨大的障碍。同时，家长对性教育的态度也是重要的问题，有些家长认为给孩子进行性教育有失家长身份，会降低家长在孩子心中的地位；有些家长也知道性知识重要，也知道自己的责任，但就是无法超越自己的心理障碍，觉得难以启齿。

2. 亲子关系问题

家庭性教育是一个非常隐秘的话题，它需要在和谐和民主的环境下才能进行，只有在亲子关系十分密切的情况下孩子才会对父母坦言相告。所以，性教育对亲子关系亲密程度的要求比其他教育要高，它不仅要求父母在子女心目中要有威信，同时要求父母与子女之间建立更加平等、和谐、亲密的关系。

3. 孩子自身问题

青少年的内心活动逐渐趋向内隐，心里有话很少对父母说，尤其是跟性有关的话题，他们宁愿将这些想法埋在心里，或偶尔跟自己最要好的朋友倾诉，或求助于各种书籍影视等。他们认为父母不会理解他们，或这是对父母权威的冒犯，会被父母看不起。这给父母了解孩子的内心活动造成了很大的障碍，而这又进一步加剧了父母和子女之间沟通的隔阂。

二、来自社会文化方面的影响

1. 传统的性观念阻碍了性教育的落实

中国开展性教育的困境很大程度上来自于人们观念上的落后，甚至是一些教育者对性教育也存在很多的成见。近年来，虽然大多数民众对性教育的呼声越来越高，但社会上仍然存在怀疑甚至是反对性教育的声音，这与中国人受传统的文化思想的影响有关。中国传统文化的基因，特别是性文化的基因，仍根深蒂固地存在于人们的头脑中，表现在自己对下一代性教育的态度以及性教育方法上。

在教与不教的问题上，认为性这种事情是人的本能，等孩子长大了自然会懂的，所以不需要教。这种观点混淆了性教育与性行为教育的概念，对性教育进行了非常狭义的理解，即只着眼于性的自然属性。然而，人类的性关系并不仅仅局限于自然属性上的两性关系，更是社会和心理意义上的两性关系。不断出现的由于性知识贫乏而造成的身心疾病、学生受到性侵害、青少年性犯罪，都说明了性教育的必要性和重要性。

在怎么教的问题上，大部分家长或教师采取旁敲侧击、点到为止的方式，认为这是令人难以启齿的事情。其结果是愈怕孩子知道，孩子的好奇心就愈强，也就愈想知道。孩子不能从正确的渠道了解性知识，就会从其他的渠道(如黄色书刊、黄色网站等)追求满足。

在教的结果上，57.1%的家长认为对学生进行性教育会产生副作用，很可能会导致他们误入歧途①，为了避免麻烦，应避免进行性教育，万一出了问题，再进行教育补救。有些人认为性教育会“诱发”学生的性问题和性罪错②，或者造成性刺激，形成性泛滥③。事实上，性教育是对青少年儿童性生理、性心

---

① 王志强. 小学性教育现存问题的归因分析[D]. 重庆：西南大学，2008.

② 吕吉. 当前青少年性教育问题省思[J]. 青少年犯罪问题，2004(4).

③ 郑友富，俞国良. 国外儿童性教育对我国学校教育的启示[J]. 教育科学研究，2002(7).

理、性道德、性法制、性病预防、避免性罪错的教育，它有一个“度”的问题，不是对儿童性知识不加甄别地全盘托出，因而与性刺激有本质的区别。性教育的文字与猥亵的文字有着本质的区别。猥亵的文字是诉诸情欲的，故作不必要的动情描写；性教育的文字是诉诸理性的，是把你所必须知道的科学知识告诉你，它使人更明智。

另有观念认为，性本身就是一件坏事，学生知道得越少越好，并且性教育会耽搁学生的一些学习考试时间等。① 有些家长不但自己不对孩子进行性教育，而且对学校开展性教育持否定态度，害怕把孩子给“点醒了”，于是想用“封锁”信息的办法防止孩子出问题。

王志强的调查研究发现，36%的家长和28%的教师认为，教育观念的转变是小学生性教育面临的最大问题。② 正是由于家长在对孩子的性教育问题上存在这样那样的迷茫和误解，大量家长采取消极等待或敷衍搪塞的方式处理子女的性教育问题。这反映出观念的转变将是学生性教育中的一个主要工作。

2. 目前的社会环境混淆了青少年获取性知识的途径

社会环境包括社会历史文化环境和当前现实环境。从社会历史文化环境方面来讲，我国封建伦理道德思想的消极影响，使得长期以来“性”一直被视为禁区，性的禁锢造成了“性神秘”、“性罪恶”和“性可耻”等误区，表现在人的心理上就是性压抑和性愚昧。在这种文化环境下，人们无法超越现有的认识根源，建立一套科学、系统的性教育体系。家长从性压抑和性无知中一路走来，在对待自己的下一代的教育中也一定以同样的方法来压抑自己的孩子。

从当前社会环境方面来讲，性教育的主渠道一般有三种：家庭、学校和社会。由于学校和家庭教育的不作为，学生很难从家长和老师那里获得系统、科学的性知识，不得不从其他渠道获取。一些媒体在利益的驱动下，各种色情刊物、数字影音、图片、游戏软件等，铺天盖地向青少年袭来，加上青少年本身对性的好奇心没有得到正确的引导，他们只好借助这些非主流媒体。有关资料显示，学生性知识的来源和途径：大众媒介仍然是学生性知识的主要来

---

① 盛蔚燕. 广州市中学生性教育现状及实施建议[J]. 中国性科学，2008(8).

② 王志强. 小学性教育现存问题的归因分析[D]. 重庆：西南大学，2008.

源，来自“书报杂志、影视作品、电脑网络”的占80%以上，来自“别人的谈论”占11%，从老师处获取的占3%，来自母亲的只有3%，来自父亲的更少，只有1%。[①] 科学的性知识很难走进他们的视野，非正式渠道得到的性知识的质量是十分值得怀疑的。上海市计生部门指出，从非正常渠道得来的有关性知识，许多都是错误的。

长期的性禁忌导致性神秘、性愚昧，加上社会不良风气的影响，越来越多的青少年因幼稚无知而误入歧途，其中的负面信息势必会对青少年的健康成长产生不利影响。中国青少年发展中心副主任孙云晓在对115名18至25岁的死刑犯的研究中发现，他们中92%受过黄色录像的影响。此外，在学生发生性问题后，只有不到10%的人会向父母求助；不到5%的会问老师；超过半数的人选择“闷在心里”[②]，从而造成了更大的伤害。

三、学校对素质教育的重视不够

1. 应试教育的问题

由于应试教育的弊端依然存在，学校一味注重学科成绩和升学率的现状没有从根本上发生改变，学校对素质教育的重要性重视不够，因此性教育的真正意义无法得到实现。如现行的中小学性教育教材缺乏，师资力量薄弱，性教育课有名无实，一些性教育教师避重就轻、敷衍回避的现象很普遍。有些学校甚至阳奉阴违，拒绝开设性教育的课程，即使在那些已经开展的学校，青少年的性教育也存在诸多问题，如学生想知道的老师不讲，老师讲的学生不爱听。因此，大多数的学校教育只是在走形式，并没有真正起到作用。

2. 课程结构不完整

性教育基本包括性生理教育、性心理教育、性道德教育、性法律教育、性审美教育。很多学校虽设了生理卫生课，涉及性的内容也主要是性生理知识，很少涉及性心理和性道德方面的教育，致使处于青春期的未成年人性道德意志薄弱，性偏离行为和性违法犯罪行为日渐增多。林伟峰、陈曦《北京市中学生性生理、性心理发展现状及其期望的性健康教育调查研究》中，针对“你怎样看待婚前性行为”的问题，在接受调查的1795名北京市中学生中，45.3%的初中生和63.9%的高中生认为，只要双方愿意就可以。[③] 绝大多数

---

① 郑志军．性教育首先要解决观念问题［N］．光明日报，2001－09－24．

② 吴久久．让我们和孩子谈谈性［J］．看天下，2011(1)．

③ 李鸿生．关于性教育的思考［J］．四川师范学院学报(哲学社会科学版)，1997(4)．

性犯罪的少年犯，在触犯法律之前往往已有过性经历。因此，学校的青春期教育，不仅要强调性知识教育，而且还应重视道德自律的灌输。性道德观念的迷茫及性犯罪率的上升，使得性道德教育已迫在眉睫，应当引起全社会特别是教育部门的关注。

四、缺乏完善的学生性教育理论体系

青少年的性教育将决定国家未来公民的身心素质，是我国基础教育体系的重要组成部分，应该和其他学科一样，列入全国统一的教育大纲。美国中小学性教育大纲分为四个阶段，年龄跨度为5～18岁，分别为小学低年级、小学高年级、初中、高中。大纲规定，中小学性教育要向学生提供四个方面的教育：① 要为儿童和青少年提供完整和正确的与性有关的信息；② 帮助儿童和青少年形成一种正确的，适合个体的、家庭的和社会的与性有关的价值观、关系能力、分辨能力和相应的态度；③ 要指导儿童和青少年在发展的过程中形成一种良好的、正确的人际关系，包括性的人际关系；④ 平衡自己的义务和责任，帮助儿童和青少年认识性行为的义务、责任以及可能带来的危害。芬兰在20世纪70年代就有了中小学的性教育大纲。40多年过去了，芬兰的性教育已经被世界人口组织奉为成功的典范。现代社会的性教育不仅仅包括青少年身体发育的性生理知识，还包括正常的性心理和正确的性道德，后者在性教育中占的比例越来越大，对个人和社会来说也更重要。对此，要由专门的性教育研究机构，在全国范围内对我国青少年各阶段的身体发育、心理发育进行广泛调查，收集数据，分析我国青少年身心发育的各项指标；同时，利用社会媒体，广泛调查研究社会各界对青少年性教育的意见和建议。在此基础上，针对实际情况，结合我国传统文化，借鉴发达国家性教育的成功经验，研究符合我国国情、具有中国特色的青少年的性教育体系，制订全国统一的性教育大纲。

五、缺乏素质精良的专业性教育工作队伍

长期以来，在我国的高等教育学科目录中缺少"性教育"这一学科设置，这导致师范院校长期以来在"性教育"师资培训方面缺乏制度支撑。大学本科教育、研究生教育没有培养出性教育专业方向的本科生、研究生，这导致即使在教育部、国务院等高层领导部门连续出台包含性健康教育内容的《中小学健康教育指导纲要》和《中小学公共安全教育指导纲要》的背景下，由于没有专业的性教育师资而使得这些文件、纲要难以有效执行。同时，在财政编

制有限的情况下，基层教育主管部门、中小学首先考虑的是要保证语、数、外等主要科目的师资的充分配置。当前，在学科体系更成熟的心理健康学科的教师编制都难以全额保证的情况下，配置专门的性教育师资将面临“没有学科体系支撑、教师编制不够”的尴尬境地。很多的性教育教师都由邻近学科的老师兼职，如生理课、心理课老师，班主任老师等，有些授课教师思想不够解放，对一些基本知识的掌握不够透彻，这必然导致学生在接受知识时的迷茫和困惑，甚至会得到相反的结果。如在“老师对《健康教育》中性知识的讲解情况”这一问题的调查中，有 20.6% 的学生答“老师表达含蓄隐讳，欲言又止，或旁敲侧击，不触及核心内容和敏感问题”，有 42.6% 的学生认为“老师不讲解，让学生自己阅读有关内容”。① 一些年轻的教师本人在青少年时期就没有受到正规的性教育，对有关性的了解与学生差不了多少，只能是边教边学。专业师资的缺乏是制约中小学生性教育的瓶颈。

曹红梅等人对四川省广元市青川县(200 人)和达州市城区部分教师(100 人)进行了中小学教师性教育素养方面的调查，通过结果推论出我国广大中小学教师性教育素养状况存在四个方面的问题：对性教育责任的认识不清楚；对《纲要》及其相关内容的认识堪忧；对学校性教育主要内容的认识模糊；进行性教育的知识不足，能力不够。②

第三节　素质教育中学生性教育的对策

澳大利亚皇家墨尔本大学性健康中心的高源博士说，一方面国内青少年非常缺乏性知识，可另一方面他们的行为又走得很远，因此存在一个非常迫切的问题：如果不进行有效教育的话，他们一不当心就会面对艾滋病，面对生与死的抉择。“越早普及这样的知识，他们的社会责任感就越大，当真要面临一些具体问题时候，他们就能够做好准备。”③ 以编撰《性史》著称于世的张竞生教授在其《美的社会组织法》(1926 年)中认为：“性教育的问题与人生的关系比什么科学与艺术更大，性譬如水，你怕人溺水么，你就告诉他水的道理与教会他游泳。”

---

① 柳扬，钟子渝. 青少年性教育现状调查[J]. 中国性科学，2011(8).

② 曹红梅，胡珍. 中小学教师性教育素养存在的问题及提升策略[J]. 中国性科学，2011(2).

③ 赖琼华. 南平地区与厦门地区初中生青春期教育现状调查与分析[D]. 福州：福建师范大学，2003.

一、树立科学的性教育观

性教育的重要目标之一是达到“性健康”，世界卫生组织对“性健康”的定义是：通过丰富和提高人格、人际交往和爱情的方式，达到性行为在肉体、感情、理智和社会诸方面的圆满和协调。国外一项调查显示，在幸福的婚姻关系因素里，充分的性教育排在第三位。另据国内性学专家的分析，造成婚后新生活不和谐的因素中，性知识缺乏是第一位的。① 瑞典是世界上第一个推行青春期性教育的国家，早在1933年就成立了全国性教育协会，20世纪70年代开始，性教育就进入了芬兰中小学的教学大纲，连幼儿园也有正面的性教育图书，一面加强性道德教育，一面从性保健出发进行性知识教育。

我国性研究专家阮芳赋先生认为，性教育从其全局来说，内容包括从性的生物学方面、心理学方面和社会学三个方面，就性(性行为)、性别、性角色三个层次进行，同时，提倡要将性教育延长至人的一生，这就是他提出的“全年龄全方位的性教育”。

1. 强调性教育的科学性

我们所要提倡的是一种实实在在的，立足于现代生物科学、心理科学、社会科学、哲学和伦理学，特别是现代性学和性医学的，合理而有效的“科学的性教育”，而不是以往那种因循守旧的教导，如警告年轻人“手淫是百病的起因，贻害无穷”，以及所谓的“贞洁教育”。

2. 强调性教育对象年龄的阶段性

社会上普遍存在一些误解：把“性教育”仅仅理解为“青春期教育”、“青春期健康教育”或“青春期性健康教育”。诚然，“青春期性教育”是性教育的重点，却不是关键，性教育的关键时期是5岁以前的性教育，在那个时期性教育的当与不当，决定或影响一生，当然也决定或影响青春期性教育的内容和效果。②

3. 强调性教育内容的全方位性

前文在性教育的内容部分已有所论述。所谓的全面性，即对性教育不能简单地理解成生殖系统和性病预防的教育，而是作为人的教育来进行的，包括人生观、价值观、伦理观、性生理知识、性心理知识、性法律知识、性病预防

---

① 李文海，刘淑余. 成人性教育指迷—性的误解和对策[M]. 长沙：湖南科学技术出版社，1992：126.

② 阮芳赋. 近现代中国性教育的发展史略[J]. 华人性教育研究，2011(1).

等全方位的教育。

在性教育的价值观上,“全年龄全方位的科学性教育”强调性知识教育和性道德教育并重,既不支持“毫无防护的婚前性行为”,更反对“少女怀孕”,但其立足点不是哪一个宗教的要求,不是哪本圣经的训导,也不是“清教徒式”的禁欲主义和“说不主义”,而是科学和医学的坚实教诲,用很具体有力的论证,告诉少年男女“毫无防护的婚前性行为”和“少女怀孕”的种种危害,从而使他们能自觉而主动地加以避免。此外,还要反对一些对性教育的片面理解,如把“性教育”理解为有关性器官的发育和解剖生理的卫生知识教育。这仅仅是性教育内容的生物学方面,同样重要的,甚至更为重要的,还有性教育内容的心理学方面和社会学方面。

二、性教育要从小抓起

有关资料表明,人的性意识从两三岁就开始有了,两三岁的孩子出于好奇,会提出有关性的问题,但此时他们还没有形成成人的性的概念,此时给幼儿和小学一二年级的儿童讲解性生理,如性器官、生殖过程等原理等知识,可以避免老师或家长在面对性发育成熟孩子时的尴尬局面,也容易在孩子心里种下科学、文明的种子。随着年龄的增长,可以逐步开展性心理和性伦理教育,使孩子造就健康的心灵和完善的人格。美国从小学一年级起就开始传授两性差异、个人卫生、生育、性道德等方面的知识。法国人在孩子很小的时候,就让青少年懂得男女两性之间的差别、人的发育过程以及妊娠分娩等生理知识,而且还要他们知道生命的可贵和男女友爱的重要性。

由于学龄前儿童正处于性教育的启蒙阶段,因此,对于幼儿教师来说,“如何教”比“教什么”更重要。①

首先,在学前师范生的实习阶段应多增加实习的机会,增加师范生对儿童性教育的感性认识,帮助他们尽早了解幼儿不同的年龄发展阶段的性生理和性心理发展特点。了解幼儿性教育对幼师提出的工作要求和工作职责,多采用幼儿能够接受的教学方式,如采用案例教学、多媒体教学,培养他们运用所学的知识解决遇到的性问题的能力,引导幼儿塑造健康的性行为能力。

其次,教师应努力营造宽松活跃的课堂气氛,通过多媒体课件,让学生真切地了解性是自然界普遍存在的现象,如《哺乳动物的繁衍》等这类动物交配

① 胡萍.善解童贞——决定孩子一生幸福的性教育[M].南宁:广西科学技术出版社,2009:58.

繁衍的纪录片，满足学生普遍存在的对性的好奇与探索。

三、教育主管部门应高度重视中小学性健康教育

中小学生的性教育是素质教育的重要组成部分，也是我国精神文明建设的必然要求。一些地方性教育处于滞后状态，其中一个重要原因便是教育主管部门不了解性教育的重要性，认为这门学科是副科，可有可无。现实表现就是，大多数学校的性教育只是在走形式，并没有起到真正的作用。我国性教育的先驱周建人早在 20 世纪 80 年代就提出：如果不进行正当的性教育，无论对于青年个人的生长发育和道德质量，还是于国家民族的前途都是有极大妨害的。对中小学开展性教育，从学校管理角度上来看，主要涉及以下三个方面。

1. 转变学校管理者的观念

重视学校的性教育，并从课程的安排、时间的保证、师资的配备、经费的投入等方面来重视性教育。

2. 强力推进对青少年性教育的普及工作

在我国应试教育体制下，需要通过权威性、强制性、带有引领性价值观的性教育法律规范，确保青少年养成正确的性观念和性行为，促成青少年健康发展。① 性教育发达国家都成立了全国性的性教育研究机构和专门的实施组织，如“瑞典性教育协会”、“瑞典教学和公共信息中的性和人际关系方面国家委员会”、“美国性信息和性教育理事会”、“美国性教育工作者和咨询联合会”、“日本性教育协会”等。性教育是一门科学。首先，它是一门自然科学，研究人体生长发育特别是性生理发育的各项生理现象；再者，它是一门社会科学，研究如何形成正常的性心理和符合社会要求的性道德。因此，国家应建立全国性的性教育研究和实施机构，在这个专门的组织中，应该包括教育、医疗卫生、心理、法制、社会学、媒体等各方面的专家和学者，以及中小学性教育试点的一线教师等等，从而对我国青少年的性教育问题进行专门的调查和研究，构建一套科学、全面的性教育体系，并负责在中小学推广实施。

3. 教育行政部门和学校应建立性教育评估指标体系

从目前来讲，很少有学校主动重视学校的性教育，很多都是应付检查，流

---

① 余雅风. 通过立法保障青少年性教育的实施[J]. 中国教师，2011(3).

于形式。这就要求教育行政部门从制度的角度来进行规定，制订性教育评价机制，把性教育水平作为学校素质教育的重要指标之一，从根本上促进性教育制度的有效落实。

笔者在研究以往资料的基础上，尝试性地提出以下评估体系，以供参考。

中小学性教育评估指标体系

学校性教育投入	是否有主管领导
	是否有专项经费
	是否配备专业的性教育指导教师
	是否定期进行相关教师的培训
学生性教育现状	学生性知识掌握情况
	学生性心理与性道德观念的形成情况
	学校性问题学生的比例
家庭性教育满意度	定期培训的家长人数
	学校的家庭咨询体系是否完善、通畅
	家长对学校性教育的满意度

国家教育部门要充分认识到在中小学开展性教育的重要性和迫切性，切实采取有效措施，将性教育列入中小学教育大纲并制订切实有效的实施办法，建立覆盖家庭、学校和社会三位一体的性教育体系。只有集国家之力，才能构建科学、全面的性教育体系，并制定相应的法律和法规，才能保证性教育切实有效地实施。

四、注重性教育的学科化、课程化

建立学科化、课程化的学科体系，一方面可以提高教育者对它的重视程度，不再被所谓的主科所边缘化。另一方面，性教育应该是一个系统的工程，具有自己独特的知识结构，缺失了学科化和课程化的保障，性教育就会丧失持久的制度化动力。确立性教育的学科化、课程化体系的任务是确立性教育的目标、原则和内容。

1. 确立适度的性教育目标

中小学性教育不应该只是性生理卫生的教育或自我保护的教育，而应当上升为一种健康人格和健康价值观的教育，其目的应该是培养健康、自信、快乐的男生和女生，建立文明的男女人际关系，真正达到科学地认知、理性地把握自己的性权利，快乐地享受人生。基于这一理想，我们确立中小学性教育的目标为：以建立科学的性价值观为核心的素质教育。具体而言，学校通过有目的、有计划、有组织地对受教育者施加性生理、性心理、性道德和性文化等方面的影响，引导其获得科学的性知识，建立健康的性态度和性价值观，塑造健全的性别人格，顺利完成从幼稚向成熟的过渡。①

2. 明确性教育应遵循的原则

（1）科学全面的原则。如引文中提到的关于性和性教育的概念，性教育不仅指的是关于人的性生理发育知识的教育，它是关于性生理、性心理和性伦理教育的有机结合，是一个系统工程。伴随着性生理的发育，性心理也会相应地发生一系列的变化，而生理和心理的变化又受到社会道德的强大影响。人的一切行为无不受到社会制度和伦理准则的制约，这必然涉及人的人生观、价值观、理想信念、道德等高级心理品质的引导与教育。因此，性教育必然包括性生理、性心理、性道德和性法制的全面教育。

（2）灵活多样的原则。教师在性教育过程中，应避免单纯的理论说教，要发挥学生的主体作用，让学生自觉参与到教学中来，创造宽松的学习气氛，让学生学会分享他们自己切身的感受，在倾听和诉说中形成正确的性道德观和价值观。教师也可以采用案例教学，选取青少年中典型的有关性方面的案例进行教育。由于案例教学是针对青少年群体中的实例，通过摆事实、讲道理，贴近学生的生活实际，因而教学效果好。教师还可以开展个别教学法。个别教学法是教师通过课余时间与个别学生谈话的方式，与当事人进行交流，从而达到教育的目的。这种方法特别适用于有这方面困扰又碍于情面的个体。此外，还要充分利用电视、广播、报刊和网络等传播媒介对青少年开展有针对性的宣传和教育，使青少年获得正面、健康的信息。

（3）适时、适度和适地的原则。适时是指性教育要根据学生不同年龄阶段身心发展的特点和规律合理安排性教育课程。性生理和性心理的发展表现出一定的阶段性，各个阶段具有其特殊性，在不同的发育阶段，有不同的心理需求和认知水平，超越和滞后的性教育内容都会带来不良影响。因此，按青少年的年龄划分性教育的不同阶段，确定不同的教育内容是非常重要的。性教育的内容只有符合儿童的性心理发展规律和认知发展规律，才能取得良

---

① 张玫玫. 关于中小学性教育模式的研究[J]. 基础教育参考，2012(19).

好的效果。例如《北京市中小学性教育大纲(讨论稿)》根据小学和中学生身心成长的特点,将性教育实施分为五个学段:小学三个(一、二年级,三、四年级,五、六年级),中学两个(初中和高中)。①

适度是指在学生发展的某一阶段,要针对本阶段的特点有选择性、有针对性、有分寸地进行性教育。应根据学生的身心发展、认知能力和社会环境感知,循序渐进地安排性教育,把握知识的基础与深入之间的分寸。早期教育应注意培养良好的性卫生习惯,形成科学性价值观,为之后青春躁动期的发展和提升打下基础。如不分场合、不分轻重内容地滥讲一通,其结果不但不会达到预期效果,反而会起反作用。

适地是指我国各个地区的社会环境、经济发展水平、教育水平是不一样的,因而不同地区学生的生理和心理发展水平也是不一样的。例如,我国农村和偏远地区,青春期性教育长期处于缺失状态,导致部分农村青少年出现异性交往困扰、自我认同困难、焦虑、强迫及性罪错等心理和行为问题,严重影响其身心健康乃至整个社会的和谐稳定。这就要求学校必须在尊重这些地区现有的文化心理环境和学生自身身心发展规律的基础上,先对家长进行教育和辅导,再适时、适量、适度地开展青春期性教育。②

(4)尊重性原则。即在性教育的过程中要尊重和维护学生的自尊。只有教育者怀有一颗尊重的心,才能引导学生对他自己的性权利和自己的社会角色怀有一种尊重的态度。

(5)整合性原则。性教育的开展是全社会共同的责任,政府部门应该努力建立一套整合的机制,让学校、社会和家庭各自承担教育职责。

3. 性教育课程内容的选择

首先,性教育内容的选择要考虑科学性、系统性。1992年9月8日,卫生部和国家教委共同印发的《中小学健康教育基本要求(试行)》,将青春期教育概括为性生理、性心理、性道德。学校性教育一般包括以下五个部分。

(1)性生理和性保健。主要包括两性生殖器官的生理结构和体表特征(第一性征),性器官和性生活的卫生,生命的延续,遗精、月经、手淫问题;青春期概念,青春期性生理发育过程和特征;男女性功能障碍的表现、治疗和预

① 张玫玫.关于中小学性教育模式的研究[J].基础教育参考,2012(19).
② 魏晓娟.农村青少年青春期性教育的缺失与应对[J].教育导刊,2010(9).

防，性病的预防；计划生育和优生知识，人工流产的机理及危害；未成年人性行为的可能结果和防护，避孕知识；艾滋病的基本知识、传播途径及预防方法；等等。

（2）性心理教育。悦纳自己的性别，形成完善的性别人格；正确面对生理变化引起的心理反应，学会调节和控制情绪的方法；了解有关性行为、正确对待性冲突的知识；认识社会性别差异及其社会行为规范，了解男女性别心理特征、男女性别社会角色特征，认识异性交往中两性认知和情感过程的差异，学会用正确的方法处理异性人际关系，学习关于什么是爱情的知识等。

（3）性道德教育。性道德教育，就是促进个体性道德自主建构的价值引导活动。包括两个方面：一方面是性责任教育，包括社会的性道德原则和行为规范、性权利和性价值观、性别角色和性别平等、个人在家庭和社会中应承担的责任和义务等，使青少年理解性的社会责任和社会规范，自觉调节个人的性意识定向。二是异性交往指导，包括友谊和爱情的内涵、区别和联系，树立正确的恋爱观，学会与异性交往的方法和技巧等。

（4）性审美和性文化。包括性审美的内涵、标准，性审美的艺术表现、欣赏，性审美与性文化，不同性文化的差异、理解，性文化对社会的影响，远离大众媒体中不良的性诱惑等。

（5）性法律教育。增强性保护意识，学习性保护方法，识别和预防性侵害和性虐待，让孩子知道如何保护自己。如教育孩子不要单独外出，不要与成年人单独相处，不要进陌生人房间，不要接受陌生人的礼物、食品等；未成年人发生性行为的法律规范；关于打胎和弃婴的法律规范；关于非意愿性性行为的法律规范等。

其次，根据中、小学生身心发展的不同特征，对性教育内容的选择应该有所偏重，如小学生性教育的内容重点应该在人的发育过程、两性差异、生理卫生等方面，使学生养成良好的生理卫生习惯和学会自我保护。中学生性教育的内容重点应该在性道德方面，教育学生哪些行为是应该的，哪些行为是不应该的；教会男女如何进行交往，使之符合社会普遍的道德规范；男、女生的青春期保健，性病的预防与治疗教育，人口与环境和计划生育与优生知识教育；青春期性罪错及其预防；培养健全的人格；等等。

4. 培养一支性教育专职师资队伍

承担性教育的教师除了应该具备一般教师所应具备的素质之外,还应具备其他多方面特定的素质。曹红梅在《论中小学教师性教育素养的构成》一文中指出,作为一名专业的中小学性教育教师,应该具备五方面的素养:思想素养、道德和法律素养、知识素养、能力素养、心理素养。①

所以,当务之急在于加强师资队伍建设,通过引进具有性教育背景的专业人才、专业培训等措施,培育一支专业知识精通、思想道德高尚的专职教师队伍,结束以往性教育教师由其他科目教师兼任的状况。这个专业学术团队应该由心理学、教育学、性学、一线性教育教师等各方面专家组成,在各个城市开展学生性教育的经验上,提炼出学生性教育的目标,并将目标解码成课程,每一课的课堂目标都是朝着总目标的方向。具体措施有:

(1) 创新培训模式,实现整体提高。学校应根据青少年的实际需要,结合学校师资队伍的实际情况,合理规划教师培训的内容、规模和进度。帮助教师实现观念的转变,教学策略和工作方式的转变。组织形式多样的研讨式、互动式、参与式、反思式的校本培训。着力打造一支具有一定课程开发能力,对课堂教学具有掌控能力,具有对信息技术与学科教学有机结合的能力的专职、兼职教师队伍。

(2) 以课题研究引领性教育课程的深入开展。课题研究以课程实施和推进过程中面临的各种实际问题为对象,以切实提高性教育课程的针对性、实效性,形成自我完善、自我创新、自我超越的内在机制,引领学校性教育课程的深入开展。

(3) 努力营造一种氛围,搭建教师展示平台。在学校性教育师资队伍建设过程中,要努力在全校营造一种积极的氛围,利用宣传栏、班会、黑板报等各种媒体形式宣传性教育思想,宣扬科学、积极的性价值观,将性教育融入德育、心理教育和普通的教学过程中,为教师提供一个可以充分展示自己才华的舞台,让教师体验到自己的价值感和荣誉感,营造一个人人学习、尊重性教育的氛围。

(4) 鼓励性教育相关教师加强自我发展。性教育教学内容具有开放性、综合性、交叉性等特点,教师原有的知识已不能满足中小学生求知的需要,所

① 曹红梅.论中小学教师性教育素养的构成[J].高职高专教育,2010(11).

以,教师必须自学自研,不断完善自己的知识结构,积累实践经验。

5. 借鉴国外性教育发展的成功经验

20世纪初期,西方国家开始将性教育的有关内容引入学校教育中。在此期间,他们将性伦理教育放在性教育的重要地位,对两性生理方面的教育则较少关注。到20世纪60年代,受"性革命"思想浪潮的影响,西方国家的性教育抛弃了传统的性道德教育,主张采取价值中立的原则,客观地教授学生科学系统的性知识,以满足学生对性知识的渴求。如通过教授避孕的知识以防止不良性行为、流产和性病的发生,改善人类生命的质量,同时对青少年寻求性问题咨询进行帮助。这一时期的性教育被称为"安全性教育"或"避孕教育"。这一教育理念强调:性行为是个人的权利,只要双方在自愿的基础上,则不必考虑道德和法律的问题。甚至有些比较激进的性自由主义者反对一切性的约束,主张性爱和情爱分离,性和婚姻分离,否定童贞和贞洁的观念,提倡婚前和婚外性行为,要社会接受试婚和同居的观念,等等。① 这一教育理念的实施导致了严重的社会问题和公共卫生问题,如少女怀孕、性病蔓延、离婚等社会问题。人们又重新意识到所谓的性解放不能给人们带来真正的幸福和快乐,不得不重新认识性伦理道德教育的价值,如美国这一时期的禁欲教育、日本的纯洁性教育等。

6. 建构"三位一体"的性教育支持系统

青少年是社会的重要组成部分,孩子需要得到社会、家庭和学校的共同关怀,教育好青少年是全社会共同的责任。中小学性教育是一项具有自身独特性的系统工程,是家庭教育、学校教育和社会教育共同承担的任务,青少年性教育工作必须发挥家庭、学校、社会各自的优势,相互补充,仅仅依靠中小学自身的力量,难以解决其发展过程中的全部问题。发挥与调动中小学性教育的一切外部力量,整合中小学性教育的支撑系统,使家庭、学校和社会与中小学教育密切配合,成为推进中小学性教育改革的关键环节。

洪嘉禾在《性的教育》一书中指出:"儿童早期所接受的有关性问题的准则和观念,是成年后的性心理基础,不论家长是否意识到,自己的言行恰恰也在进行这方面的教育。"据研究,人类性心理行为将伴随人的一生。在

① 毛海波. 国外性教育发展状况及其对我国性教育的启示[J]. 辽宁行政学院学报,2005(5).

家庭中，父母就是最好的性别角色的榜样，父母自身的性知识水平、性道德观念会直接影响到孩子的身心健康。在家庭中，儿童最初认识了自己的性别，形成对身体各部分的概念，并形成了对家庭和家庭成员的关系和责任的理解。学校进行的性教育是共性化的和公众化的，而一些涉及个性化、私密化问题的性教育要由家庭给孩子提供。父母要承担起自己的职责，营造民主、宽松的家庭氛围，积极回应和解答孩子提出的性问题，给予科学、正确的引导。

学校可以通过家长课堂，对父母进行较为系统的性教育指导，帮助他们了解性知识，形成正确的性观念，了解青少年发展过程中会遇到的各种生理和心理问题。这样，父母在面临孩子的性困惑时就可以有针对性地进行指导。同时，学校和家庭应该形成一个互动的网络，针对某一特定的问题，家长可以向学校进行咨询，双方在共同学习中不断积累经验，形成互相促进的合力。

社会组织，如社区、儿童福利组织及政府等，应该肩负起宣扬科学文明的性观念的责任。调查显示，社会环境对学生性意识的发展起着不可低估的制约作用。社会文化对人们的观念具有直接的建构作用，各种社会组织应该运用各种媒体，通过各种方式向人们传达正确的性观念，在一定的空间和时间内营造一种性健康和性文明的氛围。世界上许多国家和地区建立了青少年性教育、咨询以及服务机构，向有需要的青少年提供开放的咨询和治疗。应整合媒体和社会团体的力量，通过国际互联网、媒体及非政府组织等多种形式开展性教育活动。此外，必须净化社会环境，消除不健康的性信息，为青少年成长营造一个健康、良好的社会环境。

性教育应是以家庭为基础、学校为主体、社会提供相关支持的教育系统工程。学校和家庭要密切沟通，互换信息，弥补彼此的不足。学校要通过调查研究学生从社会上接受性信息的状况，及时向政府有关部门反馈。政府要通过多种媒体，向青少年提供科学的性知识，弥补家庭和学校性教育的不足。社会还应净化环境，广泛利用各种媒体，正面宣传正确的性知识，形成互动式的三位一体的性教育体系。

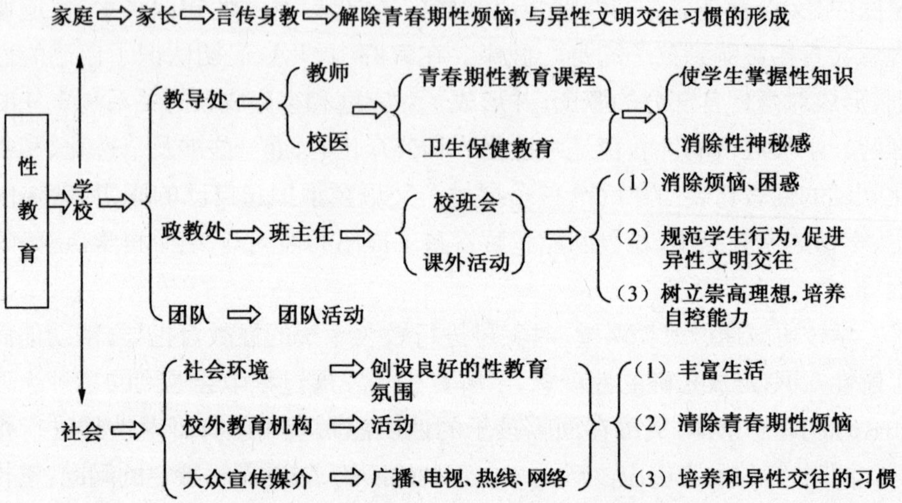

学校、家庭、社会三位一体的性教育网络图①

性教育开展的效果如何，直接影响我国青少年的综合素质，也影响我国社会主义精神文明建设和现代化发展水平，是关乎社会发展和人民幸福的大事。它的发展，需要全社会特别是教育部门的长期努力。相信在不久的将来，在我国性教育工作者的辛勤努力和各级领导的重视下，性教育工作一定能够有声有色地开展起来，使中小学性教育不断完善。

---

① 蔡霞. 中学生青春期性教育现状及学校管理对策[D]. 上海：华东师范大学，2005.

第八章　学生综合素质发展水平的评价机制

21世纪，社会进入一个新的发展阶段，国际竞争、国家间的竞争日趋激烈，但归根结底是人才的竞争。基础教育是人才成长的摇篮，关系着国家和民族的未来。党的十七大要求："全面贯彻党的教育方针，坚持育人为本、德育为先，实施素质教育，提高教育现代化水平，培养德智体美全面发展的社会主义建设者和接班人，办好人民满意的教育。"在党中央、国务院的高度重视下，各地积极贯彻党的教育方针，素质教育观念逐步深入人心。为了更好地评价教育和提升教育质量，教育部发出《关于积极推进中小学评价与考试制度改革的通知》，指出："近年来，随着素质教育的全面推进，中小学评价与考试制度的改革得到了社会各界的广泛重视。各地积极探索，取得了有益的经验。但是，现行中小学评价和考试制度与全面推进素质教育的要求还不相适应，突出反映在强调甄别与选拔功能，忽视改进与激励的功能；注重学习成绩，忽视学生全面发展和个体差异；关注结果而忽视过程，评价方法单一；尚未形成健全的教师、学校评价制度。"为此，构建具有可操作性的中小学生综合素质评价体系显得尤为迫切。

第一节　学生综合素质水平评价概述

基于不同的研究角度和目的，学界关于素质的界定众说纷纭，但并无一个公认的界定。就教育学学科范畴而言，"素质是指个体在先天的发展潜在可能性的基础上，从后天的教育和社会影响中获得的形成物的总和"①。综合素质是以个体的先天禀性为基础、后天环境改造为中心的身心组织结构，可见个体的综合素质不是由个体基因的自发决定的，也不是由客观环境的牵制决定的，而是根据个体本身的个性、情感、能力、知识、态度、信念等基本要素在各种环境中不断调整、更新、内化和发展的。因此，环境对个体素质发展起

① 王华女. 素质教育的课程论解读[M]. 杭州：浙江工商大学出版社，2013：21.

让标准之下的考查具有说服性，曾尝试采用学生对教学内容掌握的牢固程度、深度、系统性的鉴定作为学生成绩，看似科学有效，但最后证明不具有操作性。直到今天，标准之下带来的局限仍然没有解决。我们在承认考试带来行之有效的作用的同时，也在关心学生能力的培养，实质上是把考试仅仅作为促进学生发展的一种重要手段而不是绝对手段。同时，考试成绩已经不再把学生简单地分成“优、良、差”，我们更关心分数背后所体现的学生的能力和态度，如综合知识运用能力、发现创新能力、逻辑思维能力和热爱学习的态度等。

（2）区别性评价是因地制宜的制订素质发展的基本目标，用不同的标准评价不同的学生，具有层次性和差异性。首先，影响人的身心发展因素是多种的，并且是错综复杂的，有先天的也有后天的，有外部表面的也有内部隐含的，有现实客观的也有内心主观的。其次，智力、情感、态度、兴趣、道德各个方面综合组织起来才能形成一个完整的人，不能凭借某一方面的衡量来判断好坏。再者，不同地区、不同环境、不同文化背景的人会形成不同的价值判断标准，很难找出一种标准符合所有人的价值观。最后，教育具有很强的导向性，整齐划一的评价标准指引教育方向的唯一性，这与社会发展的多样化形成了严重冲突。社会所需要的人才是多层次的、多类别的，每个人在社会中的独特位置代表着社会对其有着独特的要求，不可能用同一个标准统一划分。因此，素质评价标准并不是单一的，而是多样的。但是，区别性评价多以使用描述性的语言对学生特点进行阐述，不免把评价变得复杂，容易使学生迷失方向。所以，把基准性的评价作为补充尤为重要。

素质教育以人为中心，素质评价也要以学生为中心，一切都是基于学生的发展，培养他们完美的人格。“素质教育是指依据人的发展和社会发展的实际需要，以全面提高全体学生的基本素质为根本宗旨，以尊重学生主体性和主动精神，注重开发人的智慧潜能，注重形成人的健全个性为根本特征的教育。”① 无论是基准性评价还是区别性评价，都是为了让教育高效率地实现最终目的——“真、善、美”的完美人格，从而使理想价值与学生的身心发展相统一，使社会的发展与人的发展相统一。

---

① 周海银. 综合素质教育[M]. 北京：中国经济出版社，2014：3.

三、学生综合素质发展水平评价的特点

与过去相比，学生综合素质评价发生了很大的变化，主要特点体现在以下两个方面：

1. 强调综合素质因素的能动结构

在很早以前，就有人提出人的素质不仅仅包括认知，还包括情感、审美、健康、道德等因素，但在教育实践中，总是过分强调教育对学生这些素质因素的单向影响。我们认为素质与教育之间的影响不是单向的，而是双向的，互为影响，而且各个素质因素之间也是相互作用、相互影响的。当看到一种问题存在时，不能简单地把它归结为某一方面的原因，也可能是整个系统出现了问题，这就是人的能动结构，它深刻揭示出人不仅能认识社会、适应社会，而且能改造社会。

2. 注重学生个性化发展

个性化是学生素质的综合化体现，主要表现为人的自主性、能动性和创造性。自主性是指自尊、自爱、自律、自信、自强、自理，是人的核心品质。能动性主要包括人的意志自由和行为自由，表现为自觉的自由，在自觉的基础上有自己的生活状态，有自己的兴趣爱好，有自己的道德品质，它是人的全面发展的根本，也是个性化发展的关键。创造性是指对已有认识的革新和突破，它是人的个性化的最高表现。注重学生个性化发展是打造当代个性化教育的基础，是形成社会主体化教育的前提，是社会主义现代化建设的迫切需求。

第二节　中小学生综合素质发展水平现状

中小学生综合素质是中小学生在学业和非学业领域多方面的发展状况，是学生能力与个性品质、特长与个体潜能的体现，也是衡量学校教育质量的重要指标。素质是人在先天禀赋的基础上通过学习和实践活动而发展形成的人的主体性品质，即人的品德、智力、体力、审美等方面品质及其表现能力的系统整合。综合素质是指一个人的道德修养、知识水平以及各种能力等方面的综合素养，可以大致概括为思想素质、文化素质、身体素质、心理素质、专业素质等。由此，可把中小学生综合素质归纳为六个评价维度。它们分别是① 道德品质；② 社会公德；③ 学习能力；④ 交流与合作；⑤ 运动与健康；⑥ 审美与表现。

一、道德品质发展水平现状

1. 个体品质发展水平状况

道德品质俗称品德，是指一定社会的道德原则、道德规范和道德要求在个人思想和行为中的体现，是一个人在一系列的道德行为中所表现出来的比较稳定的特征和倾向，主要表现在孝敬父母、勤劳节俭，尊敬师长、团结和睦，立志勤学、谦虚礼让，律己宽人、公正无私等方面。

当代中小学生的主流是健康的、积极向上的，大多具有基本的文明修养，大多都能尊敬师长，团结同学，以诚待人，爱护环境卫生，热心公益，遵守纪律。但舆论、网络、书刊中的不良信息及社会上的拜金思想和腐败现象等不良风气对中小学生的身心发展带来巨大的负面影响，在学生身上反映出一些令人忧虑的状况。一部分学生在语言文明方面还做得不够，举手投足不够文明雅观，以自我为中心，不懂得谦让。很多城镇学生勤俭精神不足，花钱大手大脚，整天零食不断，不珍惜父母的劳动成果，在承担责任、关心他人、勤俭节约、自我管理等方面明显存在道德缺失的情况。虽然人生价值取向总体是健康的、积极向上的，但把金钱作为人生最重要目标的学生也占相当一部分。不少人为了个人的成绩，对参加集体活动缺乏应有的热情。有的同学不愿意担任干部，团员不愿意参加组织生活，唯恐影响自己学业。

2. 社会公德发展水平现状

作为社会公德水平的重要衡量指标，公民素养所蕴含的要素是多维度的。公民素养是“以人们先天具有的禀赋为基础，在后天环境的熏陶和社会教育影响下形成和发展起来的，满足个人生存和社会发展需要的一系列品质的综合”①。公民素养是作为一个现代公民所应具备的基本素养，主要包括具备作为国家主体的权利与责任素养，作为本土公民的国家与民族素养，作为现代法制社会成员的平等与公正素养、自由与法治素养，作为现代文明社会一员的道德与文明素养、生态与环保素养，作为世界公民的国际理解与合作素养。

当代中小学生具有一定的公民意识，表现在对国家历史、国情常识有一定的了解，比较关注社会发展，具备一定的法制意识、平等意识、民主意识以

---

① 史娜.思想政治教育与公民素养的养成[A].载谢晓娟，王东红，孙英.当代思想政治教育若干问题研究[C].北京：中共中央党校出版社，2012：73.

及环保意识等现代意识。同时，中小学生在现代公民意识方面还存在较大的不足，主要表现为：对现代公民素养的认识和理解是粗浅的、零星的；多数学生对公民角色的认识还处于不自觉状态，将自己作为“公民”的这一现代社会中最常见的角色忽视了、淡化了；道德意识和法律意识往往仅停留在认识和遵守的层面，面对现实生活中不道德的、违法的行为不愿意主动制止，缺乏自觉性、主动性，不能在生活中积极实践；在权利和责任方面，较多学生缺乏责任感。当代中小学生的现代公民意识较多地体现在书本和口头上，较多学生并没有将公民意识真正内化成为自己的素养，不能在行动中体现应有的素质，观念与行为脱节，知、情、行不统一。

二、学习能力素养水平现状

学习能力是体现中小学生综合素质的一项重要内容，是指学生通过教师的指导而掌握科学的学习方法，也就是通常所说的“会学”。学习能力是“学习的动力、毅力和能力的综合体现”①，学习能力在中小学各学科教学的评价中体现得都很充分，主要包括学习情感、学习方法、知识技能等方面。良好的学习情感有利于学习能力的获得，也有利于学生积极健康的成长；正确的学习方法是迅速掌握学习内容的保证；掌握了知识技能，可以使学生在未来社会中自我发展，终身学习。

大多数中小学生学习态度比较端正，能够自主或在教师的指导下完成学习任务。部分学生学习兴趣比较浓厚，求知欲强，能够努力克服学习中遇到的困难。多数学生能够认真预习、复习，课上认真听讲，勤于思考，善于利用学习工具和学习资源。少部分学生能够制订学习计划，并在学习过程中不断改进计划，对学习过程和结果具备一定的反思能力。

同时，学生学习能力的缺乏也是一个不容忽视的问题。虽然素质教育取得了很大成效，但是，目前应试教育的影响仍然非常大，评价一所学校的好坏，评定一个校长的工作业绩，判断一个教师的教学成绩以及一个学生的学业成就，往往由学习成绩而定。教育过程被简化成了应试，学生受教育的目的是为了升学。这种情况严重地影响了学生学习能力的提高。

对问题缺乏敏感性，这是一个普遍存在的问题。概括能力不强，普遍存

---

① 徐全忠，邹晓春，等. 组织行为学：理论、工具、测评、案例［M］. 北京：化学工业出版社，2014：42.

在于现在的学生当中，在概括的基础上再进一步提出问题的能力在学生中更是缺乏。

求异思维的欠缺，人云亦云，似乎任何问题都只有一个标准答案，而没有个性化的独到的见解，这正是应试教育带来的弊病。

缺乏批判精神，不会质疑。质疑就是在学习中对重点、疑点提出问题，通过思考、分析达到释疑的目的。现在的中小学生中很少有这样的人。可以说，在传统教育思想根深蒂固的影响下，学生们已经习惯于在一个划定的框子里施展拳脚，学生们已失去了质疑的自信，缺乏独立见解，迷信权威而迷失自我，甚至真有了发现也不敢讲出来。

缺乏实践能力与创新精神。学校的教学，学生的学习，都过于强调书本知识的学习，很少有实践的机会，缺少参与，缺少体验，缺少感悟，导致创新精神缺乏。

三、综合素质水平现状

1. 交流与合作素养水平现状

交流与合作素养主要指与他人沟通的能力和团队合作精神。“一个社会的安危与幸福主要依靠其成员之间的紧密合作，因此每个成员都必须具备强烈的群体之爱”，“社会里每一个人都有他独立的生命；但人们又必须紧密地合作才能保证社会的正常运行”。[①] 当今社会，处理好人际关系，学会与他人合作是学习、生活、工作中迫切需要的能力。

当代大部分中小学生都有良好的愿望，大部分学生喜欢交流与合作学习的方式，喜欢人员自由组合或按照座位分组，认为小组成员组合很重要，组员分工要明确。绝大部分学生会参与合作学习，但只喜欢听别人说，不善于交流，主动参与的不多。很多人因为种种原因不愿发表自己的看法，或者不敢发表自己的看法。

2. 运动与健康素养水平现状

运动与健康主要包括体育锻炼的习惯，体质健康状况、体能素质状况等方面。

目前超过半数的中小学生一定程度上喜欢参加体育锻炼，但大部分学生还是把体育锻炼当作一项任务，而不是爱好，缺乏体育锻炼的意识和锻炼身

---

① 张东才.道德战争：现代中国在价值观上的挑战[M].北京：中国发展出版社，2014：17.

体的习惯。一方面，由于受片面追求升学率的影响，社会和学校仍然存在重智育、轻体育的倾向，学生课业负担过重，学生的休息和锻炼时间严重不足。另一方面，一些学校体育设施和条件不足，学生体育课和体育活动难以开展。近年的体质健康监测表明，某些中小学生的身体素质重要指标持续下降，突出表现在耐力素质和柔韧素质下降，视力不良率居高不下，超重和肥胖青少年不断增加。

3. 审美与表现素养水平现状

审美与表现素养主要指人对自身美、自然美、社会美、艺术美、科技美的审美欣赏与创造的能力，主要包括审美情趣、审美水平、艺术表现能力等方面。

当代中小学生大多能够用审美的眼光欣赏自然、艺术和科学，部分学生喜欢收集艺术文化信息，珍爱艺术作品；部分学生能积极参与艺术活动，以艺术的手段展现、美化生活环境，以一定的方法表现艺术；能针对艺术现象交流自己的感受，对自己、他人或集体的艺术表现做出评价。

从我国的教育现状来看，学校重视智育，德育、美育处于相对薄弱的地位，尤其忽略了美育在教育中的特殊作用。教育工作者较少注意引导学生认识美、发现美、做美的传播者。音乐与美术课是美育教育中的重要课程，而部分学校却不够重视，甚至任意占用。学校任意削减这些课程，其实质就是在扼杀美育。甚至有些教师和家长不愿让中学生把时间花在音、体、美等的爱好上，认为那是浪费时间，不务正业。这严重打击了中小学生探索美的积极性、主动性。美学知识的贫乏导致不少学生审美能力严重不足，缺少对美的敏锐的感受能力，对美的辨别、理解和评价能力严重欠缺。再加上受到市场经济大潮的冲击，使得不少学生的审美成为一种感性的冲动，更多地倾向于表面化的感性要求，审美被过度商业化，这些都严重影响着学生审美观的形成。

第三节　学生综合素质发展水平评价的体系

作为衡量学生全面发展状况的全新评价方式，“学生综合素质评价是根据一定的评价标准，对学生的学习和发展进行系统分析，做出价值判断的过程”①。换言之，学生综合素质评价是对学生道德品质、社会公德、学习能力、

① 许世红. 基础教育学生评价研究：历史沿革、现实状况与未来走向［M］. 广州：广东高等教育出版社，2014：169.

交流与合作、运动与健康、审美与表现等各个方面的可教育性及实际发展水平进行价值判断，促进学生自我认知、自我反省、自我纠正，是一种全面呈现学生状态的评价，同时在不断循环的评价过程中，提高学生的综合素质。

人的综合素质的全面提高是社会发展的要求和趋势，尤其是当前人类正逐步迈入知识经济社会，提高人的综合素质显得尤为迫切。为了促进学生综合素质的提高，必须建立合理的综合素质评价体系。

一、中小学生综合素质评价的基本原则

1. 全面性原则

全面性原则是指评价要面向每一个学生，面向学生发展的每一方面，对学生做出全面评价。长期以来，教育评价的着眼点落在了学业成绩上，不断强化学习成绩单方面的重要性，对于学生在其他方面的闪光点没有给予充分重视，致使学生素质不能得到全面发展。综合素质评价坚持全面性原则，对学生的评价划分为六个维度，着眼于全体学生的发展，使每个学生的潜能得到充分发展，使学生素质的各个方面相互促进、协调发展。当然，强调学生的全体发展、全面发展，并不等于平均发展，应根据学生个体的特点，引导他们在原有基础上，结合社会需要，个性得到充分发展。综合素质评价的范围是全面的，它把与学生相关的各个领域都作为评价的对象，使学生在教育环境、教育条件的背景下更好地发展。

2. 发展性原则

发展性原则是指评价方法的选择要与学生身心发展规律和教育规律相协调，评价指标的制订要与时俱进，体现时代特色，通过评价促进学生的发展。传统的学生评价，其主要功能是为了甄别和选拔，是一种横向的比较，忽视了学生自身的发展。综合素质评价更注重的是学生的纵向发展，了解学生的现有水平和发展变化，发现学生的优缺点，通过反馈信息作用于教育教学中，让学生得到更好的发展。发展性原则要求学生全面参与评价过程，促进学生反思，加强评价与教学相结合，促使学生自我认识、自我评价、自我激励、自我调整等自我教育能力不断提高，促使学生与人合作的意识和技能不断增强。遗传是先天基础，发展是后天培养，只要有适宜的教育，每个人的潜能都能获得充分发展。可以说，发展性是学生综合素质评价最根本的特点。

3. 主体性原则

主体性原则是指在对学生进行综合素质评价时，充分尊重学生的主体地

位，发展学生的主体意识，培养和形成学生健全的个性，调动学生的积极性，使学生生动活泼地成长。我们要明确，素质最终是落实在每一个学生身上的，学生是素质的承载者和体现者。学生素质的形成过程，是学生积极主动内化的过程。我们不仅要认识教育内容的规律性，而且要懂得学生认识过程的规律性。教师要指导学生自觉参与评价，促进学生自主发展，可以与学生共同探讨要达到的目标和评分细则，征求学生的意见。评价时先由学生自评开始，再由其他人评议，尊重学生的主体地位。

4. 情境性原则

情境性原则是指创设情境教育以优化环境，并将情境作为教育的手段和方法，让学生展示自己的能力，解决实际问题。传统的评价往往脱离学生生活的实际，那些抽象的、结构化的知识不能反映学生真实的能力和素质，分数不能代表学生在现实生活中的能力，音乐、美术、实践等领域需要找到能够直接测量的途径。因此，综合素质评价需要创设一定的情境，使评价与学生的日常学习生活融为一体，给学生提供真实的材料，让学生回到生活和社会实际本身，通过语言描绘、生活展现、实物展示、图画再现、音乐渲染、表演体会等途径，使承载知识和能力的背景情境化。

二、中小学生综合素质评价的主要方法

获取学生综合素质信息的方式有很多，如调查法、观察法、测验法、文献法、个案法等。在评价阶段也有很多方法，如描写法和分析法。有很多教师已经通晓并能熟练应用，但写出来的具体评价非常枯燥刻板，以致学生和家长认为这些评语都是大话，只是形式，没有实质意义。现在介绍两种比较适用于评价学生综合素质的评价方法。

1. 现象——本质法

指从学生外部行为着手，分析行为的本质。这种方法对教师的要求很高，因为学生的行为或是外在表现是丰富多彩且变化多端的，如何从众多的行为中找到内在本质，一方面教师需要对学生多方面观察，另一方面教师需要具备专业的知识。例如，一名初三学生平时成绩出类拔萃，为人谦逊，兴趣广泛，尤其喜欢画漫画，但在中考前三个月，沉默寡言，敏感暴躁，而成绩却没有太大波动，依然名列前茅。在一次学生评价中，教师仅仅就他当前的表现做出描述，看他成绩依然优秀，忽略了他情绪和态度的变化。这些都会使学校和教师前面做的评价准备和实施工作付之东流。所以，为了能全面客观地

做出有价值的评价，就必须进行全方位的调查，找出原因，运用自己的专业知识或者查阅资料，结合具体情况具体分析。原来，父母为了让那名学生集中精力冲刺，没收了他的画纸和手机，关闭了家里的网络，就连电视也很少开；同学也反映他最近经常偷偷看漫画，看小说。这样，教师分析出了原因：第一，临近考试，压力增加，自身精神紧张。第二，日常生活规律被突然改变，尤其是丧失兴趣爱好，使他找不到情感寄托，只能寻求漫画和小说。第三，其他原因。找到原因后，教师可以选择适当时机和地点与这位学生沟通、交流，探寻他的需求，找出最终原因，也就是引起种种行为的本质原因。最后给学生提出意见和建议，并及时向家长反馈。因为问题深入本质，分析具体到位，意见有价值，这才是家长愿意看到的评价，也是素质教育需要的评价。

2. 效应——本体法

指从分析事物之间相互联系，由事物变化后产生的效应来认识事物本体。这种方法在学生思想品德评价中比较普遍，比如，测验一个人在周围人中受到的拥戴和关注程度来评价一个人的道德水平。在综合素质评价中，这种方法我们也可以借鉴过来使用。比如在个性方面，可以根据学生的兴趣爱好的广度、深度和种类来判断；在理想信仰方面，可以根据学生对梦想的执着和坚定来判断；在情感价值观方面，可以根据学生对某一事物的态度来判断。这些方面需要教师平时多观察、多分析、多判断，但教师不可能对所有学生了解得面面俱到，所以教师有时会就综合素质中的某一方面，刻意提供某些特定刺激，如情境测验：教师为测验某种素质，设计一个模拟情境，观察这种情况下学生的反应或态度，然后收集信息和数据，分析判断学生的这一素质特点。情境模拟可以在谈话中、课堂中、活动中体现，使学生在不知不觉中完成测验，这样才会客观、真实、有效。

三、中小学生综合素质评价的内容体系

教育部《关于积极推进中小学评价与考试制度改革的通知》(教基〔2002〕26号)中“建立以促进学生发展为目标的评价体系”将学生发展目标分为基础性发展目标和学科学习目标。其中，基础性发展目标包括道德品质、公民素养、学习能力、交流与合作、运动与健康、审美与表现，学科学习目标是指各学科课程标准已经列出本学科学习的目标和各个学段学生应该达到的目标。根据教育部《关于基础教育课程改革实验区初中毕业考试与普通高中招生制度改革的指导意见》(教基〔2005〕2号)的要求，综合素质评价的内容主要包

括道德品质、社会公德、学习能力、交流与合作、运动与健康、审美与表现等六个方面。[①] 国家为健全学生评价体系提出了一个总体的方向，这里笔者在参考全国多个地区的中小学生综合素质评价方案的基础上，对中小学生综合素质评价内容框架提出初步设想。

小学生综合素质评价内容体系表

低年级段（1～2年级）

评价维度	评价要素	评 价 内 容
品德习惯	爱国守法	1. 认识国旗、国徽，知道国歌并逐步做到唱好国歌。 2. 认真参加升旗仪式，学会在升国旗时行注目礼。 3. 知道学校与社区的基本行为规范，无违章行为。
	诚实守信	1. 不说谎话，有错就改。 2. 不随便拿别人的东西，借东西及时归还。
	关心集体	1. 能积极参加集体活动，知道自己是集体中的一员。 2. 认真完成集体交给的任务。
	尊重他人	1. 听从长辈的教育，外出或回家时主动向长辈打招呼。 2. 不取笑别人，能主动帮助有困难的同学。 3. 不随意翻动他人的物品，不随意打扰别人的谈话和休息。
	文明守纪	1. 知道常用的文明礼貌用语，会使用基本的礼节，如握手、鞠躬、招手、敬队礼。 2. 按时上学，不迟到，不早退，有事有病先请假。 3. 说话文明，不打架，不骂人。 4. 在公共场所遵守规定，不拥挤，不喧哗。
	环保卫生	1. 积极参加班级值日，学会打扫卫生。 2. 爱护花草树木，不攀折，不践踏。 3. 不随地吐痰，不乱扔果皮纸屑等废弃物。
	安全自护	1. 自觉地遵守基本的交通规则。 2. 记住家庭住址、电话以及父母的姓名、工作单位。 3. 知道火警(119)匪警(110)和急救(120)电话，并会拨打这些电话。
	生活自理	1. 吃喝起居穿戴洗漱打扮能自理，仪表整洁。 2. 会管理压岁钱一类小财金，不乱花零用钱。

---

① 教育部关于基础教育课程改革实验区初中毕业考试与普通高中招生制度改革的指导意见[EB/OL]. 中华人民共和国教育部网站. http: //www. moe. gov. cn/srcsite/A26/s8001/200501/t20050112_167346. html. 2005－01－12.

续表

评价维度	评价要素	评价内容
学习实践	主动学习	1. 课堂上能集中注意力，认真听讲，大胆发言。 2. 按时独立完成作业，字迹端正，书写整洁。 3. 遇到问题时能主动大胆请教他人。
	学会学习	1. 背诵、复述能力强，各个学科的成绩能达到优良标准。 2. 学会使用"圈点勾划" 法来读书，有读课外书的兴趣。
	创新实践	1. 善于观察，乐于思考，爱提问题。 2. 积极参加科技活动，有金点子和小制作。
合作交往	乐于交流	1. 能为别人的进步而高兴，乐于接受同学的批评。 2. 有自己的好朋友。
	学会合作	1. 合作时，能与组员分工协作完成任务。 2. 积极参与合作，懂得合作的方法。
强身健体	健康状况	1. 认真上好体育课，做好眼保健操和课间操。 2. 坐立行姿势正确，体质测评成绩合格。
	生活方式	1. 早睡早起，读写姿势正确。 2. 饭前便后洗手，勤剪指甲勤洗澡。 3. 积极参加体育运动，不怕吃苦。
审美表现	审美情趣	1. 喜欢美的事物，能认真上好美术课和音乐课。 2. 衣着整洁。 3. 喜欢看少儿艺术节目。
	艺术表现	1. 积极参加艺术活动。 2. 有简单的艺术作品。

中年级段(3～4 年级)

评价维度	评价要素	评价内容
品德习惯	爱国守法	1. 尊敬国旗、国徽；升国旗时，庄重严肃，行好队礼，唱好国歌。 2. 懂得简单的法律常识。
	诚实守信	1. 待人真诚，言行一致。 2. 作业不抄袭，考试不作弊。 3. 答应别人的事努力做到，做不到时表示歉意。
	关心集体	1. 积极参加集体活动，多为班级做好事。 2. 不做有损于集体荣誉的事情，懂得互相尊重和合作。
	尊重他人	1. 知道父母和长辈的生日，关心父母。 2. 尊老爱幼，平等待人，和同学能友好相处。 3. 懂得谦让，不任性，能主动为他人着想。 4. 尊敬老师，虚心领教，积极协助老师的教育工作。

续表

评价维度	评价要素	评 价 内 容
品德习惯	文明守纪	1. 微笑待人,主动向他人问好。 2. 遵守公共秩序,乘车时主动给老幼病残孕让座。 3. 做文明、安全的游戏,不疯赶打闹。 4. 上课专心听讲,遵守课堂纪律。
	环保卫生	1. 认真参与环卫劳动,平时注意保持校园、教室整洁。 2. 讲究节约,有随手关灯和随手关水龙头的习惯。 3. 爱护公物,不乱刻画,不随意损坏。
	安全自护	1. 珍爱生命,不做有危险性的游戏,放学上学能结伴同行。 2. 遇到紧急或危险情况时知道利用各种紧急电话正确地报警。 3. 健康上网,不进入网吧等未成年人不宜入内的场所。
	生活自理	1. 学会自己安排自己的作息时间。 2. 会整理自己的房间。 3. 会做一些力所能及的家务劳动。
学习实践	主动学习	1. 上课注意力集中,学会倾听和表达。 2. 自觉按要求完成作业,有订正的习惯。 3. 坚持每天阅读课外书籍半小时。
	学会学习	1. 各个学科成绩达到良好标准。 2. 在老师的指导下学会预习和复习。
	创新实践	1. 喜欢思考和创造,经常有一些新的思考和实践。 2. 积极参加科技活动,有金点子和小发明。
合作交往	乐于交流	1. 活泼开朗,愿意和同学交往。 2. 愿意把心里话告诉自己的亲人和朋友。
	学会合作	1. 合作时能与组员合理分工,协作完成任务。 2. 学会谦让和宽容。
强身健体	健康状况	1. 有一项自己喜爱的体育活动,体质测评成绩合格。 2. 知道奥林匹克精神并有主动参与意识。
	生活方式	1. 早睡早起,劳逸结合。 2. 积极参加运动,养成锻炼习惯。 3. 均衡饮食,不挑食,不偏食。
审美表现	审美情趣	1. 认真上好艺术课,达到课程标准要求。 2. 仪表美,穿戴得体。
	艺术表现	1. 积极参加艺术活动,有一定的艺术表现能力。 2. 有自己得意的艺术作品。

高年级段(5~6年级)

评价维度	评价要素	评价内容
品德习惯	爱国守法	1. 坚持看报纸或电视新闻,关心国家大事,有身为中国人的责任心和自豪感。 2. 懂得简单的法律常识,能自觉地做个守法的小公民。
	诚实守信	1. 讲诚实,守信用,有拾金不昧的好品质。 2. 学会保护尊重自己和他人的隐私。 3. 知错就改,敢于承担责任。
	关心集体	1. 珍视集体荣誉,积极为集体出力争光。 2. 关心集体活动,积极参加集体组织的各项社会实践活动。
	待人友善	1. 学会尊重他人,乐于接受他人的帮助。 2. 不欺负弱小,不讥笑、戏弄他人,尊重残疾人。 3. 尊重他人的民族习惯。
	文明守纪	1. 讲究公共卫生,爱护公共设施。 2. 遵守公共秩序,文明乘车、购物、游戏。 3. 讲文明话,做文明事,自觉抵制不文明现象。 4. 上课专心听讲,严格遵守课堂内外的纪律。
	环保卫生	1. 积极参加学校的公益劳动,不怕脏不怕累。 2. 懂得环境保护的意义,爱惜环境并主动使用环保产品。 3. 尊重他人的劳动和劳动成果,确立劳动光荣的意识。
	安全自护	1. 远离毒品,不吸烟,不喝酒,不赌博,不参加封建迷信活动。 2. 掌握一定的安全自护知识,学会自我保护。 3. 珍爱生命,善于斗争,遇到坏人坏事主动报告。
	生活自理	1. 自己的事情自己做,生活俭朴不攀比。 2. 能配合父母每周独立干一件简单的家务劳动。
学习实践	主动学习	1. 自觉预习和复习功课。 2. 课堂上能大胆地发表自己和别人不同的见解。 3. 坚持每天阅读课外书籍一小时以上。
	学会学习	1. 学会制订学习计划,各个学科的成绩达到合格以上标准。 2. 能利用图书馆、展览馆和网络等渠道搜集相关的信息。
	创新实践	1. 学会从不同角度观察、思考、分析问题。 2. 在各个学科活动中,有1~2项成果。 3. 学以致用,能利用所学解决实际问题。
合作交往	乐于交流	1. 珍视友谊,乐于和好朋友交流。 2. 敢于在社交场所表现自己,热情大方,文明礼貌。
	学会合作	1. 善于欣赏和赞美他人。 2. 能与伙伴取长补短,互相促进。 3. 愿意大胆表达自己想法,学会吸纳他人意见。

续表

评价维度	评价要素	评 价 内 容
强身健体	健康状况	1. 认真上好体育课，做好眼保健操和课间操。 2. 知道基本的健康常识，体质测评合格。 3. 有至少一项体育爱好，能参加两种以上的体育竞赛活动。
	生活方式	1. 生活有秩序，作息有规律。 2. 能科学地安排自己的生活。 3. 有一项健康的兴趣爱好。
审美表现	审美情趣	1. 有一定的艺术欣赏能力并有自己喜爱的艺术家及其作品。
	艺术表现	1. 能主动地对某种艺术形式进行了解。 2. 至少有一项突出的艺术才艺，并能大胆地在活动中展示自己的成果。

中学生综合素质评价内容体系表

评价维度	评价要素	评 价 内 容
道德品质	文明礼貌	1. 言行举止文明。 2. 团结友爱，尊敬师长，乐于助人。 3. 服装整洁，注重仪表。
	诚实守信	1 真诚待人，遵守信用。 2. 言行一致。
	遵纪守法	1. 遵守纪律。 2. 对个人的行为负责。 3. 对不良行为加以抵制和劝阻。
	自尊自强	1. 勤奋努力，积极向上。 2. 吃苦耐劳，克服困难。 3. 正确认识自我，接纳自我。 4. 敢于承认错误，具有承受压力和挫折的良好品质。
	社会公德	1. 维护公德，遵守和维护公共秩序。 2. 积极参加公益活动。 3. 自觉爱护环境。 4. 具有社会责任感。 5. 具有规则意识。

续表

评价维度	评价要素	评价内容
交流与合作	交流与沟通	1. 具有一定的表达能力，敢于交流并充满自信。 2. 尊重并理解他人的观点与处境。 3. 能评价和约束自己的行为。 4. 能综合地运用各种交流和沟通的方法进行合作。
	团队合作	1. 乐于参加集体活动，并且能融入集体之中。 2. 珍视集体荣誉，维护集体利益。 3. 具有团队意识，服从分工合作。 4. 能与他人一起确立目标并努力实现目标。
学习能力	学习情感	1. 学习态度端正，自主完成学习任务。 2. 有学习的愿望与兴趣，求知欲强。 3. 学习意志坚定，努力克服学习中的困难。
	学习方法	1. 认真预习、复习。 2. 课上专心听讲，勤于动脑。 3. 善于利用学习工具、课程资源。 4. 制订学习计划并在反思中不断改进计划。
	知识技能	1. 掌握各科大纲规定的知识。 2. 听说读写、分析综合、推理能力达到大纲规定的标准。 3. 具有搜集、选择有用信息的能力。 4. 对学习过程和结果的反思能力。 5. 运用已有的经验和技能，独立分析并解决问题。
运动与健康	运动习惯	1. 积极参加体育运动，养成体育锻炼的习惯。 2. 讲究卫生，具备锻炼健身的能力，具备一定的运动技能。 3. 形成健康的生活方式。
	体质健康	1. 体质健康测试（身高、体重、胸围、肺活量等）合格。 2. 身体素质好，精力充沛。
	体能状况	1. 速度、力量、耐力、柔韧性好。 2. 具有强健的体魄。
审美与表现	审美情趣	1. 能感受并欣赏生活、自然、艺术和科学中的美。 2. 善于发现美，喜欢收集积累艺术文化信息。 3. 珍爱艺术作品，具有健康的审美情趣。
	艺术表现	1. 积极参加艺术活动，能用多种方式进行艺术表现。 2. 能针对艺术形象主动交流自己的感受。 3. 能以艺术的手段展现、美化生活。 4. 能对自己和他人的艺术表现做出评价。

评定的具体内容可以分为以下两个方面。

1. 维度

以教育部《关于积极推进中小学评价与考试制度改革的通知》中的基础性发展目标为基本依据，结合××省《普通高中新课程学生综合素质评价指导意见》，××中学检测维度内容分为五个方面：道德品质、交流与合作、学习能力、运动与健康、审美与表现。

2. 测评点

维度	要素	检测点	评分				
			分值	自评	学生组评	教师组评	家长评
道德品质 30分	爱国守法	尊敬国家标志，关心国内外大事和时事政治	2				
		遵守校纪校规及与青少年有关的法律法规，有法律意识	2				
	遵守社会公德	诚实守信，为人诚恳，遵守诺言	2				
		关心集体，珍惜集体荣誉，积极参加班级、学校教育活动和学生自主管理工作	3				
		较强的环保意识，积极参加环保活动	2				
		自觉遵守社会公共秩序，有公德意识	2				
		积极参加义务劳动、宣传活动、义卖活动、慈善活动和社会实践活动，富有爱心，乐意帮助他人	3				
	文明礼貌	尊重父母，体贴父母，珍惜师长关爱，听从正确教导	2				
		重视人格尊严，有正义感，能正确评价约束自己的行为	3				
		对他人有礼貌，习惯使用礼貌用语	2				

续表

维度	要素	检测点	评分				
			分值	自评	学生组评	教师组评	家长评
道德品质 30分	诚实守信	对待他人能言行一致，信守诺言，不撒谎	2				
	自尊自强	能正确认识自己优缺点和性格特征	2				
		不散漫，不懈怠，遇到困难积极乐观，勇往直前	3				
交流与合作 15分	交流	积极发言，准确表达自己的观点和态度	3				
		善于察言观色，懂得沟通技巧	2				
		善于与他人沟通和分享	3				
	合作	积极参加团队活动，重视集体荣誉	3				
		团队意识强，服从团队安排	3				
学习能力 20分	学习方法	有良好的学习习惯，掌握有效的学习策略	3				
		制订有效的学习计划，设置学习目标	1				
	学习态度	善于总结与反思，听取他人建议并不断改进	1				
		善于提出问题和解决问题，掌握探究的策略与方法	3				
	学习情感	有自己独立思考能力	1				
		遇到难题时充满自信，意志坚定，克服难题	3				
		对学习感兴趣，有好奇心，有求知欲	3				
	知识技能	能独自梳理知识结构，理解教师讲课内容	3				
		有搜集、选择、总结有用信息的能力	1				
		有自己的学习方法和经验	1				

续表

维度	要素	检测点	评分				
			分值	自评	学生组评	教师组评	家长评
运动与健康15分	体质与健康	有良好的身体素质和心理健康水平,精力充沛	8				
	生活方式	坚持锻炼身体,积极参加体育活动,没有不良嗜好,讲卫生	7				
审美与表现20分	审美情趣	有审美眼光,能够欣赏生活中的美	5				
		善于发现美,观察美,收集艺术文化信息	4				
		珍爱艺术作品,在艺术作品中陶冶情操	3				
	艺术活动	积极参加各种艺术活动,创造美	3				
		对艺术作品能做出自己的审美评价	3				
		能用艺术手段展现美	2				

评定的范围：选取的评定范围比较广,包括所有在校初中学生。

评定方法与等第：

(1) 设定学生综合素质评定的总等级为：优秀(A)：85～100分；良好(B)：75～84分；合格(C)：60～74分；不合格(D)：0～59分。

(2) 学校设定评定权重。学生自我评定权重为30%,学生评定小组评定权重为30%,教师评定小组评定权重为30%,家长评定权重为10%。四项评定权重之和为100%。

(3) 加分。在市、省、国家组织的学科、文娱、体育及其他各类竞赛中(含个人或团体),获市级一、二、三等奖者,分别奖3分、2分、1分；获省级一、二、三等奖者,分别奖5分、3分、2分；获国家级一、二、三等奖者,分别奖7分、5分、3分。科技小发明在省、市获奖的,分别奖5分、3分。期末被评为“三好学生”、“优秀班干、“优秀团干”的奖2分。尊敬师长,遵守学习纪律,认真完成作业、测试,成绩不断提高,根据进步的名次奖2～3分。学困生转化突出有显著进步的奖 2 ~3 分(由班主任、科任老师评定)。其他在学校受到表扬的事迹根据情况加上 2 ~5 分。

(4) 扣分。迟到,早退,作业不交,考试不交卷,在公共场合(如早操、集会、升旗仪式、上课等)穿戴不整,不戴校牌,不穿校服,穿拖鞋,每次扣 1 分。考试作弊,每次扣 5 分。损坏公物,除照价赔偿外,每次扣 3 分。在校园内乱丢纸屑、果皮、杂物,乱倒剩饭剩菜的每次扣 1 分。不按规定打扫卫生、整理内务每次扣 2 分。在宿舍不按时作息,打球、打扑克、下棋等影响他人休息的每次扣 3 分。粗言恶语讽刺辱骂顶撞老师或班干部,侮辱同学者每次扣 3 分。住宿生不按时作息,不按规定在校园内打球,高声喧哗或爬墙外出者每次扣 5 分。非节假日未经班主任或宿舍管理员批准,随意在外留宿每次扣 7 分。盗窃一次扣 10 分。打架斗殴一次扣 10 分。吸烟、赌博、看淫秽录相、看黄色书刊一次扣 10 分。进营业性电子游戏机室、网吧、歌舞厅每次扣 5 分。其他受学校警告、记过、留校察看处分的,依情况一次扣 3 ~10 分。有其他违纪行为的视其情节轻重酌情扣分。

第四节　中小学生综合素质评价机制的建构

从理论上讲,综合素质评价机制是新时代的必然要求,但也是对新时代教育者的考验,毕竟在评价中难免会出现随意性、主观性。为使学生综合素质评价工作能够真正得到贯彻实施,发挥其评价功能,真正做到公开、公正、公平,确保信度,必须切实加强制度建设,建立起与之相配套的评价机制。

一个完整的评价机制,不是学校这个单一的组织所能完成的,它需要政府的支持、学生及家长的配合。首先,政府要肩负教育发展的使命感,在人力、物力等方面提供保障,并建立一套对学校的监督体系,促进学校评价模式顺利开展。同时,政府要用发展性的评价态度评价学校,使各个学校均衡发展综合素质评价机制。

其次,学校是综合评价机制的主要实施者和引领者。为了使评价更具有说服力,就必须以学生成长价值为核心,教育理想为目标,全面立体地了解学生。担当评价主体必须是经验丰富、专业水准较高、责任心强的人。这样,才不致使评价机制陷入形式主义和表面主义。但是,目前在中小学中普遍存在评价主体认识混乱,观点传统,教育理念跟不上脚步等现象,我们在尽可能选择思想先进的评价主体外,还需要对评价主体加强关于综合素质评价的培训，增强其意识理念，丰富其评价的专业技术、方法、策略。学校和教育研究机构可以制订各种检核表、评价表，可以由领导、教师、学生、家长等不同主体表达自己的观点，方便教师收集平时关注不到位的学生的特殊资料，对学生进行全方面了解，最大限度地减少评价的片面性和主观性。

最后，所有的评价中，最终要引起学生的自我评价，从而补充和调整自身的世界观和价值观。保障学生自我评价也是整个评价机制中最重要的层面。政府对学校的评价机制，学校对教师对学生的评价机制，最终都是为了促使学生的自我评价，最终实现全面发展。如果说政府是整个评价机制的保障，学校是评价机制的主体，那么，自我评价就是评价机制的关键。

一、建立政府保障制度

1. 人事管理的保障制度

在教育领域中，无论是领导还是教师，都要具备专业教育素养，尊重教育规律，教育局领导和校长还要具备完成规定任务的政治素养。目前，人事管理正逐渐从加强教师教育教学能力测试向教师资格考试过渡，而且已经建立的教师资格制度收到了较大的收获。实践证明，教师资格制度与教师教学水平和教师专业素质发展有比较密切的关系。除此以外，我们正努力向"让懂教育的人管教育、办教育的教育人才聘用制度"方向迈进。

2. 政绩考核的保障制度

目前，以考试分数作为衡量学生素质的标准仍然非常普遍，最典型的是中考和高考，在提倡素质教育的今天，它的绝对地位仍然没有改变，甚至有人认为，高考改革是素质教育的总关口。学生考试成绩与教师的政绩考核始终紧紧相连，若想解决考试成绩带来的问题，首先必须解决教师政绩考核体制的问题，通过政府从上而下地出台政绩考核指标体制。如山东省2010年印发的《关于深入贯彻落实科学发展观进一步推进素质教育工作的意见》中提出："认真制定科学的教育政绩考核办法，把素质教育实施情况作为考核、评价党政领导及教育行政部门政绩的重要指标。树立科学的教育政绩观，不下达升学指标，不统计、不公布升学人数、升学率等中考、高考信息，不依据升学考试成绩进行排名排队，不以升学考试成绩作为奖惩标准。"①

---

① 关于深入贯彻落实科学发展观 进一步推进素质教育工作的意见(2). 齐鲁网. http: //www. iqilu. com/html/minsheng/quanwei/2010/0304/192416_2. html, 2010 - 03 - 04.

3. 财政预算的保障制度

学生综合素质评价是一个完整的体系制度，它的思想原理、方式方法完全打破了传统的单一僵化的评价模式。从宏观上看，它掀起了新一轮教育发展浪潮，在教育资源配置上需要更新，这就给政府的财政预算体制带来不小的冲击。在做好科学的教育绩效考核的同时，应在财政预算上引入绩效预算理念，使预算与评价相关联，其中包含学生综合素质的评价。

4. 教育公共服务的保障制度

政府牵头，提倡教育公共服务规模化，从增加教师培训力度、精品课程资源共享、网络交流平台开放等方面，处处呈现学习与交流的气氛。加强教育公共服务建设，也是在推进教育公平进程。

5. 考试评价的保障制度

考试制度带来了最大限度的客观公正，但也易忽略学生其他方面的发展。政府教育部门应逐渐把学生基础技能、生活实践能力融入教育考试中，尽可能地统筹安排理论与实践的优化整合。如鼓励在课程考试成绩中提高平时成绩所占比例等。

6. 管理体制的保障制度

深化教育管理体制改革是促进教育科学发展的核心。随着教育的普及，提高教育质量成为发展教育的重点。因此必须进行教育管理体制改革，优化执行层，强化决策和监督层，如已经成立的教育咨询委员会。

二、学校评价机构的建设

1. 成立学校评价工作领导小组

组成人员：校长、副校长、各处室主任、副主任、团委书记、年级主任（组长）。

领导小组主要职责：① 组织培训和宣传工作；② 负责领导和管理学生综合素质评价工作；③ 负责制订《学生综合素质评价实施细则》、相关制度和具体操作程序；④ 组织实施学生综合素质评价工作，及时对评价实施的过程、效果进行监控，表彰先进，惩戒违规违纪人员；⑤ 审定评价结果，受理咨询、申诉和复议申请。

2. 成立综合素质评价实施小组

组成人员：主管副校长、德育处（政教处）主任、教务处主任、课改办主任、相关职能部门负责人、年级主任、班主任、音体美教研组长等。

实施小组主要职责：① 负责实施《学校高中学生综合素质评价实施细则》；② 学生成长记录袋的完善与管理；③ 学生综合素质评价相关信息的采集输入、输出、公示；④ 学生综合素质评价表的印制发放；⑤ 学生综合素质评价工作的档案管理；⑥ 初步审订评价结果，协调评价过程的相关工作。

具体分工：

主管副校长：具体组织实施、检查指导评价工作。

政教处主任：负责社会实践的组织管理、班主任评价手册中的监督管理、培训指导、检查评比、总结反馈，并对下步工作提出改进意见。

课改办主任：负责科任评价手册中的监督管理、培训指导、检查评比、总结反馈，并对后续工作提出改进意见。

教务处主任：负责模块考试、学分认定。

音体美教研组长：负责班主任评价表中相关内容的监督管理、培训指导、检查评比、总结反馈，并对后续工作提出改进意见。

团委书记：负责社区服务的组织管理和学生成长记录袋的建立完善、监督管理、培训指导、检查评比、总结反馈，并对后续工作提出改进意见。

政教处干事：负责评价相关信息的采集输入、输出、公示，评价表册的印制发放工作；负责班主任教师评价工作的日抽查、周反馈，参与月检查和学期评比工作；负责评价工作的档案管理。

课改办干事：负责评价相关信息的采集输入、输出、公示，评价表册的印制发放工作；负责科任教师评价工作的日抽查、周反馈，参与月检查和学期评比工作；负责评价工作的档案管理。

3. 成立班级评价工作领导小组

组成人员：班主任、任课教师、家长代表、班干部代表、学生代表。

主要职责：① 按照学校的要求对学生及家长进行学生综合素质评价的宣传和培训；② 组织学生开展自评和互评，指导家长评价和社区评价；③ 按照评价程序完成各项工作，指导本班学生做好原始数据的收集整理，建立《成长记录袋》并妥善保管；④ 负责对班级学生综合素质进行评定；⑤ 接待家长来访和咨询。

三、提高自我评价水平

1. 建立成长记录袋

无论是学习还是生活，给学生提供一种情境，让学生认真反思自己的目标、计划、结果以及思维方法、实施策略，都是非常有必要的。我们鼓励教师尤其是班主任为学生建立成长记录袋。它包含自我评价的内容，目的是为学生提供监控、评价自我学习和生活的机会，并把它当做良好的生活习惯。例如，这是一张成长记录袋中关于自我评价的简单评价表：

本月自我评价表 姓名：　　　　　　　　　　　　班级： 职务：　　　　　　　　　　　　日期： 要求：自我思考，如实填写。
你认为本月你有哪些进步？并举例证明。 本月令你最感动或最骄傲的事是什么？从中你获得什么启发？
本月令你最失败或最后悔的事是什么？从中你得到什么启发？ 下个月以及本学期你的目标是什么？你打算如何实现它？

评价表为学生的自我发展提供了良好的结构化工具，为学生反思提供焦点性的问题，有助于他们深入思考。

成长记录袋中的自我评价表多种多样，有针对某一活动的自我评价表，有单独就目标设定和结果分析制订的评价表等。教师可以根据学生的特点弹性制订。

2. 反思性日志

反思性日志是教学中最常用的方法，作为开放式的评价方式，渗透整个学习过程。如写作日志、考试小结等。学校要求教师每天收集一至两份日志，并写出反馈意见。

四、中小学生综合素质评价监督体系

中小学生综合素质评价监督机制是评价机制中重要的一环，没有监督就没有保障，监督评价机制也就形同虚设。要从政府、学校、学生设置三级监督评价机制，层层监督，层层保障，把监督评价的内容覆盖到方方面面。前面已

经对政府大方向的监督评价有了些大致的说明。这里,主要从学校和学生层面进行阐述。随着社会主义市场经济体制的深化,学校办学自主权越来越大,中小学校长负责制也受到了较大的收获。各个学校在加强素质教育、提高学生综合实力上采用的办学理念越来越新,开展的校园文化也各具特色。同样,在提高学生综合素质水平的评价机制中,采用的方式方法也丰富多样,成为学校监督体系中至关重要的分支,如建立培训制度,建立公示制度,建立诚信制度,建立公示、举报和申诉制度,建立评价质量监控和分工协作制度,建立奖惩制度等。

1. 建立培训制度

(1) 学校应组织教师认真学习《学生综合素质评价实施细则》,吃透精神、领会实质,使教师对评价工作的各个环节和细节把握清晰、明了。同时,也要加强职业道德培训,使每个教师都真正树立起对评价工作的责任心,真正意识到做好评价工作是对学生终生负责。

(2) 利用多种形式,向家长、学生、社会宣传国家课程改革的有关政策和新的课程理念,印发学校综合素质评价实施细则,向学生、家长、社区人士和实践基地宣传解读,使其熟悉并掌握各项评价体系的操作规程。

(3) 学校按照工作安排,采取措施,保证每位参与综合素质评价的人员得到及时有效的培训,提高其职业道德水平和综合评价能力,以确保评价结果的权威性与可信度。

2. 建立公示制度

(1) 学校在广泛征求意见的基础上,确定学生综合素质评价实施细则,并把评价的内容、方法、程序、等级界定和结果进行公示,通过学生家长会、致家长一封信等形式,向家长做出明确说明,征得家长和社会的理解与支持。

(2) 学校各评价领导小组的组成办法及组成人员名单,学校要进行公示,以便学生、家长及社会进行有效监督。

(3) 各项评价内容得 A 等第的学生在校园内公示一周以上,其他评价结果要及时通知学生本人及其家长。

公布评定结果要充分考虑并消除对部分学生可能造成的消极影响,及时召开学生家长会或家长座谈会,沟通信息,化解矛盾,保持稳定。

3. 建立诚信制度

(1) 学校要建立学生综合素质评价、成长记录袋的诚信机制。学校评价领导小组要与所有组成人员及各评价小组组成人员签订诚信协议书，校长和教师要在相应的承诺书上签字，学校要建立诚信记录档案。

（2）学校要对教师进行诚信教育。要求教师必须对学生一视同仁，公平、公正，以学生的实际表现为依据，客观公正地评价学生。

（3）学校要对学生、家长进行诚信教育。在同学之间的互评中要做到客观公正，在自评中要做到实事求是。家长要协助配合学校、学生做好评价工作，不为学生提供虚假证明，不影响学校的评价工作。要建立学生、家长、社区评价制度，确保评价的公信度。

（4）对诚信记录不良的教师取消下一年度评定小组成员的资格。

4. 建立公示、举报和申诉制度

（1）学校要推行评价工作"阳光工程"，建立并坚决执行"公示、监督、申诉、举报制度"，做到评价工作公平、正义。校评价领导小组要确定专人负责举报和申诉的处理工作。

（2）学生、家长、教师和其他社会人士对于评定过程中可能影响评定结果公平、公正的现象和行为，或者对评定结果存有异议，自公示之日起一周内，可向学校评价领导小组举报或申诉。领导小组对反映的问题要高度重视，认真对待，及时解决，有问题的要及时纠正，无问题的要耐心解释。

（3）如果对学校评价领导小组的处理结果不满意，上诉人有权向教育主管部门举报或申诉。

5. 建立评价质量监控和分工协作制度

（1）在评价工作中，学校评价领导小组要对评价质量监控，充分了解有关信息，及时解决有关问题。学校综合素质评价办公室要做到日抽查、周反馈、月检查、学段沟通、学期总结。

（2）学校评价领导小组对各班评价工作进行抽查，对评价结果的真实性和有效性进行核查，查出重大问题的要重新组织评定，对弄虚作假的情况则要在诚信记录中记载。

（3）评价是一项系统工程，学校各职能部门要密切配合，通力协作，确保评价工作顺利实施。

6. 建立奖惩制度

（1）学校要把综合素质评价工作与学校日常管理和考核挂钩，作为班主任和科任教师量化考核、津贴发放、奖金分配、晋级晋职、职称评聘、评优评模的一项重要指标，作为评选三好学生、优秀学生干部、星级学生、文明学生的硬指标。对评价工作做得好的教师要给予表彰、奖励，学校颁发教师综合素质评价合格证，作为教师晋级的资格。

（2）对综合素质评价工作态度消极、敷衍了事、质量差、信誉低的教师要通报批评，并给予经济处罚。对在综合素质评价过程中有违纪违规行为的，一经查实，根据情节，依法依规从严处理。涉及领导的，按干部管理条例严格查处，情节十分严重者，按相关组织程序撤销其行政职务；涉及教师的，记入诚信档案，情节严重的，取消其参与资格，年度考核直接定为不合格，三年内不得晋级、晋职和参加评优评先；涉及学生的，按方案要求严肃处理，情节严重的，在综合素质评价中“道德品质”与“公民素养”方面直接定为D级。

（3）要严肃查处评价工作中出现的玩忽职守、违纪舞弊事件，并追究有关人员的责任，实行综合素质评价工作一票否决制。

从制度内容上看，这套监督机制巧妙地协调了校园内外的关系，引导政府、社会、家长用正确科学的标准看待学生发展，使用先进的教育理念教育学生，为学生综合素质发展创造了良好和谐的教育环境。从制度操作方式上看，它成功地突破了单一标准考核的局限，能及时有效地调整校长决策。学生作为评价的主要对象，本身也承担着自我教育的责任。

第九章　中小学素质教育中的特色校园文化建设

校园文化建设是学校精神文明建设的重要组成部分。它是学校的文化气氛、文化环境、多种文化活动以及大多数人共同的行为方式和学校的规章制度等各种文化因素的总和，对学校内的成员，尤其是学生的身心发展起着不可估量的影响。

校园文化建设是一所学校的灵魂，是一所学校凝聚力和活力的源泉。中小学校园文化建设，是基础教育改革的重要内容之一，是社会主义先进文化的重要组成部分，对学校的其他各项建设具有统领、决定作用，对学生的发展具有潜移默化的影响。正因为校园文化有着这样潜在而巨大的教育功效，因此，各地各校非常重视校园文化建设，并倾注了很大热情，对校园文化建设的理论和实践作了积极、大量的探索。这些探索为我们在新形势下进一步开展校园文化建设提供了一个很好的平台。

经过多年建设，各校普遍感到难以再有较大提升，校园文化建设似乎遇到了高原期，不少学校认为校园文化的诸多要素该有的都有了，便不再像过去那样费心尽力了。校园文化建设中的高原期现象，引发了人们更多、更深的思考，如何走出高原期，实现新的跨越，推动校园文化建设健康地发展，并向更高层次跃升，已成为摆在我们基层学校面前的又一个新课题。本章将分析中小学校园文化建设的价值和当前中小学校园文化建设的现状，提出中小学特色校园文化品牌塑造的一些实践路径。

第一节　中小学素质教育中校园文化的价值

校园文化是学校历史的积淀，是学校自我发展的主题。它是在社会多维变化的过程中，通过辩证批判的取舍，经过提炼和升华而形成的具有核心意义的学校精神和方向。它能促进整个学校的教育思想、教育管理、教育方法等变革，促使学生产生积极的情感和创造意识，成为学校培育现代人所具有的独特财富和资源。校园文化是学校管理中最具向心力和凝聚力的部分，是学校的核心价值观。“良好的校园文化以鲜明的导向引导和鼓舞学生，以内在的力量凝聚、激励学生，以独特的氛围影响、规范学生。”① 它直接影响着学校的发展方向和速度，对学校的可持续性发展和品牌建设起着决定性的作用。

一、加强校园文化建设是社会主义核心价值体系建设的需要

社会主义核心价值体系是我们党思想上和精神上展示的一面旗帜，是关于社会主义中国新的价值理念和导向。社会主义核心价值体系是社会主义制度的内在精神和生命之魂，它决定着社会主义的发展模式、制度体制和目标任务，在所有社会主义价值目标中处于统摄和支配地位。构建社会主义核心价值体系，是我们党在思想文化建设上的重大理论创新，对社会主义文化建设提出了更高的要求。社会主义核心价值体系包括四个方面的基本内容，即马克思主义指导思想、中国特色社会主义共同理想、以爱国主义为核心的民族精神和以改革创新为核心的时代精神、以“八荣八耻”为主要内容的社会主义荣辱观。社会主义核心价值体系在校园文化建设中具有至关重要的地位和作用，并为中小学校园文化建设指明了方向。②

1. 加强校园文化建设有利于学生形成正确的人生价值观

我们正处在价值观念深刻变革的时代，先进文化、健康文化和落后文化、腐朽文化同时并存，正确思想和错误思想、主流意识形态和非主流意识形态相互交织。在这样的条件下，加强中小学校园文化建设，有利于我们自觉运用马克思主义来指导自己的行为，使马克思主义的理想、信念和价值观更加深入人心，真正成为中小学生的主导意识和精神支柱，成为凝聚人心的强大精神力量，并促使他们自觉调整自己的人生目标和人生态度，最大限度地形成思想共识和价值认同；通过加强中小学校园文化建设，能使中小学生牢固树立中国特色社会主义共同理想，激发中小学生为了共同的奋斗目标而奋发向上，感召他们将自己的理想和追求融入建设中国特色社会主义的伟大实践之中；通过加强中小学校园文化建设，能引导广大学生树立坚定的民族自尊

---

① 关于大力加强中小学校园文化建设的通知（教基〔2006〕5 号）[EB/OL]. 中华人民共和国教育部网站. http://www. moe. edu. cn/publicfiles/business/htmlfiles/moe/moe_1237/200608/17004. html. 2006 - 04 - 25.

② 侯永翠，邓安平. 以社会主义核心价值体系为指导加强校园文化建设[J]. 改革与战略，2007(1).

心和自信心，自觉坚持和弘扬中华民族爱国主义的优良传统和民族精神，形成维护国家利益、促进民族进步的强大精神动力和高尚情感，成为民族精神的传播者和实践者；通过加强中小学校园文化建设，能使学生树立正确的道德行为观，以“八荣八耻”的社会主义荣辱观来规范自己的行为，成为有理想、有道德、有文化、有纪律的社会主义“四有”新人。

2. 加强校园文化建设利于发挥社会主义核心价值观的导向作用

校园文化建设是社会主义核心价值体系建设的重要组成部分和重要载体。中小学不仅是培养社会主义建设者和接班人的重要阵地，还是传播社会主义核心价值体系的重要阵地。建设高格调、高质量的校园文化，对学校坚持社会主义办学方向，继承和发扬中华民族优秀的文化传统和革命传统，吸收世界文明成果，培养高素质人才，具有十分重要的意义，对社会主义核心价值体系建设具有重大影响。

社会主义核心价值体系是建设校园文化的根本要求，加强中小学校园文化建设就必须用社会主义核心价值体系统领校园文化，使整个学校形成“以马克思主义为指导、以中国特色社会主义共同理想为人生价值目标、以培养以爱国主义为核心的民族价值观和以改革创新为核心的时代价值观为内容、以社会主义荣辱观为每个人的行为准则”的校园文化氛围，使全校师生在形成共同目标、共同理想信念的前提下齐心协力，共建校园文化。

二、加强校园文化建设是优化学校育人环境的需要

加强校园文化建设，是优化学校育人环境的客观需要。社会存在决定社会意识，社会意识对社会存在具有能动的反作用。积极的社会意识推动社会存在的发展，消极的社会意识则会阻碍社会存在的发展。没有文化的校园，是贫瘠、匮乏、萧条的，是不利于校园里的“花朵”成长开花的。前苏联教育家苏霍姆林斯基曾说：“用环境，用学生自己创造的周围环境，用丰富集体生产的一切东西进行教育，这是教育过程中最微妙的领域之一。”① “校园文化是学校教育的必然产物，是一种特定的文化环境，在培养人才的过程中具有教育功能。”② 陶行知先生也曾说过：“天然环境和人格陶冶，很有密切关系。”③ 由此可见，校园文化作为一种社会意识，对优化校园环境具有重要意义。

---

① ［苏］苏霍姆林斯基. 帕夫雷什中学［M］. 北京：教育科学出版社，1981：12.

② 王邦虎. 校园文化论［M］. 北京：人民教育出版社，2000：81.

③ 陶行知选集：第3卷［M］. 北京：教育科学出版社，2011：357.

1. 加强校园文化建设，可以优化校园精神文化环境

校园精神文化环境指学校师生员工群体的思想意识、舆论风气、心理素质、人生态度、价值取向、精神风貌。“近朱者赤，近墨者黑”，优美的校园环境有着春风化雨、润物无声的作用。一方面，通过潜移默化，耳濡目染，可使学生不知不觉地接受校园文化的教育，并内化成风尚、习惯、规范，从而带上校园文化的烙印；另一方面，学生在校园环境中受到熏陶和感染，触景生情，因美生爱，从而激发学生热爱学校，进而热爱家乡、热爱祖国的高尚品德。

2. 加强校园文化建设，可以优化校园物质文化环境

随着经济实力的增强，中小学硬件设施得到了很好的加强。现在，加强软环境建设已成为多数学校的必然选择。作为学校“软件”建设的重要部分，校园文化建设成为优化学校育人环境的迫切需要。加强校园文化建设是提升学校教学管理、科研工作水平、学生和教师的归属感、幸福感、成就感和自豪感的重要条件。

三、加强校园文化建设是全面育人不可或缺的重要环节

1. 有利于加强中小学校园思想建设

中小学阶段是青少年长知识、长身体、形成良好品德的重要时期，他们接受新事物快，思想活跃，精力旺盛。面对各种社会思潮相互激荡的影响，中小学生明辨是非的能力仍然较差。处于成长期的中小学生要有效抵制不良思想的影响，形成正确的价值观，离不开健康校园文化的引导和熏陶。这就要求我们要根据办学目的和培养目标优化校园文化，创造一个优良的育人环境。一个人在良好环境的熏陶下，必然会用好的道德行为去约束和控制不良行为。加强校园文化建设有助于增强德育工作的实效性和针对性，引导青少年树立正确的思想意识，以抵制社会负面思想的冲击。

2. 有利于从应试教育转向素质教育

素质教育的内涵就是全面贯彻党的教育方针，以提高国民素质为宗旨，以培养学生的创新精神和实践能力为重点，造就有理想、有道德、有文化、有纪律的德智体美全面发展的社会主义事业的建设者和接班人。建设有利于师生身心健康发展的校园文化，是学校教育的一项基础建设，是全面贯彻教育方针、深入实施素质教育的现实需要。著名教育家蔡元培先生曾说：“欲知明日之社会，须看今日之校园”，简约而深刻地指出了校园文化的重要作用，即它在一定程度上反映并直接推动着社会主流文化的生成和发展，对提高学

生的综合素质有重要的价值。由“应试教育”转向素质教育，是建设有中国特色社会主义教育的一个根本问题，是当前教育改革和发展的必然走向。但在“应试教育”弊端的影响下，一些学校把注意力集中在升学率上，重智育、轻德育。为了“应试”，教师多用“填鸭式”教学方法，大大增加了学生的课业负担，严重束缚了他们的想象力和创造力。而素质教育的内容包括教育要面向全体学生，要注重德、智、体、美劳全面发展，要让学生主动发展。这同样要求我们加强校园文化的建设。

3. 有利于构建中小学德育文化体系

在中小学校德育文化的建构中，物质文化是基础，制度文化是特征，精神文化是核心，三者互相联系、互相作用，构成一个完整的、不可分割的文化体系。三者共同影响并作用于师生的品德形成过程，从而在潜移默化中塑造师生的优良品德和行为习惯。校园文化作为学校德育工作中深层的文化积淀与特殊的教育氛围，在很大程度上制约并影响着学生思想道德的形成和思想转化的过程，对学校德育工作有着极其重要的影响。

4. 有利于丰富中小学生的校园生活

在深化“尊重学生个体差异，关注每位学生发展”的办学理念，提升“环境塑造性格，爱心培育人才”的育人理念的过程中，各校建立宽松活泼、健康向上、丰富多彩的校园文化氛围，给学生的校园生活添姿添彩，同时也激发了学生各方面的潜能，优化了学生的整体素质。比如，加强校园文化建设，开展丰富多彩、积极向上的技能竞赛、文体活动和社会实践活动；积极组织“弘扬和培育民族精神月”宣传教育活动和“文明风采”竞赛等活动，充分利用重大节庆日、民族传统节日，开展爱国主义教育、民族团结教育；结合开学典礼、毕业典礼、升旗仪式、入党入团仪式等，开展特色鲜明的主题教育活动；加强对学生社团和课外兴趣小组的指导和管理，开展有益于学生身心健康的多种活动；定期组织师生参观德育基地、生产性实训基地，瞻仰革命圣地，祭扫烈士墓，参观名胜古迹；组织学生参加公益活动、志愿服务等社会实践活动，以提高学生的自我教育能力和社会实践能力。

第二节　中小学特色校园文化建设的现状

当下的中小学校园文化建设，从总体上来说是比较好的，尤其是近年来特色校园建设成效非常显著。当然，由于这样或那样的因素影响，目前中小学校园文化建设中也还存在一些需要解决的问题。

一、中小学校园文化建设取得可喜成果

改革开放30多年间，是我国中小校园文化建设事业蓬勃发展的黄金时期。当前，我国中小学校园文化建设正处于一个稳定发展的时期。经过几十年的风吹雨打，特别是近十几年的锤炼磨砺，我国的中小校园文化建设正走向成熟。①

1. 中小学校园文化建设的地位持续提升

党的十七届六中全会提出，要用社会主义核心价值体系引领社会思潮，其中特别指出，要提高校园文化建设水平。校园文化是学校教育的重要组成部分，良好的校园文化能引导、鼓舞、凝聚、激励学生。2006年，教育部下发关于大力加强中小学校园文化建设的通知，各地学校也在不断探索和完善校园文化建设。在大力推进素质教育的今天，中小校园文化建设的作用与功能已经受到各个学校的普遍重视，校园文化建设也列为各校德育建设中的一个重要组成部分。学校、教师、学生对校园文化的认同，使校园文化建设已成为现代中小学教育的一个新的亮点。教师与学生的积极参与成为校园文化建设的主要支柱，学校领导的关心与支持成为搞好校园文化建设的重要保障，这些都使得校园文化建设的地位日渐上升。

2. 中小学校园文化建设的影响不断扩大

首先，中小学校园文化建设对社会产生辐射功能，校园文化与社会之间产生了一种越来越密切的联系，即适应与超越的关系。超越性适应与适应性超越的辩证统一关系，构成了校园文化与社会文化互动与交融的生动图景，体现着一种和谐发展的动态关系。校园文化虽然以校园为主要活动空间，但并不意味着它是封闭在校园院墙里的文化，比起其他领域的文化，它更具超前性、先进性。它可以通过培养人才，输送毕业生和开展各种文化、教育活动，对社会的精神文明建设发挥导向和辐射作用。因此，校园文化开展得好与坏，往往会对社会大文化产生一定的影响。

其次，中小学校园文化建设对广大教师提出了新的要求。在校园文化中，由于教师对传播主流文化的思想、价值和行为方式发挥着主导作用，因此，教师必须根据先进文化的要求，发挥教师作为校园文化中比较稳定的主

① 郭婵英.现阶段中小学校园文化建设存在的问题与对策[J].教学与管理,2007(3).

体和传道、授业、解惑的职业角色优势，贯彻社会主义核心价值体系的要求，安排和调整校园文化，实行对学生群体的整合，从而实现校园文化所要求的育人目标。教师既是知识的传授者、课堂的管理者、学生的评价者，又是学校制度建设的设计者和执行者，同时还是校园文化活动的领导者、组织者和建设者，其素质的高低及工作作风、态度的好坏，将直接影响校园文化的建设和发展水平。因此，每个教师除了要不断丰富知识、提高自己教学水平之外，还应该积极投入校园文化建设中，发挥自己在校园文化活动中的主导作用。

再次，中小学校园文化建设对学生人格与性格的塑造产生的影响越来越大。中小学生正处在人格、性格形成时期，其生理、心理等方面尚未成熟，可塑性大，模仿性强，辨析能力差，很容易受外部环境的影响。校园文化作为一种环境教育力量，对学生的健康成长有着巨大的影响。加强中小学校园文化建设，能为学生创造一种适合其健康成长的外部环境，促进其综合性素质主体性发展，不断完善自己的人格与性格。

3. 中小学校园文化建设的物质基础愈加雄厚

随着对中小学校园文化建设认识的深入，各校逐步加大了物质投入力度，学校各方面设施条件得到明显改善，为发展校园文化奠定了坚实的物质基础。除了兴建起一座座整洁、高大的教学楼外，许多学校还设有办公楼、实验楼、图书馆、体育场等；除了宽敞的教室外，一些学校还修建了雕塑、水池、花坛、草坪、文化长廊、橱窗展览厅等；教育教学设施更加齐全，许多学校设有微机室、语言室、理化生实验、演示室、音乐室、美术室、印刷室、图书阅览室、德育展览室和共青团、学生会活动室等；安装内部电话交换机，充实卫生室仪器设备以及课外体育活动器材等。作为校园文化的载体，学校的物质基础越来越雄厚，为校园文化的进一步发展奠定了扎实的基础。

二、中小学校园文化建设的现实误区

1. 对校园文化内涵理解的误区

校园文化指一种文化特质，既包括社会文化发展、变迁的共性，也包括因学校构成或具体环境不同而具备的区别于其他学校的个性，具有共性与个性相统一的文化特质。学校是具有生命力的社会组织，而文化是伴随人类社会的不断发展演进而来的，两者的融合具有丰富的哲学、社会学、管理学等实践价值。从归属本质来讲,校园文化具备场域概念① 与组成概念的双重叠加特点。从场域概念来看,校园文化主要指产生于学校场域中,并对学校发展产生影响的类属性文化,有别于其他类型机构的特点。由于场域特点的影响,校园文化的客观存在以教育作为基础性条件,这是场域功能的直接外显。因此,在对校园文化进行场域概念的探讨时,忽视或抛开教育功能就不能对校园文化的现实功能进行全面理解。如有人认为,抓校园文化建设就是栽栽树、种种花、植植草、写写标语、做做宣传。所有这些,只是改善了显性的文化外观,对校园文化的内涵理解不透彻,忽视了校园文化的教育功能。从组成概念来看,校园文化之所以能够存在,其主要源于学校内组成因素的客观存在并相互作用而产生的实效。所以,脱离学校本身的现实状况来对校园文化进行探讨是对组成概念的忽视,同样不利于对园文化的准确认识。比如某些农村学校的校园文化建设,一味模仿城市学校,而不注重挖掘地方的历史文化特色。农村中小学在进行校园图案、景物等物质文化建设时,不注重文化内涵和教育意蕴,所制作的图案、景物等成为装饰和摆设,不能产生丰富的文化昭示,严重脱离了农村中小学教育的实际。

基于场域概念和组成概念的讨沦,对校园文化的内涵式理解需要得到进一步深化。校园文化的产生与发展表现出生成性、互动性的特点,是一种动态的、不断追求的过程,即校园文化的存在并非一成不变地固定存在,而是校园文化的各组成因素能够相互作用,并在互动过程中逐渐生成。在对校园文化的基本特点未能准确理解时,学校在实践过程中会形成对校园文化的注入式行为,即由学校领导机构参照优质学校的实践经验,在学校场域内进行模仿式推广,其中学校场域内的众多组成因素通常会表现出对于命令的被动追从,而缺乏主动的参与意识和参与途径。在现实的校园文化建设过程中,模仿式的推广通常会表现为欠佳的实践效果,这在很大程度上是由于学校管理者个体或管理机构对于概念内容和特点的理解偏差而造成的。从现在的情形来看,即便是很多名校,也往往忽视了到自己的历史中去挖掘文化建设的资源。比如近几十年来十分强调所谓示范性中小学的建设,一些学校一味模仿国外中小学办学经验,偏于硬件的物质建设,而忽视了软件的精神文化建设,以致出现了豪华建设和贵族化倾向,脱离了教育的实际。因此,加强校园

---

① 刘生全. 论教育场域[J]. 北京大学教育评论,2006(4).

文化的内涵式理解,能够有效避免因概念理解偏差而产生的认识误区,为减少校园文化的异化建设奠定基础。

2. 对校园文化分类的误区

文化本身是涵盖面较广、结构相对复杂的概念,从不同的分析角度出发,对于文化的分类形式也表现出种类繁多的特点。因为校园文化是隶属于文化层面以下的下位概念,文化分类的不确定性也同样导致校园文化在分类过程中因标准不一致而表现出杂乱的状况。但事实上,在广泛的文化概念中,校园文化具备明显的教育功能,即校园文化的存在与发展都要以学生的身心发展作为基础性目标,一切校园文化都要服务于学生的成长需求。根据这一基本原则,校园文化的分类就应表现出相对清晰的划分标准。基于社会学对于文化的基本分类,校园文化首先可被简单地划分为物质文化和精神文化两大类型。物质文化是校园文化中最显性的组成部分,包括学校建筑、学校设备、学校环境等一系列外显因素。虽然在校园文化内的众多组成因素中,物质文化的外显性最强,但受历史传承因素的影响较小,因此,在相对较短的时间内实现提升的空间和可能性都较大。与物质文化外显性和易操作性的特点不同,精神文化是人类在物质文化的基础上产生的一种人类特有的意识形态。校园精神文化是指学校师生员工群体的思想意识、舆论风气、心理素质、人生态度、价值取向、精神风貌,它是校园文化的核心和灵魂,是校园文化的最高层面。① 精神文化的发展成为物质文化发展的内驱动力。与此同时,精神文化的历史传承性和待完成性也在一定程度上限制了其发展动力和发展方向。因此,抛开历史文化基础来单独谈论学校的精神文化建设是不可取的行为。

对于校园文化的分类,应在传统文化分类的基础上,根据学校场域特点,对其重要方面进行特殊强调。因此,制度文化和行为文化在校园文化中也应成为重点方面被提及。制度文化是人类为了自身生存、社会发展的需要而主动创制出来的有组织、系统性的规范体系。校园制度文化主要是指学校的各种规章制度,即行为规则、行为要求所呈现出的文化内涵,它是校园各种行为是否符合办学要求的辨别、模式、制约,是对校园文化某种价值观的具体化、

① 高旭辉. 校园精神文化对大学生思想品德的影响及对策研究[D]. 石家庄:河北师范大学,2011.

规范化。中小学生在学校教育过程中不仅要实现知识的积累、技能的提升，对中小学生的行为进行社会化也是学校教育的重要任务，同时这也符合学生身心发展的基本要求。行为文化是人类在生活、工作中展现出来的，具有人类发展经验和创造性特征的活动。基于教育功能以传递间接经验作为基本目标，对于行为文化的关注也应被重点关注。对校园文化进行以上四方面的划分在呈现方式方面符合文化层次理论结构，同时也是在对文化基本分类的基础上，对校园文化特点进行关注的结果。

在对校园文化的探讨过程中，教育教学实践者试图运用不同的文化解释框架作为分类工具，对校园文化按照规程进行硬性分类，再按照分类的具体情况进行归纳与总结。事实上，由于文化内涵的广泛性，目前对于文化的分类呈现出繁杂的状况，缺少学校场域的特点分析，而仅仅按照现有划分标准对校园文化进行规程性分类会出现针对性缺乏的现象。对于教育教学实践者来讲，校园文化分类的认识误区将直接导致其对中小学生的消极影响。

3. 校园文化建设的实践误区

尽管部分教育教学实践者能够对校园文化的内涵有相对科学、合理的认识，然而，这仅仅是存在于精神领域的思维认识。从认识领域向实践领域的转换，现实矛盾的客观存在同样作为一项重要障碍影响着实践者的行为。依照上述对校园文化的基本分类，教育教学实践者会表现出多方面的异化。实际上，这些异化倾向同样不利于校园文化建设的科学发展。具体而言，在校园文化建设的实践过程中，目前呈现几种较为明显的发展倾向。①

（1）物质文化的简单化倾向。由于物质文化的建设呈现较强的显性特质，即作用对象和成绩方面均通过相对客观的物质主体表现。因此，部分教育教学实践者便会在显性特质的基础上，对物质文化进一步简单化，即仅对外显部分进行关注，而对隐匿于内部的物质文化采取主动简化、舍弃的方式。对于物质文化表现形式的简化，促使教育教学实践者会在追求短期效果的推动下，首选物质文化作为校园文化建设的突破口，希望校园文化建设能够在短期内实现历史性的突破和时代性的转变。如在校园文化建设中，有些学校热衷于建设物化的环境文化，有些学校热衷于搞各种活动，有些学校热衷于搞形象设计，认为校园文化就是学校的各种文化设施、开展的文化活动或学

① 袁环. 中学校园文化建设中的问题及对策研究[D]. 重庆：西南师范大学，2013.

校的形象设计等，过于注重外显形式，而忽视了文化本质。甚至有些中小学校长把它作为学校的形象工程和自己的政绩工程，不惜人力、物力、财力修校园“文化墙”、立校园雕塑、搞硬件建设等。虽然充足的资金作为物质文化建设的重要保障是必要的支撑性条件，但缺乏理念、意识等基本价值趋向的物质文化建设，由于其缺乏发展的源动力，最终不利于校园文化建设的整体开展。

（2）精神文化的趋同化倾向。精神文化具有较强的主观能动特征，其存在与发展受明显的历史积淀和发展指向的影响。在学校精神文化建设方面，对学校发展历史的深入理解并根据其发展精髓确定未来发展路径是实现学校精神文化建设的重要途径。目前，各中小学校在精神文化方面表现出较强的趋同化倾向，即对典型、示范学校的简单模仿与学习。这种趋同化倾向主要表现出教育者的立场。如我国一些农村中小学校园文化普遍缺乏核心校园文化理念，大多数学校依然存在生搬硬套、校园文化形式大同小异、特色不突出的现象，有些学校甚至连校训都一样。由于各学校所具有的历史、面临的现状、未来的发展趋势都不尽相同，因此，缺乏对学校自身特点分析作为基础的精神文化建设，同样表现出发展持续性差、源动力不足的困境。

（3）制度文化的制约化倾向。作为物质文化和精神文化的连接性桥梁，制度文化具备协调个体与群体、群体与社会之间关系的作用。相对于物质文化和精神文化来讲，制度文化在保证发展凝聚力方面表现突出。对于学校场域内的制度文化之所以被重点提及，主要是源于学校场域内的主要参与者具有未成年的特点，学生的心智尚未成熟，具有较大发展空间的特质。针对参与主体的未成年特征，制度文化的建设应关注未成年的身心发展规律。仅以规训作为主要手段的制度文化建设，对于未成年学生来讲具有较强的束缚功能，但不利于向学生提供具有创造性发展空间的机会，从而具有较强制约性质的制度文化会限制个体的个性发展和创造性意识的生成。制度能不能成为一种文化，主要体现在制度是否科学、合理地体现人本精神，是否体现学校核心价值观，并为广大师生所认同，以及制度的形成过程是否体现了民主性与传承性。缺乏人性化探究的校园制度，终将不能被称为文化。校园制度文化建设不但需要学校领导和教师投入更多的时间和精力，还对引导人的文化水准和能力有更高的要求。

（4）行为文化的传统化倾向。在学校场域中，行为文化的主要载体由两大主要参与主体构成，即教师和学生。在教育教学过程中，教师与学生的行为能够成为师生关系的重要体现途径，同时制约着校园文化的具体表现。受传统文化中师道尊严的影响，学生对教师的模仿式学习是师生关系存在的主要形式，低龄儿童表现得更为明显。目前，师生关系中的行为文化表现为单向传递的特点，而在互动交流方面表现出相对较弱的状态。传统文化的现实传递，在学校行为文化的建设中表现出双向互动形式缺失的现象，缺乏互动、交流式意识的文化建设不利于中小学生社会交往及合作沟通能力的形成与培养。据了解，在校园文化建设中，大多数学校的参与者主要是教师骨干；普通教师中对此持观望或反对态度的不少，热情不高；学校活动不多，学生参与少，几乎呈被动的接收状态。显然，这样的校园文化无法让全体师生认同，难以形成共同的价值观。

第三节　中小学特色校园文化品牌塑造

在学校教育所需资源已日趋丰富的今天，进一步提高办学质量、优化教育资源已成为教育界内外共同的追求。此时对校园文化建设的关注，已经开始超越曾经的更新硬件设施、美化校园环境、表述先进理念等，致力于让学校教育拥有更多隽永的韵味、深刻的内涵，从而为师生发展提供更高境界的文化思想空间。

一、关于校园文化和品牌建设的思考

1. 校园文化

文化，即人类处理人与世界关系中所采取的精神活动与实践活动的方式，包含其所创造出来的物质成果和精神成果，是活动方式与活动成果的辩证统一。校园文化，即社会文化的一部分，属于社会文化的亚文化。校园文化是以学生为主体，以校园为主要空间，以育人为主要导向，以精神文化、环境文化、行为文化和制度文化建设等为主要内容，以校园精神为主要特征的一种群体文化。[①] 校园文化有广义和狭义之分。广义的校园文化包括物质文化、精神文化和制度文化。狭义的校园文化指精神文化和活动文化。中小学校园文化也有广义和狭义之分。前者是指在一定的校园内，经长期历史积淀而形成的，以校内师生为主体创造并共享的校园精神环境和文化氛围，包括

---

① 朱小玲. 校园文化品牌活动构建和阅读推广[J]. 图书馆与图书馆事业，2011(3).

校园物质文化、校园精神文化和校园制度文化三个层面。物质文化包括校园的教学科研设施，工作、学习、生活场所和校园环境；制度文化包括学校的教学、科研、校风、学风、生活模式和管理制度等。精神文化是校园文化的灵魂，它包括学校的历史传统、人文精神和办学风格。后者仅指中小学校园内的精神财富，即校园的校风、教风、学风、班风以及校园的思想、艺术、道德和管理制度。中小学校园文化对人的思想、行为具有重大的制约作用。因此，加强文化建设是学校教育的重要功能。

校园文化是学校所具有的特定的精神环境和文化气氛。它包括校园建筑设计、校园景观、绿化美化等物化形态的内容，也包括学校的传统、校风、学风、人际关系、集体舆论、心理氛围以及学校的各种规章制度和学校成员在共同活动交往中形成的非明文示范的行为准则。良好的校园文化能陶冶学生的情操，有利于提高学生的思想道德素质；能让人长期保持高昂的奋发进取精神，开发学生的非智力因素，促进学生德智体美等综合素质的和谐发展。校园文化是学校本身形成和发展的物质文化和精神文化的总和。在变革和发展中，学校所承担的传承文化、塑造文化和选择文化的功能从未改变。校园文化体现学校内涵，学校特色成为校园文化的亮点，具体体现学校的办学思想、风格和特点。特色鲜明的学校，其校园文化必定丰富多彩。可见，形成学校特色是建设优质学校的前提。随着科技的迅猛发展、经济全球化进程的加速，社会对校园文化建设赋予新的使命，于是，创建学校品牌就成为各地中小学办学的重要方向和主要目标。

2. 品牌建设

品牌不等于特色，品牌是全面的，特色是局部的。但是，品牌离不开特色，特色是品牌的一个重要表征。一所学校如果没有特色，就不可能形成品牌。学校品牌是学校整体办学品质的体现，学校品牌建设涉及学校工作的方方面面。

一般而言，学校品牌的形成要经历两个阶段：第一阶段是创建学校特色；第二阶段是建立特色学校，即形成学校品牌。所谓特色，是事物所表现出的独特的色彩和风格，是该事物区别于其他事物的度的界限。对于学校而言，特色是学校差异性和独特性的一种体现，是学校个性化的办学追求。这种追求，以学校的某一方面工作作为突破口，如书法教育、科技教育、美术教育等；以改善学校管理水平和提高学校教育教学质量为目的，从而更好地体现素质教育的精神和理念,促进人的全面发展。① 应该认识到,“学校特色”仍然是比较单一的,也是不稳定的,是品牌建设的初级形态。对于学校品牌建设来说,特色只具有工具性价值,不是目的,不能认为只要有了特色,学校品牌就已经形成,而需要从学校整体的角度来认识品牌建设工作的全面性。特色学校,即将学校特色渗透学校的各个方面,凸显学校整体风貌的独特性,形成学校品牌。

要进行品牌建设,首先,要从学校的客观条件出发,选择某一项目作为实施品牌战略的突破口。学校的客观条件至少包含三方面:一是学校是否有相关的文化传统;二是学校是否有足够的物质投入和政策支持;三是学校是否拥有和特色教育相匹配的师资力量和仪器设备。其次,要进行品牌建设。要从学校全体师生出发,既要尊重教师现有基础和自身特长,获得教师的认同,又要满足学生个性发展的需要,促进学生自主性和多样性的发展。

二、塑造特色文化品牌需要把解决问题与文化品牌建设相结合

随着素质教育与课程改革的深入推进,文化建设成为中小学校的热门话题,许多学校都以文化建设来提升办学品位,但在现实中存在着不从学校实际出发,缺乏问题意识,将文化建设当成一种时尚、为文化而文化的现象。校园文化建设与教育实践者对学校面临问题的探索与解决休戚相关,因为所有的发展与进步总是在发现与解决问题中实现的。所以,校园文化建设应该具有强烈的问题意识,从文化层面、更高水平地逐步解决学校发展中的重点与难点问题。在不断解决问题的过程中,充满生命张力、内生性、个性化的特色校园文化品牌才会自然而然地形成。

1. 校园文化建设的原则

校园文化是一个永恒的话题,内涵极为丰富,需要关注很多方面。但就目前中小学校园文化建设现状而言,有三个方面值得着力关注。

(1) 坚守符合教育本真的价值追求与立场。价值观是指导所有态度和行为的根本要素,直接决定着校园文化建设的方向和路径。在当下的多元化开放社会,不同的价值发生激烈碰撞,工具理性经常左右人们的选择,如不进行深入的思考,就会因为急功近利和目光短浅而忘记真正属于自己的目标和理想,忘记学校在社会中应负的责任,忘记学校教育对青少年成长的重要价值。

---

① 那岚业.基础教育学校品牌研究[D].西安:陕西师范大学,2013.

这样一来，校园文化就会异化，建设方向一定是有所偏颇的。当逻辑出发点已然迷失，越"努力"文化建设越背道而驰。在实践中，一些学校的确如此，轰轰烈烈地展开文化建设，但眼睛里却没有学生，仍然用成人的思维去看待教育，过于强调社会性、功利性目的，以所谓的社会和家长的要求替代学生的真实发展需求，无法让学校成为儿童成长的精神家园。因此，校园文化建设要在深入的理性思考基础之上，进行合目的性、合规律性的反思，具有向善的意义与追求，坚持学生本位的教育立场，以课程改革作为推进素质教育的突破口，为中小学生提供丰富多彩的发展平台。

（2）形成自己的教育哲学观与实践话语体系。作为某一个学校的文化，应该是与众不同的，应该具有本校特色。"越是民族的就越是世界的"这一判断得到了许多文化学者的认同，置换到校园文化建设中，则"越是校本的就越是全国的"。也就是说，越是凸显本校特色的文化建设，越是具有更大的借鉴意义与参考价值。校园文化的核心是具有价值意义的教育哲学观，要想形成独特的校园文化，首先必须具有自己的教育哲学追求。一旦有了自己的教育哲学追求，就意味着我们会以独特的视角关注、反思和把握教育现实，形成个性化的校园文化内涵，并找到校本化的践行模式，可以为学生的生存与教育的发展提供更有针对性和适切性的价值导引。① 这种哲学追求重要的外显特征是学校的话语体系。话语体系具有明显的识别功能，可以显示出与他校的不同之处。而且，话语体系一旦形成，还能够规约人们的思维与行为，进一步从符号层面凝炼学校的文化内涵与特征。因此，学校在文化建设中不仅要明晰与众不同的教育哲学追求，还要善于形成自己的表达方式，以凸现个性化的文化生长态势。

（3）从更深层面改变学校的同质化倾向。当今社会，模仿与克隆成为发展的捷径，同质化作为一种文化现象，普遍地存在多个领域，教育领域亦然。尽管一再强调学校的个性化发展，但千校一面的状况并未得到实质性改观，充满鲜明特征的学校还是少数。所以，新一轮课程改革特别强调校本发展，要创造性地实施课程，以促进学校多元化、多样化发展，形成一种新的教育发展格局。但是，在学校的个性化发展过程中，仍有许多学校以为通过一些形式上的、局部的调整，学校环境重新设计一下，搞一两个有特色的小项目，就

---

① 毕强. 文化哲学视域下的高校校园文化理论[D]. 哈尔滨：黑龙江大学，2007.

可以实现与众不同的发展。这是对学校个性形成的简单化认识。要想真正改变学校的同质化倾向，必须在文化层面进行突破，从系统和整体建构的视角，推进学校真正实现各自不同的内涵发展。

2. 问题意识对校园文化建构的重要价值

学校文化建设中问题意识缺失而导致的隐忧，并不是否定学校文化建设的重要价值与发展方向，更不是否定理论工作者与学校进行的种种尝试和努力，而是想表达这样一种观点——将解决问题作为学校特色文化品牌建设的突破口和着力点。如此，不仅可以激发文化建设者自身的主动性，还能够形成学校的实践话语体系，进而彰显学校独特的文化品质。

(1) 校园文化的生命力在于深层次解决问题。对于中小学而言，文化建设不同于理论界学者的宏大叙事和形而上思考，它的生命力一定扎根于实践之中。“人们所需要的东西并不只是锲而不舍地追究终极的问题，而且还要知道：此时此地什么是行得通的，什么是可能的以及什么是正确的。”① 在学校的发展过程中，总会出现一些问题，这些问题的存在会严重影响学校向更高层次发展。校园文化建设应该以积极的心态，强化问题意识，在真实情境中把握好学校的实践脉搏，努力解决阻碍师生成长的真实问题，真正推进学校的可持续协调发展，并在解决问题中赋予校园文化鲜活的生命力。这样一来，校园文化建设也会由对时代的普遍性问题的回应，转为更多地对校本问题的诊治。这种强烈的问题意识既可以让我们在对问题的思考中更加理性，头脑更加清醒，还能够促使校园文化建设更有针对性，以问题的研究带动校园文化的深化，从而实现校园文化研究与实践范式的变革。反之，如果文化建设不能捕捉学校教育教学发展中的问题，并确立文化建设的新主题，则这种文化肯定会远离实践，远离教师和学生，其合理性会受到质疑，进而被实践所摒弃。

(2) 在问题解决中可以形成独特的校园文化。每个学校都有与他校不同的传统积淀，其发展中面临的问题也各有不同。解决这些实际问题具有非常强的现实针对性、指向性，通过对问题的区分、辨析和言说，我们不仅可以明晰存在的问题，还可以找准进一步的发展方向，因为“在一切我们发现意见分

① ［德］加达默尔. 真理与方法——哲学诠释学的基本特征(上卷)［M］. 上海：上海译文出版社，1999：16.

歧的场合，我们也发现问题不曾得到清晰的理解"①。远大的终极目标虽然非常重要，但脚踏实地地解决一个个实在问题更具有奠基性的意义。以文化建设不断解决自身存在问题的过程是学校不断发展的过程，也是校园文化品格形成的过程。因此，中小学校园文化建设必须努力走一条草根化的道路，以适合自己的方式解决自身的问题，这才是学校个性化的应有之义。也只有在解决自身问题的过程中，校园文化才会更加具有本校特点，更加显示出个性，更能够展现自身的独特魅力。与此同时，在解决自身问题的过程中，特有的话语系统与外显符号会不断地呈现出来，学校个性化的表达会更加鲜明，师生的文化"表情"和学校的文化要素会更加丰富，这些会慢慢沉淀为校园文化的内在价值和底蕴。

3. 塑造中小学特色文化品牌的实践路径

在学校育人理念的统率下，校园文化的因子可以概括为课程文化、交际文化、管理文化、环境文化等四要素（图1）。它们分别从显在和潜在的两个层面体现。②

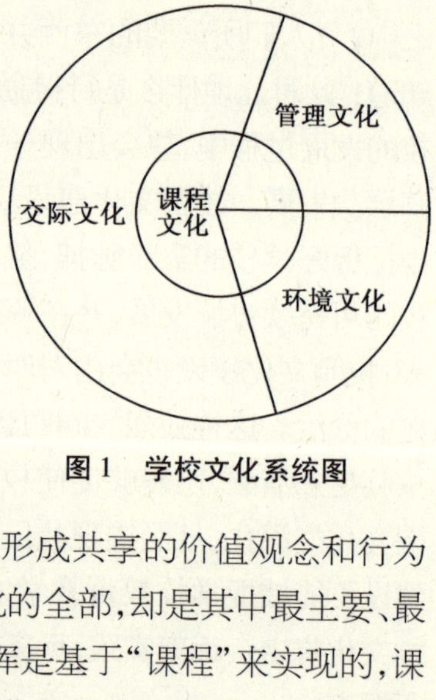

图1　学校文化系统图

作为由若干要素有机组合而成的课程文化系统（图2），在学校文化系统中处于核心地位。学校的功能是由学校开设的课程来履行的。学校中的各课程分担着学校功能的各个方面，各有侧重点，各课程功能的整合体现了学校的整体功能。课程在共同的育人理想中形成共享的价值观念和行为范式，这就是课程文化。课程文化不是学校文化的全部，却是其中最主要、最根本、最核心的成分。因此，学校教育功能的发挥是基于"课程"来实现的，课程文化决定了学校文化的主题。学校的课程文化往往也主导了一个学校的个性，亦即学校特色。尤其是在当前课程改革的背景下，国家在课程管理上实施三级（国家、地方、学校）管理，学校有了更大的课程选择、组织、开发和实施权。这也就意味着课程在学校特色建设上能发挥更大的作用。

① ［英］摩尔. 伦理学原理［M］. 上海：上海人民出版社，2003：185.
② 刘启迪. 课程文化：涵义、价值取向与建设策略［J］. 课程·教材·教法，2005(10).

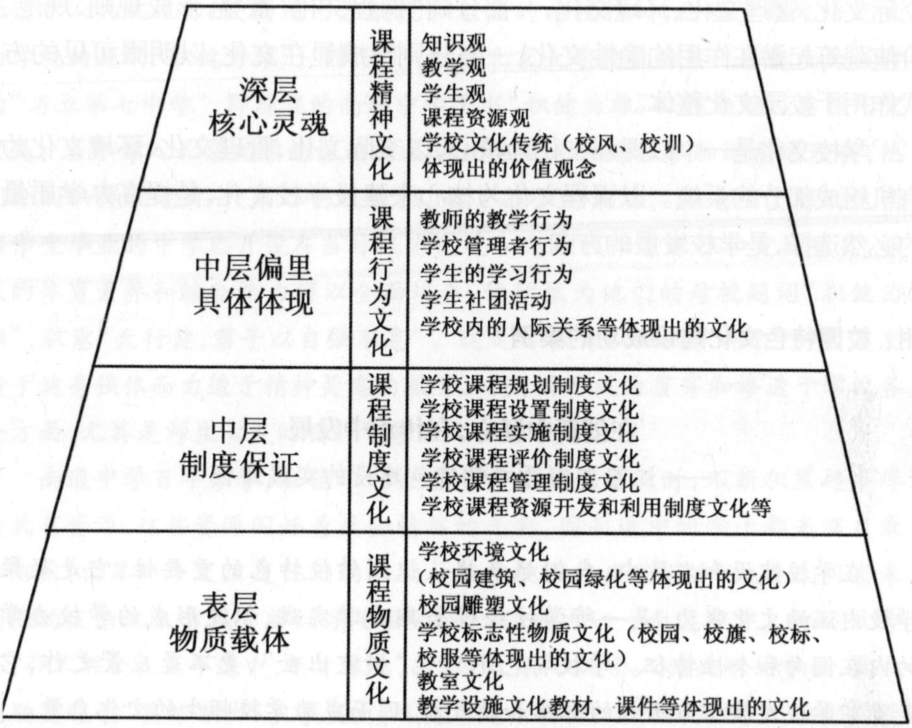

图2　课程文化系统图

因此，课程文化居于校园文化的核心层，主导校园文化的方向。课程文化辐射出了管理文化（学校的“软环境”）、环境文化（“硬环境”，学校的各种物质实体）、交际文化（学校中各种主体的团体文化，如校长文化、教师文化、学生文化、社团文化、教师—家长文化等，它有层级之分，也有内部和外部之别）。从对学生的影响和与课程的协同度来看，交际文化在校园文化系统中发挥着独特和重要的作用，因此在图1中占有较大部分。

课程文化还表示着校园文化系统的潜在层面，即潜文化。一方面，作为校园中交际文化、管理文化、环境文化的共同背景，其来源是学校长期以来一以贯之的课程。课程隐性的影响以至于决定着学校文化的整体功能。另一方面，在国内依然以学科为中心的课程中，尽管“知识”是组成学科的主要内容，但各种先进的课程理念，如“课程即经验”、“课程即对话”、“课程促进发展”、“课程即社会关系的再生”等，无一不渗透在学科教学中，最后又通过学科共性表现出来。而这种共性正是潜在课程文化的表现。校园文化系统的

选，首届“难忘教师”隆重推出，成为南通中学教师职业发展和学校特色建设的标杆。

所谓“多元”，是指学校呈现的文化、课程、特长，以及办学格局、发展形态的多向与繁荣，这是学校发展和特色锤炼的人文基础和文化土壤，也是学校适应时代、领先社会、动态发展的旺盛生命力之所在。南通中学以“联合办学”推进区域教育共同进步，并在民族教育、国际教育等领域积极拓展，努力形成学校教育与区域教育、本土课程与国际课程、汉族文化与多民族文化的交流与共荣。“造就精品”是继承性发展，“促进多元”是发展性继承，两者呼应而上，构成南通中学走向新百年发展的主题，“难忘教育”必将在精品培育和多元文化中不断丰富与发展。

综上，校园文化是学校教育的一个重要组成部分，也是中国特色社会主义文化的重要组成部分，是素质教育的重要载体，是全面育人不可缺少的重要环节，是凝聚和激励学校师生的重要力量。健康和谐的校园文化能给师生创造一个有形而庄重的心理“磁场”，能在无形中统摄全体师生的灵魂，起到“润物细无声”的教育魅力。注重加强校园文化建设，必将使其成为全面育人的辐射源，成为素质教育的能量库，成为一部无声的教科书。加强校园文化建设是一个循序渐进的过程，需要一代又一代校园文化研究者和建设者的共同开拓与创造。未来学校的竞争，归根到底是学校文化的竞争。学校领导应予以充分重视和高度把握。学校各部门之间既要分工明确，各有侧重，又要通力协作，互相配合，树立“一盘棋”的思想，形成“学校搭台、教师伴奏、学生唱戏”的局面，让学生在优良的校园文化环境中时刻受到熏陶，“春风化雨，润物无声”，达到开发学生思维，培养学生的实际技能，促进学生身心健康的目的。这样学校才不愧为教书育人的阵地，不愧为学生全面发展的学园、乐园、花园。

第十章　中小学素质教育中的团队组织建设

提高青少年素质，培养“四有”新人，是中小学素质教育的重要目标，也是各中小学校共青团、少先队工作的根本任务。中小学团队工作只有有效地服务素质教育这个宗旨，才能从根本上服务中小学生，从而不断提升中小学生的综合素质。素质教育的目标和追求既对学校共青团、少先队组织建设和工作方式提出了新的要求，也为中小学团队的组织建设创造了良好的发展机遇。中小学团队组织建设要在适应素质教育这个宏观背景下发挥作用，团队组织建设的各项工作特别是重点工作都要围绕促进青少年素质提高的主题来推进和深化。加强中小学团队组织建设，既有利于学校整体事业的发展，更有利于学生的终身发展，因此，有必要细致梳理和深入研究新时期中小学团队组织建设面临的现状和问题，并在此基础上创新中小学团队组织建设的举措。

第一节　中小学团队组织建设的现状

团队组织建设是中小学素质教育探索延伸的重要载体。中小学团队组织在推进中小学生素质教育进程中发挥着不可替代的重要作用，素质教育的实施为中小学团队活动的顺利开展提供了有利条件，而团队活动的开展则成为素质教育延伸与深化的重要媒介与载体。

“共青团和少先队从根本上讲是育人的工作。少先队教育重在实践体验，让孩子们把党对他们的成长期望内化为良好的品德，外显为良好的习惯；共青团重在理想信念的教育，通过开展内涵丰富、寓意深刻的活动，增强理想信念对青少年的吸引。”① 加强中小学团队组织建设，可以进一步提高学生的道德素质，可以进一步增强学生的工作素质，可以进一步加强学生的整体素质。为此，需要全面夯实中小学团队建设的组织基础，以活跃中小学团队工

---

① 赵靖茹. 关于构建大中小学团队分层一体化教育体系的思考[J]. 上海青年干部管理学院学报，2010(1).

作为学校的工作重点，多措并举，完善措施，不断探索和创新中小学团队组织建设的新载体和新手段，破解新时期中小学团队建设的工作难题，努力推动中小学团队建设工作的新局面。

党和政府历来高度重视中小学的团队组织建设。一方面，中小学团队具有鲜明的政治属性。共青团是先进青年的群众组织，是广大青年在实践中学习共产主义的学校，是中国共产党的助手和后备军。少先队是中国少年儿童的群众组织，是少年儿童学习共产主义的学校，是建设社会主义和共产主义的预备队。另一方面，中小学的团队组织在中小学生社会化过程中发挥着重要作用。学校是中小学生社会化的正式和有效的途径，和家庭教育等其他渠道相比，学校的政治社会化属于一种更为精心的设计，其主要功能体现在“帮助学生建立认知和非认知的知识、技能、态度、价值观，以帮助他/她们在离开学校后继续终身学习”①。在现代化社会，由于义务教育的普遍实施，从儿童到青年时期，人总要接受系统的、正规的和较为长期的学校教育，这种教育实际上是一种有意识的、有目的的、正规的社会化过程。学校是系统化的社会化渠道，在确立中小学价值观和人生观的过程中，更为灵活的中小学团队组织在其中必然发挥着不可替代的关键作用。总之，中小学团队组织具有鲜明的政治属性，以及重要的社会功能，这使得党和政府必然将中小学团队的组织建设放在突出位置加以规划和部署。

2008 年 12 月 24 日，中国共产主义青年团第十六届中央委员会第二次全体会议通过了《共青团工作五年纲要》(中青发〔2009〕1 号)，提出了今后五年共青团工作的总体思路，为共青团组织建设指明了方向。《纲要》要求全面贯彻党的十七大精神，高举中国特色社会主义伟大旗帜，坚持以邓小平理论和“三个代表”重要思想为指导，深入贯彻落实科学发展观，认真落实团十六大的总体部署：在组织青年方面，以加强团的基层组织建设和基层工作为突破口，着力增强对广大青年的吸引和凝聚，团结带领广大青年为经济社会发展作贡献；在引导青年方面，针对不同领域、不同年龄段青少年思想意识的关键点，探索有效的教育引导方式，坚定广大青少年跟党走中国特色社会主义道路的理想信念；在服务青年方面，把促进青年就业创业作为重中之重；在维护青少年合法权益方面，积极探索维护青少年普遍性利益诉求的方式和渠道。

---

① 经济合作与发展组织. 面向未来的学校[M]. 北京：教育科学出版社，2009：70.

在加强团的基层组织建设方面，《纲要》认为，团的基层组织和基层工作是共青团履行根本职责的主要载体，是实现团的各项功能的基本途径，是团的全部活力的根本标志，决定着共青团最本质的影响力、战斗力和生命力。要下最大的决心支持和推动团的基层组织建设和基层工作，切实增强对青年的吸引和凝聚，努力从根本上实现团的组织功能，增强团的组织活力。①

2013 年 7 月，中国共产主义青年团第十七次全国代表大会在北京召开。会议确定，为实现中华民族伟大复兴的中国梦而奋斗，是中国青年运动的时代主题。在回顾共青团五年工作成绩的基础上，会议提出共青团工作必须始终坚持党的领导，必须始终坚持围绕中心、服务大局，必须始终坚持发挥优势、凝心聚力，必须始终坚持以人为本、融入青年，必须始终坚持强基固本、狠抓基层，必须始终坚持改革创新、锐意进取，必须始终坚持勤奋学习、提高本领，必须始终坚持脚踏实地、埋头苦干。会议强调要以增强针对性、实效性为着力点，不断改进创新引导青年的方式方法。要坚持以正面宣传教育为主，依托团的组织优势，寓引导于教育之中，切实打牢工作基础。要坚持分类引导的理念，针对不同青年群体的思想实际，帮助青年形成理性客观的思想认识。要在共青团的各项工作和建设中充分发挥新媒体的作用，特别是要把新媒体作为青年思想引导的新的突破口，努力把握网络思想引导的主动权。②

2010 年 6 月 2 日，全国少工委六届一次全委会通过了《少先队工作五年纲要(2010—2014)》，为我国少先队事业发展做出了总体规划。《纲要》要求深入贯彻落实胡锦涛总书记致少先队建队 60 周年贺信和第六次全国少代会精神，发挥学校少先队的主阵地作用，加强少先队基层组织建设和基层工作；以灌输培养少年儿童对党和社会主义祖国的朴素感情为重点，遵循少年儿童身心成长规律开展分层教育；运用感情、信任、友谊因素和情感、艺术、时尚元素，引导少年儿童全面发展；抓好辅导员的选配、培训、落实待遇、促进成长等工作，推动各级少工委健全机构、明确职责、强化机制，为少先队事业发展提供有力支撑。在加强基层组织建设和基层工作方面，《纲要》提出，要坚持眼

① 共青团中央. 共青团工作五年纲要(2009—2013)[EB/OL]. 中国共青团网. http://www.gqt.org.cn/documents/zqf/200901/t20090113_119445.htm. 2009-01-08.

② 秦宜智. 高举团旗跟党走　奋力实现中国梦——在中国共产主义青年团第十七次全国代表大会上的报告摘要[EB/OL]. 中国青年网. http://news.youth.cn/gn/201306/t20130617_3379315.htm. 2013-06-17.

睛向下、重心下移，把工作资源向基层倾斜，工作力量向基层集中，工作载体向基层转移，建立健全基层组织，使少先队组织覆盖全体少年儿童；全面活跃基层工作，使少先队的工作和活动影响全体少年儿童。①

按照团中央和全国少工委的统一部署和精神要求，全国各地中小学大多能从自身工作实际出发，深入了解中小学共青团和少先队的工作现状，进一步研究和探索新形势下加强中小学团队组织建设的新举措，不断推进中小学团队组织建设向制度化、规范化、科学化和现代化方向发展。

在广东，2012 年，广东省中小学团队工作会议出台《进一步加强社区少先队建设的意见》，通过打造标准化的社区少先队工作模式，持续推进枢纽型中小学团队组织建设。会议要求各级少先队组织要围绕中小学团队工作的根本任务和中心工作，着力打造枢纽型中小学团队组织，以社区少工委建设为重点，推进枢纽型中小学团队组织建设；要在纪念建团 90 周年、"六一"、"十·一三"等重要时间节点，集中开展主题活动；要以召开广东省少先队第六次代表大会为重点，科学谋划未来五年工作；要以"善言善行"红领巾学雷锋新风尚行动为切入点，全面深化少先队组织学雷锋活动；要注重中学团队意识和组织衔接工作，继续深入探索"初中团队一体化"、"推优入团"、"预备团员"和初中团队组织衔接的有效方式，确保团队组织对中小学生的全覆盖；要广泛运用新媒体、新媒介，加强青少年思想引领，深化理想信念教育，促进青少年全面发展。② 2013 年 7 月，广东省中小学团队组织学习团十七大精神培训班暨广东省中学团委书记联席会议在江门举行。会议要求全省中小学要认真学习领会和深入贯彻团的十七大精神，深刻认识中小学团队工作的根本问题、中小学团队工作的重要要求以及中小学团队工作的重要性。会议要求广大中小学团队工作者，要紧扣"中国梦"的时代主题，深化理想信念教育；要服务青少年健康成长，实现团队组织有效覆盖；要加强中小学团队干部队伍建设，将团的十七大精神落实到各项工作中，推动中小学团队工作深化发展。③

---

① 全国少工委. 少先队工作五年纲要(2010—2014)[EB/OL]. 大邑未成年人思想道德建设网. http://www.wcnrw.com/DeYuZaiXian/ShowArticle.asp?ArticleID=21626&Page=3,2011-03-22.

② 广东将推进枢纽型中小学团队组织建设[EB/OL]. 南方网. http://news.southcn.com/g/2012-04/10/content_42787172.Htm,2012-04-10.

③ 省中小学团队组织学习团十七大精神培训班暨省中学团委书记联席会议在江门举行[EB/OL]. 广东中小学团队工作网. http://www.gdcyl.org/snb/ShowArticle.asp?ArticleID=158694,2013-07-09.

在青海，共青团青海省委紧紧抓住省委《关于进一步加强和改进中小学党的建设和思想政治工作的意见》的有利契机，结合前期工作调研，以全面夯实基层基础、活跃团队工作为工作重点，多措并举，完善措施，不断探索和创新中小学团队组织建设的新载体、新手段，破解团队建设工作难题，努力推动团队建设工作新局面。一是优化工作环境，夯实中小学共青团、少先队的工作基础。充分利用各级党委安排部署中小学党建工作的有利契机，主动进位，加强协作，优化中小学校团队组织工作环境，推动形成党政关注、社会支持、教育行政部门重视的工作局面。二是完善工作机制，规范中小学共青团、少先队工作制度。团省委结合督导检查和专题调研，全面梳理、细化和规范中小学团队建设工作，健全和完善工作机制。三是创新工作载体，丰富中小学共青团、少先队工作内容。团省委把加强青少年思想政治工作纳入中小学团队建设工作总体格局，同部署，同安排，活跃中小学共青团、少先队工作。结合在青海全省范围内开展"青海雷锋好少年"网络"微"评选活动，选出优秀少年儿童典型，激励全省少年儿童争当"四好少年"。四是搭建工作平台，拓宽中小学共青团、少先队工作渠道。团省委积极研究和探索加强中小学团队建设工作的新手段，有效搭建工作、服务、活动新平台，推动全省中小学校共青团、少先队组织的长效建设。①

在江苏，2012 年，为深入贯彻落实共青团中央、教育部《关于加强中学共青团工作的意见》（中青联发〔2011〕19 号）文件精神，共青团江苏省委在充分调研的基础上，联合省教育厅出台了《关于进一步加强中学共青团工作的意见》和《关于构建中学共青团实践育人工作体系的意见》，在构建工作体系、明确队伍保障、规范活动要求、保障工作经费、加强工作考核等五个方面取得了明显突破，有力地发挥了共青团组织在中学生思想道德建设和促进中学生全面发展中的重要作用，有效地推动了全省中学共青团工作的规范化和科学化发展。《关于构建中学共青团实践育人工作体系的意见》以实践育人为总揽，对全省中学共青团工作体系进行了规范和要求。文件围绕中学共青团实践育人的重要意义、指导思想、主要任务、主要内容、工作重点和工作要求等方面进行了阐述，提出中学团组织要在结合中学生特点和中学教育教学规律的

---

① 青海探索新载体　推动中小学团队组织建设［EB/OL］. 中国青年网. http：//qnzz. youth. cn/qckc/201207/t20120718_2274063. htm，2012－07－18.

基础上，着重从生存体验实践、社会认知实践、道德养成实践和素质拓展实践四个环节来构建实践育人的内容体系，通过搭建校内外实践平台，开展形式多样、内容丰富的主题教育和实践活动，使中学生在进行社会体验、社会观察和社会调查的过程中，坚定理想信念，增强实践能力，激发创新意识，以实现团的思想引领和促进学生全面发展的有机结合。①

2012 年，中国少年先锋队江苏省第六次代表大会在南京召开。会议提出了今后五年江苏少先队的工作重点和努力目标：全面实施"两个率先预备队行动计划"和"两个率先红领巾先导工程"，进一步加强基层组织建设和基层工作，进一步加强少先队教育活动体系建设，进一步加强辅导员队伍的专业化职业化建设，进一步加强少先队文化建设，努力把江苏打造成实现少先队根本任务的模范区，建立与江苏"两个率先"发展要求相适应的少先队工作新格局，进一步保持和发展江苏少先队工作在全国的领先地位。在"组织先导工程"方面，会议要求大力加强少先队机构建设，要在完善省、市少工委机构建设的同时，重点探索区（县、市）级少工委建设的创新。要大力加强少先队基层组织建设，在进一步巩固公办学校少先队工作的基础上，重点加强民办学校、农民工子女学校、农村学校等少先队组织建设，扎实抓好中小学少先队工作。适应队员聚集、沟通、交流方式的变化，创新少先队组织形式和活动形式，尤其是探索运用网络组织少年儿童的新形式，大力发展红领巾社团，大力创新社区少先队组织形式，真正实现少先队组织对全体适龄少年儿童的多领域、多渠道的多重覆盖。②

2013 年 3 月 27 日，江苏省少工委六届二次全委会暨省少年儿童研究会第二十八次年会在南京召开，为进一步推进江苏少先队工作指明了方向。会议进一步明确了 2013 年全省少先队工作的主要任务。会议强调，全省少先队要大力推进"一项任务、三项建设"，建立与江苏省经济社会发展相适应的少先队工作新格局。会议要求全省各级少先队组织和少先队工作者，一要牢记根本任务，把握少先队工作的思想逻辑，注重少先队组织儿童性和政治性的有机统一，切实增强少先队工作的普遍性、针对性和适用性。二要加强学科

---

① 团江苏省委从五个方面深化中学共青团工作[EB/OL]. 中国共青团网. http://www.ccyl.org.cn/bulletin/xxb_xxgz/201206/t20120606_573552.htm. 2012-06-05.

② 江苏省少工委. 中国少年先锋队江苏省第六次代表大会传达提纲[EB/OL]. 盐城市第二小学校园网. http://www.ycex.net/Article/ShowArticle.asp?ArticleID=2706, 2012-06-15.

建设，为少先队工作提供理论支撑。各市院校要开设少先队学科选修课，探索建立相关科研机制，发挥学科对少先队实践的指导作用。三要狠抓活动课程建设，丰富少先队实践载体。各地要推动少先队活动课的落实，做好《少先队活动课程指导纲要（试行）》试点工作，逐步建立少先队专门的教研制度。四要推进辅导员专业化职业化建设，为少先队事业提供人才保障。努力推动少先队辅导员参评中小学教师职称“双线晋升”，配齐配强各级少先队总辅导员，做好辅导员分级全员培训工作。①

为了深入学习党的十八大精神，贯彻江苏省第六次少代会、市第五次少代会及市第七次团代会精神，按照省少工委的统一部署，结合淮安市少先队工作实际，共青团淮安市委员会、淮安市教育局和少先队淮安市工作委员会于2013年3月联合下发了《2013年淮安市少先队工作要点》（团淮联〔2013〕14号），明确了全市少先队工作总体思路。要求以党的十八大精神为指导，认真贯彻落实省少工委的工作部署和市第五次少代会、市第七次团代会精神，紧紧围绕少先队组织根本任务，把握组织属性，履行少先队基本职能，灌输培养少年儿童对党和社会主义祖国的朴素感情，积极引导全市少年儿童努力争做快乐、阳光、上进的“四好少年”；大力加强自身建设，增强组织活力，推进辅导员专业化、职业化发展，不断提升全市少先队组织建设、队伍建设和机制建设水平，推动淮安少先队工作在全省整体领先，在全国具有一定的知名度和美誉度。

《2013年淮安市少先队工作要点》要求全市少先队组织掌握推进的工作有效方法，着力提升少先队组织的科学化水平。一是加强机制建设，提升组织规范。加强县（区）级少工委机构建设，指导相关县（区）少工委召开少代会，完成换届工作。推进县（区）级少工委规范建设，探索县（区）级少工委组织格局创新，健全团教协作机制、少先队重点工作督导机制、考核评估机制、通报机制等工作机制建设，促进各级少工委形成委员构成合理、工作制度健全、工作运转正常的良好局面。二是深化教育科研，推动成果转化。开展“辅导员专业标准”、“少先队活动课程体系建设”等重点课题研究，并将其及时转化为少先队工作指导成果。三是编印《淮安市少先队员成长手册》，促进少先

---

① 江苏省少工委六届二次全委会暨省少年儿童研究会第二十八次年会在南京召开[EB/OL].中国少先队网. http://61.gqt.org.cn/news/201304/t20130409_631024.htm,2013-04-09.

队员成长。市少工委组织10多名市级辅导员编写《淮安市少先队员成长手册》，发放到市直中小学和县(区)部分中小学，引导少先队员健康成长。四是强化过程管理，实现整体提升。坚持系统设计、项目驱动，各级少先队组织都要排定全年的重点工作项目，明确项目实施主体、序时进度、推进措施、量化目标、奖惩责任，以项目突破带动工作整体推进。要开展全市少先队基层组织建设和基层工作互观互检的方式，加强项目实施过程中的精细化指导和全过程监测，改进考评的方式、方法和手段，强化考核结果的运用和反馈，以"观检"为抓手，以"评优"为促进，整体提升全市少先队工作水平。①

共青团淮安市委结合淮安实际，注重体制机制创新，不断强化各级团组织建设。团市委要求基层团组织要根据难易程度、具体情况，分别开展组织格局创新工作，并及时召开现场会，交流经验，总结做法，力争从根本上解决基层团干部人手少而团的事务面广量大的问题，进一步强化基层团组织基础，激发基层团组织工作活力。以创建促团建，推动全团工作整体再上新台阶，深入开展"双争双促双提升"活动。开展"周恩来团委、团支部、大队、中队"创建活动。充分挖掘淮安市优势人文资源，通过开展"周恩来团委、团支部、少先队大队、少先队中队"创建活动，号召广大青少年学习周恩来总理的伟大精神，从身边做起，从小事做起，学先进、做先进、比先进，不断增强团组织的凝聚力、向心力和感染力，夯实团的组织基础。开展团建创新竞赛活动，以《基层团委工作手册》和《基层团总支(支部)工作手册》为考核基础，丰富团建先进县(区)、"五四红旗团委"、"五四红旗团支部"三级联创工作内涵，加大对三级联创指导力度，完善督查制度，提升创建水平，促进基层团工作取得实效，创出特色。

新时期的青少年的成长环境发生了深刻变化，学校共青团工作也出现了新特点。中国共产主义青年团第十六次全国代表大会的报告指出：要把学校共青团、少先队建设摆在基础性战略地位，构建从小学、中学到大学的团队分层思想教育体系，一体化推进学校团队建设。中小学团队一体化分层教育体系历来是青少年团队工作的重点，也是难点。学校团队一体化，应按照"系统规划、有效衔接、分层实施"的要求，研究学校共青团、少先队组织在每一个层

---

① 共青团淮安市委员会，淮安市教育局，少先队淮安市工作委员会. 关于下发《2012年淮安市少先队工作要点》的通知[EB/OL]. 盱眙共青团网站. http: //young. xuyi. gov. cn/News_show. asp? NewsID=286，2013-03-29.

级的任务，从总体上把握内在的整体一致性，使学校共青团、少先队思想教育的内容以及学生的党、团、队组织意识实现有效衔接。

为进一步推进淮安市中学少先队与共青团一体化建设，实现中学少先队组织与小学少先队组织的无缝对接，使中学少先队工作常态化、中学生少先队员意识日常化以及少先队员入团、离队、成长工作特色化，让每一个青少年拥有快乐的童年、精彩的青春、健康的思想、远大的理想、优秀的人格，共青团淮安市委、淮安市教育局、淮安市少工委于2010年5月21日主办了“为了红领巾更加鲜艳”主题活动，进一步推进了中学团队一体化工作，使得中学团队教育向特色化、常态化和精品化发展。①

团队组织是中小学校党团组织的一部分，目前已有一定规模的中小学建立了共青团组织或少先队组织，并都在组织开展工作，团队组织在学校各项活动中发挥了重要作用。总体来看，中小学校团队组织建设呈现以下一些特点：一是团队有组织。无论是民办还是公办的中小学校，都会设立共青团、少先队组织，但组织建设呈现城市好于农村、东部地区好于西部地区的地区差异。二是团队有活动。各地中小学校大多能以团队组织为主体开展多校活动，促进学生的身心健康成长。三是团员、队员对团、队工作总体上是认同的。团员、队员们对共青团、少先队的代表性、先进性有一定的认识，对团、队的各项工作有一定的认同感，但还有待进一步提高。

毋庸讳言的是，中小学团队组织建设工作还相对薄弱。团中央、少工委规定的学校团队负责人享受学校中层干部待遇、作为晋职评先的优先条件等在部分单位没有得到落实，团队干部的任命相当不规范，特别是在中学，很多学校没有建立少先队组织，即使安排了大队辅导员也比较随意，一般都是由课时不足的教师或青年教师临时担任，随着年级的变换，大队辅导员也是每年都在变，这很不利于工作的开展，使得团队工作无法正常有效地开展。很多学校团组织或少先队组织只有一人，且专职的较少，大多在担任团书记或大队指导员的同时都承担着繁重的教学任务，甚至是满负荷工作量，而将团队工作作为一个额外的任务加在负责的同志身上。这就在一定程度上影响了团队工作的开展，甚至使团队工作成为一个鸡肋。对山东某市的一份调查

---

① 朱继春等.为了红领巾更加鲜艳——淮安市中学团队一体化工作主题观摩活动掠影[EB/OL].江苏文明网.http://wm.jschina.com.cn/9660/201005/t399234.shtml,2010-05-25.

显示,86%的被调查者认为,学校领导对团队组织的重视程度不够,缺乏必要的经费支持。针对团队组织是否经常组织开展活动这一选项,72%的高级中学和初级中学受访者表示,经常或定期开展活动,而78%的小学受访者则表示,开展的活动较少。而对于活动开展较少的原因,主要集中在学校领导重视程度不够、升学压力大、没有时间开展和担心学生的安全四个方面。91%的受访者表示,团干部在学校中的地位较以前略有上升,87%的受访者认为,团队工作在学校中的重要性是说起来重要但做起来不重要;67%的受访者表示,团队组织对学生的吸引力和凝聚力有所减弱。针对团干部在工作开展过程中遇到的主要困难,重点集中在不太了解青少年的特点和需求、学生安全问题制约及工作经费不足三个方面。针对团队组织活动学生参与的积极性不高这一问题,绝大部分受访者将活动内容不新颖、形式单调和活动不能满足青年需要排在了前两位。92%的受访者表示,要搞好学校团队工作,主要是要选好负责人和得到学校领导的支持。① 为此,需要高度重视当前中小学团队建设工作中出现的新情况和新问题,进一步研究加强中小学团队组织建设的新举措。

第二节　中小学团队组织建设存在的问题

由于党和政府的高度重视以及中小学的有效落实,中小学团队组织建设取得较大进展,但随着社会经济的发展,尤其是社会转型的进一步深入、生活节奏的加快以及文化的日益多元化,中小学生成长面临的外界环境愈发复杂。社会变迁带来了中小学生学习和生长环境的巨大变化,也给中小学生的社会价值及行为选择带来了新的挑战——中小学原有的共青团、少先队等正式组织的社会影响力日趋下降;非正式的社会组织,特别是青少年的自发组织日益活跃,逐步从文艺、体育、娱乐等方面的影响转向对青少年深层次的观念、社会价值、思维行为模式等方面的影响。同时,日益勃兴的互联网的发展,更是对中小学生的社会化提出了新挑战。在这样复杂的背景下,团队组织旧有的工作模式受到极大的挑战,新的工作模式正在摸索中,中小学团队

---

① 高长海.项城市中小学团队组织建设调研报告[EB/OL].中国共青团网.http://zhuanti.gqt.org.cn/2011/tgjcgz/jyjl/201108/t20110826_513115.htm,2011-08-26.

组织建设面临前所未有的困境。① 为此，需要认真梳理当前中小学团队组织建设中存在的问题。唯有如此，才能采取相应措施，有效发挥团队组织在中小学生素质教育中的应有作用。

一、部分学校领导对团队组织的重视程度不够

针对部分中小学的调研和走访结果显示，由于长期受到应试教育和传统观念的影响，有部分学校的领导对团队组织建设的重视程度不够，有些学校的团队组织甚至缺乏必要的办公场所和经费支持。这主要表现在以下四个方面。

1. 一些领导不重视团队组织的建设

有些学校很少专门开专题会议讨论团队组织建设工作，对团队组织的态度说起来一套但做起来又是一套，甚至一些学校领导认为团队组织可有可无，而将团队组织作为德育处（政教处）的一个下属部门，使得团队组织降格，导致团队组织在活动中无法有效协调和广泛动员更多的参与力量。据对苏北某市学校的一份调查报告显示，将学校团队干部，特别是学校团委书记列为学校中层正职干部层次的只占10%，列为副职层次的约占40%，团委书记只作为德育处下属办事成员的约占35%；大队辅导员列为中层副职层次的约占26%，享受的待遇只跟班主任比靠，而在有的学校甚至没有班主任高；全市初中除极个别学校外，几乎所有学校都没有成立少先队组织，只由团委负责代管少先队工作，中小学团队工作脱节现象严重，已严重影响到中学与小学的思想教育衔接工作。

2. 团队组织的专职干部配备不到位

根据共青团中央与全国少工委的有关规定，政治性是团队组织的最本质的组织属性，要实现共青团与少先队在新的历史条件下的根本任务，要求团队负责人应具有较高的思想政治素质和教育能力，学校团委书记、少先队大队辅导员应由教师中的共产党员、优秀青年教师或入党积极分子担任，并有两年以上教育教学工作经验。由教师中的共产党员、优秀共青团员或入党积极分子担任团书记、少先队大队辅导员，能很好地体现党、团、队的衔接。在组织程序上，学校团队负责人的产生应由上级团、队组织和教育行政部门考

---

① 有关中小学团队建设存在问题的思路. 参阅高长海. 项城市中小学团队组织建设调研报告[EB/OL]. 中国共青团网. http：//zhuanti. gqt. org. cn/2011/tgjcgz/jyjl/201108/t20110826_513115. htm，2011 - 08 - 26.

察、聘任,而不能简单化地由校长指名任命。其具体聘任程序为:校团委书记、大队辅导员按不低于学校中层管理人员选拔、配备和管理、使用,通过竞聘上岗或学校推荐,由上级团、队组织和教育行政部门考察、聘任。但在现实操作过程中,往往变成了只有学校提名、聘任,上级并不参与考察、聘任,也就是只有校聘这一程序。这就导致很多团队干部有临时负责的思想,甚至出现一些学校团队干部每年都在变化的尴尬局面。

调查显示,相当部分的学校对团队组织干部的培养重视程度不够,团队组织没有一套完整的组织机构。很多学校没有专职的团队干部,还有学校的团队组织甚至只有一名老师组织开展团队工作,并且这名老师同时承担繁重的教学任务,至于组织委员、宣传委员等成员则均由团委书记或大队辅导员一人承担。有的学校虽然也建立了年级团总支,但大多也只有团总支书记一人在开展工作,并且团总支书记的任命相当随意,只是找工作量相对轻松一些的老师担任,团队组织的人员素质难以得到保障。

3. 团队组织专门的活动场所得不到落实

由于学校办学规模的不断扩大,很多学校连教学用房都非常紧张,就更不可能考虑给团队组织配备独立的办公场所和活动场所了,因此也使得一些团队组织干部开展工作时心有余而力不足;即使学校用房比较宽松,但受社会大环境和相关领导不重视的影响,团队活动室也只是作为可有可无的配置,并没有得到足够的重视。这就必然导致很多中小学校开展团队活动既无热情和动力,更不必谈创新与创优,能把团队活动的常规动作组织起来就已经是很不错了。

4. 团队组织开展工作缺乏必要的经费支持

充足的经费支持是中小学团队组织有效开展活动的基本保证,但有些学校对团队组织的作用认识程度不够,对团队组织开展活动奉行的原则是能少搞就不多搞,尽量节省经费开支。一些学校开展团队工作完全依靠团费,使得团队开展工作时捉襟见肘,客观上导致很多学校的团队负责人不愿意开展工作。

二、团队干部自身素质欠佳,工作缺乏主动性和创新性

1. 团队干部的思想素质跟不上

由于很多团队干部在开展工作的同时,还有繁重的教学任务,直接导致这些团队干部缺乏主动学习团队理论知识充实自己的意识,使得团队组织干

部的理论功底不够扎实,很难有效地开展团队工作。致使这一问题产生的原因,归根结底还在于一些学校的领导对团队工作在学校中的地位认识不到位,对上级的相关要求阳奉阴违,使得团队干部自身不能从繁重的教学任务中解放出来,静下心来学习、思考团队工作问题。

2. 团队干部的工作阅历不深

目前,很多学校的团队干部工作经历比较单一,基本上都是从师范院校毕业后直接进入学校工作,由一般教师提拔为团队的组织干部,没有比较丰富的社会阅历和工作经验。此外,由于客观上受到团队干部任职年龄要求的限制,相当部分学校团队干部的社会阅历相对简单。既然团队干部自身对社会的认识尚不全面,甚至流于肤浅,那么,也就不可避免地导致他们在思考团队工作和开展团队活动时无法做到周全和高效。

3. 团队干部轻视本职工作

一些团队干部对团队组织的重要作用认识不到位,甚至有些团队干部仅仅是为了丰富自己的阅历,并没有把团队组织工作当做自己喜爱并热衷的事业来做。现在很多年轻团队干部将在团队工作作为自己成长的一个经历,满足于做好常规工作,对于创造性工作并不想去做,不求有功、但求无过的思想在团队干部中比较盛行。这必然导致他们在团队任职期间思想上无动力,工作上简单化,学校团队活动的效果当然也就难以保证了。

4. 团队干部工作缺乏创新

有些学校团队干部的工作缺乏针对性和创新性。学校团队工作只有切合社会和学校的实际以及学生的需要,才能提升团队工作的实效。但是,由于年龄和文化层次上存在较大差异,致使一些年龄比较大的团队组织干部开展工作缺乏积极性、主动性,而是惯例性地在重大节日来临之际搞一些活动,未能深入学生中去了解学生所需所求而开展一些有针对性的工作,缺乏创新意识和服务意识,从而导致团队组织的活动对青少年学生的吸引力不够。

三、团队组织在学校的地位不高,未能形成整体合力

由于长期以来应试教育的影响,现在很多中小学将学生成绩和学生升学率作为学校开展工作的核心,一些学校领导只注重学校的眼前办学效益,对团队组织引导青少年学生内化社会主义核心价值观的作用重视程度不够,直接导致学校团队的组织机构不健全。有的学校没有完全落实上级有关文件精神,仅安排一个人在组织开展团队工作。有的学校还没有落实团队干部的

致。只有吸纳政治强、业务精、纪律严、作风正、志愿从事团队组织工作的班主任和青年教师充实到团队组织工作队伍中来，才能形成一个专兼结合、优势互补的中小学生思想道德教育的工作队伍。

其次，要加大对中小学团队组织工作队伍的培训力度。要结合中小学团队工作及其团队工作者的实际情况，加强团队干部培训和教育的针对性，及时对团队干部培训的情况进行总结推广，通过选拔推荐一批从事团队组织工作的骨干进修和到其他学校或单位挂职锻炼等方式，不断拓展中小学团队组织工作者的学习渠道，有效搭建中小学团队组织工作者的交流沟通平台，切实提升中小学团队组织工作者的政治理论水平和业务素质。

再次，要逐步完善中小学团队组织工作队伍的选拔、培养和考核体系。要建立一套以目标管理、项目考核、优胜劣汰、激励为主的管理机制，认真落实团队组织工作者的政治地位和经济补助，创造一个能使团队组织干部实现自我价值的工作环境，给予他们充分的尊重、理解、信任和关怀，满足他们合理、健康的需要，最大限度调动他们的敬业精神，使他们在中小学生思想道德建设和团队组织建设中发挥更大的作用。

最后，要创新团队工作方式，提升团队工作效果。中小学生的生理和心理尚未发育成熟，可塑性强，个性差异大，其成长经历、爱好、兴趣等都有很大的不同，这就要求团队干部在具体工作中采取针对性的措施，创新工作方法，持续提升团队工作效果。一方面，要求团队干部深入研究中小学生的身心发展规律，探索科学有效的活动办法，从人的全面发展这一高度来认识和开展团队的日常工作。然而，有些团队干部对此存在认识上的误区，认为团队的活动是务虚的，学校的工作重点是抓教学质量，团队活动越多，对教学质量的影响就越大，学习好、考得高才是教育的全部，只注意学生与学习的关系，割裂了学生个人和社会的联系，忽视了学生是一个社会人的本质属性。这样培养出来的学生只能是一种学习书本知识快、社会实践能力差的“高分低能者”，必将为社会发展所淘汰。另一方面，中小学团队组织干部必须具备“苦行僧”似的修行和四两拨千斤的技巧，在面对团队工作困难时敢向虎山行，巧向虎山行。在学校团队日常工作中，对象的多元化决定了问题的多样性。在具体工作中，要对阶段性工作有全面的认识，对团队工作实施过程中可能出现的问题和困难要有充分的准备。团队干部要有雷厉风行的作风和明知其难为而为之的气魄，不墨守成规，不等不靠，主动作为。

总之,只有用新思路指导新举措,用新举措解决新问题,用理论指导实践,在实践中运用理论,增长经验,才能实现自身理论和阅历的全面成熟,也才能不断提升中小学团队工作的效率。

四、练就自身本领是增强中小学团队组织活力的不竭动力

当代青少年学生需求多样化、价值取向多元化的客观现实,给中小学团队组织带来了很大的挑战。要增强中小学团队组织的活力,提高团队组织的覆盖面和影响力,就必须转变传统的工作模式,加大自身能力建设,练就过硬的本领,以适应新形势下学校团队组织建设的需要。

首先,中小学团队工作者要练就"融入"的本领。中小学团队工作受到诸多环境因素的影响,团队工作者要立足系统论的观点和思路,把满足中小学生自身发展作为与学校中心工作有机融合、与团队组织需求有机融合的一个"点"来思考和谋划团队工作,在这种有机的融入中找抓手、赢地位。

其次,中小学团队工作者要练就"创新"的本领。团队工作的社会环境较之以往发生了很大的变化,中小学自身的情况也各有差异,这就要求中小学团队工作者要用变化的思维、观念和方法,创新团队工作的组织动员方式、机制体制,着力解决中小学生自身发展面临的问题,从而使中小学团队组织工作不断焕发新的生机与活力。

再次,中小学团队工作者要练就"服务"的本领。要摒弃以往以管理为主的工作模式,牢固树立"以服务为主、教育为补、管理为辅"的工作理念,深入学生中调研,了解他们有什么样的兴趣、爱好、需求,找准切入点,有针对性地开展工作,想青少年学生之所想,为青少年学生之所为,充满激情和热情地为青少年学生的成长成才做好服务,紧紧地将青少年学生团结在团队组织周围,提升团队组织对青少年学生的凝聚力和吸引力,从而实现团队组织对青少年学生更广泛、更深刻的影响。

五、加强基础建设是加强中小学团队组织建设的根本保证

青少年兴则国家兴,青少年强则国家强,青少年有希望,国家未来的发展就有希望。党和国家在跨世纪的历史时刻对青少年寄予了比任何时候都更大的期望,希望青少年肩负起实现"中国梦"的历史使命,在实现"中国梦"的伟大任务中更好地发挥生力军和突出队的作用,把建设中国特色社会主义事业全面推向前进。要完成这一历史任务,必须有坚强的组织基础作为保障,唯此才能团结和带领广大中小学生完成党和人民交给的重任。因此,中小学作，为中学团队工作开辟新渠道，有效地活跃中学团队工作。

4. 抓好“中学生团校”的建设

创办“中学生团校”的目的：一是为了提高团员素质；二是为了提高团组织的战斗力；三是培养入团积极分子，搞好团前教育。实践证明，中学生团校是学校开展德育教育的一条有效途径，符合中学生的特点，适应共青团建设与发展的要求，有利于培养社会主义现代化建设的合格人才。学校团组织应争取学校的大力支持，落实好时间和场地，制订完整的计划，设计合理的课程，聘请高水平的教师，保证团校工作的正常开展，并逐步走向制度化、规范化。

5. 加强团队的自身建设，做好团队成员的管理工作

成员管理是团队自身建设的一项经常性工作。做好团队成员的管理工作，可以增强团队成员的组织观念，提高团队成员的光荣感与责任感，发挥团队成员的先锋模范作用。成员管理是团队组织存在发展和发挥作用的重要保障。团队组织对成员进行管理需要做好下列工作：了解团队成员的思想、学习和生活情况，检查团队成员的纪律遵守情况，严格执行团队的奖励和处分制度，管理团队档案，等等。

6. 丰富活动载体是增强中小学团队组织活力的现实需要

在当今青少年学生个性张扬、价值取向多元的新形势下，传统的填鸭式教育模式和说教式的教育方法已越来越不受欢迎，单一的活动载体和活动形式极易使他们产生乏味和厌倦，甚至会使一些青少年学生产生抵触情绪和逆反心理。“中小学社团运作的最大特点是自主性和可选择性。”①在新形势下，要增强中小学团队组织的活力，就必须丰富团队组织活动的载体，既要充分发挥通过重大节日对青少年学生进行教育活动的经典活动载体的优势，也要充分利用通过开展志愿者服务培养青少年学生奉献意识和服务意识的良好形式，更要巧妙地运用青少年学生乐于参与的社会实践活动载体，通过青少年学生走进社会、了解社会、寓学于用的方式，切实提升中小学团队组织的覆盖面和影响力。

（1）积极开展实践教育活动。中小学团队组织要积极和有计划地组织学生参加实践教育活动。实践是认识的源泉，也是中小学生健康成才的基本载

① 赵宪宇，张烨. 推进中小学社团建设的一般意蕴及技术路径[J]. 江苏教育，2012(35).

体。通过丰富多彩的实践活动，可以帮助他们正确地认识社会，认识形势，增强社会的责任感和使命感，引导他们在实践中树立正确的人生观、社会理想和道德理想，提高劳动技能素质和科学文化素质。

首先，积极开展爱国主义、革命传统教育活动。中小学团队组织可借助“五一”、“五四”、“六一”、“七一”、国庆、“一二·九”等重大节日和纪念日开展爱国主义、革命传统主题教育活动，如组织“党在我心中”寻访营，以党的纪念日、优秀共产党人的事迹，通过参观爱国主义教育基地、慰问革命老人、寻访国家重点工程等形式，帮助中小学生知党爱党，了解国情，坚定跟党走的信念和决心，努力成为社会主义现代化建设的合格人才。

以淮安市为例。淮安市各中小学校团队组织每年利用清明节组织全校师生开展“缅怀革命先烈，珍惜今天幸福生活”主题活动，采用讲故事、诗歌朗诵、演唱、舞剧等形式悼念先烈，使全体师生的心灵受到强烈的震撼，增强了团队成员的民族自豪感和爱国情感，使学生受到深刻而难忘的革命传统和爱国主义教育。这种实践形式，参与的同学面广，由学生自行设计、排演，一改以往由老师单独说教的形式，深受学生的欢迎，产生了非常好的教育效果。

其次，积极开展“学雷锋、讲文明、树新风”志愿者活动。中小学生通过活动，可进一步明确自己的责任，提高自己的知识水平和适应社会的能力，增强中小学生的社会责任感和道德责任感、奉献精神和公民意识，实现人生价值，如开展“爱心行动”。中小学团队组织开展“爱心行动”的途径有：组织学生积极参与“希望工程”活动，建立长期定点服务基地。各中小学周边常有敬老院、特殊教育学校、儿童福利院等机构，在那里生活着需要帮助的老人和儿童，中小学团队组织可积极与之联系，将这些机构作为长期定点的服务基地，积极组织同学们到敬老院、特殊教育学校、儿童福利院开展“送温暖、献爱心”活动，帮助打扫卫生，整理内务，清扫活动场地，表演文艺节目，给行动不便的老人喂饭，与特殊儿童建立“一对一”或多对一的帮扶关系等，使学生学会照顾他人，培养学生尊老爱老、同情关爱弱者的美好品德，将爱与善良的种子根植在学生们的心田。组织团员学生为下岗特困职工子女和遭受自然灾害的灾区人民缴纳特别团费、捐款捐物等。在四川汶川大地震、西南地区大干旱、舟曲特大泥石流灾害等大型灾害发生时，各级团队组织都积极行动起来，号召广大团队员积极捐款捐物，如洛阳市在5·12汶川大地震发生后，缴纳的特殊团费达300余万元，而通过这些活动的开展无疑可以大大增强团队组织的

凝聚力。

总之，学校团队组织的志愿者行动可以通过帮孤助残、支教扫盲、科技扶贫、社区服务、环境保护、城市发展、社会治安、抢险救灾等形式多样、富有实效的志愿服务、实践教育活动，使爱祖国、爱人民不再是空洞的说教，在潜移默化中提升学生的思想道德素质。

（2）在校园文化建设中充分发挥团队组织的独特作用。校园文化是学校教育不可缺少的组成部分，对于促进学生德、智、体、美、劳的全面发展有着非常重要的作用。校园文化能培养学生的积极进取意识，为青少年个性发展和能力培养提供实习的舞台，丰富学生的精神生活和课余生活，优化心理环境，塑造中小学生的健康心理和健全人格。

首先，营造一个良好的校园文化环境。中小学团队组织要带领学生模范遵守《小学生日常行为规范》《小学生守则》《中学生日常行为规范》和《中学生守则》，倡导良好的校风、学风，协助学校有关部门改善和优化校园环境。在校园内设立文明监督岗，检查学生的文明行为、礼貌用语、仪容仪表、遵规守纪情况，积极参加美化校园、美化教室的义务劳动，培养学生自我服务、自我管理的意识和能力，营造良好的校园环境。

其次，开展各种健康有益的课外活动。中小学团队组织可结合重大节日和纪念日开展文化专题活动，如与学校各部门密切配合，举办一年一度的艺术节、校运会和科技活动，办好校广播站、黑板报、团讯、校刊等宣传阵地，组建一些学生社团（文学社、科技兴趣小组、艺术团等），丰富中小学生的文化生活，发挥学生的特长，使中小学生全面发展，使校园文化向更高层次和多元化发展。

再次，在中小学生中广泛开展心理健康教育。随着社会的高速发展，激烈的竞争和挑战无处不在，心理不健康状况逐渐成为一个严重的社会问题。"在科学技术水平高度发达的现代社会中，人们对心理健康提出了更高的要求。事实上，重视心理健康教育，提高全民心理素质，不但是社会发展的需要，也是人类自我完善的必然要求。学校作为集中培养人才的机构，提高学校心理健康教育水平，更是提高国民素质的一个重要措施。"① 目前在中小学，学生因心理问题而导致的自杀、犯罪等现象日渐增多，在学生中开展心理

① 陈方，李小光. 现代学校心理健康教育原理与应用[M]. 北京：中国水利水电出版社，2014：1.

健康教育已成为中小学团队工作发展的一个必然趋势。学校团队组织应在心理健康教育方面进行深入研究和探讨，尝试找出一条适合中小学生特点的心理健康教育的途径，将心理健康教育渗透团队工作的各方面，力求使中小学生的心智向良性方向发展。淮安市团市委学校部配合校园文化建设，开展了中小学心理健康教育千场公益讲座活动，在全市范围内发动所有具备资质的教师为中小学生开展千场公益心理健康讲座，取得了很好的社会效益，受到广大师生的普遍欢迎。

(3) 大力实施青少年新世纪读书计划。青少年新世纪读书计划的重点是，通过开展多种形式的读书活动和成立读书俱乐部、设立新书推荐榜、开设读书论坛等，营造青少年读书学习的氛围，引导青少年多读书、读好书，使读书计划成为对青少年进行思想教育和科学知识普及的重要载体，从而提高中小学生的思想和知识水平。学校团队组织要积极组织广大中小学生积极参与各级各类读书竞赛活动。目前，全国各地很多学校已开展了读书节活动，学校团队组织要在其中充分发挥作用，保证活动的效果，同时展现团队组织强大的生命力。

(4) 努力开创学校社团工作的新局面。学生社团是学生综合素质教育的一个重要基地，是中学生进行自我教育、自我管理、自我服务的重要载体，也是培养学生人文素养、锻炼学生实践能力的大熔炉。“在当今社会，社团已经成为同学们日常生活中不可缺少的一部分。社团活动可以带给学生许许多多生活的经验锻炼和培养我们的能力与意志力，为日后走向社会奠定基础。”① 从社会到人生，从理论到实践，社团成员学习知识，培养兴趣，展示特长，不断完善自身知识结构，培养自己的自立能力、组织能力、交际能力、思维能力等。学校社团正日益成为中小学生素质教育的有效载体，在学生知识结构的完善、技能的成熟、能力的提高以及思想道德水平的提升方面，发挥着不可替代的作用。一般来说，学校的社团组织由各级团队组织负责指导，各级团队组织在学校社团建设中可以发挥自己独特的组织优势和人员优势，而这一优势是其他群团组织所不具备的。

(5) 健全制度，规范管理，促进社团有序开展。中小学社团的运行模式要体现“自主、合作、探究”的原则，在社团活动开展过程中注重“开放、互动、体

---

① 杨成轩. 发展校园社团文化　创新多元学习方式[J]. 学习月刊, 2014(12).

验”。各社团在社团总章程的规定下，建立各自的社团工作条例，设立组织机构，明确职责。社团要求做到“三个落实”，即计划落实、人员落实、经费落实；“三个充分”，即充分体现学生的兴趣爱好和个性特长的发挥，充分整合学校文化建设，充分发挥学校教师、学生、家长、社会力量。团队组织在组织社团活动过程中要根据学校的工作要求，在充分协商的基础上，科学筹划并有效落实社团的重要工作。学校团队组织可通过活动呈报制了解各类社团近期活动开展和相关工作的落实情况；通过聘请指导老师授课制，为学生提供第二课堂系统学习自己感兴趣的相关知识的机会；通过各类评比活动，不断发现和表彰优秀的社团组织和社团中的优秀个人，形成当先进、赶先进的良好氛围。此外，中小学团队组织要开展切实可行的社团活动，丰富学生的活动内容，还可以开展学校间社团与社团的交流、观摩活动，共同促进社团活动的正常开展。

随着新课改的不断推进，当前中小学团队组织指导社团工作要体现以下几个特性。一是时代性，即社团活动要体现时代发展的特征，充分了解和尊重学生的个性爱好和时尚追求。二是健康性，即社团活动要坚持正确的政治方向，高扬爱国主义、集体主义和社会主义旋律，以提高学生综合素质为目的，以培养学生的创新精神和实践能力为重点，营造健康、高雅的文化氛围和良好的育人环境，提高学校的文化品位和格调。三是业余性，即社团活动在课余时间或假期进行，一般不占用课堂教学时间，不影响正常的教学秩序。四是自主性，即社团是由学生自己发起、自己组织的健康的群众组织。五是有序性，即有关社团要经过学校团队组织的审核，并报学校和上级有关部门备案，在学校团队组织的监督下，精心组织，明确责任，确保安全有序，防止意外事故发生。

（6）服务教育，丰富文化，打造社团特色品牌。现代教育倡导以人为本，为了学生的一切，为了一切的学生。在“分层选拔、全面考核、综合评价”的新课改背景下，如何有效拓展学生的综合素质，发展学生的个性特长，是学校教育要思考的重要课题。因此，学校团队组织要积极鼓励和引导学生开展一系列既长知识、又长才干的社团活动，服务学校的教育大局，服务学校的文化建设，服务学生的个性发展。与研究性学习相结合，通过调查研究、搜集资料，撰写小论文或小作文；与综合素质提升相结合，学生在社团活动开展过程中，既锻炼各种能力，又能获得一定的学分；与学科教育相结合，拓展学习渠道，提升学习内涵;与校本课程相结合,为校本课程和地方课程提供丰富的教学平台;与综合实践活动相结合,培养学生的实践和创新能力。

目前,中小学社团主要有六大类。一是文学类,如江苏省清河中学的薇湖文学社,平时不仅正常开展活动,还积极向外投稿,定期在《淮海晚报》刊出优秀作品,为学生展示才华提供了舞台。二是艺术类,包括器乐社、街舞社、书法社等。三是科技类,如动漫社 Cosplay 等。四是知识类,如推理社、英语社、话剧社等。五是活动类,如礼仪社、学记团、广播社、棋艺社、体育俱乐部等。六是实践类,如摄影社、环保社等。社团建设积极传承学校文化特点,延伸课堂教学,逐渐形成了富有学生特点的特色社团,为推动中小学的文化特色建设起到了积极的辅助和催化作用。

第十一章　中小学课程德育的现状与创新实践

学校的道德教育因素渗透在环境、课程、教育者等诸多方面。以是否开设专门的学科课程为分类标准,德育可以分为课程德育和非课程德育。而这里所指的课程,既包括专设德育课程,也包括其他课程。学校中所有课程的内容及其实施过程中蕴含着大量的道德教育因素。相应地,这些课程知识对学生就具有道德教育意义。非课程德育是指不通过专门的学科课程对学生进行的思想、政治、道德及法治教育,主要指班主任工作、课外活动、社会实践及其他隐性的德育因素。这里所指的课程德育是指学校根据社会需要和学生思想实际设置的专门学科课程:小学低年级(一~二年级)开设品德与生活课程,小学中高年级(三~六年级)开设品德与社会课程(以下将一~六年级课程简称小学思品),初中(七~九年级)开设思想品德课程(以下简称初中思品),高中开设《思想政治》课程(以下简称高中思想政治)。小学和初中阶段的德育课程为综合课程,高中阶段采取模块设置的形式,力求体现课程的针对性。通过这些专门设置的德育课程,学校对学生进行有目的、有计划、有系统的思想、政治、道德以及法治教育。

第一节　中小学课程德育的现状

随着现代科技的进步,社会发展日新月异,以知识为载体的"知识经济"风靡全球,社会对人才的要求越来越高,不仅需要相应的科学文化知识,更需要相应的思想道德素质。这给教育带来了更大的挑战,提出了更新更高的要求,德育在现代学校活动中也就显得举足轻重了。中小学课程德育作为德育的重要组成部分,对广大中小学生的健康成长起着导向、动力和保证作用,而其中各个阶段的思想品德、思想政治课的教学无疑在其中担任了最重要的任务。目前,我国中小学课程德育的总体情况较好,但也不乏令人担忧的表现。

一、多方面重视课程德育的格局基本形成

近年来，党中央高度重视基础教育的发展，大力推进科教兴国战略，提出了素质教育的理念和要求。特别是自 1995 年以来，国家先后颁布和出台了一系列加强、改进中小学思想品德、思想政治课程教学与建设的法规和文件，主要有《中学德育大纲》《中小学德育工作规程》《中共中央关于进一步加强和改进学校德育工作的若干意见》《中共中央国务院关于深化教育改革全面推进素质教育的决定》《中共中央办公厅、国务院关于适应新形势进一步加强和改进中小学德育工作的意见》《公民道德建设纲要》等。[①] 这些文件、法规无一例外地强调了德育在推进素质教育中的意义和作用，表明了中央加强德育建设的决心。广大中小学也特别强调了中小学思想品德、思想政治课程教学在学校德育中的主导地位，并不断采取措施，加强对中小学思想品德、思想政治课程教学的管理，提高相关课程教师的地位。一股重视课程德育的力量越积越强，重视课程德育的格局基本形成。

二、师资配置情况

在课程的实施中，对课程内容的理解和处理、对教学方法的选择与运用、对教学过程的把握和管理等都有赖于教师自身的素质，包括知识、技能、品德等。没有教师自身的形象、品位、素质的综合提高，就不可能有成功的课程德育。因此，师资队伍的配置至关重要。由调研结果来看，城市和农村学校、公办和私立学校师资配备差异较大，年级越低，师资配置情况越不容乐观。小学思品学科的教师大多数是兼职的，主要由班主任（语文教师）或其他学科（艺术类）教师教授，有的学校甚至中层以上领导为完成教学任务和课时也会兼职代课。初中思想品德课的教师多数是专业教师，但在部分私立学校，其他学科教师兼任的现象依然存在。高中思想政治课教师基本都是专任教师，且学历都在本科或以上。

三、教材选用情况

教材是根据课程标准编选的供教学用和要求学生掌握的基本材料。有文字材料，如教科书、讲义、讲授提纲、教师用书、学生辅助读物等；还有视听教材，如挂图、投影幻灯片、音带、录像、多媒体软件等多种形式。教科书是教

---

① 教育部政策研究与法制建设司. 现行教育法规与政策选编[M]. 北京：教育科学出版社，2002：17.

材的形式之一，是指按课程标准编制的教师教学和学生用书。2001 年，我国启动第八次课程改革，教材便逐步打破了以往由人民教育出版社一家垄断的"一纲一本"模式，改为"一标多本"。即在统一教育大纲、统一课程标准的情况下，放开多家出版机构，参与教材编写和出版发行。该模式被认为是教材市场化改革的重要一步。目前，小学思品和初中思品教材采用的都是"一标多本"，各省、直辖市、自治区基本都组织了教材的编写并在辖区内推广使用；高中思想政治采用的则是"一标一本"，即统一采用由人民教育出版社出版的教材。当然，由于各地区进行新课程改革的启动时间不一，教材的推进时间也有一定的差异。

虽然小学思品和初中思品的教材有差异，但它们都必须根据教育部最新颁布的课程标准进行编写。由课程标准规定的课程体系来看，小学一、二年级开设"品德与生活"。该课程将思品、生活、劳动、自然等多门学科加以整合，以儿童的生活为基础，以培养品德良好、乐于探究、热爱生活的儿童为目标，是一门活动型的综合课程。小学三至六年级开设"品德与社会"。该课程对思品、地理、历史等学科进行了整合，是一门以儿童社会生活为基础，促进学生良好品德形成和社会性发展的综合课程。初中七至九年级开设"思想品德"，三个年级的课程将心理健康、道德、法律、国情等四个方面的学习内容进行有机整合，是为初中学生思想品德健康发展奠定基础的一门综合性的必修课程，具有思想性、人文性、实践性和综合性的特点。高中开设"思想政治"课程。该课程设置了以生活为基础、以学科知识为支撑的四个必修模块和六个选修专题。

必修课程

思想政治 1（经济生活）	思想政治 2（政治生活）	思想政治 3（文化生活）	思想政治 4（生活与哲学）

选修课程

科学社会主义常识	经济学常识	国家和国际组织常识	科学思维常识	生活中的法律常识	公民道德与伦理常识

在教材的评价方面，大多数学生很喜欢新编的小学思品教材，大多数教师认为小学思品教材以时间和儿童成长的基本线索设置主题，从学生的生活

逻辑出发选择与学生生活关系密切、切实需要的内容，按照一定的时空顺序整合起来，凸显了养成教育的逻辑和地位；教材通过创设情境，编写典型范例，设计思考问题，突出了活动性和让学生在做中学的特点；教材的表现形式也是图文并茂并以图为主，采用儿童化语言和学生喜闻乐见的形式，增加了教科书的趣味性、可读性、启发性和指导性。

初中思品教材在遵循课程基本理念和课程标准的基本框架的同时也是各有特色，如人教版初中教材《思想品德》最显著的特色就是在核心价值目标的引领下，每个年级都有明确的教育主题和能力培养的重点。苏人版初中教材《思想品德》以初中学生逐步拓展的公共生活为基点，扫描课程标准的目标要素，生成主题，创造性地实现了课程标准所规定的课程任务。粤教版教材《思想品德》强调学生的主体地位，在编写过程中以学生为编写中心，符合学生的生理、心理特点，能满足学生的情感需要，侧重让学生通过活动来完成目标。

高中思想政治教材总体较好。该教材体现了以下特点：其一，以中国特色社会主义理论体系为指导，鲜明地体现了思想政治教育的目标要求；其二，体现了新课改的理念，注重过程性，突出生成性；其三，贴近实际，贴近学生，贴近生活，构建了以生活为基础、以学科知识为支撑的知识体系，基本符合高中学生思想政治素质的形成规律。

四、课程实施状况

关于课程实施（Curriculum Implementation）的含义，一直没有统一标准，但概括起来，目前主要有两种观点影响较大。一种观点认为，课程实施就是研究一个课程方案的执行情况。其重点是课程方案所设计的内容是否得到很好地落实，而这又取决于作为课程执行者的学校和教师，是否能够很好地理解和运用课程，忠实地执行课程方案中规定的项目。这种观点将课程方案看作是固定的、不可变更的，实施就是对预设的一个展开过程。另一种观点则认为，课程实施应该是一个动态的过程，其焦点是在实践中发生改革的程度和影响改革程度的那些因素。因此，课程实施不仅仅要研究课程方案的落实程度，还要研究学校和教师在这个具体的执行过程中，是否按照实际情况对课程进行了调适以及影响课程改革程度的因素。这两种比较典型的对课程实施的认识，尽管观点不同，但有一点是肯定的，那就是课程实施是一个过程，无论这个过程是忠实的执行还是丰富的生成，都会受到执行者，尤其是学校和一线教师的影响。目前，在这些因素的影响下，中小学课程德育呈现以下状况：

1．课程开设状况

在小学思品课开设现状方面，大多数教师认为有必要开设本门课程，该课程对于培养学生的道德认识、道德情感、道德意志和道德行为具有很重要的意义。大部分教师与学生认为学校对思品课比较重视，但也经常发生被其他课占用的情况，尤其在高年级，这种现象更加严重。至于与思品课教学相关的活动，大部分学校会偶尔进行组织。在初中思想品德课程的开设方面，虽然现在大多数地区中考采用开卷的方式，但毕竟要考试，课程的开设状况较小学要好。同时，课时被挪用现象也或多或少地存在，课外活动几乎不开设。高中思想政治课的开设总体状况比较好，虽然许多地区采用了不同的高考模式，但鉴于高中思想政治课程对于学生的重要意义和相关规定，学校都开设了这门课程，课时相对充足。

2．课程目标的设定

狭义上的课程目标主要是指教育目标，它是对学习者通过学习后应该表现出来的行为的具体明确的表述。教育目标是课堂教学过程的出发点和归宿，是教师分析教材和设计教学活动的依据。

从宏观上来看，各级学校的课程德育工作都能以党的最新会议精神为指导，坚持用科学发展观统揽全局，全面贯彻党的教育方针，坚持育人为本、德育为先，遵循中小学生思想观念、政治意识、道德观念以及法治意识的形成规律和他们成长成才的规律，把社会主义核心价值体系融入中小学教育的全过程，培养全面发展的社会主义建设者和接班人，推进素质教育的深入实施。

从中观上来看，各级学校都坚持了三维目标。国家教育部颁布的课程标准明确指出，“情感态度是影响学生学习和发展的重要因素”，即基础教育阶段的中小学课程不仅要发展学生的知识、技能，同时还要培养学生积极向上的情感态度。作为学科课程目标之一，情感教育与知识学习、能力培养共同构成中小学教育教学的三维目标体系，着眼于学生的全面发展和终身发展，真正体现了素质教育的新理念。它不仅仅是教育的目标之一，而且是教育的起点和终点。

从微观上来看，现行德育课程教材主要采用主题单元的方式呈现，因此教学目标的制订具有独特性，要求教师能够结合课标要求和课程特点，将教学目标进行层级分解；在教学目标的层级分解过程中，促使教师整体把握教学目标，使每节课教学目标清晰，突出每一节课的重点和难点，使每节课教学目标简洁、清晰、具体，针对性和可操作性强，便于教师解决问题。调查结果显示：小学思品课程大多数教师没有细化教学分目标，还是简单套用主题教学总目标作为每节课的教学目标。有的教师甚至没有明确的课时教学目标，或者是目标过大或过小，准确性不足。这种情况在初中思想品德和高中思想政治课程上的表现相对较好。

3. 课程教学内容的设计

教学内容一般是指在教学过程中，教师给学生传授的知识和技能、灌输的思想和观点、培养的习惯和行为等的总和，是教师根据课程标准、教材和学生的情况选择的能够促使师生发生交互作用，服务教学目的达成的素材及信息。它不仅包括教材内容，还包括方法指导、价值判断、实践探索等，包括师生在教学过程中的实际活动的全部。合理选择和组织教学内容以及合理安排教学内容的表达或呈现，是影响教学效果的关键性因素之一。

调查表明，部分小学教师认为，现行小学思品课的内容在取向上偏重于国家和社会，没有充分考虑学生的地区差异，思品课的内容还具有一定的保守性。目前，我国的德育教育无论在哪一个层次上都跟特定社会的政治、经济状况有关，而教育作为社会道德传递的工具和维护其现有社会秩序的手段，其主要职能目前仅限于把社会和国家认可的道德信仰和政治理想等体系传授给学生，使之系统地社会化。在这种观念指导下的思品课只是简单地肯定一些社会道德和政治理想，而忽视了学生的个人品德如责任感、同情心等内容，具有明显的保守性、封闭性和单一性，它禁锢了学生的头脑使其无法发挥主体意志和创造精神。部分教师反映，小学思品课文内容的真实性不够、可信度不高，大部分内容脱离小学生的实际生活状况和社会现状，语言生硬，编造的痕迹过重，不能启发学生思考，不易激发学生的情感，更不利于培养学生的道德行为。现行思品课的内容企图将一套道德上的事实与真理告诉学生，然后试图运用学生喜爱的各种手法让学生相信它并践行它，但其内容脱离了学生的生活实际和社会现状，其真实性和可信度让人怀疑，且文字表达呆板生硬，多以居高临下的训诫形式出现，如“个人服从集体”、“父母恩情深似海”等标语式的题目比比皆是，结果是教材内容对学生没有吸引力，更不用说激发学生的道德情感、培养学生的道德行为了。学生和教师对此反映不佳，导致德育的效果不好。①

在中学思品课和高中思想政治课的调查中，多数学生表示，虽然当前的素质教育搞得轰轰烈烈，但应试教育思想根深蒂固。相当一部分教师仍然把课程德育作为考试的工具，并不断强化其价值。尤其在课程教学中，教师备课的内容重点仍然是梳理知识点，研究标准答案，向考纲看齐；死抠教材，条分缕析，肢解教学内容；教材内容向教学内容的转换不足，罗列教材内容现象严重；过度关注预设，而忽视教学活动中师生和生生互动的生成资源。

4. 课程教学方法的选择

教学方法是教师和学生为了实现共同的教学目标，完成共同的教学任务，在教学过程中运用的方式与手段的总称。它包括教师的教法、学生的学法，是教授方法与学习方法的统一。课程德育要解决的矛盾不仅仅有知与不知、懂与不懂的矛盾，更要解决信与不信、行与不行的矛盾。因此，方法选择是否恰当，直接影响课程德育的效果。

总体来说，现行课程德育教学方法在新形势下已经发生了重大转变，更多的教师能够从学生的实际出发，遵循教育改革突出学生主体性的要求，采用多种教学方法，课堂教学得到了较好的改善。但调研也表明，目前还存在着过分强调思想的改造，片面强调“晓之以理”的灌输，忽视循循善诱地激发学生在道德上自我完善的内在需要和机制的状况，大多数校长和教师仍然长于“管”和“灌”，短于“放”和“导”，形式主义十分严重。其表现主要有：其一，制订课程德育计划不从本校、本班实际出发，不考虑实现的可能性。内容基本上按照教师教学用书和课程标准的要求进行表述，制订任务也是备课组长一人承担，很难做到因材施教。其二，脱离教育对象的实际，空洞说教，不具体分析教育对象的思想矛盾，不思考问题的实质，只凭良好的主观愿望强加于人。其三，教学中只是按照预设的内容和步骤前进，很难关注到生成的鲜活资源，一些看似新鲜的教学方法也只是表演的道具，或者是走过场，或者是公开课的时候才用。

5. 课程教学手段的采取

教学手段是师生教学相互传递信息的工具、媒体或设备。传统教学手段主要指一部教科书、一支粉笔、一块黑板、几幅挂图等。现代化教学手段是指

① 杨雪红. 山东省小学思想品德课教学现状的调查[J]. 当代教育科学，2006(7).

各种电化教育器材和教材，即把幻灯机、投影仪、录音机、录像机、电视机、电影机、DVD 机、计算机等搬入课堂，作为直观教具应用于各学科教学领域，俗称多媒体教学。

调查表明，大多数学校都已经配备了多媒体教学系统，部分学校还配备了白板系统。这些手段使德育教师在传授思想、政治、道德知识的时候，从单纯利用语言、板书形式，提高到集形、声、光、色、图、动画于一体，创建丰富多彩的情景和意境，激发学生情感的参与，诱发他们的好奇心，提高他们学习德育课程的热情。在多媒体使用的理念方面，大多数教师能够认识到这只是一种服务教学的手段，与传统手段相比既有优势，也有不足。比如，现代化教学手段多长于情境的再现，能够诱使学生的多感官同时参与，从而得到品德、情感和审美等方面的教育。但是，师生之间缺乏直接的人际交流和情感沟通，学生很少能得到教师个人思想、情感、人格、审美方面的熏陶和感染。现代化教学手段的使用还存在囿于具体的技能、技巧的培养，对眼、耳的过度刺激有害学生的感官。在多媒体的使用技能方面，大多数教师已经具备自己驾驭多媒体的能力，资源收集能力和课件制作能力都有了很大的改善，能将自己先进的教学思想、教学经验和教学方法融进多媒体手段之中，从而极大地发挥了先进教学手段的教学优势。当然，多媒体技术辅助教学对教师素质提出了越来越高的要求，怎样促进教师通过不断的学习更熟练地掌握多媒体技术，并在研究教材、研究学生的基础上，设计、编写适合学科特点、符合学生需要的课件，还需要进一步探索。部分教师反映，目前一些学校加大了教学软件的购置以方便教学，但部分在商业利益驱使下开发的软件存在价高质劣的问题。甚至有许多软件开发商根本不懂教育，所开发出来的软件或是违背认知规律和教学规律，或是变成教科书的电子翻版。虽然也有部分开发商开发的教学软件是非常优秀的，但因为教学对象不同、解读能力不同，也很难适用于所有的教学。尤其是德育课程，必须密切联系学生的生活实际这个变化丰富又变化很快的主题，这些软件的时效性、实效性都大打折扣。因此，学校和教育主管部门，对教师特别是青年教师应加大课件开发和运用能力的培训和指导。

五、课程实效性评价

德育课程的实效性，实质上就是德育课程实施结果与预期德育目标的吻合度，或者说是德育课程预期目标达成的程度。德育课程的实效性评价包含着两个主要指标,即个体效益和社会效益。

个体效益是指通过课程教学,学生是否已经主动地将德育目标的要求转化为自己内在的道德需求,成为学生发自内心的一种追求,而不仅仅停留于试卷答案,或者依靠外在强制手段和奖惩措施约束而行。这是评价课程德育实效性的一个重要指标。这个指标考量的不是学校或者课程组织了多少次相关活动,也不是简单地以学生做了多少好事来衡量,最根本的是考察学生在课程德育的影响下其思想观念、政治意识、道德情操以及法治意识是否实现了觉醒和强化,并且能在这些思想、意识的支配下表现出正确且相对稳定的价值选择。就调研的结果来看,大多数学校、教师和学生认为该课程在这些方面取得了很多的成就,尤其是通过小学思品的教学,大多数小学生都能按照课程阐述的道德要求去处理生活中的相关事宜。调查显示,当今的中小学生具有较强的自我意识,他们更务实、更现代、更人性,也更重视个人的发展,这是社会的人本化和价值观多元化的具体体现。毋庸置疑,广大中小学生是优秀的,他们思想积极,富有独立性,对于"孝亲"、"尊师"、"助人"、"合作"等理念的认识也很到位。当然,这种认知大多数是淳朴的表现,他们也许不具备老师们强调的崇高理想,却有更务实的追求。通过调研还发现,随着年级的上升,学生对课程德育内容的信任程度也在降低,这和当下的社会风气以及学生对课程价值的认知有很大的关系。不过,越是高年级的学生,他们对已经内化的课程知识越是信任,作用也就越是持久。

社会效益是指学生思想观念、政治意识、道德情操以及法治意识水准的提高是否促进了整个社会文明水平的提高。学生的活动主要在学校,但他们也是社会的人,在参与社会活动的过程中,他们需要进行价值判断和价值选择。作为学校的课程德育教学,不能简单地考量学生在试卷上的成绩和在学校的表现,更要看德育课程的后续教育效果,看学生能否将在课程内接受到的思想观念、政治意识、道德情操以及法治意识反映到社会生活中去,并以此来促进社会文明程度的提高。就社会走访的结果来看,大多数社会人士对中小学生的思想观念、政治意识、道德情操以及法治意识水准的评价是比较高的,认为中小学生是社会良性道德运行的主力军。

第二节　中小学课程德育的问题

新课程改革以来,在全体教育工作者的努力下,我国的课程德育工作取得了诸多成绩，有了长足的发展。但是，在肯定成绩的同时，我们也应当看到我国当前的中小学课程德育发展还存在着一系列问题，主要表现在以下七个方面。

一、课程地位弱化

对课程地位的认知来源于对课程意义和价值的认知。近年来，国际国内环境的深刻变化，给中小学生思想道德建设带来一系列不容忽视的问题，中小学生思想道德建设既面临新的机遇，也面临着严峻的挑战。我国对外开放的进一步扩大，为广大中小学生了解世界、增长知识、开阔视野提供了更加有利的条件。与此同时，一些领域道德失范，诚信缺失，假冒伪劣、欺骗欺诈活动有所蔓延；一些地方封建迷信、邪教和黄赌毒等社会丑恶现象沉渣泛起，成为社会公害；一些成年人价值观发生扭曲，拜金主义、享乐主义、极端个人主义滋长，以权谋私等消极腐败现象屡禁不止；等等。这些，也给中小学生的成长带来不可忽视的负面影响。互联网等新兴媒体的快速发展，给中小学生的学习和娱乐开辟了新渠道。与此同时，腐败落后的文化和有害信息也通过网络传播，腐蚀着中小学生的心灵。在各种消极因素的影响下，有一些中小学生精神空虚，行为失范，有的甚至走上违法犯罪的歧途。这些新情况、新问题的出现，使中小学生思想道德建设面临一系列新课题。今天，社会各方面非常关注中小学生的思想道德建设，人民群众对净化中小学生成长环境的呼声十分强烈，加强和改进中小学生思想道德建设，已成为关系国家和民族命运的希望工程，关系成千上万家庭切身利益的最大的民心工程，是摆在我们面前的一项十分重要而紧迫的任务。①

实践证明，中小学课程德育工作在帮助广大中小学生树立科学的世界观、人生观和价值观，提高他们的思想品德素质、培养他们的政治参与能力等方面发挥的作用是其他课程不可代替的。充分利用素质教育的主阵地——课程德育，对实施素质教育的主体——学生，进行政治教育、思想教育、道德教育、法纪教育和心理品质教育，对促进学生全面发展起着决定性的主导作用。然而，课程德育的这种首要地位在实践中并没有得到很好的落实。少数学校的领导和课程德育教师在认识上存在误区，片面地将德育、体育、美育、劳动与教学、智育分割和对立起来，错误地认为学校工作应该以教学为中心，

① 郭金萍．中学德育的问题与对策[D]．兰州：西北师范大学，2005．

以质量为生命，一切安排都要为分数、为升学让路；在这些课程的关系上，过度强调智育轻视德育，对德育课程的评价往往只停留于学生的考试成绩上；对教师的评价一味强调和注意其所教班级学生的学业成绩、考试分数和年级名次升降，对学生的评价也是以分为宝，至于学生在思想认识、道德意识、组织纪律、心理素质等方面的偏差，或视而不见，或一味迁就；即使认为课程德育对于学生的个性发展很重要，也很想尽力把这方面的工作做好，但在应试教育依然占据主导地位、素质教育大气候尚未形成的时期，也只能随大流，睁一只眼、闭一只眼了。除学校以外，家长也同样存在着忽视德育首要地位的现象。很多家长非常重视对子女早期智力的开发，执着而盲目地追求孩子的早慧，却忽视了孩子早期行为习惯的养成和早期思想、感情及品德的培养、常挂在嘴边的一句话就是“只要你学习好就行”。这种思想也直接影响了学生在课程德育学习过程中精力的投入。不少教师反映，许多家长对课程德育布置的课后探究作业持反对态度，对课程德育价值的错误评判也直接影响了学生对课程内容的信任度。

二、课程目标错位

课程目标是课程教学的灵魂和方向，关系着我们用什么样的教学理念培养什么样的学生。从课程标准的要求来看，德育课程的目标可以分为每门课程的总目标和情感态度价值观、能力、知识等方面的分目标，并随学段不同而有区别，但无论是小学思品、初中思品还是高中的思想政治，都没有发挥出它们实施德育教育主渠道、主阵地的作用。造成这种现象的原因有很多，其关键因素就是德育目标的错位。

客观地说，当前我国的宏观德育目标是正确的，这主要体现在党和政府的各项有关课程德育的指导性文件和舆论导向等方面。但是，德育的具体目标存在错位问题。一种表现是重智育轻德育，厚此薄彼，本末倒置。学校忽视德育而过多地关注智育，把学习成绩的高低作为判断一个学生好坏的唯一标准，甚至把思想政治课仅作为应付考试、获取高分的一门课程。新课标要求改变忽视学生主体地位、禁锢学生思想的传统的教学模式，增强学生对政治课的兴趣，在轻松愉快的教学氛围中掌握所学知识，但事实上“换汤不换药”，学校重视的依然是学生的成绩，学生依然是学习的“奴隶”，而不是学习的主人。学生为了提高考试成绩，只能死记硬背，教师也不能创设情境使学生在理解的基础上记忆。这样的学习当然不能使学生感到快乐，也不符合新课标的要求。

另一种表现是中小学课程德育目标成人化，不符合青少年的身心发展规律。课程德育目标必须恰当，要符合受教育者的年龄特征，遵循其身心发展规律，目标既不过高也不过低，是通过努力可以达到的。然而，在调查中有不少教师反映，中小学课程德育目标具有成人化倾向，违背了青少年的身心发展规律。比如，小学思品的目标有超越良好习惯、文明行为的养成的内容。小学生由于年龄小，理解能力、社会经验和接受能力都存在很多局限，过高目标的思想教育，注定要流于形式，很难产生良好的实际效果，结果只会使他们在很小的年龄段就对学校德育工作产生逆反心理，这对今后的德育教育造成极其不利的影响。初中生的课程德育目标应该是以社会主义核心价值体系为指导，促进初中生正确的思想观念和良好的道德品质的形成与发展，为使学生成为有理想、有道德、有文化、有纪律的合格公民奠定基础，但从课程内容来看，还存在着相当浓厚的"政治色彩"。课程标准规定的高中思想政治课程的目标是：知道中国共产党是中国特色社会主义事业的领导核心，马克思列宁主义、毛泽东思想、邓小平理论和"三个代表"重要思想是中国共产党的指导思想，"三个代表"重要思想是马克思主义在中国发展的最新成果；了解中国特色社会主义现代化建设常识；学习运用马克思主义基本观点和方法观察问题、分析问题、解决问题；具备在现代社会生活中应有的自主、自立、自强的能力和态度；具有爱国主义、集体主义和社会主义思想情感；初步形成正确的世界观、人生观和价值观。一些教师反映，现行教材依然存在目标定位太高及教材编写理论性太强等问题，教材的许多内容与高校思想政治理论课的内容大致相似，虽然总体篇幅减少，论证的史料也比高校教材少，但理论的基本框架没有变化，所涵盖的问题也没有减少。这种从表面看来比高校思想政治理论教材薄了许多的教科书，其实更加难懂，更加枯燥无味，更加难以使用。

三、课程主体性缺失

主体性的缺失是当前学校课程德育教学过程中的一个严重问题，它长期制约着课程德育的教学效果。课程主体性的缺失主要表现在以下两个方面。

一方面，传统课程德育浓厚的政治色彩抑制了学生的主体性，这主要通过课程德育的目标表现出来。一直以来，国家和社会都很重视教育。这种重视首要的是基于教育的工具价值，即教育可以通过政治化的道德教育解决一系列社会性问题，如政治稳定、经济发展等。这种社会本位的道德教育所导致的"泛政治化"对学生的个性发展形成了严格的控制。任何一个社会中教育知识的选择、分类、分配、传递与评价方式都反映了这个社会的权力分配与社会控制方式,这种控制忽视了学生的个体思想、道德发展规律。传统的课程德育具有相当浓厚的"政治色彩",甚至今天也没有彻底改变。由此出发,课程德育往往以约束个人行为、维护社会秩序为目的,以是否接受并服从社会规范、准则、伦理作为评价学生的标准,"听话"成了好学生的重要标志;个人道德修养以"无我"为最高境界,道德评价以恪守本分为基本标准。学生在接受思想观念、政治意识、道德情操以及法治意识规约时,体会不到这些规范的内涵和社会意义,就难以将之建构到主体的经验结构中。当学生自己的价值观与这些规范相冲突时,就难以做出正确的自我选择。当主体行为与规范相抵触时,就会受到耳提面命的训诫。这种教育不是从学生的内心世界出发的,从而使学生产生逆反心理和抵触情绪。

另一方面,课程德育的教学方式也阻碍了学生主体性的发挥。课程德育工作的对象是活生生的人,他们有着各自不同的成长环境、经历、性格特点以及认知习惯等,这就形成了他们对事物不同的理解方式,也形成了不同的心理品质。新课程改革要求教师能够营造以人为本、自主发展的课堂教学方式,尊重学生的人格,实现课堂上的教学民主,给学生自由发展的空间。比如,积极创设问题情境,鼓励学生大胆探索,充分发挥创造性思维能力等。实践证明,课堂因为有了学生的主动参与会变得生动活泼、富有活力。课堂应当是学生的课堂。因此,教师不但要具有人本理念,课程设计基于学生的生活经验,围绕学生的全面发展来展开,还要树立学生是课堂的主人教学观,鼓励学生在教学实施过程中发挥主观能动性。然而,现实中的课堂教学依然存在忽视学生主体性的做法。比如:依然将教师看作是课堂的主宰,学生只是知识的容器;教学过程中只关注考核目标的达成,不顾及学生思想观念、政治意识、道德情操以及法治意识等方面的具体变化。

四、课程实践性不足

无论是对思想观念、政治意识、道德情操以及法治意识的理解,还是形成对国家对社会对他人的责任感、义务感,或者培养主体意识,都离不开实践活动。课程德育应当以学生积极的生活体验为基础。生活是建构整个课程德育大厦的基石,学生的问题来自这里,学生的答案也要在这里运用。如果没有生活实践这个基础,课程德育目标的实现就没有了根基,最终就可能落空。

调研结果表明,重课堂理论教学,轻课外实践体验;重灌输填鸭,轻疏导交流;课程德育理论与学生生活脱节,没有形成课内所学与课外实践有机结合的教学新体系,是制约我国中小学课程德育实效性的重要因素。因此,中小学生思想观念、政治意识、道德情操以及法治意识的教育应该是教育与实践相结合的过程,要按照实践育人的要求,以体验教育为基本途径,通过实践活动,培养学生良好的思想品德和思想政治素质。

但在调查中我们发现,现行课程德育的教师在教学中往往忽视社会实践活动,或者仅仅把实践当作是课堂教学的延伸,认为可有可无;或者对学生参加社会实践活动存在各种各样的畏难情绪,以各种借口作为推脱,比如怕耽误教学时间,怕影响教学成绩,怕出安全事故,怕经费没有保障,怕领导不支持,等等。这实际上是不重视社会实践的具体体现。许多学校几乎没有德育实践课,教师也不布置实践课题。这种现象违背了教育教学规律,严重削弱了课程德育对学生进行思想品德教育的功能。此外,一部分管理者和教师仍没有认识到德育实践活动与传统课外活动的本质区别。正是基于认识的差别,导致相当多的德育实践活动既难以保证学生的全员参与,更使活动流于形式化、游戏化。

五、课程德育资源开发利用不足

课程德育功能的发挥,离不开德育资源的开发利用。德育资源是一种特殊的教育资源,是指对培养人的思想观念、政治意识、道德情操以及法治意识起作用的一切因素,也指构成德育活动和满足这一活动需要的一切因素。它包括人力资源、物力资源、财力资源、知识资源、经验资源、信息资源等诸多内容。相对于其他教育资源而言,课程德育资源具有更大的广泛性和普遍性,它为德育目标的实现提供了基础,是德育存在和发展的条件,也影响着德育的实效。德育资源开发即将潜在的德育资源变为现实德育资源的动态过程,德育资源利用是让现实形态的德育资源进入德育活动的过程,以使其发挥德育的功效。虽然新课程改革为中小学课程德育功能的发挥提供了许多思路和创造的空间,但实际的德育资源及其开发利用仍然不尽如人意,存在着很多问题。

第一,中小学课程教师德育资源意识不强。尽管德育资源开发利用越来越受到关注,专家学者、一线教师和德育工作者对德育资源问题有了一定的重视,并且部分地区和学校的教师对德育资源开发利用有一定的意识,但总体来讲，学校仍然将教学质量和升学率（这里的“教学”是狭义的教学概念）作为第一要务，将追求学生的高分数、高升学率作为第一目标，同时广大教师的德育资源开发利用意识也很薄弱。一方面，德育学科（思想品德、品德与社会、思想政治等课程）教师大多注重抓纲务本，照搬教材，与新课程改革应注重课程资源的开发与利用相脱离；另一方面，其他学科教师对学科德育资源的挖掘与整合不够，学校的德育管理人员（例如政教处、团委等部门）大多根据以往经验开展主题活动，各自为政，促成了德育工作的行政化，而这本身是偏离德育本质的。对于经济不够发达的地区来说，德育资源意识就更为欠缺。总体来看，广大学校和教师的德育资源开发利用的意识较为薄弱，教师作为德育资源开发利用的主体地位更没有得到明确地体现。

第二，课程德育资源开发利用的系统性不强。德育资源是一种特殊的教育资源，是指对培养人的德性起作用的一切因素，也指构成德育活动和满足这一活动需要的一切因素。德育资源既包括物质资源，也包括精神资源；既包括条件性资源，也包括素材性资源。因此，德育资源应是一个资源系统，而不是专指哪一类型资源。概括地讲，我们可以将德育资源系统分为人力资源、物质资源（主要指德育设施、场馆、基地等）、财力资源（经济资源）、文化资源、网络资源等。我们在开发利用德育资源的过程中，要具备系统的观念，对德育资源系统进行全面把握。目前，我国在德育资源开发利用方面系统性不强，大多是从德育资源的某一类型或层面来考虑，德育资源体系的整体效应没有得到很好地显现。

第三，课程德育资源开发利用的方法单一，资源整合能力不强。从学校和教师开发利用德育资源的方法手段中，可以看到教师在开发利用德育资源方面的视野和思路。思路决定出路，丰富资源开发利用的方法和手段，强调资源的有效整合，学校的德育资源才能更好地服务德育工作。方法手段单一，资源整合能力不强，表现在开发利用校内资源方面，德育课程与其他课程中的德育资源缺乏有效整合，德育部门各自为政，管理力度和效果不够明显，德育理论研究较为欠缺，学校的隐性德育资源整合力度较弱，学校的物质、制度、精神、行为文化等文化资源开发利用不够。在校外资源的开发利用方面，家庭德育资源闲置，社区德育资源浪费，对富有时代色彩的鲜活的社会资源敏感度不够。学校德育资源与校外德育资源缺乏有效的整合。①

六、多媒体运用存在误区

随着我国教育事业的不断发展和教育教学改革的不断深化，多媒体辅助教学已经成为课堂教学的重要组成部分。《中共中央、国务院关于深化教育改革全面推进素质教育的决定》明确提出，要“大力提高教育技术手段的现代化水平和教育信息化程度”。作为素质教育主要阵地的课程德育，正呼唤、期待多媒体的渗入、融合，以期对传统教学模式进行深刻的变革。在课程德育的教学中，积极引入多媒体教学具有重要作用和意义，它符合现代科学技术的发展趋势，符合学生的认知和学习规律，能够大大促进教学效果的提高。然而，多媒体教学是一把双刃剑，在实际的教学过程中，多媒体教学在大大促进课程德育课堂教学效果的同时也存在一定的问题。

1. 盲目滥用，过分依赖

这是当前诸多课程都面临的问题。许多教师似乎患上了“多媒体依赖症”，过于迷恋和崇拜多媒体。不管什么样的教学内容，也不顾什么样的教学对象，教必用多媒体。也许只是黑板搬家，也许只是为了一段材料，但为了追求时髦，统统“一刀切”，盲目使用，以致形成没有多媒体就无法上课的局面。有些教师盲目夸大多媒体的作用，甚至认为多媒体就是一种“全能媒体”，多媒体教学完全可以取代传统教学。在他们看来，现代教学环境下的备课就是制作多媒体课件，课件用得越多越好，材料越丰富越好，动画越吸引人越好，以致把大部分的精力都用在了如何制作高水平的课件上，忽视了对如何增强教学内容的针对性和教学方法的实效性的研究。

2. 信息量过大，主次不分

课程性质的综合性使得思想品德课的多媒体课件集中了众多的信息，图片、视频、表演、故事、音乐、朗诵、领导讲话，既有历史的“原音重现”，又有最新的滚动资讯。只要教师愿意花时间和精力上网搜索，课件可以包罗万象。于是，我们发现很多教师在设计课件时过于注重课件的形式和信息量，滚滚信息扑面而来，学生应接不暇，教师不断点击着鼠标，学生不断滚动着眼球。但是，究竟哪些教学信息应该是主要的，学生很难把握；或者，下课后学生只是根据自己的喜好记住了一些有趣的片段，而这些片段是为了说明什么，学

① 黄宝源. 试论中小学德育资源的开发与利用[D]. 武汉：华中师范大学，2010.

生不得而知,更不用谈对重点内容的印象了。他们所记忆的知识点完全是零散的、不完整的和不系统的,最终教学效果自然也就会大打折扣。

3. 人机交流替代人际交流,师生互动缺失

教学是教师的教与学生的学的统一,教师需要先设计方案,占有材料,然后在不断的交流中引导学生掌握既定知识。然而,多媒体的应用使得教师忙于呈现令人眼花缭乱的材料,忙于材料间的顺利衔接,忽视了和学生的情感交流。课堂由原来的教师主导、学生主体,转变成了课件领着教师走、学生跟着课件看的情景。教学从传统的"教师满堂灌"变成了"课件满堂灌",有人讥之为"电灌"取代了"口灌"。在这种机械呆板、满堂电灌的制约下,师生情感交流受到抑制;教师固定在一个地方,不便于师生情感交流,更不能关注学生的思想动态,学生的学习主动性也被淹没。

4. 重预设轻生成,忽视对学生科学思维方法的培养

课程德育教学有效性的一个重要指标就是通过学习学生是否形成了正确的、科学的思想观念、政治意识、道德情操以及法治意识。这些意识观念的形成需要学生情感的充分参与,需要教师时刻注意通过各种方法、采取各种途径来澄清学生的模糊观念,引导学生学会对事物的正确分析。然而,调查表明,尽管课件制作者事先已经尽可能地考虑学生的已有认知程度和品德水平、可能出现的反应,以及或许会遇到的疑问,但在实际教学中,总有许多在我们的意料之外的即时"生成"。比如,学生对问题的考虑和教师预设的思路不一致,但课件的结论已经确定,这便带来了诸多麻烦。即使有经验的教师能够巧妙地再设疑引导,也会耗费大量教学时间。

七、课程教学评价存在不足

课程教学评价是课程教学过程的重要一环。它是系统地、有步骤地从量或质两个方面描述学生的学习过程和学习结果,并据此判断教学结果与教育目标是否符合和符合程度的一种手段。为了建立适应素质教育发展要求的基础教育课程新体系,新一轮基础教育改革对教学评价也提出了新的要求。我国传统的课程评价过于强调甄别和选拔的功能,相对忽视了课程评价对学生发展和教学实践能力的促进功能。因此,对原有的课程评价方式进行改革,是新一轮课程改革的重要内容。《基础教育课程改革指导纲要(试行)》明确规定建立促进学生全面发展的评价体系。评价不仅要关注学生的学习成绩,而且要发现和发展学生多方面的潜能,了解学生发展中的需求,帮助学生

认识自我,建立自信,发挥评价的教育功能,促进学生在原有水平上有所发展。《纲要》还规定:要改变课程评价过分强调甄别与选拔的功能,发挥评价促进学生发展、教师提高和改进教学实践的功能。这些规定要求课程评价要超越传统的评价模式,倡导新的课程评价理念。然而,在传统“应试教育”的影响下,课程德育评价依然存在种种误区。

1. 评价指标简单,评价方法单一

调研表明,现行评价体系的指标相对简单。例如,对学生的评价,学业成绩占据比重过大,忽视了学生身心各方面发展的全面评价。在评价方法上,基本上采用单一的以知识为主的测试来判定学生思想品德分数的高低。其导致的结果是:学生过分关注考试成绩而不顾实际思想观念、政治意识、道德情操以及法治意识的锤炼;而一个平时思想行为有偏差的学生,只要死记硬背在考试中获得高分,其品行评价犹会得到高分。

2. 评价主体单一,忽视主体性

评价主体单一是指在开展教育评价时,基本上没有形成学生、教师、管理者、教育专家、家长等多主体共同积极参与、交互作用的评价模式,忽视了评价主体多源、多向的价值,被评价者始终处于一种消极的被动地位。教师是学生表现的评价者,同行和领导是教师教学的评价者,忽视了评价主体的价值。

3. 评价重视指标的统一性,忽视学生的个体差异

按照多元智能理论的观点,每一个学生的智能是多元的,在评价的时候应该充分考虑主体的差异性。然而,课程德育评价模式依然存在将所有的学生放在同一个评价尺度相互比较的情况,忽视了学生存在生理、心理、兴趣等多方面的不同,缺乏考虑不同学生的不同生活背景和个性特点。这样的评价,一方面会造成对某些学生的误评,另一方面又有可能挫伤部分学生的自尊心,不利于学生良好思想品德观念和行为的形成。

4. 评价重结果轻过程

现行评价体系忽略了学生学习过程中思维、体验、感悟等不断变化、进步和发展的动态过程,看不到学生在不同阶段的努力程度,只关注学生的学习结果。新课程理念已经明确指出,关注结果的终结性评价是面向过去的评价;关注过程的形成性评价,才是面向未来、重在发展的评价。

第三节 创新中小学课程德育的实践

基于上述中小学课程德育中存在的问题,创新其课程德育的实践势在必行。

一、以素质教育为导向,充分认识学校课程德育的发展价值

学校工作的改革和创新,应以全面实施以德育为核心的素质教育为着力点。实施素质教育的根本目的,在于培养学生树立正确的人生观、价值观、世界观。全面推进以德育为核心的素质教育,必然要求学校坚持正确的政治方向,发挥德育在素质教育中的导向、动力和保证作用,为智育和其他各育提供精神动力。义务教育阶段的学生正处在人生的奠基阶段,是健康人生观的可塑时期。学校理应在学生思想品德成型阶段担当重任。有关部门应健全考核制度,扭转"唯智倾向",构筑"道德长城",从素质教育的高度入手,把培育"德才兼备"的育人目标作为学校的指导思想。这便是改进课程德育工作的前提条件。

在很长一段时间内,人们习惯于把教育的功能和教育的价值等同起来,自然也就将德育的价值和德育的功能等同起来。其实,这是两个具有完全不同内涵的概念。功能的涵义是"事功和能力",指的是客观事物能够满足人的某种需求的属性,强调的是一种客观存在。但是,价值并不是事物的固有属性。马克思指出:"价值这个普遍的概念是人们对待满足他们需要的外界物的关系中产生的。"①即价值是能够满足人们生存和发展需要的东西,而这种东西的形成不仅仅是因为它是物的固有属性,也不是产生于人自身,而是产生于具有一定需要的人与具有能够满足人的需要属性的外界物的相互作用过程中。因此,价值具有主体前提和客体前提。人是价值关系中的价值主体,而能够满足人的需要属性的外界物是价值关系中的价值客体。无论是价值客体还是价值主体,都不能单方面生成价值,只有当具有一定需要的人与具有能够满足人的需要属性的外界物发生相互作用时,具有满足人的需要属性的外界物才具有对人来说的价值。这种相互作用的过程,其实是主体改造价值客体的实践过程。德育价值主体是指系统内施教者、受教育者以及社会环境中的个人、各类群体(包括民族、国家等等)。德育价值客体是指德育活

① 马克思恩格斯全集(第19卷)[M].北京:人民出版社,1963:406.

动及其功能。

中小学课程德育是培养中小学生思想政治品德的社会实践活动。它能够帮助提升广大中小学生的思想政治品德,具有培养人的思想政治品德的功能属性,而且这种功能属性又要满足社会对主导思想政治品德养成的需要,因而它有价值。所以,中小学课程德育价值可以这样定义:中小学课程德育价值是指通过课程德育可以满足价值主体即中小学生和社会对培育思想政治品德需要的对象化反映。课程德育价值主要体现在对学生发展的影响上,即中小学课程德育的发展价值。中小学课程德育的发展价值指的是课程德育对社会的发展和对教育对象的发展所具有的价值。这些价值主要表现为以下两个方面。

1. 中小学课程德育可以起到保护学生发展的价值

中小学课程德育对学生自身发展具有保护作用,这种保护作用体现在课程传授给广大中小学生的各项规范上。俗话说:没有规矩,不成方圆。广大中小学生是社会性的人。在社会中,生活离不开各种各样的规范,规范是文明社会的标志。当人们遵循必要的规范时,社会的发展就会有序运行;当人们无视社会规范时,社会的发展就受到了威胁;当社会规范被破坏到一定程度时,人类的生存和发展也就到了崩溃的边缘。“德育具有维护和保证社会正常运转的规范作用。德育教人以德,说到底,是诲人以‘和平’‘共处’关系。”①社会规范被遵循了,社会的发展有序了,学生的发展也就得到了保护。

课程德育对学生发展的保护,还表现在发展方向的规定性上。一方面,通过对人的素质构成的规定来实现。学生要有发展的愿望和能力,但前提是要有一个明确的方向。课程德育通过对社会和个人发展方向的把握,规定着学生发展的方向。另一方面,课程德育对学生发展的规定性是通过对学生的素质发展来实现的。目前,人的全面发展问题是非常受重视的问题,人的全面发展已成为社会发展的主要目标。“思想政治素质是最重要的素质。”②这是社会对人的素质的要求。一个人只有具备了全面素质的发展,包括思想政治品德素质,才能成为全面发展的人。

因此,课程德育需要通过具有层次性的目标逐步教会学生遵循必要的社

① 张澍军.德育哲学[M].北京:人民出版社,2002:101.
② 江泽民文选(第2卷)[M].北京:人民出版社,2006:332.

会规范，以保护学生的发展。具体来说，《品德与生活》课程是以儿童的生活为基础，以培养品德良好、乐于探究、热爱生活的儿童为目标的活动型综合课程，要把培养具有良好品德和行为习惯、乐于探究、热爱生活的儿童放在目标的首位。《品德与社会》课程要为促进学生良好品德形成和社会性发展，为学生认识社会、参与社会、适应社会，成为具有爱心、责任心、良好的行为习惯和个性品质的社会主义合格公民奠定基础。初中《思想品德》课程的德育目标应该是，以社会主义核心价值体系为指导，促进初中生正确思想观念和良好道德品质的形成与发展，为使学生成为有理想、有道德、有文化、有纪律的合格公民奠定基础。高中《思想政治》课程的目标应该是，知道中国共产党是中国特色社会主义事业的领导核心，马克思列宁主义、毛泽东思想、邓小平理论和“三个代表”重要思想是中国共产党的指导思想，“三个代表”重要思想是马克思主义在中国发展的最新成果；了解中国特色社会主义现代化建设常识；学习运用马克思主义基本观点和方法观察问题、分析问题、解决问题；具备现代社会生活中应有的自主、自立、自强的能力和态度；具有爱国主义、集体主义和社会主义思想情感；初步形成正确的世界观、人生观和价值观。

2. 课程德育可以激励学生的发展

“激励”是心理学术语，是指持续地激发人的动机的心理过程。或者说，激励是引起个体产生明确的目标指向、特定行为的内在驱动力。它是按照“需要引起动机，动机激发行为”的方式来运行的。课程德育的激励发展作用，是指通过各种方法激发和鼓励学生的发展。心理学研究发现，人的需要产生动机。动机是人们追求某种目的、从事某种活动、获得某种满足的主观愿望，是激励人的行动以达到一定目的的内在原因，是直接推动人进行活动的内部动力。一旦某种动机产生，就会产生与这种动机相适应的行为，即动机产生行动。因此，只有激发了人的发展需要，才会产生发展的行动。如果这种发展需要的欲望越强烈，那么发展的行动就会越积极，效果也会越明显。

课程德育的实施过程是一个不断促进学生政治、道德、心理品质形成的过程，这个过程包括道德认识、道德感情、道德意志和道德行为四个阶段。这就需要我们不断激发学生政治、道德、心理品质的内在需要，不断提高学生对这些需要的层次。针对课程德育的具体特点，可以在以下四个方面对广大中小学生进行激励。

第一，目标激励。“所谓目标激励，就是通过设置和树立理想和目标，激发人们为实现理想和目标而奋斗。"①目标是人的动机体系的一个重要组成部分,具有导向功能,它是行动的指南。明确目标,并把自己的行为与目标不断加以对照,发现自己的不足,其行为积极性就持续高涨。在课程德育工作中,要结合学生的个体差异和需求设置相应的目标。在激励目标设置的过程中,应充分考虑以下两点:其一,目标要明确。应该根据不同年龄阶段、不同学生的生理、心理和个性特征,设置具有不同内容和层次的目标。其二,目标要具有挑战性和实现的可能性。课程标准虽然对各年级的教学目标都作了相应规定,但不同的学生有不同的需求,教师要善于调整目标以适合相应的教学对象。

第二,榜样激励。课程德育要对学生进行特定的思想品德教育,必然离不开榜样的激励。榜样具有很强的号召力和影响力,能够触发学生仰慕、效仿,从而不断激发上进心。这就要求广大课程德育工作者在日常的教育教学中做到以下三点:其一,要身体力行,起到表率和示范作用。古人云:"其身正,不令而行;其身不正,虽令不从。"如果课程德育工作者按自己在工作中所说的去做,履行自己的诺言,就会让学生产生一种崇敬、佩服的感觉,就会形成无形却巨大的说服力、感染力、号召力和凝聚力。其二,选择好典型,努力使树立和选择的榜样具有先进性、典型性和时代性,让学生在形象、实际、生动、直接的体验中培养情感,升华感悟。其三,注重实践,要在实践中逐步磨练、培养榜样的意志,真正把先进思想、优秀品德落到实处。

第三,情感激励。情感激励是指课程德育教师以积极的情感为手段或中介,对学生实施教育激励,调节学生的意向与体验,激发学生的学习动机,引起他们对思想道德的积极情感体验,促进他们由言到行的转化。课程德育工作的对象是具有复杂情感的广大中小学生,他们感情丰富但心理较脆弱,特别需要得到关心、尊重和爱,及时、正当、合理的情感交流是他们最基本的心理需要。情感激励就是要求课程德育工作者加强与学生的感情沟通,适当地利用情感的感召力和号召力,增强教师的亲和力,从外部给学生以适当的激发和鼓励,使消极情感的减力转化为积极的增力,积极情感由弱变强,使情感一直处于积极的促进作用之中。

第四,成就激励。成就激励是指课程德育通过他人或者学生本身的成

---

① 王树荫.新编思想政治工作概论[M].北京:京华出版社,2003:199.

就，实现激励发展的目的。他人的成就可以实现对发展的激励作用的原因是，每个人都具有竞争意识。学生会想：别人能够有这样的成就，自己为什么不能有？这样的意识能促进学生的竞争，竞争带来的成就又使每一个学生能认识到自己也能够成功。

二、加强管理，创设中小学课程德育发展的局面

1. 加强课程德育管理

课程德育管理的主要目的是提高教师对课程德育的认识，树立以人为本的观念，加强对教师课堂教学以及课下的管理，协调德育、教学主管领导之间的工作关系。这里应该重点解决三个问题：一是课程德育的管理者应该加强自身学习，率先更新观念，从德育与教学的对立和德育只搞活动的限制中走出来，去关注、研究课程德育，调整德育管理的内容与结构。二是将管理思想具体化，有秩序、有重点地推进课程德育，逐步提高教师以人为本、全面育人的自觉性，最大程度地发挥课程德育的优势，实现“教书育人”的目标。三是把管理落到实处，通过加强管理，提高科任教师驾驭课堂的能力，增强实施德育的意识。

2. 加强德育课程建设

课程建设是提升学校教育质量的中心环节和现实着力点，是实现教育教学目标的基本保证。① 当前，我国的教育发展已经进入从规模扩张转向质量提升的重要时期，为迎接质量提升时代到来而精心准备，是当前教育理论与实践探索的共同使命。② 因此，各级各类学校都应认真贯彻落实《国家中长期教育改革与发展规划纲要（2010—2020 年）》的基本精神，确立科学的教育质量观，深刻认识并切实把握课程建设的规律性，促进课程建设过程的科学化、规范化，从而促进学校教育教学质量的有效提升。③

3. 促进课程德育教师的专业发展

专业的教师队伍是课程德育工作的直接执行者，直接决定着课程德育的教学成效，因此，要创造条件，积极促进课程德育教师的专业发展。教师的专业发展是从教师“专业发展”的视角，强调这是教师自我成长、自我完善专业

---

① 刘霞，戴双翔. 课程建设：教育质量提升的现实着力点[J]. 当代教育科学，2011(22).

② 王本陆. 关于我国现代教育发展阶段问题的探讨[J]. 北京师范大学学报(社会科学版)，2011(3).

③ 戴双翔. 学校课程建设策略初探[J]. 教育导刊，2013(3).

人员的过程，即课程德育教师通过强化自我专业发展意识，依托外在专业发展背景的支持，不断更新教育理念，丰富专业知识，提高专业能力，实现专业自主，表现专业道德（遵守专业伦理），从而提高自身专业素质，成为一名优秀的德育工作者的专业成长过程。①

具体而言，可以通过以下方法促进教师的专业化发展。第一，帮助教师认识课程德育的价值和意义，更新观念，积极主动地打造自我专业发展的内功。教师的自我专业发展，是指教师具有较强的自我专业发展意识和动力，自觉承担专业发展的主要责任，通过自我反思、自我专业结构剖析、自我专业发展设计与计划的拟订、自我专业发展计划实施和自我专业发展方向调控等实现自主发展的目的。概括地说，课程德育教师要更新观念、勤于学习，立足实践，积极反思，乐于合作，主动探究。②

第二，创设有利于课程德育教师专业化成长的发展环境、评价机制和培训机制。重视思想品德课的学科地位，尊重德育教师的劳动，给予他们学习和锻炼的机会；利用集体备课、"以老带新结对子"、公开课示范课研究课、校本教研等多种方式，促进教师的协作教研；遵循新课程改革中"立足过程，促进发展"的评价理念，构建促进课程德育教师专业发展的教师评价机制；设立专项经费，积极开展教师的职业培训。

三、坚持以人为本的原则，真正把学生的发展放在核心地位

新课程标准明确提出了"以人为本"的观点，此处的以人为本是指以学生的发展为本。这是课改的核心理念，是课改的基本精神和灵魂，是新课程的基本价值取向。

1. 实施生本战略

以学生的发展为本，就要求教师要实现从传统教育教学"学习中心主义"向现代教育教学"学生中心主义"的战略转移。一字之变，不仅仅是教育观的转变，更是教学论的重大变革；不但涉及"培养什么人，如何培养人"这样的大问题，也是在教学领域真正体现教育本质、把促进学生健康成长作为学校一切工作的出发点和落脚点的具体要求。

---

① 李文君．初中思想品德课青年教师专业发展的调查与分析[D]．曲阜：山东师范大学，2011．

② 潘文彬．校本培训：教师专业成长的推进器[J]．中小学教师培训，2005(7)．

2. 把尊重学生作为第一原则

以学生的发展为本，首先要求我们把尊重学生作为课程德育的第一原则，承认学生的差异，关注学生的个性发展，不能用一个标准、一种模式来要求和衡量个性各异的学生。通过各种活动平台，要让每个学生都能完成一件自己认为成功或满意的事情。多元、人文、个性化的德育评价，理应成为新课改背景下德育工作的指向与追求。以生为本，就要了解并引导学生的需求。

3. 突出学生的主体性

以学生的发展为本，就要求教师要以人文精神尊重学生的情感，把学生的主体作用放在第一位，转变观念，实现从知识的灌输者向学生学习的引导者、合作者转变，构建思想品德课求实有效的教学方法。要坚持以育人为本、德育为先，围绕学生开展教学活动，促进师生的情感交流，强调让学生自己去发现知识，为学生营造宽松的、温馨的学习氛围，培养大胆探究、勇于创新的精神，建立和谐融洽的关系，强调教师在教学中由“权威”角色向“同伴”角色转变，尊重、理解和信任每一个学生，以满腔的热情去爱护学生，以高尚的人格魅力去影响学生，以父母般的温情去感化学生。

4. 多元、人文、个性化的德育评价

新课程标准明确提出了“以人为本”的观点，课改的目的是培养学生的学习能力，提高学生的综合素质，为学生的终身发展奠定基础，要求教学要做到“知识与能力”、“过程与方法”、“情感态度与价值观”这三维目标的有机结合。因此，要强调课堂教学是对学生进行思想道德教育的主渠道的观点，开发各学科的德育资源，注重学科渗透，发挥各学科课程育德的优势。各学科教师要根据教材特点，在备课和上课环节上，充分挖掘教材内涵，把握好教材中学科知识与德育的结合点，注重教材内容与现实生活的联系，在教学中真正体现“教材是对生活的总结，生活是对课本的延伸”这一宗旨，让每一个教师都认真参与，真正实现每一个教育者都是德育工作者的设想。

四、创设多样化的课程德育方法

课程德育方法是为了达到课程德育目的、实现课程德育目标、完成课程德育任务所采取的形式，是架设在社会主导思想道德与个体思想品德之间的桥梁和纽带，是施教者与受教育者相互作用的手段与中介。改进与创新课程德育方法是实现课程德育科学化的基本条件，是完成课程德育任务、实现德育目标的关键因素。《基础教育课程改革纲要（试行）》明确提出：教师在教学过程中应与学生积极互动、共同发展，要处理好传授知识与培养能力的关系，注重培养学生的积极性和自主性，引导学生质疑、调查、探究，在实践中学习，促进学生在教师指导下主动地、富有个性地学习。现代课程德育的宗旨，从根本上是要使学生形成主体意识和自觉主动的精神，突破以往课堂坐而论道的局限，扩大德育的空间和影响。改进和创新课程德育的途径有很多，主要包括以下三个方面。

1. 认识课程德育教学方法的特殊性

德育课程是要将社会的思想、政治、道德规范转化为受教育者思想品德的方式、手段，落脚点是行为的转变。因此，德育课程的教学方法有其特殊性。智育方法要解决的矛盾是知与不知、懂与不懂的矛盾。德育课程方法还要解决信与不信、行与不行的矛盾。这是如何将社会主导思想和道德要求内化为个体思想品德的问题。这种内化需要经历理论认知、价值判断和行为转化三个阶段，而智育方法通常只需要第一个阶段即可。

2. 能够激发学生自我教育的潜力

德育是社会要求，也是学生自我发展的要求。因为任何教育只有转化为自我教育，才能真正达到教育的效果。这种自我教育的潜力越是得到发掘，就越能使个性化发展和社会化发展和谐统一。因此，现代德育必须直面社会开放和价值多元的现实，正视道德冲突，解决道德困惑，让学生自己掌握批判武器，提升道德辨别力、判断力、选择力，学会自己面对人生，创造生活。要变统一为差异。面对学生的不同差异，需要尊重学生的差异，让每个学生能在自己的天赋潜能范围内充分发展，让他能走就走，能跑就跑，能飞就飞，为每个学生提供适合的教育。

3. 寓德育于活动之中，以活动为载体，并使活动形式科学化、系统化

各种“主题活动”往往会给学生带来各种积极的情感体验。在活动中，学生情绪愉快，态度积极，兴趣极高，乐在其中。通过各种活动渗透，德育教育要提高学生的道德认知，让学生以积极向上、乐观的态度来认识周围的人和事，在活动中表现出坚韧的意志、良好的道德品德、良好的道德行为习惯，从而使学生的心理品质朝着健康向上的方向发展。只有这样，学生长大以后才会挺起胸膛，去面对各种各样的困难，处理好人与人之间的关系，从而更好地适应社会。

五、加强课程德育实践

课程德育要帮助学生解决知与不知、懂与不懂、信与不信、行与不行的矛盾问题。这不仅仅是一个理论认知问题，更是一个实践问题，需要我们积极引进实践机制，给学生提供实践机会，在实践中帮助学生形成相应的道德情感，培养坚强的道德意志，并创造条件，让学生在德育实践中产生相应的道德行为，从而培养解决具体的道德问题和处理各种现实的道德情景的能力。

朱小蔓在《中小学德育专题》一书中提到："德育实践活动是指：从学生的需要和兴趣出发，以学校或学生自我设计的有计划的实践活动为中心，旨在进一步提高学生的道德认识和思维能力，丰富道德体验，锻炼意志，践履道德，促进道德行为习惯养成而设计的课程。"① 作为德育关键构成的课程德育，就是要在课堂内外有计划地引导学生密切联系自身生活和社会实际，紧紧围绕一个教育主题，根据不同的教学内容，采用"讨论、辩论"、"概念—诱导—启发"、"情境体验"、"活动游戏"、"社会调查"等多种教学模式，帮助学生理解知识，内化情感，外化行为。具体来说，可以采用以下三种方法。

1. 角色扮演法

角色扮演法（Role-playing）是一种使人暂时置身于他人的社会位置，并按照这一位置所要求的方式和态度形式，以增进人们对他人社会角色及自身原有角色的理解，从而更有效地履行自己角色的育德方法。在各种实践活动中，可以让学生扮演各种角色，如让学生扮演交通警察，在路上维持交通秩序，让学生深刻地感受到交通警察的辛苦、交通秩序的重要，使学生能主动地遵守交通规则。类似的角色很多，如让普通学生扮演学校的门卫、班长、清洁委员，做老师批改作业，为家长制订家庭消费计划等。在矛盾冲突中也可以通过角色互换的做法，让学生体会、理解、原谅对方，并检讨自己。学生之间的矛盾主要来自于误解以及过度的敏感，真正的利益冲突并不多。教师可以让学生之间进行角色互换，进行换位思考。这对于化解矛盾具有非常好的效果。

下面是一个角色扮演法的教学实例，课题为"沟通的意义"，在课堂中取得了较好的效果，使学生深深理解了他人与自己思考问题存在的差异，以及与他人之间进行沟通、互相理解、换位思考的重要性。

---

① 朱小蔓. 中小学德育专题［M］. 南京：南京师范大学出版社，2002：108.

沟通的意义①

一、教师讲解理解的定义

让学生思考并讨论："在人际交往中，如果缺乏理解或者理解偏差可能会造成什么后果"，对学生讨论的结果进行总结。

二、话剧表演

情景1：学生甲沮丧地走着，碰到学生乙，上前诉苦："我最近好烦恼，我的数学考试又不及格了，被老师训了一顿，又被老爸打了一顿，而且……"乙东张西望的，一副毫不感兴趣的样子。

情景2：甲更加烦恼。这时候他碰到了正在做作业的丙。甲上前诉苦，丙一副不耐烦的神情："别烦我，没有看到我在忙着吗？别打搅我，走开走开！"

情景3：甲更加烦恼痛苦，这时候他又碰到了丁。甲上前诉苦："我……"丁说："数学作业不会做吗？是你没有听课吧？"甲解释道："不是，是我的……"丁插嘴："考试偷看作弊被老师抓到了，还是你老爸不让你玩游戏了？……"甲插不上嘴，更加苦恼。

(3) 教师让甲同学谈谈自己在找乙、丙、丁三个同学倾诉痛苦后的心情和感受，让三个同学也分享自己的感受，让同学讨论这三种倾听方式错在哪里。

教师指出，要做到理解别人，首先要学会倾听。

① 抱着谦虚的态度听；

② 仔细地听，不要三心二意；

③ 捕捉对方话语中的涵义；

④ 不要轻易插嘴；

⑤ 给予适当的回应。

教师让学生讨论刚才的话剧中做得不好的地方，并让同桌两个同学，一位当倾诉者，另一位当倾听者，练习做一个合格的听众。

(4) 教师讲解：换位思考四步曲。

① 第一步——如果我是他，我需要的是……

② 第二步——如果我是他，我不希望……

---

① 黑板擦."推己及人"的德育方法——角色扮演法[EB/OL].新浪博客.http://blog.sina.com.cn/s/blog_4b2179a90100079o.html.2007-01-10.

③ 第三步——如果我是对方，我的做法是……

④ 第四步——我是在以对方期望的方式对他吗？

最后让学生领悟几点：用别人对自己不好的方式来对别人，是小肚鸡肠；用自认为好的方式来对待别人，是自作多情；用希望别人对你的方式来对别人，是将心比心；用别人期望的方式来对待别人，是善解人意；为对方着想，是最朴素也是最高超的技巧。

对这一节课的教学效果进行的调查显示：通过在教学中模拟角色互换，80%的学生意识到自己以前在“替他人考虑”方面做得不够，承认在角色互换中加深了对对方的理解与认识，更能体谅与原谅别人的难处与不足，赞成在遇到人际交往困难时先进行角色的互换思考对正确处理人际关系具有积极的意义。

2. 行为训练法

行为训练法是通过道德实践和对道德行为的价值领悟、策略训练、奖励与惩罚等方式对学生进行思想观念、政治意识、道德情操以及法治意识教育，以形成或巩固个体的道德信念，磨练个人的道德意志，促使个体形成良好的行为习惯的一种育德方法。行为训练法的一个重要问题就是要将行为习惯按照学生的实际情况进行分层，在不同年龄段、不同年级设定不同目标，进而将这些目标以学生喜闻乐见的形式呈现出来。比如，有教师在小学低年级进行了这样的尝试，收到了良好的效果。

德育内容儿歌化①

初入学的学生要按照《小学生日常行为规范》的要求适应学校生活。为了让学生乐于并易于记诵，可将对学生行为习惯的要求编成朗朗上口的儿歌。例如《卫生规范歌》：“讲卫生，要牢记。脸和手，洗干净。指甲长，要修剪。常洗澡，勤换衣。墙壁雪白不涂画，用完废纸扔桶里。地上有纸快捡起，校园整洁多美丽。”编写的儿歌涉及学生学习、生活的方方面面，符合儿童的认知心理，能收到良好的教育效果。

3. 情感激励法

情感激励法指通过某种生动、具体、形象的教育情境，激发学生的道德情感，并使学生情不自禁地从事相应的道德行为，从而培养良好道德品质的一

① 邱华.强化行为训练　提高德育成效[J].广西教育,2010(5).

种育德方法。诸如学校举行的升旗仪式、在重大节目举行的庆祝活动、校庆活动等，如果能出色地举办，都可能对学生产生情感上的激励，从而起到很好的育德效果。此外，教师一个鼓励的眼神、一句看似漫不经心的话语，都可以起到引导学生积极向上的作用。

第十二章　网络背景下德育有效性的机制创新

自1994年3月我国被批准加入国际互联网组织以来，网络的发展以惊人的速度迅速渗入社会的每一个角落，深刻影响着人们的学习、生产和生活，人们越来越离不开网络。然而，网络犹如一柄“双刃剑”，在给社会带来积极影响的同时，又带来了信息泛滥、网络成瘾、黑客行为、游戏网恋甚至网络犯罪，促使德育工作进入一个全新时代。《2011中国未成年人互联网/社交网络运用状况调查报告》显示，“未成年人互联网普及率大幅提高”，“未成年人互联网使用率达到91.4%”，“七成以上被调查者首次触网年龄已经提前到10岁以前(含10岁)”，“未成年人接触互联网的年龄进一步提前”。[①] 2016年1月22日，中国互联网络信息中心(CNNIC)在北京发布了《第37次中国互联网络发展状况统计报告》。《报告》显示：截至2015年12月，中国网民规模达6.88亿。2015年新增加的网民群体中，低龄(19岁以下)、学生群体的占比分别为46.1%、46.4%，初中、高中/中专/技校学历的网民占比分别为37.4%、29.2%。[②] 面对如此庞大的中小学生上网群体，需要德育工作者倾注更多的精力和注意力。中小学生的好奇心强，精力旺盛，渴望丰富的知识和平等的交流，但道德判断力相对比较薄弱。特别严重的是，由于沉迷网络游戏、聊天，甚至受色情和暴力信息的影响，他们易形成网络犯罪倾向。研究中小学德育在互联网背景下面临的前所未有的发展机遇和严峻挑战，努力构建网络背景下中小学德育的有效性机制，刻不容缓。

第一节　网络背景下德育建设的意义

网络技术是从20世纪90年代中期发展起来的新技术，它把互联网上分

---

① 2011中国未成年人互联网运用状况调查[EB/OL]. 腾迅儿童. http://kid.qq.com/a/20120327/000294.htm. 2012-03-27.

② 资料来源：中国互联网络信息中心. 第37次中国互联网络发展状况统计报告[EB/OL]. 中国互联网络信息中心网站. http://cnnic.cn/gywm/xwzx/rdxw/2015/201601/W020160122639198410766.pdf. 2016-01-22.

散的资源融为有机整体，实现资源的全面共享和有机协作，使人们能够透明地使用资源的整体能力并按需获取信息。网络作为一种技术，可以广义地理解为："围绕如何有效地实现目的的现实课题，主体后天不断创造和应用的目的性活动序列或方式。"①因此，技术在政治、文化、伦理上不是中立的，任何技术本身都蕴含着一定的善恶、好坏的价值取向和价值判断。换言之，技术负载着特定的社会或者人的价值观。而网络技术在实际运用中所表现出来的价值表现是多方面的，在德育工作方面的意义主要表现在以下四个方面。

一、网络背景下的德育建设是时代发展的需要

21 世纪是信息化的社会，是网络社会，网络已经迅速渗透人类社会、经济、政治、文化和军事等各个领域。越来越多的人被网络所吸引，陷入了以计算机网络技术为基础的"数字化"生存方式，人们在虚拟世界中开展各种文化互动；虚拟社区则为"数字化生存"提供了一个文化交流与人际交往的互动平台，这是一个世界性的发展趋势，不可逆转。

虽然，虚拟社区是数字化的网络空间，它与现实的社会生活之间有着很大的差异，然而，网络空间与现实社会也并非是截然对立的，两者之间存在着必然的联系。从某种意义上来说，网络空间也是在现实的基础上建立起来的，是现实社会中的人利用网络技术创造的一个全新的生活空间。因为操控计算机的仍然是一个个鲜活的生命，是现实社会中的人，所以凡是在现实生活中人们可能遇到的伦理问题，在网络世界中同样存在。于是，人们刚刚开始为互联网带来的巨大改变而欢呼，就不得不面对互联网带来的日益凸显的问题。

一开始作为学者和研究人员游乐园的因特网，在经历了长期痛苦的成长过程后，现已成为一个功能齐全、政治化的自由社会——计算机王国。它吸引了不同生活背景、来自不同行业和不同年龄的公民，同时也吸引了许多盗窃分子、诈骗犯和故意破坏分子，甚至还是恐怖主义分子的避风港。② 网络病毒、网络色情、网络黑客、网络侵权、信息垄断、网络综合症、网络战争、网上邪教和伪科学、网上无政府主义等接踵而来。网络空间中的社会问题"不仅妨碍了网络社会中大部分或一部分网络行为者的正常的社会生活轨迹和秩序，

① 王伯鲁. 技术究竟是什么：广义技术世界的理论阐释[M]. 北京：科学出版社，2006：244.

② [英]尼尔·巴雷特. 数字化犯罪[M]. 沈阳：辽宁教育出版社，1998：197.

而且也对整个网络社会生活造成了较大的影响，并在一定程度上影响了网络社会正向变迁过程的形成”①。网络技术的负价值对人类社会造成的冲击并不亚于它的优势。

面对这些问题，传统意义上的政府几乎束手无策，它确实需要一种内在的控制机制——尽管崇尚自由的网民对此大喊大叫。② 于是，越来越多的研究者意识到，要想维持网络空间的有序性，保障网上群体和个人的利益，必须建构控制体系，采用技术、法律和道德等手段进行有效的社会控制。其中，道德控制显得尤为重要，在控制体系中占据主导地位。③ 作为对广大中小学生进行道德教育主阵地的学校德育，必须针对网络给中小学生带来的影响积极研究对策，化解矛盾，为学生的发展保驾护航。

二、网络背景下的德育建设是社会主义精神文明建设的需要

党的十四届六中全会通过的《关于加强社会主义精神文明建设若干重要问题的决议》指出，我国社会主义精神文明建设，必须以马克思列宁主义、毛泽东思想和邓小平建设有中国特色社会主义理论为指导，坚持党的基本路线和基本方针，加强思想道德建设，发展教育科学文化，以科学的理论武装人，以正确的舆论引导人，以高尚的精神塑造人，以优秀的作品鼓舞人，培育有理想、有道德、有文化、有纪律的社会主义公民，提高全民族的思想道德素质和科学文化素质，团结和动员各族人民把我国建设成为富强、民主、文明的社会主义现代化国家。这是精神文明建设总的指导思想，也是精神文明建设总的要求。同时又指出，社会主义思想道德集中体现着精神文明建设的性质和方向，对社会政治经济的发展具有巨大的能动作用。可见，思想道德建设在加强精神文明建设中是至关重要的。要提高全民族的思想道德素质，就必须重视和加强德育工作。而实施网络德育是社会主义精神文明建设的重要手段之一，是社会主义建设事业的有力保证。

三、网络背景下的德育建设是全面推进素质教育的需要

自 20 世纪 90 年代中期素质教育理念提出并迅速推行以来，不少人认为

---

① 冯鹏志.“数字化乐园”中的“阴影”：网络社会问题的面相与特征[J].自然辩证法通讯，1999(5).

② [美]埃瑟·戴森.2.0 版：数字化时代的生活设计[M].海口：海南出版社，1998：17－18.

③ 刁生富.在虚拟与现实之间——论网络空间社会问题的道德控制[J].自然辩证法通讯，2001(6).

这是“教育思想观念上具有划时代意义的重大突破”,“是我国特有的教育创新”。如今,素质教育正在广大中小学校如火如荼地展开,全面推行素质教育,已经成为党中央和国务院为加快实施科教兴国战略的一项重大决策。

对素质教育内涵的解释有很多,分歧也很大,但也达成一些共识,即素质教育是指一种教育模式,它以提高受教育者诸方面的素质为目标,重视人的思想道德素质、能力培养、个性发展、身体健康和心理健康教育。“素质”原本作为生理学范畴的一个概念,是指人的先天生理解剖特点,主要指神经系统、脑的特性、感觉器官和运动器官等特征。这种特征是人们获取知识、增长才能的基础,其外在表现为人的性格、意志等。现在,“素质”已发展演绎成一个更综合的概念,指人在先天生理的基础上受后天环境和教育的影响,通过个体自身的认识和实践,形成的相对稳定的身心发展基本品质,是一个人在社会生活中思想与行为的具体体现。人的素质具有综合性,是指人们自身所具有的各种生理的、心理的和外部形态方面以及内部涵养方面比较稳定的特点的总称,一般来说包含以下四个部分:思想品德素质、文化素质、业务素质和身心素质。其中,思想品德素质是人的灵魂与方向,是做人的根本;文化素质是人的发展基础,体现了人对自然和社会的了解;业务素质指个人从事某项工作和开展某项活动的能力,是人的立业本领,它不仅包括知识技能结构,还包括工作能力;身心素质则是前三项素质的物质与精神的基础,反映了人对自然与社会的承受力。

素质教育是以提高国民素质为根本宗旨,以培养学生的创造精神和实践能力为重点,造就有理想、有道德、有文化、有纪律的德、智、体、美等全面发展的社会主义事业建设者和接班人的教育。实施素质教育,必须把德育、智育、体育、美育等有机地统一在教育活动的各个环节中。学校教育不仅要抓好智育,更要重视德育,还要加强体育、美育、劳动技术教育和社会实践,使诸方面教育相互渗透,协调发展,从而促进学生的全面发展和健康成长。教育工作中,曾经出现过一些片面的观点,如将教育狭隘地理解成科学文化知识的教育,只重视智育,轻视德育。即使在今天,也存在片面地将素质教育仅仅理解为加强音乐、美术、体育等方面的知识和技能训练,忽视思想政治素质教育的现象。德育工作一直是学校工作中比较薄弱的环节,思想认识还不到位,内容陈旧,方法简单,灌输说教。这些问题如果不迅速加以解决,势必会影响广大中小学生的健康成长,影响科教兴国战略的实施和现代化建设的成功,使我们党的事业和民族的未来蒙受损失。因此，学校在全面推进素质教育中，决不能忘记或忽视思想品德素质教育，一定要真正确立德育在学校素质教育中的核心地位。

德育是素质教育的灵魂和核心，居于学校素质教育的首位。网络是新时期德育工作不可回避的环境，关注网络技术带来的变化，研究网络德育是学校德育中一个不可或缺的组成部分。实践证明，网络作为一个战略高地，影响着人们生活的方方面面。因此，德育必须抢先占领这个高地，解决不断出现的问题并尽可能防患于未然，让网络为素质教育服务。网络背景下的中小学德育，就是针对网络环境带来的影响，对广大中小学生有目的地施以道德影响的活动，内容包括帮助他们提高道德觉悟和认识，陶冶道德情感，锻炼道德意志，树立道德信念，培养道德品质，养成道德习惯等。“在我们没有能力清除生活中所有陷阱的情况下，让青少年不落入陷阱的最好办法是教会他们识别陷阱；在我们没有能力铲除所有毒草的情况下，让青少年免于毒害的最好办法是教会他们识别什么是鲜花，什么是毒草；在我们没有能力限制低级趣味的东西进入人们生活的情况下，让青少年脱离低级趣味的最好办法是给他们提供更具吸引力的高级趣味的东西；在我们没有能力消灭感冒、霍乱等有害细菌的情况下，最好的办法是增强自身的抵抗力。”①

四、网络背景下的德育建设是继承优秀道德传统的必然选择

中国传统道德是指从先秦到辛亥革命时期，以儒、墨、道、法等家为内容的中国古代传统思想道德。它包括中华民族在长期生活实践中凝聚起来的道德心理、道德观念、道德准则、人生理想、道德学说和伦理学说等丰富的内容，它是中华民族思想文化传统的重要组成部分。尤其是我国传统道德中存在的诸多优秀的思想，如热爱祖国、维护祖国统一的道德情操，勤俭节约、艰苦创业的优良品质，公而忘私、先人后己的整体精神，忠诚质朴、实事求是的道德规范，等等，这些优秀的道德传统是中华民族生生不息、不断发展壮大的精神动力之源。

任何一个民族的生存和发展，都离不开其在长期的历史实践中孕育而成的优秀的思想道德传统的支撑。尊重民族的历史发展，发掘民族的优秀思想道德传统，并使其随着时代的进步不断超越自身，不断与时俱进、弘扬光大，

---

① 迟雅. 青少年网络德育研究[J]. 英才心理咨询，2008(10).

是一个民族繁荣昌盛、立于不败之地的客观要求。面临国际竞争激烈、民族发展的机遇和挑战同时存在的新形势，坚持正确的立场、观点和方法，深入发掘中华民族的思想道德遗产，继承和弘扬中华民族的优秀思想道德传统，对于我们加强社会主义思想道德建设，增强民族凝聚力和竞争力，构建社会主义和谐社会，实现中华民族伟大复兴，具有重大而深远的历史意义。

然而，网络时代的来临打断了传统道德的正常进程。虚拟的网络空间最大限度地成了人类可以自由发挥的舞台。社会现实的道德规范与自我规范已不复存在，通过网络互动的“我”是无拘无束的个人与符号形象的交流，而不是受公民、民族、社会道德等制约的人与人或者人和群体的互动。人们可以最大限度地按照自己的意愿行事，拥有滥用自由的权利，也可以最大限度地抛却自己所要承担的义务和责任。个人在现实生活中的各种社会角色与应遵循的道德准则通通被抛弃，个人隐藏在内心深处的各种欲望趋向得到最大程度的满足。无论是浏览信息还是聊天游戏，都更加私密化和无章可循。这就对建立在现实社会基础上的传统的道德规范形成巨大的冲击，使之约束力明显下降，传统道德面临严峻的挑战，原有的社会道德、价值共识逐步丧失。

弘扬优秀道德传统，网络是一个绕不开的课题，只有认真研究网络背景下的道德教育，不断总结经验和教训，最大限度地深化学生对优秀道德传统的价值认知，才能既发扬道德传统，又能利用道德传统为网络时代的道德建设服务。

第二节　网络背景下德育建设的机遇和挑战

随着个人计算机的日益普及，网络对人类日常生产生活的影响越来越大。互联网以其开放性、交互性、娱乐性以及沟通的便捷性和平等性、信息的海量性等，给我们带来了全新的生活方式和思维方式。然而，网络是一把“双刃剑”，在给德育建设带来机遇的同时，也带来了严峻的挑战。

一、网络背景下德育建设的机遇

1. 网络丰富了中小学道德教育的资源

德育资源指的是对培养人的德性起作用的一切因素，包括人力、物力、财力，也包括知识、经验、信息等因素。信息量少、知识面窄、案例陈旧、缺乏生活素材等一直是限制德育工作效果的“瓶颈”。网络资源的海量性丰富了中小学道德教育的内容，弥补了传统教育中信息量不足、知识陈旧等道德教育的缺陷。这些信息包含了很多道德教育的因素。马克思主义的经典著作、党和政府的方针政策、有关学术论文和著作、各种统计资料等，均可通过德育网络载体轻松地获得。国内外重大事件可通过网络即刻传向世界各个角落，德育工作者亦可及时获得信息。

有了网络，道德教育工作者既可以充分利用网络道德教育资源，采取多种形式，灵活开展道德教育活动，借鉴成功的道德教育教学案例和方法将其运用到道德教育教学活动中，摆脱传统道德教育内容仅限于书本的缺陷，还可以借助网络构建德育课程资源平台，使更多的德育工作者可以不受时空限制对课程资源进行合理而有效地选择、管理、组织、联系和运用。每个学习者都可以藉助其所拥有的不同经验、文化背景、个性情感和以文字、图形、声像等表现的网络课程资源进行互动、交流，进而获得更多的知识，完善自身的知识体系。总之，有了网络，德育工作者和教育对象就可以获得更多的内容资源、方法资源、活动资源和其他各种有效资源，为德育工作有效性地提升奠定基础。

2. 网络提供了道德教育的新载体

德育载体是指承载、传导思想品德教育因素，能为德育主体所运用且主客体可借此相互作用的一种道德品质教育活动形式，如开会、谈话、报告、理论学习、管理工作、文化建设、大众传播、精神文明创建活动等，都可以是道德品质教育的载体。教育主体正是借助这些形式对教育对象进行教育并与其进行双边互动，从而实现对教育客体进行生活主导的道德品质教育，为构建社会主义和谐社会提供精神动力和支持。

传统的学校德育工作有着良好的教育手段，如专家讲座、主题班会、专项教育活动、广播、开会、谈心、家访等。这些手段各有所长，对促进学校德育工作开展发挥了积极的作用。网络技术的出现和在教育领域的运用，使德育手段更具先进性。在网络支持下的大众传媒载体，如微信、论坛、博客、播客等，以其灵活、便捷、快速的特点，日益成为崭新的德育工作载体并显示出独特的优势。这些载体的特点，一是形象，二是生动，三是逼真。心理学研究表明，人们在认识某一事物时，只用听觉能够认识事物的15%，只用视觉能够认识事物的20%，而听觉、视觉并用可以认识事物的65%。

QQ群、博客、微信等多种信息传递方式，能以图、文、声、像等表达教育内容，生动形象，趣味直观，增加了教育信息的含量；甚至能模拟现实，让人有身临其境之感，其德育知识的感知、德育情感的体验等都是传统的德育手段所无法比拟的。将这些载体运用到中小学生德育工作中，可以增强道德教育的辐射力、吸引力和感染力，使道德教育的内容和形式更加丰富多彩，能最大限度的调动学生的兴趣和参与热情，增强道德教育的实效。

3. 网络拓展了学校道德教育的时空

时下，越来越多的以网络为支持的设备和业务的开展极大地拓展了人们生活的时空，也给德育工作带来了巨大变化。比如，手机以其普及率高、携带方便等独特优势，尤其是4G技术平台的应用，作为新的信息传播终端的手机已经远远超越了传统的通话和短信功能，微信、彩信、WAP（无线互联网）、手机报、手机电视、移动博客、播客、即时通讯等信息服务业务发展迅速。虽然许多中小学明令禁止学生使用手机，但其功能和实际的影响力是无法回避的。网络拓展了德育工作的新时空主要体现在两个方面。

一方面，在网络技术支持下的交流可以打破时间的限制。基于网络技术的交流无需预约，无需同步，既可以适时交流，也可以异时交流。只要有一部设备，一个终端，德育工作者就可以实现和被教育者的一对一、一对多、多对一、多对多的对话。传统的道德教育工作，主要通过思想道德课程教学、学科渗透和社会实践活动的开展，面对面的课堂讲授、集体讨论、个别谈心是主要方式。今天的德育工作，由于网络技术的应用得到延伸，不再拘泥于人数众多的课堂，可以建立心理网站、道德教育网站、教学网站，师生可以实现平等的跨时空网上交流，方便教师解决学生的心理、学习问题。

另一方面，在网络上没有地理空间的限制，学校的“围墙”概念将逐步消失。无论是近在咫尺的还是远在天涯的，只要借助网络，不同学校、不同地区乃至不同国家的学生都可以共享网络资源。

4. 网络创新了中小学德育的方式

课堂教学是学校教育的基本形式，是对中小学生实施德育的主阵地。在长期的教学实践中，广大德育工作者的辛勤耕耘确实取得了巨大的成绩。但是，随着德育环境的愈加复杂化和学生发展特点的变化，这些方式已经越来越难以适应德育工作的需要。由于教育者与被教育者地位、性格的差异，有时即使是面对面地开展工作也会存在一定的隔阂，学生不愿意说出自己的心里话，这给学校德育工作带来一定难度。研究表明，学生良好品德的形成取决于主体自身的积极性、能动性、创造性，依赖于主体的学习、思考、体验和实践。怎样使学生变被动学习为主动学习，变传统“说教”为“自由体验”，就是我们需要研究的课题。

实践证明，网络德育可以有效面对上述困境。首先，教师通过网络能把德育内容以图、文、声等手段表达出来，充分调动学生的视觉、听觉，激起学生对课程的兴趣，带着强烈的好奇心进入课程学习，从而潜移默化地接受教育者的观点，达到润物无声的效果。其次，德育工作者也可以在网上开展中小学生网络法庭审判、网络道德辩论等活动，让学生在典型的案例中受到教育，其道德知识的感知、道德情感的体验等都是传统的德育手段所无法比拟的。再次，教师还可以通过网上聊天、发电子邮件、论坛、团体互动、个别交流和咨询等形式与学生交流，为学生提供自主参与、体验的平台。上网聊天、交友是很多学生的嗜好。有的学生在现实社会中有很多问题不敢面对，有心事不敢向老师、家长和同学诉说，对学校或教师有看法也不敢说出来；而一旦进入网络世界，情况就会大为改观，他们会尽情地向他人倾诉。这主要与微信、QQ这种非面对面交谈的形式有关，在这种“绝对”安全和自由平等的心理氛围下，学生们往往在很短的时间内就会敞开心扉。如果教育者能在这里与学生交流，就可以比较容易地找到学生的心理症结，从而更好地“对症下药”。

5. 网络增强了中小学道德教育的主体性

当代流行的主体性观念是近代历史和近代哲学发展的产物，是指人在实践过程中表现出来的能力、作用、地位，即人的自主、主动、能动、自由、有目的地活动的地位和特性。中小学道德教育的主体性指的是，在德育过程中学生积极、主动、自觉地参与思想品德学习活动，积极地开展发现问题和解决问题的学习，通过勤奋刻苦的学习，在老师的引导下，有目的、有计划地探索，在不断探索中主动、能动地实现知识的掌握。学校道德教育的任务之一就是要开发学生个体所蕴藏的内在潜力。只有这种内在潜力的发掘，才能使学生的主动性、自觉性和创造性得到发展，从而真正使学生的“一切天赋得到充分发展”，全部才能毫不受阻地自由发展；只有激发了学生的道德主体性，才能使学生的德性养成从受教走向自教，从他律走向自律；也只有如此，才能使学生不仅学会知识，更学会生存，学会如何驾驭自己、发展自己，进而能动地改造社会，使自己从必然走向自由，成为社会真正的主人。

传统的学校学生德育大多以教师为中心，由教师向学生灌输德育的内容，德育的过程主要由教师来操控和安排。网络的应用与发展开辟了学校德育的新渠道,学生可以自由利用网络资源、选择德育内容,从而凸显和发挥在网络环境下学生的德育主体地位。网络使学生从传统德育中的客体转变为主体,从被动转变为主动。其一,网络德育资源的丰富性为学生主体性的发挥提供了条件。由于网络信息的无损使用性,使得任何人都可以获取,这给学生的求知带来极大的方便。他们只要具备基础的计算机操作知识,就可以方便快捷地从网络获取对自己价值观念、行为模式和个人发展有价值的信息。其二,网络信息的复杂性又激发了学生的自我控制和自我约束,个体责任感增强。互联网是一个虚拟的环境,缺乏道德监管。如何选择,选择什么,都需要学生本人去鉴别、去评判,这就最大限度地激发了学生的主体性。只有这样,他们才能对自己负责,才能挑选正确的内容,占有有效的资源。其三,网络互动的平等性使学生德育主体地位得到尊重,有利于学生个性发展,促进了学生个性化的成长。在网络提供的虚拟世界里,师生和同学之间的互动交流由传统的被动式灌输接受转变为学生积极主动地参与思想交流,学生感觉不到来自现实世界里师生交流的无形压力,他们可以敞开心扉,在网上畅所欲言。这种道德环境和交流方式不仅凸显了学生的教育主体地位,并且大大提升了中小学道德教育的实效性,加速了广大中小学生道德责任义务意识的觉醒进程,也促进了他们的道德理性和道德觉悟的提升,道德品格也会进一步得到巩固和锻炼。

二、网络背景下德育建设的挑战

1. 良莠不分的网络信息对中小学生价值观造成巨大冲击

互联网出现前,人们获取信息的主要渠道是人与人直接交流,或者是通过报纸、杂志、广播和电视这些传统的大众传播媒体进行。这四种媒体在各大部门的监管之下对信息进行层层筛选、过滤,其内容与我们社会需要的教育目的具有一致性、趋同性,对人们特别是对中小学生的消极影响不大。但以网络为依托的新媒体就不同了。网络的开放性、监管性难使得互联网信息出现了良莠不分的状况,大量消极、虚假等不良信息影响着广大中小学生的价值观。

(1)资本主义意识形态的渗透。网络的开放性和超时空性,加速了世界各国人民的文化交流和经济贸易,也为各种意识形态和价值观的传播与斗争打开了方便之门。越来越多的国家利用文化传播加大对其他国家的意识形态、价值观念渗透,使得网络越来越成为意识形态宣传的战场。尤其是以美国为首的一些西方大国，凭借其信息技术的优势，通过互联网，向世界其他不同意识形态的国家宣扬西方资本主义社会的意识形态、政治制度和文化理念等等，而这场战争争夺的主要是各国的青少年。由于青少年心理不够成熟，社会经验单薄，如果不能很好地分辨和抵制，很容易淡化他们的政治观念和民族意识。需要特别注意的是，在网络意识形态斗争中，中国并不具备太多的优势：其一，在互联网的技术层面上，西方发达资本主义国家明显强于我们，他们凭借已有的技术优势已经可以毫无障碍地将意识形态输送到全球的每一个角落；其二，在意识形态侵略的传播战略和技巧层面上，发达资本主义国家有着长期对社会主义国家进行和平演变的经验，尤其是打着民主和个性解放幌子的文化入侵和意识形态传播更是影响巨大；其三，从网络受众的角度看，职业经理人员、技术专家阶层、学院派知识分子、民营企业家、文体明星等往往承担着网络"舆论领袖"的作用，他们所代表的利益要求和价值观念成为冲击马克思主流意识形态的重要因素；其四，从国际共产主义发展的形势来看，世界无产阶级在与资产阶级整体综合实力的较量中暂居劣势，抑制了马克思主义意识形态的魅力。

（2）多元文化对青少年价值观念的冲击。网络传输的超时空性和开放性，使得网络正在演变成为一个复杂的文化熔炉，东方文化与西方文化、传统文化与现代文化、主流文化与非主流文化五味杂陈，全球不同国家和地区的文化形态、思想观念和价值取向等都汇聚交织在网络上。不同的文化蕴含着不同的价值观，网络受众尤其是价值观还未成熟的广大中小学生极易受到影响。调研显示，多元文化的存在已经对人们传统的价值评判和选择构成了巨大冲击，中小学生的价值取向出现多样化。价值取向指的是一定主体基于自己的价值观在面对或处理各种矛盾、冲突等关系时所持的基本价值立场、价值态度以及所表现出来的基本价值倾向。在多元文化的影响下，相当一部分中小学生的生活方式开始表现为炫耀型、崇洋型和攀比型，这与我国传统的生活方式、价值观念以及社会主义意识形态相去甚远。

（3）不良信息的影响。互联网发展至今，已经被打上了太多的商业化烙印，在唯利是图、实用主义观念的催化下，网络信息变得越来越复杂。为了吸引眼球它可以猎奇，为了增加点击率它可以造假，良莠不齐的网络信息让广大网民无所适从、无从辨别，更不要说价值观还没有最终形成的广大中小学生了，他们一不小心就会受到不良信息的污染。暴力游戏、色情网站、网络欺诈、封建迷信等内容的泛滥和传播，不仅增加了青少年选择和评判的难度，也使得他们逐渐淡化了是非观念，淡化了社会责任感和诚信度，弱化了他们的网络道德意识。

2. 互联网的匿名性容易导致中小学生道德品质的滑坡

传播学中有一个理论叫做“沉默的螺旋（The Spiral of Silence）”①。该理论描述了这样一个现象：人们在表达自己想法和观点的时候，如果看到自己赞同的观点受到广泛欢迎，就会积极参与进来，这类观点就会被越发大胆地表达和扩散；而发觉某一观点无人或很少有人理会（有时会有群起而攻之的遭遇），即使自己赞同它，也会保持沉默。一方意见的沉默造成另一方意见的增势，如此循环往复，便形成一方的声音越来越强大、另一方越来越沉默下去的螺旋发展过程。该理论基于这样一个假设：大多数个人会力图避免由于单独持有某些态度和信念而产生的孤立。这和德育工作中个体道德品质的修正机制有很大的相似性。因为大多数人遵循的是社会主导的价值观，持不同看法的人往往会因为外界的压力而不断进行道德品质的自我修正。然而，许多学者认为“沉默的螺旋”理论在网络传播中已经失灵。最明显的挑战直接来自于网络传播的显著特性之一——匿名性。

匿名性曾一度被人们当作畅游网络的“通行证”，但同时人们又发现它是引发种种社会问题的“罪魁祸首”。因为匿名，人们的网上交流无须留名留姓，无须自报家底，无论你是胡言乱语，还是诚信直言，都没有人干涉你，因为谁也不知道到底是谁在说，也无法判断他说的到底是真是假。因为匿名，个体在进行自我表达时，也很少会顾及社会规范的约束，随意发表自己的观点，而不受别人想法的影响。因此，他们无须对自己的行为承担心理上的负担。“网络的匿名性使网民在网上交流时很少顾及社会规范的约束以及所承担的心理压力有限，使得他们充分自由地表达自我。”② 因为网络匿名带来的这种因缺乏环境的压力而更轻易实现的自我真实坦露，更加促使个人对自己意见的坚持，即使在与别人意见不一致时，他仍会表明自认为独特的见解。网络

① “沉默的螺旋”这一概念，最早是由德国社会学家诺依曼提出来的，她在其 1980 年出版的德文版的《沉默的螺旋：舆论——我们的社会皮肤》一书中，对“沉默的螺旋”理论进行了全面概括。诺依曼认为，个人意见的表明是一个社会心理过程；意见的表明和“沉默”的扩散是一个螺旋式的社会传播过程；大众传播通过营造“意见环境”来影响和制约舆论。

② 王国华，戴雨露. 网络传播中的“反沉默螺旋”现象研究［J］. 北京理工大学学报（社会科学版），2010(6).

在给某一个网民营造丰富的话语权利的同时，冲击了传统的主流的价值观念。青少年正处于成长的特殊时期，也是价值观形成的关键时期，好胜、易冲动、不轻易服输是他们这个年龄段的特点，当遭遇不同意见的时候，他们采取的往往是固执己见。如果在现实社会，这种固执己见有可能因为群体意见而改变，在网络上，这种固执己见的结果往往是以谩骂与攻击收场的。这些都极易造成中小学生的道德滑坡。

3. 网络的不当使用严重影响了中小学生的心理健康

培养中小学生良好的心理素质是中小学德育工作的重要目标之一，网络的推广与运用对中小学生的心理健康产生了很大的影响。一方面，网络使中小学生的课余生活更加丰富，为他们提供了宣泄心理压力的平台，也为个性化的心理咨询提供了便利。另一方面，网络也对中小学生的心理健康带来了一定的负面影响。

(1) 迷恋网络造成了部分学生的孤立、冷漠和非社会化，产生紧张、孤僻等心理问题。目前，大多数中小学生是独生子女，他们本来就缺乏与他人沟通的机会，如果再沉迷网络，就会使他们更加内向和自我封闭，甚至会患上"电脑自闭症"。久而久之，他们不想也不知道该如何处理现实中的人际关系。他们发现，网络社区里运用的语言、遵循的规则与现实世界大相径庭，网络里可以肆无忌惮，但到了现实中处处受到管制约束。于是，他们宁可面对冷冰冰的键盘和屏幕也不愿意与现实中的人沟通。现实世界中的他们表现得越发紧张、孤僻和冷漠。

(2) 更有部分学生因为痴迷上网，最终沉迷网络而不能自拔，对网络产生了强烈的心理依赖，即"网络成瘾症"。"网络成瘾症"是一种由于过度使用网络而造成的明显的社会、心理损害的一种疾病。其主要特征是：无节制地花费大量时间上网，必须增加上网时间才能获得满足感，不能上网时出现异常情绪体验，学业失败、工作绩效变差或现实人际关系恶化，向他人说谎以隐瞒自己对网络的迷恋程度，症状反复发作等。研究显示，长时间上网会使大脑中的化学物多巴胺水平升高，这种化学物质会令人呈现短时间的高度兴奋，沉溺网络的虚拟世界不能自拔，但之后的颓废感和沮丧感会较前期更为严重。时间一长，这些影响就会导致一系列复杂的生理和心理上的变化。开始时只是精神依赖，渴望上网，而后可发展成为躯体上的依赖，表现为情绪低落、头昏眼花、双手颤抖、疲乏无力、食欲不振等，影响人的身体健康，引发各种疾病，甚至可能导致死亡。

(3) 长期沉迷网络导致中学生心理负担过重。[①] 网络文化是一种集文字、声音、图像于一体的“快餐文化”，这种文化消解了传统文化的深度模式，诱导青少年用“看”的思维方式来认识世界。由于经常上网挤掉了中学生很多阅读和思考的时间，他们虽能非常熟练地操作计算机，但在其所写的文章里，错字、病句随处可见，甚至出现了不会用笔写字、写文章的现象，而这种现象又加剧了他们对网络的依赖。还有一些学生由于不能用积极的态度面对紧张的学习生活、沉重的考试压力和激烈的社会竞争等问题，所以会选择上网来躲避现实，以求得暂时的安宁和超脱。其结果是恶性循环，越是逃避，要面对的问题就越多，这样又使他们感到更加焦虑不安，情绪更加低落，甚至出现严重的心理障碍。

第三节　构建网络背景下德育有效性机制的策略

由于网络的虚拟性和隐蔽性，使得在网络世界里，不同的意识形态、不同的文化观念、不同的价值判断和价值选择、不同信度的言论交织在一起，这就必然会削弱道德的外在约束功能和内在的自我约束机制，导致广大网民处于十分危险的网络文化“道德任意状态”，进一步引发道德观念的丧失和行为的失范。中小学生身心正处于发展阶段，其世界观、人生观、价值观还未定型，辨别能力差，缺乏抵御力，在网络漫游时，不知不觉中易受到这些信息的渗透和毒害。为了适应网络时代的要求，充分利用网络带来的积极因素，克服网络带来的消极因素，应从以下四个方面加强网络背景下德育有效性机制的构建。

一、加强对中小学生的网络道德教育

随着网络信息技术的普及与发展，网络正以迅猛的速度深入广大中小学生的日常生活中，它对中小学生当前的学习及今后的发展都将产生极其重要的影响。要想发挥这些影响中正面的作用，就必须正视他们在网络世界里的各种各样的道德问题，切实加强网络道德教育。日本城西国际大学上园忠弘教授认为：“当你使用因特网时必须有很强的道德观念，因为在一个人的世界里保证不做坏事是很难的事情。因此，我们必须从小学就开始对孩子们进行

① 耿红卫. 关于中学生网络心理健康几个问题的研究[J]. 教育探索，2011(9).

长期的有计划的道德教育。"① 实践证明,要消除网络对中小学生的不良影响,不能仅靠"围"、"截"、"堵",关键是要"疏",要教给他们防范和处理网络的道德认知能力,即把网络道德教育纳入中小学生的教育范畴。在网络立法尚不完善、网络监管尚不到位的今天,加强网络道德教育可以增强广大中小学生对网络信息的鉴别能力、对网络陷阱的防御能力、对网络负面影响的自律能力、对网络诱惑的抗拒能力,使他们自觉地遵守网络规范,养成自觉的网络意识和道德责任感,建立一种自我保护、自我约束的内在机制。具体来说,需要加强以下三个方面的工作。

1. 引导学生树立正确的网络观

观念是行动的先导,要加强中小学生的网络道德教育,首要任务是引导他们树立正确的网络观念。网络观是"人们关于信息网络的本质,网络对人类社会的意义和价值,如何全面评价网络对人的生存和社会发展的影响等问题的根本的、总的观点"②。对中小学生进行的网络观教育是要以科学的理论和观念引导广大中小学生正确认识、运用和评价信息网络,并以这些认识为基础来调节自己的网络行为的教育过程。目前,我们需要做到:

(1) 帮助学生正确认识网络的价值。从互联网的发展和实际应用来看,互联网(Internet)始于1969年的美国,又称因特网,是全球性的网络。它用传输介质(如光览、两绞线)把个人电脑连接起来,达到数据传递、资源共享的目的,是一种公用信息的载体。因此,网络的首要价值在于它的工具性。网络本身就是集现代微电子技术、计算机技术、电信技术等为一体的新技术,是人类认识和改造世界的现代信息工具系统。既然人是网络的创造者、使用者,那么,人对于网络来说应该始终具有优先的主体地位,而不能让人成为网络工具的奴役对象。

(2) 引导学生辩证地认识和处理虚拟世界与现实社会的关系。互联网给人们建构了一个虚拟世界,网民不仅生活在现实社会中,也生活在虚拟世界里。虽然从形式上看这是人与技术系统的结合,但其实质是人以网络虚拟技术为中介形成的一种新的实践方式,是人在信息时代呈现的一种新的生存方式。这种生存方式和现实的生活方式之间有着千丝万缕的联系,也有着天壤

① 何济川. 对青少年黑客要区别对待[J]. 青年研究,1999(2).
② 周卫红. 网络观教育:内涵与途径[J]. 山东社会科学,2006(7).

之别，必须引导学生正确理解两者之间的关系。就联系而言，一方面，现实生活是虚拟世界的基础，虚拟世界的生活方式、观念规范是现实社会的折射；另一方面，虚拟世界作为人类在信息时代新的生存形态，又会出现对现实社会的超越，数字化生存消解了现实社会的一部分规范功能，却又再造和增加了许多新的元素。就差异而言，网络最大的特点是它的虚拟性，这既可以使人们放大或缩小现实社会的某些因素和人的某些行为特征，但也可能使人们的行为与现实社会生活相脱节。如果过度沉溺网络，就会逐渐疏远现实社会生活；如果长期在网上把自身符号化，人的道德意识、社会责任感和人际信任感就会降低。

2. 引导学生养成文明上网的良好习惯

要引导中小学生认真学习并自觉遵守团中央等部门颁布的《全国青少年网络文明公约》，养成文明上网的良好习惯，做到"五要五不要"：

（1）要善于网上学习，不浏览不良信息。要引导中小学生将网络作为课外学习的一种新工具和了解大千世界的新途径，不接触、不浏览有关色情、愤恨、暴力、邪教或者怂恿进行非法活动等的内容。要教育中小学生遵守网络道德规范，懂得基本的对与错、是与非，学会鉴别网络不良信息。正如心理学家大卫·艾肯德所说："我们没有办法控制孩子所看到和所听到的一切，所以在尽可能控制不良信息对青少年影响的同时，应积极引进传媒教育，逐步培养和增强青少年对形形色色的信息的鉴别能力。"① 因此，要教育中小学生坚决抵制与社会公德和中华民族优秀传统美德相背离的不良信息，自觉抵制网络低俗之风，净化网络环境，不在网站社区、论坛、新闻跟帖、聊天室、博客等中发表、转载违法、庸俗、格调低下的言论、图片、音频及视频信息。

（2）要诚实友好交流，不侮辱欺诈他人。教育中小学生即使是通过网络这一虚拟时空进行交流，仍要礼貌待人，不使用脏话；要态度诚恳，不欺诈他人；要遵守礼节，不随心所欲。要认识网络文明的内涵，懂得崇尚科学、追求真知的道理，增强网络文明意识，使用网络文明语言，在无限宽广的网络天地里倡导文明新风，营造健康的网络道德环境。总之，只有尊重他人，才能得到他人的尊重。

（3）要增强自我保护意识，不随意约会网友。要教育中小学生认清虚拟

① 转引自张寒梅. 论大众传媒对青少年思想道德教育的影响[J]. 教育与职业，2007(11).

交往的危害，不断增强自我防范意识，不与在网上结识的人约见。如果认为非常有必要见面的话，一定要告诉家长并得到他们的允许，见面的地点一定要在公共场所。不擅自邀请网上结识的人来家里做客，尤其是当学生单独在家时。不要透露有关家庭的任何资料，包括姓名、地址、电话等。不要轻易相信别人。

（4）要维护网络安全，不破坏网络秩序。要教育学生了解网络安全的重要性，合法、合理地使用网络的资源，增强网络安全意识，监督和防范不安全的隐患，维护正常的网络运行秩序，促进网络的健康发展。要敢于担当“网络安全小使者”的责任，在保证自己不参与违背道德、法律活动的前提下，对周围有不良行为的小伙伴，要加以劝阻、说服或告诉家长和老师。

（5）要有益身心健康，不沉溺虚拟时空。不沉迷网络游戏，不利用网络做造谣生事、冒名顶替、污蔑欺骗、搬弄是非、骚扰恐吓的事情，不利用网络进行个人攻击、毁人声誉、损害他人利益的行为。要培养自我约束的能力。制订个人上网规则，把它贴在电脑附近，时时刻刻提醒自己；每次连续上网时间不超过 1 小时，要坚持做眼保健操；要制订学习计划，不盲目上网；要坚持户外运动，保证健康体魄。

3. 引导学生网络行为的道德自律

与现实社会中的道德运行相比较，网络道德的一个突出特点在于网民的道德规范绝大多数来自于自律。网络社会中的道德不像现实社会中的道德那样，有社会舆论和风俗习惯来对个体行为进行调节，网民要自己约束自己的网上行为，要监管自己在网上只发布对社会有用和有益的信息，不做有损网络道德的事。在《现代汉语词典》中，自律是指“自己约束自己”，说白了，就是要增强自我控制能力，使自己的道德认知与道德行为统一起来，做到知行合一。要做到这一点，首要是培养道德意志。如果个体缺乏道德意志，缺乏自我控制能力，即使有深刻的道德认识，也会缺乏必要的道德实践的毅力和勇气。可见，自律的基础是个体发自内心的为善意识。这类似于我国传统文化中所倡导的“慎独”的道德境界，也就是说，个体即使没有社会和他人的监督，也仍能保持自我约束，坚守社会规范的道德信念，自觉地按正确的道德准则行事。

网络给现代网民提供了一个充分自由的空间，但这同时也是一个缺乏监管的、无中心的、多元价值并存的空间，各种道德与非道德、合理与非合理、正确与不正确的信息充斥其间。如果缺乏道德自律，每个人都有可能从“天使”变成“魔鬼”。特别是对广大中小学生来说，他们的主体意识还没有完全形成，缺乏主动追求道德人格的能力，还需要德育工作者的持续引导。道德教育的最高境界是培养人的自律精神。因此，德育工作者应围绕中小学生的道德认知水平有目的地培养学生的道德自律意识与能力，以“理解”代替简单粗暴的“管制”，鼓励青少年学会生存、学会关心、学会适应、学会选择。要帮助学生树立良好的“网风”和“网德”，加强网络道德修养，培养自觉的网络道德意识、道德意志和道德责任，促进网络道德的“价值内化”，提高道德的自我教育能力和网络行为的自律能力。尤其应注重对道德现象、道德关系的感知以及对道德概念、道德准则的解释和说明，使中小学生明确能做什么和不能做什么，进而做到“自己对自己的行动负责”，自我反省道德表现，真正向现实社会和网络社会中的“慎独”迈进，做一个有道德修养的人，即使独自一人，无人监督，也能小心谨慎，坚持自己的道德信念，不做任何不道德的事情。

二、提高教师的网络德育能力

网络道德是现代社会文明发展程度的重要表现，而社会网络道德的提升更有赖于学校。学校是实施德育教育的主要阵地，德育工作者是学校德育工作的主要组织者与实施者，他们自身的素质水平从根本上影响着学校德育工作的水平与实效。教师是德育工作发展的动力，没有教师的转变，就不可能产生网络背景下高效的德育工作。为了适应德育工作信息化发展的要求，迫切需要我们对职前和职后教师进行网络德育意识和能力的教育和培训，从而培养一支专业水准的德育教师队伍。目前主要应该注意以下四个方面的工作。

(1) 强化中小学德育教师的网络德育意识。由于客观历史和主观自身等原因，仍然有部分德育工作者用简单和片面的眼光来看待网络环境下的德育工作，不具备明确的网络德育意识，不能认清网络德育的重要性和紧迫性，不能明确自己所要承担的责任和义务，在工作上仍囿于传统思想观念和工作方式。网络时代德育工作的特殊性要求教师在网络德育中，必须改变“以教师为中心，以课堂为中心，以教材为中心”的传统德育观念，在网络时代大家必须熟悉网络、了解网络并逐步推广网络德育。必须认识到网络是一把“双刃剑”，在带给学生知识的同时，也可能带来很多负面影响，但我们不能因此而否定网络，而是要积极引导、正确疏导，进行网络和谐教育、网络实践教育等行之有效的教育活动，从而把网络德育活动真正变成活跃学生思维、启迪学生智慧、引导学生成长的过程。所以说，面对网络时代的到来，专业的德育教师只有具备网络德育意识，才能把握青少年学生的网络需求，才能开展一系列有效的网络德育教学活动，教授给青少年基本的网络技术知识和网络德育理论，从而增强网络德育的实效性。

（2）与时俱进地更新专业知识和计算机技术。中小学德育教师应当具有深厚的德育理论水平，具有马克思主义的价值观、道德观和自觉维护、宣传这种价值观和道德观的崇高责任感，应不断更新自己的知识储备。互联网引入道德教育，使教师和学生处于相同的环境，这一环境对于教师来讲，同样是陌生的、具有挑战性的。因此，教师必须不断学习，更新自己的知识，转变自己的观念。特别要注意与时俱进，注重提高利用网络开展德育工作的能力，培养自己设计制作课件的能力及网上操作能力，充分利用网络资源收集教学信息，不断丰富和改革教学内容、教学方法和教学手段，学习先进的德育方法，使自己成为德育信息的收集者、发布者、传播者和管理者，从而使课堂内外的德育活动生动形象，具有强烈的吸引力和感染力。只有这样，才能培养出高素质的新世纪人才。

（3）培养较强的网络信息运用能力。德育工作者的网络信息运用能力如何，已成为网络环境下衡量道德教育工作者是否合格的重要标准之一。网络信息运用能力主要包括获取信息、解读信息、传递信息等方面的能力。信息获取能力即利用不同工具通过不同渠道搜集信息的能力，它包括信息资源的查找能力、下载能力和存储能力等。这要求教师能够熟练地运用多种搜索工具，如百度中文、Google、搜狗等。解读信息的能力是指教师要具备判断信息的真假、解析信息包含的价值观倾向等能力。网络信息纷繁复杂，要想把真实的、有用的信息传递给学生，教师必须具备解读信息的能力。信息传递能力就是把经过教师筛选和改造的信息在适当的时候以适当的方式传递给学生，既让学生接受道德教育，又保护学生的主体性，更能促进学生的道德实践。

（4）提高利用网络资源发挥网络优势开展德育的能力。教师的网络德育资源开发和利用能力在进行网络德育工作过程中起着举足轻重的作用，是进行网络德育的关键环节。首先，是对道德教育资源开发和利用的能力。网络时代是人类社会发展的新时代，也是历史进步的新产物。网络空间的信息纷繁复杂，内容囊括方方面面，其中蕴涵的道德教育资源也非常丰富。但是，网络德育资源的分布比较零散，教师要善于把散落在不同网站上的德育资源进行集中化和系统化处理；德育资源中的静态格式资源如文字和图片等较多，动态格式资源如动画、视频等较少，不符合中小学生生性好动的特点，教师要善于改变这种格局；同时教师还要善于把一些原生态的德育资源进行适当加工，以符合教育教学的需要。其次，是利用网络新阵地转变道德教育模式的能力。在传统德育教学模式中，师生之间实行面对面的交流，比如采取讨论、说服、情景模仿和再现等方法。这种模式有其优势，即可以以情感人，但也有弊端，尤其是一些隐私性问题，学生不太愿意当面袒露。而网络的匿名性在一定程度上可以弥补这个缺陷。师生无须面对面，学生也无须害怕有人泄漏个人隐私，一切都可以用符号的形式解决。网络德育模式最大的优点就在于师生可以通过这种平等、隐秘的平台进行公开的、有深度的对话，从而解决学生深层次的思想问题。

三、加强网络管理，净化网络环境

网络德育是一项全新的系统工程，是德育发展到现阶段的一种全新的表现方式，也是社会网络化发展的必然。健康的网络环境有赖于整个社会力量的共同努力。而当务之急是加强网络环境的治理，健全针对网络的法律、法规，采取强制性手段打击网络犯罪，加强全民的网络道德教育。

1. 健全网络法制，提高监管力度

网络为人们不负责任的行为提供了场所。未成年人是网络社会中的主要群体，如果网络社会缺乏有效的法律制约，他们就容易成为网络不良内容侵害的对象。因此，建立和完善与网络社会相适应的法律制度，既可以规范未成年人的网上行为，也可以建立新型的信息自由原则，把自由化的网络空间改变为有一定秩序且管理规范的网络文化体系，有效地促进青少年良好品德的形成。

国外在未成年人网络保护方面已经制定了许多相关法律，强化了对网络使用的监督和管理，坚持对侵害未成年人的网络行为从严惩处的法律原则，为我国立法提供了借鉴的典范，如美国 1996 年以来通过的《通讯内容端正法》《儿童在线保护法》《儿童网络隐私规则》和《儿童互联网保护法》等 4 部法律，德国颁布的《多媒体法》，英国出台的《禁止泛用电脑法》《儿童网上隐私保护法》。最值得提出的是，随着网络的普及和网络犯罪活动的猖獗，法国通过法律保证未成年人安全而有尊严地上网浏览，在法律上实施对侵害未成年

人的网络行为从严惩处。法国1998年6月17日第98－468号《保护与消除性伤害及未成年人保护法》对《刑法典》中的有关规定进行了修改，从严、从重处罚利用网络毒害未成年人的行为。根据该法第17条，在电子网络上向身份不确定的公众传播未成年人的淫秽图像，判处5年监禁并处以7.5万欧元的罚款。法国还通过法律对网络内容的过滤进行专门规定。1986年9月30日第86－1067号《新闻自由法》第437条规定，提供有线通讯服务的自然人或法人应告知用户可以使用技术手段对服务项目或内容进行监控和筛选，并至少应向用户推荐一种此类方法。①

随着互联网的发展，我国相关法律法规的制定、实施也不断取得进展。截至目前，我国已颁布有关网络管理的法规条例20余部，与未成年人网络保护有关的法律主要有《刑法》《全国人大关于维护互联网安全的决定》《预防未成年人犯罪法》《未成年人保护法》；有关行政法规有《关于加强对网站和网校管理的公告》《教育网站和网校暂行管理办法》《计算机信息网络国际联网安全保护管理办法》《中华人民共和国电信条例》《互联网信息服务管理办法》《互联网上网服务营业场所条例》等。这些法律法规对规范网络文化秩序和青少年网络行为起着极大的作用。但相对于飞速发展的网络技术进程而言，保护中小学生的相关法律法规还存在滞后的现象，难以适应规范网上信息的实际需要，难以应对复杂的、发展迅速的网络违法行为。而且，现有的法律法规大多是管理性的行政法规和部门规章制度，多以“暂行规定”、“管理办法”、“通知”等命名，法律位阶较低，且有些条例与现有法律相冲突，在实际操作中存在一些问题。因此，随着网络文化的迅猛发展，进一步制定、完善相应的法律法规以便确保网络文化的良性运行和良好秩序已经成为保护中小学生的当务之急。要根据现实需要对已有的法规进行修改、补充和完善，逐步建立适合中国国情的网络法律法规体系，把网络文明纳入法制轨道，特别是要制定打击利用网络危害国家安全和社会稳定的犯罪行为的法规，科学认定网络犯罪行为，并给予相应打击，净化网络环境。

尤其是网络游戏的监管问题显得更加严峻。调查表明，中小学生进入网吧绝大多数是冲着网络游戏去的。在网络游戏的影响下，他们荒废学业，疏远亲戚朋友，漠视社会，甚至走向犯罪。相关部门必须尽快出台网络游戏管

---

① 杨玲.法国对未成年人上互联网的保护与管理[J].基础教育参考，2007(8).

理的行政法规,以理顺管理体制,完善产业政策,解决多头管理等多方面的问题。要努力建立健全网络信息岗位责任制和网络信息管理制度,包括信息输入更新、信息阅读权限、安全保密等级、信息审核以及信息员培训、信息管理责任追究制度等。

2. 加强网吧管理,净化社会环境

据调查,网络成瘾者往往是因为无节制上网所致,而为此提供条件的则是大量营业性网吧。当一些网吧经营者出于营利目的,经常违规操作。如为了吸引未成年,或为未成年人提供吃住,通宵经营,且帮助孩子逃避学校管理和家长追查;或私设服务器,为未成年人提供赌博、色情、暴力、反动等方面的内容和电脑游戏,引诱一些缺乏自制力的未成年人走上违法犯罪的道路。对此,虽已有一些相应的政策,但这些政策多流于形式,并不能从根本上解决问题。因此,相关职能部门要制定真正有效的法规政策,切实杜绝网吧的非法经营,比如限制网吧的营业时间和网吧消费者的资格审查等,将网吧建设纳入科学管理、合法经营的轨道。要坚决制止未成年人进入营业性网吧,对不法经营者予以严惩,杜绝非法网吧的滋生。要在技术上加强防范,如安装网吧终端过滤软件,推广绿色上网软件,封堵有害内容,不让不利于未成年人良好思想品德形成的东西入眼、入耳、入脑。

为限制未成年人进入网吧,国家有关部委规定,从2005年12月16日起,网吧服务营业场所必须使用实名登记卡。按照规定,上网消费者购卡,要到实名登记卡销售点,持本人身份证等有效证件办理;售卡人员应当对购卡者的身份证等有效证件进行认真核对、登记,并不得向未满18周岁的未成年人销售实名登记卡;实名登记卡每人限购一张。除了严格执行未成年人不得进入营业性网吧的规定外,有关部门还出台了中小学周围200米内不得设置网吧的规定。应开辟相对独立的、区别于普通上网区域的专区,尽可能区分成人界面和少年界面,控制青少年上网时间,屏蔽网络不良内容。互联网是个整体,涉及多个部门,各部门要通力合作,不能进行简单的职能分割。文化、工商、公安、消防、技术监督等部门要统一协调,齐抓共管,联合执法,保证管理到位,避免出现"以罚代管"和"真空地带"。

3. 以技术手段加大网络监管力度

当前,由于管理不到位,某些网站对所传播的信息不负责任,使网络信息的准确性、严肃性大大降低,严重妨碍了网络文化的健康发展,也对青少年的健康成长造成了负面影响。针对网络内容失控现象,相关政府职能部门对网站治理的条款应不断细化,力度应不断加大,涉及范围应不断扩大。由于网络中的道德问题大多是建立在特定技术基础上的,因而要积极研究和充分利用各种先进的网络技术手段,对暴力、黄色、封建、不健康、低级趣味的东西迅速予以鉴别,并加以查封和堵截,在技术上实现第一道防范。因此,除了对网吧经营加强监管外,更重要的是要从技术手段上对网络游戏内容加以规范和限制。

要进一步完善网络监控体系,安装先进的绿色软件,监督过滤不良网站信息。文化、公安等部门为了加强技术监管,相继推出了多种网吧管理软件,规定必须安装,以屏蔽有害信息防止网吧通宵营业,等。2008 年 5 月,国家工业和信息化部在相关部门支持下,全面出资购买“绿坝—花季护航”软件,免费向全社会提供下载使用,并发起组织“绿网工程”的活动。“绿坝—花季护航”绿色上网过滤软件在实际安装使用过程中,可有效避免互联网不良文字和图像内容对未成年人的毒害,同时,使用简单,维护便捷,技术支持响应及时,有力推动了网络环境的净化,对全面推进素质教育,为广大青少年营造绿色、健康的网络环境起到了积极作用。2009 年 5 月 19 日,工业和信息化部印发了《关于计算机预装绿色上网过滤软件的通知》,要求国内计算机生产销售企业 2009 年 7 月 1 日后出厂和销售的计算机以硬盘预装或随机光盘两种方式预装“绿坝—花季护航”绿色上网过滤软件。通过网络监控技术的开发和应用,旨在有效地监控网上信息,屏蔽不良信息,用技术手段为全国青少年筑起一道网络“绿色屏障”,构建绿色、健康与和谐的网络环境,保障青少年健康成长。

另外,要建立健全网络有害内容报告监督制度,加强对不良网站的打击力度,坚决查处和关闭传播色情、淫秽等不健康内容的网站等,全方位为未成年人护航。

四、加强和改进学校网络系统,建设专门的德育网站

网络是一个“万花筒”,国内外发生的大小事件,各种学术的、经济的、娱乐的信息都能在网上找到;同时,形形色色的淫秽色情信息、反动暴力信息等也混杂其中,必然会对充满好奇和冲动的中小学生产生危害。因此,为了使中小学生得到健康的思想道德教育,学校必须凭借自身优势,建立校园德育网站,开辟校园德育论坛,改进德育模式,使校园网络真正成为开展思想道德教育的重要手段。我国的校园网建设起源于20世纪90年代，目前已经形成一定的规模。但是，目前校园网建设大多数集中在两个方面，一是校内的新闻发布及教学参考、科研信息等的交流，二是提升图书馆功能，没有真正发挥校园网应有的德育功能。实际上，我国创办德育网站的学校也不少，据统计，早在2001年就达250多个，但其中是以高校为主。因此，广大中小学校要借鉴国内外校园网站建设的经验，开设专门的德育网站，为切实提高中小学德育工作实效提供条件。

德育网站是指学校在网络时代有计划、有目的地创建的力求凸显德育功能的网站，它是中小学在网络环境下开展德育工作的重要阵地和有效载体。可以给学生提供专门的德育信息，可以对学生进行上网心理辅导，可以给学生提供专业的德育讨论平台，培养和形成学生正确的道德价值观、道德辨别力以及道德自制力，避免他们在纷繁复杂的网络世界里迷失方向。具体来说，德育网站应该注意以下三个方面的工作。

1. 加强德育网站的内容建设

内容是德育网站的灵魂。在选择和提炼网站内容时，要从中小学生的特点入手，思考他们处于什么样的道德认知层面，他们对什么内容感兴趣，他们需要解决什么样的问题，等等。在具体内容的选择上，一要考虑典型性和德育性，即选取的内容必须具备思想政治教育功能，蕴含德育信息，同时具有典型意义，能让学生在一则案例的学习思考中获得可迁移的德育价值。二是生活性，即不能脱离中小学生的生活世界。道德是分层次的，不能把对大学生、对成年人的道德要求搬到中小学阶段来。同时，道德又是源于生活的，特定群体的道德选择是不一样的，必须具有针对性，并由此获得指导性。三是时效性。网络技术的一大优势就是迅捷动态，只有紧跟社会发展，紧跟学生的实践，及时更新内容，才能激发学生的浏览欲。

2. 加强网站的交流平台建设

要依托校园网络，通过开设BBS论坛、网络驿站、博客，设立校长信箱，利用QQ、EMS等在线聊天工具，搭建师生交流平台，通过网上的互动交流，帮助学生解决思想问题和实际问题。BBS和聊天室具有即时性、公开性、匿名性和群体参与性的特征，可以让学生畅所欲言。教师不仅可以通过这种形式的发言收集学生关注的问题并加以分析，而且可以参加学生讨论，就他们关注的问题进行在线交流，及时跟帖，帮助他们释疑解惑，有针对性地进行引导，从而帮助他们形成健康向上的网络习惯。

3. 从技术层面上精心设计网页，提供形式多样的个性化服务，并加强监管

网页是网站的形象，是浏览者对网页效果的第一印象。德育网站的建设首先要保证一般网站应有的特点：主页制作快速、简洁，信息概括力强，易于导航；网页色调简洁明快；网页布局明亮、雅致、纯洁、畅快；网页结构安排得当，重点信息突出、醒目、易于捕捉，等等。在此基础上，要针对德育网站的特殊性开发个性化的项目，如开设引领学生成长的“伟人青少年时代的故事”栏目。当然，在呈现方式上不能太生硬，单一的文字陈述是很难吸引当代学生的注意力的。可以采用图文并茂的方式，以动态的方式呈现，在呈现过程中也可以让学生参与其中，但千万不要提几个思考题了事。可以借鉴网络游戏的思维模式，开发以德育为主题的网络游戏。总之，必须在坚持正确的思想导向的前提下，以创新思维来建设德育网站。

网络给我们的德育工作提供了一个新的阵地，在网络德育过程中，广大德育工作者要主动出击，抢占网络德育阵地。要善于根据中小学生的特点，通过学习、就业、交友、心理咨询、法律援助、网上竞赛等喜闻乐见的内容和形式，服务中小学生，凝聚中小学生，充分利用这一独特的阵地对中小学生进行正面的教育，从而建立吸引中小学生的强势德育网站，开辟一条网络德育发展之路，使之成为学生思想政治教育、品德教育、心理健康教育等的主要阵地，引导中小学生树立正确的人生观、世界观和价值观，强化民族意识，自觉抵制外来文化的侵蚀，筑起反渗透、反颠覆的思想长城。

第十三章　中小学“家校社”教育的整合

学校教育、家庭教育及社会教育尽管处于不同的地位，但彼此之间有着十分密切的关系。三大教育在学生身心发展过程中，既有互融性、共通性，又有干扰性、排他性。为了有效地促进学生的健康成长，必须注意实施学校教育、家庭教育与社会教育的整合，以发挥教育的有利因素，消除教育的不良因素。整合是通过整顿、协调加以重新组合，其实质是各种力量、要素的系统整合，通过集合产生某种聚集的效应。“教育整合指的是教育者将各种可利用的因素加以集中、系统化，从而发挥最佳优势，进而产生最大的教育效应。”① 按照恩格斯的说法，整合就是许多人通过协作，将许多力量融合为一个总的力量，用马克思的话讲，整合就是造就新的力量，且这种新的力量和它的一个个力量的总和有本质的差别。因此，学校教育、家庭教育与社会教育的整合，应该是中小学素质教育的重要取向与有效的着力点。

第一节　中小学“家校社”教育整合的必要性

“教育是一项系统工程，仅靠学校教育单方面的力量不能完成新时代所赋予的使命。”② 换句话讲，学校教育、家庭教育与社会教育必须实现有效的整合。

一、协调“家校社”教育的方向，必须进行有效的教育整合

家庭教育、学校教育与社会教育各有特色，但要想有效发挥三者的作用，让它们在空间上保持互补，方向上保持协调一致，就必须进行教育整合。

家庭教育，即发生在家庭里的教育，是教育的起点。一般说来，实施家庭教育的主体是孩子的父母。父母的行为举止、言谈身教以及文化水平等是影响家庭教育质量的重要因素，尤其是父母的行为举止，对儿童起着潜移默化的影响。这种影响是无法替代的，除非父母改变自我。但由于父母的人生

① 朱小蔓. 中小学德育专题[M]. 南京：南京师范大学出版社，2002：171－172.

② 刘宁. 家庭教育、学校教育及社会教育的整合发展趋势[J]. 基础教育研究，2009(4).

观、道德观差异比较大，所以在对孩子的教育中还存在着这样或那样的偏差，普遍的问题是随意性大，重智轻德。有的家庭只知一味满足子女的物质需求，忽视了对子女进行道德品质上的引导，甚至"有些家庭的生活方式、家长之间的关系以及家长对社会义务的态度，会把学校在儿童身上培养的一切善良、美好和积极的东西加以破坏，以致全部抵消"①。如有人曾告诫自己的儿子："积我三十年经验，不要对人轻易说真话。"有的家长在教育孩子处理事情时，虽然没有明确地要求孩子"讨便宜"，但在具体做法上却包含着"不要卖呆"、"老实人吃亏"等思想。诸如此类的家长对学生良好品德的养成产生的负面影响是久远的，也许几年的学校道德教育效果就在父母行为的潜移默化中毁于一旦。这样的例子不在少数。朱永新说过："理想的父母，应该是把孩子的人格健全、道德完善放在首位，努力培养孩子追求卓越、独立自主、持之以恒、勤俭节约等个性品质和良好习惯的父母。"② 但要发挥家庭教育中随机性教育的特点，克服家庭教育中重智轻德的问题，必须实行教育的有效整合，通过社会的正面引导、学校的有效沟通，去纠正家庭教育中存在的偏向问题，使家庭教育与学校教育的方向保持一致。否则，学校的正确教育会淹没在家庭的错误教育中，使学生无所适从；弄不好，就会造成学生的双重人格。

社会教育有广义与狭义之分，在这里是指学校教育、家庭教育之外的教育影响源。社会环境作为家庭、学校以外的德育运行空间，具有极大的覆盖面、极强的辐射力和综合的渗透力。它可以通过营造良好的环境氛围和培养青少年的的社会意识、社区归属感，对其施加影响，并对家庭、学校所传授的思想观念进行强化或制约，最终对其价值取向和行为方式产生重大影响。社会教育以社会为背景和场所，良好的社会环境因素有利于培养青少年亲近社会倾向，有利于培养青少年的多种兴趣爱好和特长。然而，不利的环境因素也极易削弱学校和家庭正面教育的影响。实际上，在社会教育中，积极影响与消极影响是共存的，往往难以控制和筛选。现在，不良的社会环境对学生产生负面影响的场所很多，让学生去找一个游戏房和网吧很容易，但如果是找一个让老师和家长都真正放心的场所还真不容易。以前各地的青少年宫等重要教育基地，现在大多变成了娱乐场所。抗战前夕，爱国学生惊呼中国

---

① [苏]苏霍姆林斯基. 和青年校长的谈话[M]. 上海：上海教育出版社，1983：135.

② 朱永新. 新教育之梦[M]. 北京：人民教育出版社，2002：246.

之大，已经摆不下一张安稳的书桌，而现在真正让老师、家长放心的有益学生身心健康的活动场所，也不是很多。此外，大众媒介在学生的德性发展中的宣传、渗透和感染作用也没有充分地发挥出来。目前的媒体为吸引观众或读者，提高经济效益，大多充斥着言情、暴力等内容，缺乏正确的引导，产生了许多负面效应。这就更需要我们做好整合工作，注意三种环境对青少年影响的和谐性。

协同学校教育、家庭教育与社会教育的方向，进行有效的教育整合，要求学校、家庭与社区都要负起自己相应的责任。学校要“加强教育队伍建设，提高师德水平和业务能力，增强教师教书育人的荣誉感和责任感”①，努力发挥学校教育的影响力；家长要注意把立德树人作为家庭教育的根本任务，注意与学校教育保持方向的一致性；社会要充分认识到“教育是民族振兴和社会进步的基石”，坚持主旋律教育，坚持以人民为中心的创作导向，提高文化产品质量，为人民提供更多更好的精神食粮。最终，要使得学校教育、家庭教育与社会教育在方向上协调一致。具体实施的路径有很多，如江苏清江中学的“家长委员会模式”，海门市东洲小学的“地球村”模式，江苏扬中实验小学的“综合、创新社区教育”模式等，在这方面提供了有效的实践探索，效果不错。一句话，要想提高教育的实效，就必须进行学校教育、家庭教育与社会教育的整合。

二、实现“家校社”教育优势的互补，必须进行教育整合

家庭教育的最大优势是灵活机动。一般而言，孩子对父母是极为崇拜的，家长的言行被孩子视为权威，容易接受来自父母的各种信息。因为家庭是社会的细胞，家庭中儿童感受着人情冷暖，形成人际关系的最初观念。这对儿童的善恶、荣辱、是非观的建立起着奠基作用。因此，家庭教育在儿童的道德观、人生观教育中是首当其冲、先入为主的。在家庭中，父母是孩子的终身教师，孩子的成长过程伴随着家庭的教育。因此，家庭教育长期影响着孩子。

学校教育的最大优势在于系统全面，向学生传授包括天文、地理、自然在内的各门科学文化知识。因此，儿童获益最大、进步最快的还是学校教育。

---

① 胡锦涛．坚定不移沿着中国特色社会主义道路前进，为全面建成小康社会而奋斗——在中国共产党第十八次全国代表大会上的报告[M]．北京：人民出版社，2012：15.

学校教育是由一大批专职教师实施的，他们具有深厚的知识与丰富的阅历，这能让他们为学生的学习指明方向。

社会教育是从社会环境所提供的各种信息中自发地、有选择地接受某些内容而形成的教育。社会蕴含着丰富的教育资源，大量的人力、物力、财力，各种现代化的设施，为学校教育的延伸提供了广阔的时间和空间。这里有工厂、商店、机关、部队、科技场馆和农村等特殊课堂，包容着自然科学、社会科学等各方面的知识，古代的、现代的、中国的、外国的、基础的、高新的，足以供人一生学不完、用不尽。可以说，社会是浩瀚的知识海洋，是人类的知识宝库，它时时召唤着莘莘学子去遨游、去采撷。在整合学校教育与社会教育的过程中，要注意把社会信息的调节纳入学校的教育系统，通过信息发布会、事迹报告会等活动让学生广闻博见，给学生以正面引导。这既是学校教育的外延，又是家庭教育的升华。

在学校教育与社会教育协同的过程中，要注意挖掘社会中的教育资源：一是社会人力资源，包括社会上的专家、学者、离退休人员、学生家长、企业界人士、热心的长辈们等。二是社会环境资源，包括共建单位、家长单位、文化教育基地，如淮安的周恩来童年读书处、周恩来纪念馆、苏皖边区政府旧址、刘老庄八十二烈士陵园等。三是社会管理资源，包括教育行政部门、社会上的各级领导。当然，在挖掘社区资源的过程中，由于前面提到的原因，一定要引导学生注意辩证地分析和科学地把握，注意避免社区里一些负面东西的影响，并注意用学校教育中正面的东西去影响社会环境。要通过教育整合，使三种教育的优势得到有效的发挥，形成对青少年教育的有效合力。相反，如果这三种教育力量不进行有效整合，各自互不相联，则不仅影响各自优势的发挥，甚至会出现相互抵消、互相冲突的负效应，最终导致教育的失效。能否有效整合学校教育、家庭教育、社会教育，形成同向、同步、同质的教育合力，注意整合家庭、学校、社会教育资源，注意把学校教育的“小课堂”与社会教育的“大课堂”结合起来，实现学校教育、家庭教育与社会教育的有效整合，事关培养青少年的成效。

三、克服“家校社”教育各自的弊端，需要教育的整合

中小学教育中的刻板化教育方式、应试教育思想、人满为患的教育场所等，会严重窒息学生的创造性。家庭教育中存在的教育目标失调、教育方法失误，会严重影响孩子的健康成长。家庭教育目标是通过家庭教育使受教育

者发生一定的变化而达到的质量规格。家庭教育目标要适应社会发展的需要,也要考虑孩子的具体情况。它应对孩子的成长起到激励和评价作用。

社会的发展对人才的需求是多方面、多层次的,它包含多方面的要求:① 健康的体质;② 良好的体能;③ 优良的品德(包括政治思想素质、道德意识和规范、健康的心理素质等);④ 较高的文化知识(包括人文知识、科技知识、生活知识);⑤ 熟练的操作技能(包括学习技能、制作技能、生活技能等);⑥ 较强的能力(包括学习能力、社会交往能力等)。目前,部分家庭在家庭教育目标方面存在着失调现象,集中表现在:一是显性目标与隐性目标的失调。家庭教育目标多指向学习成绩的量化要求、健康的体质、学习技能的掌握等显性的、外露性的目标,对心理素质的提高、社会适应能力的培养等内含性的、隐性的目标则比较忽视。二是智育培养目标与德育培养目标的失调。家庭教育目标多集中于学习能力的培养、文化知识的学习、学习技能的掌握等智育方面,而轻视了思想品德教育方面的要求。三是家长意志与孩子实际情况的失调。对孩子期望值过高,千军万马奔向高考的独木桥,而不注意根据孩子的智力能力的发展水平和个性特征实事求是地规划适合孩子情况的教育目标,对孩子的职业选择的导向过于功利化,忽视了孩子的个人意志、爱好和特长,以家长的意志取代孩子的愿望。魏书生认为,家长错误的教育方法,宛如一把把尖利的刀刃,“砍去民主,种下专制的种子;砍去爱心,种下自私的种子;砍去诚实,种下说谎的种子;砍去冒险,种下平庸的种子;砍去守纪,种下违法的种子;砍去善良,种下恶行的种子;砍去自然,种下破坏的种子;砍去创新,种下机械的种子;砍去欣赏,种下嫉妒的种子;砍去竞争,种下仇恨的种子”①。近年来情况虽然有所好转,但没有得到根本的改变,且许多年轻家长对孩子实行包办的现象日益严重。《青年文摘》曾戏说道:“5 岁:孩子,我给你报了少年宫;7 岁:孩子,我给你报了奥数班;15 岁:孩子,我给你报了重点中学;18 岁:孩子,我给你报了高考突击班;23 岁:孩子,我给你报了公务员;32 岁:孩子,我给你报了《非诚勿扰》。”②克服家庭教育中存在的问题,需要社会的呼吁,需要学校的指导与帮助。所以,三者结合,事在必然。

鉴于环境的复杂化、趋利性、自发性等,当下社会环境对学生产生的负面

---

① 魏书生. 中国家长身上藏着十把刀[N]. 中国青年报,2007-03-14.

② 佚名. 中国式父母的教育方法[J]. 青年文摘,2011(11).

影响也是老师忧虑的重要内容。如新闻传媒中的不健康因素，社区非正式群体的干扰，社区文化市场中的黑白并存、鱼目混珠，社会超前消费意识和行为的影响，青少年不宜的“三室一厅”（台球室、录像室、游戏机室、歌舞厅）的诱惑，并非主流但确实存在的唯利是图、人情冷漠的不良社会风气的侵袭。这一切确实从各个侧面对学生施加着影响，学校老师防不胜防。毋庸置疑，这些问题的解决靠学校老师个人的力量是不够的。问题来自社会，就要依靠社会解决。而这一切确实已引起社会的重视，政府部门制定了加强精神文明建设的一系列的法律、法规，出台了《教育法》《义务教育法》《未成年人保护法》等保障青少年健康成长的法律，不良因素逐步地在清除，社会环境不断地在优化。但要加速优化，教育的整合势在必行。要协调好这个大体系的行动，必须以学生为中介，因为在这样的教育体系中，学生不仅是受动的教育客体，也是能动的主体；不仅是沟通三方之间联系的纽带，也是三方环境的调节者、改造者。由于学生与家庭环境特殊的血缘亲近关系，其调节作用表现得更为明显。比如，相对于家庭环境，学生既是教育信息的反馈者、社会信息的传播者，也往往会成为家庭其他成员道德素质的教育者、影响者。所以，在“三方一体”的教育体系中，就学校而言，在认识上要着眼于优化全社会教育资源的配置，以学生为中介，拓宽与家庭的沟通渠道，以便更有效地完成育人的任务。

就学校教育中的教师而言，要善于与学生一起分析家长的教育态度、教育方式以及家庭背景、学习氛围，发现家长的优点和不足，在学生和教师高度肯定家长优点的基础上，指出其努力方向，化解家长与子女的代沟，合力引导和促成家长向有利于学生成长的方向发展。学生在与教师合作教育家长时，双方通过反思，从中也得到了自我教育，还增加了师生之间的协作互动，教师和家长在无形中各自得到了额外教育。而让学生和家长共同教育教师，也会使学生从中得到间接教育。老师要善于主动与家长和学生接触与沟通，鼓励学生和家长对教育和教学以及改进学校和教师工作多提宝贵意见，鼓励家长和学生发现教师的优点和不足，在高度肯定教师优点的基础上，指出其努力方向，合力引导和促成教师向专业发展方向成长。家长在与学生合作教育教师时，增进了学生对教师的理解，家长和学生从中各自得到了自我教育，也增加了学生与家长之间的协作互动，有效地化解了代沟，使学生和家长各自得到了额外教育。

第二节　中小学“家校社”教育整合的依据

家校与社区教育之间的协作互动,实质上是指在一定社会和社区背景下,由学校及教师、家庭及家长、学生所形成的三位一体的教育联合体。三者之间是平等的协作伙伴关系,既有彼此之间的相互影响、相互作用,即相互教育,又包含在教育对方过程中所得到的自我教育;既有一对一的双向教育(教师对家长,家长对教师,学生对教师,教师对社区,家长对社区,学生对社区),又有二对一的双向教育(教师与家长一起对学生,教师与学生一起对家长,学生与家长一起对教师),还有三对一的双向教育(教师、家长与社区一起对学生,教师、学生与社区一起对家长,家长、学生与社区一起对教师)。这种多层次、多维度的双向互动形成教育合力,指向学生的发展。同时,教师、家长和社区各得其所,实现多赢。在合力教育中,学校及教师发挥主导作用。

一、素质教育中人的整体性

人是作为完整的人而具体存在于社会生活之中的,既有感性的规定,又有理性的面向;既渴望情感的满足,又包含着内在的意愿;既有物质的需要,又有精神的需求。就个体在对善的追求方面而言,理智冷静的分析与情感的认同、意志的选择总是交织在一起的。研究中,虽然有时会把个体分成自然性存在、社会性存在和自为性存在,但任何一个个体实际上都是作为一个“整体的人”而参与到各种生命活动之中的。个体的人本身就是一个生物个体与社会个体交织起来的现实个体。人格特质的形成既有先天遗传的因素,更有后天环境的影响因素,而这种后天环境的影响因素也是综合的。在把人与其他物种进行比较时,往往认为个体最大的特点就是一个精神性存在,实际上就是从人的精神气质上看,它仍然是一个整体:个体的情感、态度、价值观等方面的表现是一个整体,它们是在社会文化、家庭环境、童年经验、自然环境因素的影响下形成的。从个体现实存在的角度分析,个体是处于社会关系的网结之中的,正是在各种社会关系的长期影响、陶冶和制约下,才使一个自然人转变为社会人。所以,人生从自然角度看,是人的生命活动的历程;从社会角度看,是人的社会化的过程;从人的主体意识和自身发展看,是人对自然与社会的认识、适应、利用、改造的过程。

既然人是一个整体性存在,影响个体素质的因素是综合性的,那么,要提高一个人的道德素养,当然需要整合相关教育因素。就道德教育方面而言,对个体的教育不是在“白板”上进行的，而是在个体原有的素质基础上进行“建构”的。社会学家告诉我们，“建构”是使一个复杂的系统存在并组织其精神要素的过程。就关系性体系建构而言，它是营造一种以关爱为特征的、内涵丰富的道德文化心理氛围，要培育的精神要素有关心、尊重、责任、理解、信任、合作等一系列美德。学校道德教育的过程，正是师生之间、生生之间的心灵沟通、以爱心培育爱心、以道德培养道德的过程。教育所培养的人不是单纯的“政治人”、“经济人”，而是一个完整的“社会人”。个体应该具有作为一个社会人享受生活的自由和能力。社会的发展进步，不仅仅应当反映在物的方面，也必然要体现在人的方方面面。正是在这个意义上，马克思强调必须“培养社会的人的一切属性，并且把它作为具有尽可能丰富的属性和联系的人，因而具有尽可能完整的和全面的社会产品生产出来”①。为了实现这一点，就需要培养人的多方面的“丰富的属性”。个性是道德、体力、智力、审美意识、敏感性、精神价值等品质的综合，是一种“复合体”，是一个完整人的综合显现，所以，在日常进行道德教育的过程中，必须对人进行整体性的“建构”，绝不可“头痛医头，脚痛医脚”。因为“只要人的某些部分受到工具式的对待，那么整个人都会受到影响。人的灵性统一人的所有经验；做事的并不是人的手而是人；看的不是眼睛而是人，听的也不是耳朵的事，而是整个的人，思想的也不是人的脑而是人，爱的也不是心，而是整个人”。个体的行动是在个体的头脑、思维及至躯体共同参与下完成的。个体的素养也是整体性显现的，是他的智商与情商共同参与活动的。

道德教育过程中必须注意关注完整的人和人的完整的个性。关注完整的人，在道德教育过程中就要求我们尽可能去充分认识和了解一个人的全部，既了解他的学习、交往、健康状况及个性，也要了解他的学校、家庭及社区生活等。关注完整的人，就要关注个体的各个方面。完整的人是丰满的、活生生的，不能用简单的几个词或话语来概括，也不能用简单的好坏来判定。关注完整的人，就应该基于对学生完整人格的塑造来理解和认识德育的价值。只有立足于培养完整的人，个人的品德才有真实的依托，德育才有根植的生活土壤。当然，关注完整的人，更需要我们在道德教育过程中，注意关注个体的物质需要和精神需要。学校道德教育要注意各科渗透，且要注意调动

① 马克思恩格斯全集(第46卷)[M].北京：人民出版社，1979：392.

全社会力量的共同参与，以形成道德教育的合力，把一个人在体力、智力、情绪、伦理各方面的因素综合起来，使他成为一个完善的人。

把人当做教育目的本身的教育，才是真正意义上的素质教育。这种教育，就个体而言，要努力追求人格的完满发展，它给予人的不只是应付生活的手段，不是把人变成“没有人生追求的机器人”，而是把人塑造成一个不仅拥有把握外在世界的能力，同时又充满着激情的，“一个理性与非理性协调发展的人，一个人格完满的人”①。

二、学生成长中教育的整体性

教育是一个整体，一切教育行为、教育活动，对人品德的形成和发展都有某种影响，不是积极的正面影响，就是消极的负面影响；不是自觉地给予影响，就是不自觉地给予影响。在进行道德教育的过程中，一定要全面地考虑教育的效应，既要注意正面教育效应，也要注意尽可能地避免负面影响。教育不能光注意一面，而要注意多面。

强调道德教育中的整合，就是因为教育对人的影响是整体性的。就学校道德教育而言，它是一个系统。从整体性原则来看，学校道德教育是由道德教育的目标、内容、途径、方法、管理、评价等要素系统构成的统一体。在日常教育中必须把它作为系统来对待和处理，如要注意学校的建筑、文化设施、规章制度和校风给学生的潜移默化的影响，注意教职员工的人格品德和气质对青少年产生的一种无形的诱导作用，注意社会的各种媒体在传送各种价值观信息时对学生的影响。教育活动本身除了期望的结果以外，还可能伴随或附带产生非预期的结果，学科教学在有意识地传授知识、形成技能、培养品德的同时，也可能会间接地传达与原先期望相反的某种价值、态度和规范；老师在教育孩子的时候，孩子得到的不仅是他们的言语和行为信息，还有呈现方式所寓含的信息，如尊重与不尊重、信任与不信任、希望与失望、快乐与愤怒等。人们在参与社会各种活动的同时，也不知不觉地领会和汲取活动中所展示的某种价值、规范和时尚。因此，道德教育过程中知情意行的整合是道德主体在自身的行动中经过心理的内部活动和外部活动相互作用而完成的。研究表明，即便如学生给妈妈洗脚这类简单的“行”，也是负载着知和情的，这种“行”是基于某种认识、带有某种情感的，而通过“行”又产生了某种情感体验，通

① 鲁洁. 通识教育与人格陶冶[J]. 教育研究，1997(4).

过“行”加深了对妈妈及相关问题的理解。所以,行动过程是认知、情感都参与的过程,在“行”中易于实现知和行的整合。个体完整的品德结构包括知情意行相互作用、相互联系的要素。当认识伴随的道德情感成为产生道德行为的内部动力时,就成了道德动机。个性品性是稳固的动机和稳固的行为的统一体。

20 世纪 80 年代,在美国兴起的以里考纳为代表的“完善人格道德教育”学派,认为完善人格是由道德认知、道德情感、道德行为三者构成的,是知善、欲善、行善的人格。“人性的个别特征和个性不只是连接成为统一完整的结构,而且这种结构还是普及化的……人的每种表现、他的每种特征都反映着总的个性。”① 由于每一种行动都有教育影响,所以要注意道德教育过程的整合。有学者指出:“道德教育是一个需要多学科共同研究的领域,仅仅通过一门学科来探讨这一领域既是有限的、也是危险的。”因为不仅是各科教育教学的内容是互相关联、无法分隔的,如道德内容与许多其他社会性内容是密切相关的,如道德习俗、法律等社会性规范之间并没有不可逾越的鸿沟,从根本上讲是互相支撑、互相联系的。另外,教育者自身的活动影响也是综合的,教育者具有渊博的学识、高尚的品质、严谨的治学和生活态度,不仅可以增强受教育者的可信性和感染性,而且能像春雨润物一样,起到细微的不易察觉的隐形教育的作用。在学校教育中,学生热爱老师,老师的品质他摹仿,老师教的学科他热爱。如果老师经常以亲切的目光关注学生,以平等的态度对待学生,他们就会有信任感、充实感。有位学生用诗化语言描绘了这种感受:我喜欢老师的目光,它时刻温暖我的心房,每当我在黑暗中彷徨的时候,它就像灯塔照亮我前进的航向。由此可见,教育者对受教育者的影响是综合的,道德教育中必须注意综合渗透,形成家校社联动的教育网络。

道德教育不只是学校的任务,还是整个社会共同建构的事业。从家庭环节来看,家庭是人们接受道德教育最早的地方,良好家庭教育氛围的形成,不仅利于孩子从小形成高尚的品质,而且对社会风气的净化有积极作用;从机关、企事业单位来看,作为公民教育的重要场所,各单位在岗前和岗中培训形成的职业道德状况,对树立职业新风影响是极大的;从社会环节来看,社会作为对公民进行道德教育的大课堂,如能积极开发优秀民族道德教育资源,利用种种爱国主义教育基地大力宣传基本道德,推广各种易于、乐于为人民群

① 王传旭. 培养健康人格 促进学生全面发展[J]. 教育研究,2003(4).

众接受的教育方式,使公德规范和必要的礼仪家喻户晓、人人皆知,那么,其教育的影响应该是巨大的。虽然家庭、学校、机关、企事业单位和社会在公民道德教育方面各有侧重、各有特点,但它们又是相互衔接、密不可分的统一整体,因而在实施环节上具有互动共振的整合效应。

三、教育环境中生活的整体性

道德教育的存在根源于生活,道德教育的目的服务于生活,进行道德教育显然不能脱离生活。现实世界不仅有日常生活,还有非日常生活,非日常生活是反思的生活,是批判的生活,因而也是有意义的生活。既然现实生活是日常生活和非日常生活的统一,那么,道德教育对生活的回归,就是让人经验完整的生活。生活的整体性是德性整体性的本体论根据,是生活的整体性决定了德性的整体性。我们不能知性地将人的生活分割成智力生活、情感生活等生活碎片。从生活出发的德育,就是从个体整体生活出发的,而不是从个体生活中截取理智的或情感的碎片作为德育的出发点。

新课改中设置的“品德与生活”、“品德与社会”课程,其主要意义就在于通过这样的综合相关课程开辟一条通向学生生活的渠道,使他们在与生活的内在联系中获得整体发展,特别是有利于学生的品德发展。道德存在于整个生活之中,不会有脱离生活的道德。品德的培养应该遵循一种生活的逻辑。而不是一种纯学科的逻辑。实施综合课程,应使原本综合在一起的生活,不为自成体系的课程所分裂,尝试去营造和展示一种与生活本身一致的综合课程形态。学生现在过的和以后将要过的实际生活本身就是综合的,没有一个人的生活可以按学科分为“历史”的、“地理”的、“公民”的、“道德”的,也没有一种纯道德的生活。道德的生活总是寓于学生生活的方方面面,不能离开学生的家庭生活、班级生活、学校与社区生活来谈道德生活,也不能离开经济、政治、文化等生活来谈道德生活,道德存在于学生的全部生活之中。以往“我们养成了分析的习性,但是,当全面观点成为根本需要时,却忽视了力量的集中”。生活本身是一个整体,我们也必须把生活看做一个整体,否则“我们就不得不处于一种可悲的境地”,“对于所追求的目标和所走道路的性质就越来越没有把握”。① 不同学科研究的只是社会生活的一个侧面,如果把这个侧面

---

① ［意］奥尔利欧·佩奇. 世界的未来——关于未来问题一百页［M］. 北京：中国对外翻译出版社,1985：63.

与整体的社会生活割裂开来，为学科而学科，结果肯定是只能获得关于社会生活的片鳞只爪。如果将一个学科与社会生活整体结合起来，使其服务于对社会生活的了解，在学科学习的同时，加深对社会生活的体验与理解，那么，这一过程本身就具有了伦理上的积极意义。比如从学生周边的社区环境出发的地理教学，从日常生活、社会现象出发的科学教育，因有助于学生对社会生活的理解，所以具有道德上的积极意义。这是教育内容发挥教育作用的一个方面。另一方面，则是知识内容本身的道德教育意义。学校教育的许多内容本身就具有伦理意义，学生在学习、消化这些内容素材时，也许并未意识到这些内容道德的教育意义，但由于学习者在道德上不是一个一无所有的道德空白，都有其先在德性结构和价值取向，在学习知识内容的过程中，知识内容所蕴涵的人文与道德内容自然而然、悄无声息地就融合在了已有的德性结构中。

生活是整体的，整体性的生活中到处都有道德教育的好材料。学生只有整体地生活于其中，才能真正发挥它本身所具有的道德教育的意义，否则，只能是胡塞尔所批判的那种导致科学危机和人的存在危机的"死的生活"。在"死的生活"世界里，最容易使人读死书、死读书、读书死。

有人记录了关于乡村学校生活的场景：学生们吃过饭就会到学校，或者做作业，或者玩耍，低年级的孩子以玩耍为主，充分享受着快乐的童年。小学生在学校不会感到沉闷和无聊，他们很会自娱自乐，上课发言积极，兴致很高，下课蹦蹦跳跳，打打闹闹。低年级小学生在上课时，课堂气氛颇为生动，有些孩子打开文具盒时，还会有小昆虫从中跳出来。"学校没有多少体育设施，孩子们活动常常在于对自身的运用，而不是借助外物：撒土，爬单杠，爬篮球架杆，相互追赶，踢毽子，打沙包。"总之，他们要把自己的身体和心思都活跃起来，在玩耍中获得快乐。他们也确实很快乐，并且很健康。应该说，这样的生活，是人应该过的生活。实际上，由于个体是生长在整体生活中的，所以个体对生活的感悟才是真切的、全面的、深刻的。著名歌唱家帕瓦罗蒂刚开始演唱生涯时，有一晚他住在旅馆里，被隔壁房间婴儿的哭闹声吵得无法入睡。后来他发现这个孩子哭了三个小时一直没有停，声音居然还很洪亮。而自己唱歌超过一个小时，声音就要沙哑了。想到这里，他干脆坐起来听孩子哭，渐渐地发现婴儿不单用丹田发声，而且哭到声音快要破的临界点时，会把声音拉回来。正是受到这件小事的启发，帕瓦罗蒂开始用心去体会唱歌方法，最终成了歌唱家。然而，当今的教育却难以体现生活的整体性，学校教育和家庭教育中往往把生活中的困难、挫折、逆境、痛苦、矛盾都过滤掉，人为制造没有思想病毒的环境，试图让孩子生活在“真空中”，喝“纯净水”，吃“绿色无污染食品”，让孩子在顺利、快乐、无忧无虑中成长。这些与社会长时间“绝缘”的孩子一旦进入社会便会束手无策，无法适应复杂的社会生活。曾有这样一个故事：拥有一流捕鱼技术的“渔王”，把他的织网、划船、识潮汐、辨鱼讯等一整套经验都手把手毫无保留地教给了他的儿子，可他儿子的捕鱼技术竟然赶不上技术比“渔王”差的渔民的儿子。“渔王”百思不得其解。一位路人告诉他：你只传授了他技术，却没传给他教训——对于个体来说，没有教训与没有才能一样，都不能使人成大器。

德育不仅要在学生的学校生活中展开，而且要在学生的校外生活中展开。不能有两套伦理原则，一套是为校内生活的，一套是为校外生活的。“因为行为是一致的，所以行为的原则也应该是一致的。”①如果校内外的生活所遵循的道德原则不一致，就会出现麻烦，教育的效果就会因此抵消。曾有这样一个案例，说的是有位家长很重视对其孩子进行道德教育，如每次吃苹果，都要让孩子先拿大的给其奶奶，奶奶总是把他夸奖一番，然后让他吃，在爸妈那里也是这样过招一遍。家人自以为这样有助于培养孩子较高的道德水平。一天，孩子爸爸的上司来家作客，孩子的爸妈想教孩子如何待人接物，就让孩子拿着苹果给上司吃，这位上司看到孩子这么懂事，本不喜欢吃苹果，但觉得不应回绝这样有礼貌孩子的好意。可就在他拿起苹果刚开始咬第一口的时候，这个五岁的孩子突然大哭起来，一边哭，一边说叔叔吃我的苹果，叔叔贪吃。这位上司一口苹果含在嘴里，吐也不是、咽也不是，而孩子的家人更是被孩子这突如其来的举动弄傻了，他们怎么也想不到，平时那么有爱心、有礼貌的儿子，今天的表现怎会这么差？孩子家人不明白的，实际就是使用两套生活原则造成的结果。

生活是综合的、实践性的，只有来自于生活、形成于生活、现实地存在于生活的道德才是现实合理的道德，才能提高整个生活的道德水平，而整个生活世界道德水平的提高，依赖于学校和整个社会的改造和社会的进步。因此，学校德育环境建设必须与整个社会的改造和进步联系在一起，形成影响

---

① [美]杜威．学校与社会·明日之学校[M]．北京：人民教育出版社，1994：144．

受教育者道德成长的整体性、系统性的道德环境。

个人是统一的，道德教育的社会性功能和个体性功能不是截然分开的，道德教育中应该整合这两种功能，注意辩证地对待。

德育的社会性功能是指对社会发展所能发挥的客观作用，德育的个体性功能是指德育对教育对象个体发展能够产生的实际影响。德育的社会性功能和个体性功能分析起来是两个领域，但事实上是一体的。一方面，个体性功能的实现不能脱离社会性功能去空谈，社会性功能也须以个体性功能为其实现的中介。每个个体都是社会的个体，人的本质是社会关系的总和，任何个体都是社会的、历史的、具体的个体，而不是抽象的、绝对的、孤独的个体。另一方面，社会又是个体所组成的社会。为此，社会道德的发展，就不能不受制于组成社会分子的个体发展。正是这种社会与个体的同构性，决定了德育两种功能之间的同构性。德育的社会性功能是个体性功能之汇集，通过德育形成的社会大多数个体的道德倾向、道德水平，标志着社会的道德倾向和水平。同样，德育的个体性功能又总是反映着社会性功能，因为只有促使个体遵从一定社会的道德规范和准则，才能使每个个体得以在一定社会中生存与发展，这是任何德育的个体性功能都必然包含的内容。德育的社会性功能和个体性功能在结构上的相互包容，说明它们之间存在着一定的同构性，此外，德育的社会性功能和个体性功能在功能发挥的机制方面又是互为前提的。

第三节　中小学“家校社”教育整合的运行机制

这里的运行机制是学校教育、家庭教育与社会教育各要素的构成方式、作用方式以及由此产生的教育活动的整体运行方式。在学校教育、家庭教育、社会教育有效整合的系统中，家庭教育是基础，学校教育起主导作用，社会教育则是家庭和学校教育的补充与延续，三者必须相互配合，和谐一致，以达到系统效益的最大化。为此，必须建立家庭教育、社会教育、学校教育整合的运行机制。在整合过程中，学校教育要注意与社会生活保持一致，注意同家庭、社区及身边人和事的沟通，以促进学生达到全面发展，保持学校教育生态系统的和谐与稳定。学校要主动发挥自己的纽带和桥梁作用。学校教育、家庭教育和社会教育要实现真正的联合，学校作用很重要，只有在学校的协调下，三者才能充分发挥各自的功能，密切配合，形成教育合力，从而产生整体效应。这就需要建立三者有效整合的运行机制。

一、教育整合的沟通机制

学校教育、家庭教育及社会教育必须加强沟通，建立有效的沟通机制。沟通过程中，学校应该起主导作用。例如，教师用组织化的沟通系统与家长沟通，易于家长了解教师对教学的重视和对每一位学生的关心，并通过家长，告诉他们如何协助、支持教师，使家长对学校的教育有正向的态度，对子女的学习有较良好的支持。

家长的协助与支持对教育有较大的帮助，而这种帮助与支持的关键在于教师是否做了良好的沟通。有的学校通过介绍刊物、组织心理咨询、召开座谈会等形式主动与家庭、与社区进行沟通，如针对目前独生子女教育中存在的“包得过多，管得太宽，期望值太高”的现象，组织辅导讲座，分析其危害性，提出明确的教育要求，同时定期组织家长来校听课，参观学生的书画展，观摩学生的文艺、科技、舞蹈、书画、摄影、体育等项目的表演，引发家长对开发孩子潜能、培养良好个性的重视。这样，就有利于学校和家庭在教育思想上形成共识。同时，在实践中注意通过教学渠道发挥学生在协调两者教育关系中的媒介作用。例如，在进行中小学作文教学活动过程中，有的学校以“给爸爸妈妈打分”为题，让孩子们写父母在教育孩子意见产生分歧时，自己是怎么想的，怎么做的，怎么评价的。这样，不仅锻炼了孩子们分辨是非的能力，而且有利于用学校教育中的正确观点去纠正家庭教育中的不当之处。有的地方为有效整合三者之间的力量，成立学校、家长代表与社区代表教育委员会，并建立了校长信箱和校长接待日制度，以校长为轴心沟通三方面的教育信息，协调好教育步骤，为学生的发展创设一个和谐化的教育环境。

三者之间的沟通主要解决以下问题：一是如何说。例如，就家长与学校教师的沟通而言，家长希望教师专业性强、知识丰富、善于沟通、友善，特别是能尽心地关心他们的子女。因此，教师要以友善、坦诚的态度去化解家长的警戒心，表达自己乐于有机会和他们的孩子共处，充分传达对孩子的期望，并确信经由教师及家长的合作能使孩子的学习、成长更有进步。代表校方的教师应该坦白，无须隐瞒事实，也不要支支吾吾，但要用正向的态度及对孩子长远成长的考虑，去和家长沟通。这个原则适用于正向及负向的变化中。如果学生表现良好，可侧重他们未来发展的潜能；学生表现不好时，应以正向的方法来说明改进之道。教师的坦白与支持的态度，会使家长产生同样的态度。在坦白及支持的气氛中，教师应该尽量简单、明白、有条理地说明。当与家长书面或口头沟通时，简单明了的方式较为有效，不要使用专业术语。所谓有条理，就是说明事实时，用简明扼要的话，显示其专业判断。与家长沟通时要简洁，不要太繁琐，用交换信息的基本方式以增进家校合作。

二是说什么的问题。以学校班主任与家长沟通为例，如以“学习”为沟通的内容时，可专注于教学目标、教学活动、家庭作业等内容。教学目标是导引教育的目标，家长和学生都应对教学目标有所了解，这样，每个人才会朝着一致的方向去努力。为了便于家长的了解，在与家长沟通时，应将那些逐步化的行为目标归纳为较大的教学目标。教学活动指的是能使学生达到教学目标的方法，包括教室内与教室外的活动。当教师向家长叙述教学活动时，应注意简洁、扼要。可以这么说：“在讲课、考试及学生报告时，都会用到教科书。”“每节课会用二十分钟来讲解，接着是二十分钟的练习。”“每周有三次十五分钟的家庭作业。”“把班上的学生分组，每组要共同完成一项作业。所有的作品完成之后，在班上举行分组作品展览，邀请家长、来宾及其他师生前来参观。”对家庭作业的说明要尽量清楚、明确。例如：“每天晚上有五题作业。”“写一篇文章的摘要、大纲。”“写一篇五段式的作文。”“订正课堂习作的错误。”①

建立与家长、社区代表联系的形式也是多种多样的，但不管以哪种形式进行沟通，校方代表都要注意做好以下工作：一是做好接待工作。不论何种情况，校方对到校来访问的家长或社区代表应给予热情耐心的接待。一般说来，到校来访的家长或社区代表总会带着自己的目的，或了解情况，或商量问题，或提出一定的要求。不论是什么目的，校方都应该耐心地听取家长意见，认真回答家长或社区代表提出的问题，积极地给予科学的指导，诚恳地提出自己的意见和建议，尽可能使家长或社区代表满怀希望而来，高高兴兴而归。二是实行教师、家长或社区代表联系卡制度。联系卡可以定期（如每日或每周）在班主任和家长之间或校方代表与社区代表之间互通信息，及时向对方反映学生在学校、家庭、社区活动过程中的有关情况。当然，联系卡的设计及使用可灵活机动，可以在部分学生中使用，既可反映全面情况，又可着重反映某一方面的情况，也可以装订成册，成为学生的个人教育档案。三是电话联系、网络联系。现在家庭电话已经普及，网络联系也已成为联系的重要手段。

① 缪建东.中学教育力量的整合[M].南京：南京师范大学出版社，1999：56.

电话和网络快捷、省时，已成为校方及时沟通家长、社区代表最常用的方法。当然，这样的联系毕竟不是双方或多方面对面的交谈，在联系时缺少相互磋商、相互信任和增进情感的氛围，不能代替其他有效形式。

二、教育整合的活动机制

在学校教育与家庭教育的整合中，要注意建立学校、家庭教育的整体机制，实施以校为本的家校合作活动，包括家长访校、家长学校、家长会、家访、电访、成立家校合作委员会等。学校举办的家长学校，有助于促使老师与家长共同学习、共同研究孩子的年龄特点、心理特点、认识规律，一起探讨科学育人的规律。在具体实施中，要注意让家长及社会各界参与学校教育育人工程的监督与管理，实现学校教育与家庭教育的相互渗透。实践已经证明，这是搞好教育工作行之有效的途径。教育的完善，它的社会性的深化，不是意味着家庭作用的减弱，而是意味着家庭作用的加强。生活向学校提出的任务是如此复杂，以至于如果没有整个社会首先是家庭的高度的教育学素养，那么不管教师做出多大的努力，都收不到完满的效果。学校里的一切问题都会在家庭里间接地反映出来，学校复杂的教育过程中产生的一切困难的根源都可以追溯到家庭。搞好了学校教育与家庭教育的整合问题，家庭教育的成效就会大大提高，而良好的家庭教育环境有利于促使孩子尽快地成长，家庭成员间高尚的道德关系、浓厚的智力氛围和丰富的精神生活，都将成为对孩子进行教育的重要资源，也易于使家庭教育与学校教育相得益彰。

实现学校教育、家庭教育包括社区教育整合的最有效的方式就是活动。调查表明，中小学生最爱活动了。可以说，活动是教育整合的有效机制。这就需要校方注意牵头开展丰富多彩的活动，特别要注意携手建立活动基地。报载：在中国人民武装警察部队南京仓库办了这样一所学校——少年警校。办学者说：“我们创办少年警校的初衷之一，便是在给学生书本知识的同时，培养学生对社会和自然的热爱，由热爱而产生兴趣，最终实现学习上的良性循环。”“在组织安排时，模拟警营的环境氛围，以警营特有的紧张、严肃来养成学生们良好的纪律观念；以警校各种活动的开展来培养学生较强的自理自立能力；以警校第二课堂的开辟，给学生们以丰富的知识营养等。”在课程设计上，少年警校既注重知识性，更侧重趣味诱导，先后开设警营的特色课目，如军队史话、兵器知识、光荣传统、警营知识 ABC 等。在教学中，少年警校注意课堂教学与实地参观学习相结合，警校办学与学校常规教学相结合。如在讲军队史话与兵器常识时，精心组织学生去国防园参观，实地观察和了解，使学生有了切身感受，要求每位学员写出观后感。这所少年警校是某中学建立起来的校外教育基地。从简单的介绍可看出，教育基地是一种相对稳定的校外课堂，有一定的教育设施，有一定的"教师"队伍，有一定的教育内容，学生在这里接受了综合性的教育。这样一种形式，不仅调动了南京仓库武警官兵的力量，而且调动了相关的社会力量，实现了教育力量的整合。

学生任何素质的养成，都是合力作用的结果。有人到日本去调研，发现日本人垃圾分类做得相当好，重要的原因就是教育整合搞得好。在刚上幼儿园时，爸爸妈妈就会教他们食物不要剩下，每天勤洗澡，更换不同的衣服，在家门口必须脱鞋，垃圾自产自销，垃圾精细分类，从小就养成了爱干净与保持良好卫生的好习惯。而学校教会他们人与环境的关系，甚至有的学校会组织学生去垃圾焚烧场参观，让他们了解不同的分类会影响垃圾焚烧转化率与资源回收再利用率。日本的动漫也不遗余力地宣扬环保，比如破坏环境的人是大坏蛋等。①

家长会也是较为常见的活动形式之一。家长会是在确定的时间内将班级全体或部分家长召集起来，以开会或其他形式进行的教育活动。班主任召开家长会，事先应根据其目的，就内容、形式作出周密安排。家长会一般有以下四种主要类型：第一，宣讲型。宣讲和介绍学校、班级的有关情况，宣讲学校有关教育管理的制度与规定、措施与方法，对家长提出一定的要求和希望。第二，研讨型。主要是对班级的教育与管理，学生校内外的表现和家庭教育中出现的问题以及解决问题的方法、措施进行讨论和研究，如"如何减少和杜绝抄作业现象"、"如何帮助转化后进学生"、"对学生的劳动习惯的培养"、"特长生的教育"等。第三，汇报型。向家长汇报学生的有关情况和班级的工作情况，总结成绩找出差距，及时总结经验和教训。汇报会的形式可根据内容灵活多样，如以表彰会的形式向家长汇报学生所取得的成绩，组织家长观看学生军训表演，组织家长参观学生科技制作成果展等。第四，参与活动型。组织家长参加班级的有关活动，家长在活动中直接对学生进行教育，如组织家长参加班级主题班会、联欢会、演唱会、亲子夏令营、"迎接 18 岁"等系列活动。这类活动生动活泼，深受家长和学生的欢迎，能增进学生和家长、学生和

---

① 林萍. 日本人怎样做垃圾分类[J]. 青年文摘，2013(5).

老师的情感,有助于增强班集体的凝聚力。

三、教育整合的资源共享机制

学校、家庭、社区等三方在教育资源的构成等方面存在差异,需要建立资源共享的运行机制,促使整体大社会的教育资源都能有效服务于学生的成长。

首先,学校、家庭、社区三方定期、定时向成员发布所搜集到的相关信息,使成员尽快分享大量的有效信息。其次,学校、家庭、社区三方相互定期交流合作工作的心得,为三方的互相沟通提供契机。第三,学校、家庭、社区三方整合的组织机构定期向各方代表通报自己的工作概况及成效和实际存在的问题,通报今后需要解决的矛盾和未来发展的动态,并注意就共同关心的话题展开对话,以便进一步取得共识。

整合系统中的组织机构,定期向各方发布有效外部资源信息与成员内部的有效资源信息,实行内外信息通过与资源共享,并注意引导团队成员将信息实行有效的利用。系统组织要特别注意运用大众传媒的作用,发布学校教育、家庭教育、社会教育及三者合作中取得的正面效果,用系统整合的成果及系统内部正面的内容去进行有效引导,以扩大教育整合的成效。有人在中学生中作过一个调查:经常阅读课外书籍的有25%,经常看报纸的有46%,经常收看电视的高达95%以上。尽管家长和教师下过“这个不准”、“那个不准”的禁令,但这些数据说明,大众传媒的影响是控制不住的。教育整合中,如果我们能有效运用大众传媒,那么,它对我们建立起有效的教育整合机制将会起到重大的作用。

四、教育整合的监督机制

建立教育整合的评估机制,能帮助我们准确地了解教育整合的状况,进一步掌握学生成长规律与学校教育、家庭教育、社区教育整合的规律,为教育整合提供有效的考核保障。

所谓评估机制,就是通过建立教育整合效果的反馈系统,全面科学地评估教育整合内容、过程及方式方法等的效果。教育整合展开以后,它的效果如何?是否坚持了以人为本的价值追求?存在什么问题?今后努力的方向在哪里?如此等等的问题,都要通过建立有效的评估机制得到确认。在日常实践中,其着力点主要在以下四个方面。

1. 在评估的基本原则上,要注重社会价值与个人价值的统一

一方面要看其整合教育活动是否服务于社会主义现代化建设事业、服从

并服务于党的中心工作;另一方面要看其整合教育活动是否促进了学生的全面发展。因此,方向性原则、人本性原则、全面性原则,都应该被纳入评估的基本原则中。此外,还要坚持实事求是原则,全面反映教育整合的效果,对于学生教育的状况,要及时作出客观评估。一般可分四种情况:一是总体效果是好的,二是总体效果是一般的,三是总体效果是不显著的,四是总体效果上是失败的。如果学生教育整合出现严重的负效应,我们就认为是失败的。

2. 在评估的基本内容上,教育整合要看是否有利于学生成人成才

一般而言,教育的内容既要符合学生的心理特点与需求,又要符合时代发展的要求。学生的感受是评估的中心环节与评估的起点。另外,还要看教育工作领导部门对工作的总体规划和制度设计及落实状况是否合理到位,特别要看学生教育的过程是否符合以人为本的要求,看教育过程是否生动活泼、丰富多样,是否把思想性、趣味性、知识性、生活性融为一体。

3. 在评估的方法上,要注意定性与定量的结合,以育人为根本,以学生的全面发展为目标,坚持过程与结果的统一

要树立综合评估思路,把学生文化教育、思想教育及实践活动工作考核评估纳入教学评价体系,将培养目标、学风建设、社会实践活动、成人成才状况等指标作为核心指标列入其中,充分调动基层开展学生教育的主动性和创造性。特别要注意的是,对教育活动中违背以人为本价值目标追求的,应实行一票否决制。

4. 在评估的时间安排上,要注重把平时分散评价与定期集中评价相结合

平时分散评价有某项具体活动的小结、每月工作小结或每季度工作小结等,这种评价灵活性大,反馈及时,解决问题快,效果明显。集中评价则有学期评价、年度总结评价,或定期召开学生教育整合工作会议,总结评价近来的工作成绩,指出存在的问题,提出今后努力的目标和任务。

五、教育整合的保障机制

陈延斌在谈到青少年道德教育整合的保障机制时,认为应该从组织领导保障、制度保障与活动场所保障等方面加以完善。① 实际上,中小学生教育整合的保障机制,肯定涉及上述三个方面。这里,我们着重从制度层面阐述一下教育整合保障机制。

---

① 陈延斌. 播种品德 收获命运[M]. 北京:中国社会科学出版社,2011:231-234.

（1）注意完善教育整合中系统建立与发展的相关制度，营造教育整合发展良好的政策环境。要制订具体的学校教育、家庭教育与社区教育整合的办法，规定教育整合各方的权利与义务、具体明确的分工、具体协作的举措，并规定牵头方的具体任务。每年定期召开会议，三方代表定期向教育整合机构汇报工作，接受监督。

（2）建立有效的教育整合内部管理及运行机制，形成凝聚力和向心力。教育整合机构内部管理与运行机制是教育整合能否健康发展的关键。要坚持开放、动态发展的理念，根据人才培养的规律和趋势，不断吸收教育教学改革的新思想、新方法，根据社会发展的实际需要，改变教育合作的目标与要求；真正做到教育整合中的与时俱进。

（3）建立领导管理制度。学生教育的一切工作都必须围绕“人”而展开，这是大家所共知的，但要不偏离以人为本的正确方向，需要有完善的领导管理机制。领导管理机构要有效引导三方经常反思：“我们的政府、我们的社会、我们的亿万个家庭应当为基础教育做些什么？”①

就学校而言，要明确学生并不是学校发展的唯一本题，但学生处于本题的核心地位。建立了有序的领导机制，就能始终牢记办学的宗旨，把培养什么人、怎样培养人的问题始终放在学校发展中的首位，从而保证人本教育的正确方向。尤其值得注意的是，人本教育的目标从设定到达成所走的道路永远都是Z字型路线而非直线型，其间要经历人治与法治、人本与物本的较量，特别要能经受住知识本位思想的冲击。要建立起有序的学生教育党政联席会议制度，加强统筹协调，全面贯彻落实科学发展观，紧紧把握以人为本的价值取向，能够为学生人本教育工作提供有力的制度保障。这也有利于形成学校、社会与家庭教育相结合、相统一的学生人本教育格局，充分发挥学生中介的作用，为学生人本教育活动的校内外结合提供有力的保障。

教育整合的管理机制，还要有效引导家长参与到活动当中，充分发挥家长的积极性、主动性，提高家长自身的素质，掌握科学的教育方法。要让他们充分认识到：理想的父母，应该是努力配合学校、社区对孩子进行全方位、多层次的教育，从而促使孩子健康、快乐成长的父母。②　要有效地改善家庭教

---

①　陈敬朴．基础教育矛盾与对策［M］．南京：江苏教育出版社，1996：126.

②　朱永新．新教育之梦［M］．北京：人民教育出版社，2002：263.

育环境，不仅要求家长关注自己的孩子，将精力投入到孩子身上，还应该搞好家长的自身建设。提高家长的素质包括许多方面，主要有思想素质、行为习惯、文化素质、教育学心理学的有关知识、有关的教育法规和学校的管理制度等。家长的思想素质和行为习惯是影响子女的一个重要方面。父母与子女朝夕相处，长期生活在一起，父母的思想观念、道德观念、行为准则和习惯无时不影响着自己的孩子。只有不断提高家长的综合素质，家长才能用自己正确的人生观、价值观、道德观去教育、影响下一代。

主要参考文献

[1] 马克思恩格斯论教育[M]. 北京：人民教育出版社,1999.

[2] 马克思恩格斯列宁哲学论述摘编[M]. 北京：中央编译出版社,2015.

[3] 毛泽东选集：第3卷[M]. 北京：人民出版社,1991.

[4] 邓小平文选：第2卷[M]. 北京：人民出版社,1994.

[5] 邓小平文选：第3卷[M]. 北京：人民出版社,1993.

[6] 江泽民文选：第1卷[M]. 北京：人民出版社,2006.

[7] 江泽民文选：第2卷[M]. 北京：人民出版社,2006.

[8] 习近平. 习近平谈治国理政[M]. 北京：人民出版社,2014.

[9] 习近平. 之江新语[M]. 杭州：浙江人民出版社,2013.

[10] 李伟明. 网络时代的中小学德育[M]. 北京：学苑音像出版社,2010.

[11] 国家中长期教育改革和发展规划纲要(2010—2020年)[M]. 北京：中国法制出版社,2010.

[12] 联合国教科文组织国际教育发展委员会. 学会生存——教育世界的今天和明天[M]. 北京：教育科学出版社,1996.

[13] [古希腊]亚里士多德. 尼各马科伦理学[M]. 北京：中国社会科学出版社,1999.

[14] 陈延斌. 播种品德　收获命运——未成年公民道德养成的理论与实践[M]. 北京：中国社会科学出版社,2011.

[15] 刘燕敏. 素质教育在美国[M]. 哈尔滨：黑龙江科学技术出版社,2013.

[16] [美]布鲁斯·温斯坦. 德商[M]. 北京：中国电影出版社,2013.

[17] 何仁富. 生命教育引论[M]. 北京：中国广播电视大学出版

社,2010.

[18] 淮安市教育局. 淮安地方文化之教育传承[M]. 南京：江苏教育出版社,2010.

[19] 崔相录. 素质教育——中小学教育改革的主旋律[M]. 济南：山东教育出版社,1997.

[20] [苏]苏霍姆林斯基. 给教师的建议[M]. 北京：教育科学出版社,1984.

[21] [苏]苏霍姆林斯基. 帕夫雷什中学[M]. 北京：教育科学出版社,1981.

[22] [苏]苏霍姆林斯基. 和青年校长的谈话[M]. 上海：上海教育出版社,1983.

[23] 段鑫星. 从成长成才到成功[M]. 北京：现代教育出版社,2014.

[24] 温寒江. 让青少年智力得到最佳发展[M]. 北京：北京科学技术出版社,2006.

[25] 何建明. 忠诚与背叛[M]. 重庆：重庆出版社,2011.

[26] 万增奎. 现代学校心理健康教育[M]. 北京：人民出版社,2011.

[27] 万光侠. 思想政治教育的人学基础[M]. 北京：人民出版社,2006.

[28] 徐贵权. 价值世界的哲学追问与沉思[M]. 北京：中国社会科学出版社,2011.

[29] [法]埃德加·莫兰. 复杂性理论与教育问题[M]. 北京：北京大学出版社,2004.

[30] [韩]赵永植. 重建人类社会[M]. 北京：东方出版社,1995.

[31] [美]比尔·盖茨. 未来之路[M]. 北京：北京大学出版社,1996.

[32] 何国华. 陶行知教育学[M]. 广州：广东教育出版社,1997.

[33] [美]霍华德·加德纳. 多元智能[M]. 北京：新华出版社,1999.

[34] [英]摩尔. 伦理学原理[M]. 上海：上海人民出版社,2003.

[35] [德]加达默尔. 真理与方法——哲学诠释学的基本特征(上卷)[M]. 上海：上海译文出版社,1999.

[36] [法]阿尔贝特·史怀泽. 敬畏生命[M]. 上海：上海社会科学出版

社,1992.

[37] [美]艾温·辛格. 我们的迷惘[M]. 南宁：广西师范大学出版社,2002.

[38] [加]克里夫·贝克. 学会过美好的生活[M]. 北京：中央编译出版社,1997.

[39] [美]威廉·K. 弗兰克纳. 善的求索：道德哲学理论[M]. 沈阳：辽宁人民出版社,1987.

[40] [德]马丁·布伯. 我与你[M]. 北京：生活·读书·新知三联书店,1986.

[41] [日]村上和雄. 生命的暗号[M]. 北京：中国人民大学出版社,1999.

[42] [意]奥尔利欧·佩奇. 世界的未来——关于未来问题一百页[M]. 北京：中国对外翻译出版社,1985.

[43] [美]杜威. 学校与社会·明日之学校[M]. 北京：人民教育出版社,1994.

[44] 孙大君,等. 手脑结合的理论与实践[M]. 长春：吉林大学出版社,2012.

[45] [美]埃瑟·戴森. 数字化时代的生活设计[M]. 海口：海南出版社,1998.

[46] 陶行知选集(第3卷)[M]. 北京：教育科学出版社,2011.

[47] 刘铁芳. 什么是好的教育——学校教育的哲学阐释[M]. 北京：高等教育出版社,2014.

[48] 邵瑞珍. 教育心理学[M]. 上海：上海教育出版社,1997.

[49] 冯文全. 德育教育原理[M]. 北京：北京师范大学出版社,2013.

[50] 闻子英. 中小学素质教育概论[M]. 长春：吉林大学出版社,2012.

[51] 曹俊军. 农村中小学素质教育[M]. 武汉：华中科技大学出版社,2011.

[52] 许新海. 教育生活的救赎[M]. 太原：山西教育出版社,2010.

[53] 叶澜. 新基础教育论——关于当代中国学校变革的探究与认识

[M]. 北京：教育科学出版社,2006.

[54] 双传学. 思想的星空[M]. 南京：江苏人民出版社,2014.

[55] 胡相峰,等. 周恩来精神与青少年教育[M]. 北京：中央文献出版社,2010.

[56] 爱因斯坦文集：第 3 卷[M]. 上海：商务印书馆,1979.

[57] 朱永新. 过一种幸福完整的教育生活[M]. 上海：华东师范大学出版社,2008.

[58] 费正清. 中国传统与变革[M]. 南京：江苏人民出版社,2012.

[59] 孙云晓. 中小学素质教育研究成果精选[M]. 北京：光明日报出版社,2013.

[60] 陈旭远. 学校教育与家庭教育、社会教育[M]. 长春：东北师范大学出版社,2006.

[61] 朱建平. 学校教育与家庭教育[M]. 北京：现代教育出版社,2014.

[62] 陆建国,等. 学校生命教育的理论与实践[M]. 北京：中国福利会出版社,2009.

[63] 方刚. 性权与性别平等[M]. 北京：东方出版社,2012.

[64] 朱永新. 新教育之梦[M]. 北京：人民教育出版社,2002.

[65] 缪建东,等. 中学教育力量的整合[M]. 南京：南京师范大学出版社,1999.

[66] 陈敬朴. 基础教育矛盾与对策[M]. 南京：江苏教育出版社,1996.

[67] 朱亚文. 强教之路[M]. 南京：江苏教育出版社,2010.

[68] 朱小蔓. 中小学德育专题[M]. 南京：南京师范大学出版社,2002.

[69] 孙学礼. 心理咨询师[M]. 北京：中国劳动社会保障出版社,2008.

[70] 胡萍. 善解童贞——决定孩子一生幸福的性教育[M]. 南宁：广西科学技术出版社,2009.

[71] 李文海,刘淑余. 成人性教育指迷——性的误解和对策[M]. 长沙：湖南科学技术出版社,1992.

[72] 王华女. 素质教育的课程论解读[M]. 杭州：浙江工商大学出版社,2013.

[73] 许世红.基础教育学生评价研究：历史沿革、现实状况与未来走向[M].广州：广东高等教育出版社,2014.

[74] 王邦虎.校园文化论[M].北京：人民教育出版社,2000.

[75] 陈方,李小光.现代学校心理健康教育原理与应用[M].北京：中国水利水电出版社,2014.

[76] 王晓虹.生命教育论纲[M].北京：知识产权出版社,2009.

[77] 郑晓江.生命教育演讲录[M].南昌：江西人民出版社,2008.

[78] 黑晓佛.回归生命 走向生活——当代道德教育的精神品格与价值自觉[M].北京：人民出版社,2012.

后 记

为更好地服务淮安教育事业的发展，实现教育硕士专业授予权的目标追求，学校研究生处以立项方式开展了“基础教育丛书”第二阶段的工作。我们经过努力，申报的“淮安中小学素质教育及学生发展状况”课题获得审批。在欣喜之余，我们感到了巨大的压力。因为当时限定了写作的时间，并提出了具体明确的要求。为了有效地在规定的时间里完成任务，我们组织课题组成员进行了有效的磋商，拟定了书稿写作提纲。之后进行了多次研讨，最后由邵广侠与刘晓苏审定提纲，进行了写作的分工。为了切合淮安中小学教育的具体情况，课题组成员多次深入相关中小学进行调研，并邀请了清江中学、北京路中学的老师加盟研究，呈现在大家面前的这本《中小学素质教育与学生发展状况研究》一书，就是我们课题组成员研究的结晶。具体各章撰稿分工为：第一章，窦迎飞；第二章，管爱花；第三章、第四章，刘晓苏；第五章，卢卫林；前言、第六章、第十三章，邵广侠；第七章，洪锐锋；第八章，李文军、王娜；第九章，石敬珠、董娜；第十章，杜春雨、刘晓苏；第十一章，庄卫军；第十二章，潘友梅。全书由邵广侠、刘晓苏审阅定稿。

本书的出版，既得到了学校研究生处新老领导的大力支持，又得到了马克思主义学院与法政学院学科组同志们的支持，还得到了苏州大学出版社的帮助。徐贵权教授参与了写作提纲一级指标的研讨，给予了许多有益的建议；洪锐锋、董娜等人参与了书稿的校对工作。在此，我们一并表达衷心的感谢。我们在写作本书的过程中，参阅并借鉴、吸收了学术理论界许多专家和学者的研究成果，在此我们也表示真诚的谢意。

教育是一项崇高的事业，中小学素质教育博大精深，对学生的影响更是意义深远，需要许多人进行长期的探究。我们在这方面的努力，离基础教育事业的要求还相差很远。我们深知，一本书不可能包罗万象，它只能在事先选定的范围内针对相关问题进行探究。对于我们自己来说，是尽力了，但书中肯定还有诸多不尽人意之处，恳请专家与读者指正。

邵广侠　刘晓苏

2016 年 5 月